国家级一流本科课程配套教材

“十四五”普通高等教育本科省级规划教材（黑龙江）

ERP原理及应用

ERP PRINCIPLE AND APPLICATION（第三版）

主 编 魏 玲 姚锋敏

科 学 出 版 社

北 京

内 容 简 介

本书基于企业信息化管理流程的思想，重点分为三个部分：ERP 原理篇、ERP 系统篇、ERP 应用篇，ERP 原理篇介绍 ERP 的生产管理、财务管理、进销存管理的基本原理，ERP 系统篇介绍信息系统、典型 ERP 系统及选型以及 ERP 系统的新发展，ERP 应用篇介绍 ERP 项目管理、ERP 系统实施及 ERP 系统运行管理和价值评估。充分体现 ERP 系统中物流、资金流、信息流的完整过程及 ERP 系统实施、运营和 ERP 系统在数字化环境下的重要作用。本书提供授课视频、教学大纲、教学课件、实践设计、教学案例、习题、试卷及答案等课程资源，登录“学银在线”（超星）学习平台、学习通 App，搜索同名课程及作者即可获得。

本书可作为普通高等院校信息管理与信息系统专业的教材，也可作为工商管理类、财务管理类、计算机应用等专业的本科生教材或教学参考书，还可作为从事企业管理、信息管理、企业信息化等管理工作的人员的培训教材。

图书在版编目（CIP）数据

ERP 原理及应用 / 魏玲，姚锋敏主编. -- 3 版. -- 北京：科学出版社，2025.1

国家级一流本科课程配套教材. “十四五”普通高等教育本科省级规划教材. 黑龙江

ISBN 978-7-03-077017-2

Ⅰ. ①E… Ⅱ. ①魏… ②姚… Ⅲ. ①企业管理－计算机管理系统－高等学校－教材 Ⅳ. ①F272.7

中国国家版本馆 CIP 数据核字（2023）第 222298 号

责任编辑：王京苏　陶　璇 / 责任校对：贾娜娜

责任印制：张　伟 / 封面设计：楠竹文化

科学出版社 出版

北京东黄城根北街 16 号

邮政编码：100717

http://www.sciencep.com

北京九州迅驰传媒文化有限公司印刷

科学出版社发行　各地新华书店经销

*

2011 年 6 月第 一 版　开本：787×1092　1/16

2020 年 3 月第 二 版　印张：18 1/2

2025 年 1 月第 三 版　字数：439 000

2025 年 1 月第十七次印刷

定价：58.00 元

（如有印装质量问题，我社负责调换）

前　言

PREFACE

企业资源计划（enterprise resource planning，ERP）系统融先进思想和最佳企业业务实践于一体，几乎成为企业信息化管理软件的代名词。企业应用 ERP 系统并从中获得收益，更是一个复杂的信息技术应用与业务流程再造的过程，ERP 系统的应用水平代表企业的信息化水平，世界 500 强企业无一例外地使用了 ERP 系统。无论对企业管理者抑或对信息技术应用人员而言，ERP 系统都具有广泛而深刻的应用价值和研究价值。

ERP 系统具有先进的管理思想、系统的开发方法、完整的业务流程，是现代计算机技术与先进管理思想相融合的有机体。由于信息化建设对 ERP 系统应用人才的需求，以及企业管理者对 ERP 系统的兴趣，ERP 系统教学已经成为管理类各专业、各层次学生教学的必要内容，尤其是信息管理与信息系统专业，肩负着为社会培养信息化建设人才的重任，"ERP 原理及应用"是该专业的一门核心课程，也是该专业多门专业课程知识应用的聚集体。例如，"管理信息系统""数据库原理""程序设计语言""管理学""会计原理""系统分析与设计""生产运作与管理"等课程，均可以在"ERP 原理及应用"课程中找到它们的驻足点。

教学研究型大学或教学型大学的信息管理与信息系统专业主要为社会培养信息化建设的应用型人才，如企业信息化管理人员、ERP 系统的维护人员、ERP 系统开发企业的实施人员等。因此，应用好 ERP 系统、维护好 ERP 系统是该专业的学生必须达到的能力标准。基于以上目标，本书在体系设计、编写形式、内容组织上都有所创新。本书重主体流程、重实践应用、重数据传递，结构严谨、重点突出、逻辑性强。

本书总体设计为三部分，共三篇，上篇为 ERP 原理篇，包括第 1 章 ERP 概述、第 2 章生产管理、第 3 章财务管理、第 4 章进销存管理，中篇为 ERP 系统篇，包括第 5 章信息系统概述、第 6 章典型 ERP 系统及选型、第 7 章 ERP 系统的新发展，下篇为 ERP 应用篇，包括第 8 章 ERP 项目管理、第 9 章 ERP 系统实施、第 10 章 ERP 系统运行管理和价值评估。

本书在编写过程中，重点突出了以下几个方面的特色。

（1）理论深入浅出。在基本概念、基本理论的阐述中，尽量吸收国内外有代表性论著的观点，力求完整与准确，同时考虑到使用对象的特点，尽可能简单易懂、易于理解，并注重与实际的结合。

（2）突出主体流程。以往许多同类教材强调面面俱到，但重点不突出，系统性、流程性不强。本书将企业信息化管理划分为生产管理流程、财务管理流程、供应链管理流程，通过强调三个主体流程各流程内部及流程之间的数据传递及控制关系，体现物流、资金流和信息流的流动过程，思路清晰、重点突出，使学生全面、系统地掌握企业信息化管理的理论和方法。

（3）设计课程思政目标。基于不同章节的内容，从理想情操、爱岗敬业、知识技能、职业素养、能力发展五个一级思政目标，挖掘出家国情怀、文化自信、责任担当、专业认同、学科交叉、工匠精神、契约精神、诚实守信、务实创新、底线意识、严谨规范等20个思政子目标，并分别在每章列出，教师可根据章节内容及思政目标，引入故事、案例，润物无声地培养学生高尚的品格和正确的价值观。

（4）理论与实践统一。本书重视理论与实践的结合，对应生产管理、财务管理、供应链管理三个主体流程，教师授课时可配套相应的 ERP 软件系统，充分体现了本书重实践、重流程的特色，从而培养学生对 ERP 系统的实施能力，建议在本课程开设之前或者同时进行 ERP 系统的操作实践，例如，指导学生完成金蝶或者用友软件完整账套操作。

本课程已在“学银在线”（超星）学习平台（手机 App：学习通）上线多期，见下面的课程二维码，平台拥有所有课程资源，包括授课视频、教学课件、教学大纲、实践设计、教学案例、习题、试卷及答案，学生可以登录平台，选课学习。

党的二十大报告指出：“我们要坚持教育优先发展、科技自立自强、人才引领驱动，加快建设教育强国、科技强国、人才强国，坚持为党育人、为国育才，全面提高人才自主培养质量，着力造就拔尖创新人才，聚天下英才而用之。”[①] 教材是教学内容的主要载体，是教学的重要依据、培养人才的重要保障。在优秀教材的编写道路上，我们一直在努力。

本书由魏玲、姚锋敏担任主编，王高飞、王铁担任副主编。其中，第 3、6、7 章和 9.1 节由魏玲编写，第 1、5、8 章和 9.5 节由姚锋敏编写，第 2、10 章由王高飞编写，第 4 章及 9.2 节、9.3 节、9.4 节由王铁编写。单子丹对案例选取提出了宝贵建议。本书在编写过程中借鉴、参考了国内外众多教材及相关资料，在此谨向原作者表示诚挚的谢意。

本书得到首批教育部新文科研究与改革实践项目（2021180011）、黑龙江省高等教育教学改革研究重点委托项目（SJGZ20210027）的支持。

由于编者水平有限，书中难免有许多不足之处，恳请读者谅解并批评指正。

编　者

2024 年 11 月 1 日

课程资源

① 习近平：高举中国特色社会主义伟大旗帜 为全面建设社会主义现代化国家而团结奋斗——在中国共产党第二十次全国代表大会上的报告. [2022-10-25]. https://www.gov.cn/xinwen/2022-10/25/content_5721685.htm.

目　录

CONTENTS

上篇　ERP原理篇

中篇 ERP 系统篇

下篇 ERP 应用篇

上篇　ERP 原理篇

第1章 ERP 概述

|学习目标|

➢ 掌握 ERP 的基本概念，对 ERP 的定义及特点有充分认识。

➢ 了解 ERP 的演变与发展过程。

➢ 掌握物料需求计划（material requirement planning，MRP）、制造资源计划（manufacturing resources planning，MRPⅡ）、ERP 等主要内容。

➢ 能够分析 MRP、MRPⅡ、ERP 的区别与联系。

➢ 了解 ERP 的发展趋势。

|思政目标| 家国情怀 文化自信 专业认同 学科交叉

导引启示

“砸”碎旧观念，“砸”出新未来

——金蝶 ERP“蝶”变成“金”，为企业管理护航[①]

金蝶国际软件集团（以下简称金蝶）创始人徐少春接受《企业家杂志》采访，谈到金蝶与“砸”的关系：其实金蝶创立之始，我就是砸掉了自己在原本单位里的“铁饭碗”，义无反顾地投入自己热爱的事业之中。“砸”其实一直伴随金蝶的成长，从磁盘操作系统（disk operating system，DOS）到 Windows 财务软件，从财务软件到 ERP，从 ERP 到云服务，创新本就需要颠覆自己的固有认知和观念，破釜沉舟，才能开辟中国管理软件的崛起之路。

1988 年，25 岁的徐少春来到了深圳这片进取、实干、包容的创业热土。1991 年，他借来 5000 元买了一批计算机散件，组装成一台 286 计算机，创立了金蝶的前身——爱普电脑技术有限公司。

凭借一腔初生牛犊不怕虎的热情，仅用 8 年时间，徐少春带领金蝶于 2001 年赴港上市，这是国内第一家在境外资本市场上市的软件公司。

2002 年，金蝶发布了业务操作系统（business operating system，BOS）平台。这是一个开放的集成与应用平台，合作伙伴可以在该平台上研制具有自己品牌的管理软件，平台也可为企业进行应用定制和个性化开发。它结合了自下而上的技术驱动与自上而下的

① 资料来源：https://vip.kingdee.com/article/296223300072782848?productLineId=0&lang=zh-CN。

应用驱动，不仅将开发效率提高了50%，同时使ERP具有非凡的随需应变能力。

2012年，金蝶遭遇了“至暗时刻”——自成立以来的首次亏损，不断攀升的人力成本几乎把金蝶逼向了生死存亡的险地。这一年，移动互联网正在中国如火如荼地展开，而金蝶的重心还在ERP系统和传统咨询服务业。徐少春坦言：“是时候调整方向了！我的想法是把公司变成一个轻资产公司，未来业务更多地集中于互联网、云计算等领域。”于是，金蝶拉开了公司史上最波澜壮阔的转型序幕。

经过2012～2013年两年的探索，金蝶团队于2014年开始加速转型。于是，在金蝶的产品发布峰会上有了一系列“砸”的硬核举动。

2014年5月4日，“砸”笔记本电脑。凭一部手机移动办公，在当年还没有企业微信和钉钉的情况下，金蝶开发出中国最早的企业移动办公软件“云之家”。

2014年8月8日，“砸”服务器。变革传统ERP，实现云端办公，安全又可靠。当天，金蝶开始销售云服务。

2016年5月4日，“砸”办公室和隔断，颠覆组织边界。倡导移动端办公、居家办公，员工心与心自由连接，让公司文化更加开放。

2017年5月4日，“砸”掉并重新定义ERP，而ERP的提出者于2019年提出了ERP的进化者——企业业务能力（enterprise business capability，EBC）。

2021年5月8日，“砸”掉企业被旧信息技术（information technology，IT）理念与平台“卡脖子”的“手”，提出“让中国管理软件在全球崛起”。

每次“砸”，不仅表示出金蝶要彻底变革的决心，也砸醒了金蝶人的数字化意识：往云的方向走。“我们不仅要研发新的产品，其实更多是激发金蝶转型的意识，”正如徐少春所言，“ERP原有的概念、名称、理念要随着未来的需求而发展、变化，企业在快速改变，人也在快速变化。金蝶的未来，某种意义上来讲，也承载着一种历史的使命，就是‘让中国管理模式在全球崛起’。”徐少春的感悟也让金蝶人拥有更强大的使命感。

本章关键词

ERP　信息化　订货点法　物料需求计划　制造资源计划

1.1 ERP概念及特点

1.1.1 ERP相关概念

ERP的概念最初是由美国著名IT咨询公司高德纳咨询公司（Gartner Group）的李•怀利（L.Wylie）于1990年4月12日在《ERP：设想下一代MRPⅡ》的研究报告中提出来

的。随后，高德纳咨询公司又陆续发表了一系列的分析和研究报告，至 1993 年，ERP 的概念已经比较成熟，变得更为现实。

1. 企业

1）企业的定义

关于企业的定义，国内外至今还没有一个统一的表述。通常所说的企业，一般是指依法设立的以营利为目的，从事生产经营、知识开发、模型设计和方案策划等活动，为满足社会需要自主经营、自负盈亏、承担风险，实行独立核算，具有法人资格，为社会提供产品和服务的基本经济单位。

从上述定义可知，企业是从事生产经营等活动的实体，它作为社会的基本经济单位独立存在，有自己的财产和独立的利益，以营利为目的，以实现投资人、客户、员工、社会大众的利益最大化为使命，通过提供产品或服务换取收入，在市场中它是一个市场主体，根据一定的条件和程序登记设立，有一定的内部管理规范。

2）企业的特征

一个企业应具备以下基本特征：①拥有一定数量、一定技术水平的生产设备和资金；②具有开展一定生产规模和经营活动的场所；③具有一定技能、一定数量的生产者和经营管理者；④从事社会商品的生产、流通等经济活动，以获取利润；⑤进行自主经营，独立核算，并具有法人地位。

3）企业的类型

企业可分为工业企业、商业企业、农业企业、科技企业和文化企业等，通常提到的企业往往是指工业企业和商业企业。

工业企业是从事工业性生产的经济组织，它利用科学技术和合适的设备，将原材料进行加工，使其改变形状或性能，从而为社会提供需要的产品，同时获得利润。

商业企业是指从事商业性服务的经济实体，它以营利为目的，直接或间接地向社会供应货物或劳务，以满足客户的需要。

2. 资源

1）资源的含义

从汉语的字面解释来说，“资”就是“有用”“有价值”的东西，即生产资料和生活资料；“源”就是来源。也就是说，“资源”就是生产资料和生活资料的来源。一般来说，资源指的是一切可被人类开发和利用的物质、能量和信息的总称，它广泛存在于自然界和人类社会中，是一种自然存在物或能够给人类带来财富的物质。它是自然界和人类社会中一种可以用以创造物质财富和精神财富的、具有一定数量的、积累的客观存在形态，如土地、矿产、森林、海洋、石油和信息等，它是一切可被人类开发和利用的客观存在。

2）资源分类

资源一般可以分为自然资源与非自然资源两大类。

自然资源是指自然界天然存在、未经人类加工的资源，如土地、水、生物、能量和矿物等。它是与人类社会发展有关的、能被利用来产生使用价值并影响劳动生产率的自然要素，可分为有形的自然资源（如土地、水体、动植物、矿产等）和无形的自然资源（如光资源、热资源等）。自然资源具有可用性、整体性、变化性、空间分布不均匀性和区域性等特点，是人类生存与发展的物质基础和社会物质财富的源泉。

非自然资源是指人类开发出的资源，如计算机、电话、移动网络、科学技术和信息等。

3）企业资源

一切形成企业竞争优势的因素都可以视为企业资源。企业可以运作的所有对象，如人、财、物、组织机构、管理制度和社会关系等都是企业的资源，它可以是实实在在的物质资源（如设备、材料和能源等），也可以是时间、品牌和信息等相对虚拟的事物。

企业资源可以分为有形资源和无形资源两类。厂房、生产线、加工设备、检测设备和运输工具等是企业的有形资源（或称硬件资源），技术、品牌、人力、管理、信息、信誉、融资能力、组织机构、员工的劳动热情，甚至人际关系等是企业的无形资源（或称软件资源）。

在企业的运行发展中，这些资源相互作用，形成企业进行生产活动、完成客户订单、创造社会财富、实现企业价值的基础，反映企业在竞争中的地位。

安达信咨询公司提出了一个企业资源的动态模型。这个资源模型将企业的有形资源、财务资源、客户资源、员工和供应商，甚至创新能力与业务流程等组织资源全部纳入，如图 1-1 所示。

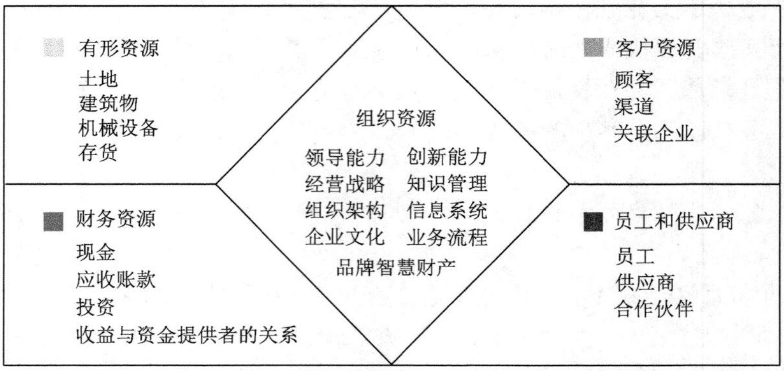

图 1-1 企业资源的动态模型

一个企业，要想在激烈的竞争中生存发展和基业长青，就要有效地挖掘自身各类资源的潜力，优化资源配置、整合资源结构，使资源发挥更大的作用。

4）企业的五个基本资源要素

企业作为一个完整的经营体系，为了从事生产或服务活动及实现目标，就必须具备实现目标的功能，即必须拥有生产某种产品或提供某种服务所需要的人力、物力、财力与技术，以及反映这些要素相互结合运动的各种信息。因此，企业主要由人、财、物、技术和信息五个基本资源要素组成。

（1）人：包括操作人员、技术人员和管理人员及其知识和技能等。人是企业的主体和灵魂。企业各类人员的数量、结构及素质将决定系统的运行状态和运行效果。

（2）财：即资金，是物的价值转化形态或货币表现形式。企业的生产经营活动过程，从其价值形态看就是资金运动和价值增值的过程。现代企业的全部资金通常以固定资金和流动资金两种形式存在。资金主要从数量、构成及周转速度等方面对企业产生影响。

（3）物：包括土地、建筑物等，是企业运行的“空间”条件；机电设备、仪表、工具等，属于劳动手段；天然资源或外购原材料、半成品或成品等，属于劳动对象。这些是企业生产经营活动的物质基础。这些物质条件，以其质量和技术状况影响和决定着企业的运行状况和运行效果。

（4）技术：指各种设计、配方、工艺流程和工艺方法等。现代企业的技术在生产过程中会同时体现在劳动者、劳动手段和劳动对象等生产要素上。它以先进性、适用性程度影响和决定着企业运行的状态和效果。

（5）信息：指各种情报、数据、图纸、规章和指令等。它是人、财、物等要素运动状态的反映，是维持企业正常运营的神经细胞。它包括系统内部信息和系统外部信息两个方面，并以准确、及时、可靠的程度影响和决定着系统运行的状态和效果。

上述五种资源要素无论在属性上还是形态上都不相同，但在企业中，它们相互作用、相互依存，形成一个有机整体。其中，前三项属于有形资源，后两项属于无形资源。在传统观念中，企业往往只重视有形资源，而忽视无形资源，但现代企业真正的潜力和活力却隐藏在无形资源之中。

3. 计划

计划是机关、企事业单位、社会团体对今后一段时间的工作、活动做出预想和安排的一种事务性文书。计划是人们为了实现某种目的而对未来的行动所做的设想和部署。总之，计划是人们根据实际情况，通过科学预测，权衡客观的需要和主观的可能，从而提出的在未来一定时期内要达到的目标，以及实现目标的途径。在实践中，计划有许多名称，如“安排”“要点”“设想”“方案”“规划”“打算”等。

1）计划的特点

（1）预见性：这是计划最明显的特点之一。计划不是对已经形成的事实和状况的描述，而是在行动之前对行动的任务、目标、方法及措施做出的预见性确认。但这种预想不是盲目的、空想的，而是以上级部门的规定和指示为指导，以本单位的实际条件为基础，以过去的成绩和问题为依据，对今后的发展趋势经过科学预测之后做出的。预见是否准确，决定了计划的成败。

（2）针对性：计划要针对当前市场情况而定，要针对企业的主观和客观条件及相应能力而定。也就是说，从实际出发制订的计划，才是有意义、有价值的计划。

（3）可行性：可行性是和预见性、针对性紧密联系在一起的，预见准确、针对性强的计划，在现实中才真正可行。如果目标定得过高、措施无力实施，这个计划就是空中楼阁；反过来说，目标定得过低，措施和方法都没有创见性，虽然很容易实现，但并不能取得有价值的成就，那也算不上有可行性。

（4）约束性：计划一经通过、批准或认定，在其指向的范围内就具有约束作用，在这一范围内无论是集体还是个人都必须按计划的内容、时间约定开展工作和活动，不得违背和拖延。

2）计划的基本类型

计划是对未来行动的事先安排。计划的种类很多，可按不同的标志进行分类，最普遍的划分方法是根据计划的形式、职能、广度、时间跨度和明确性对计划进行分类。

（1）按形式来分，计划可分为使命、目标、战略、政策、规则、程序、规划和预算等。

（2）按职能来分，计划可分为工作计划、学习计划、生产计划、教学计划、销售计划、采购计划、分配计划和财务计划等。

（3）按广度来分，计划可分为国家计划、地区计划、单位计划、班组计划、战略计划和作业计划等。

（4）按时间跨度来分，计划可分为长期计划、中期计划、短期计划三类，具体还可以分为十年计划、五年计划、年度计划、季度计划和月度计划等。

（5）按明确性来分，计划可分为指令性计划、指导性计划等。

3）计划的六要素

在任何领域、任何层次上完整的计划都必须具备 what、why、when、where、who、how 六个要素，简称 5W1H。

（1）做什么（what）：明确组织的使命、战略、目标，以及行动计划的具体任务和要求，明确一个时期的中心任务和工作重点。

（2）为什么做（why）：论证组织的使命、战略、目标，以及行动计划的可能性和可行性，也就是说要提供制订计划的依据。

（3）何时做（when）：规定计划中各项工作的开始和完成的进度，以便进行有效的控制，以及对能力和资源进行平衡。

（4）何地做（where）：规定计划的实施地点或场所，了解计划实施的环境条件和限制，以便合理安排计划实施的空间组织和布局。

（5）谁去做（who）：计划应明确规定目标、任务、地点、进度、负责部门和负责人等。

（6）怎么做（how）：制订实行计划的措施及相应的政策和规则，对资源进行合理分配和集中使用，对人力、生产能力进行平衡，对各种派生计划进行合理平衡等。

4）计划的重要性

有了计划，工作就有了明确的目标和具体的步骤，就可以协调大家的行动，增强工作的主动性，减少盲目性，使工作有条不紊地进行。同时，计划本身又是对工作进度和质量的考核标准，有较强的约束和督促作用。因此，计划对工作既有指导作用，又有推动作用。

工作有计划，可在有序、协调、高效方面取得优势。有序是指有了明确的目标及为此确定的步骤、重点和分工等，可在实现过程中分辨轻重缓急、保证重点、有条不紊，为全局奠定基础。协调是指通过计划做出事先协调，处理好在计划的制订和实施过程中的总目标与子目标之间、各具体目标之间、预期目标与时间约束之间、目标与手段之间可能存在的矛盾，促进目标的顺利实现。高效是指尽可能地激励行为主体的积极性，合理地挖掘并组织相关的条件和资源，减少盲目、冗余和重复，有利于提高效率。有序、协调、高效的优越性构成了计划的一般价值。

计划是管理的一项重要职能，也是管理的一种重要手段。一般认为，管理具有计划、组织、指挥、协调和控制等职能，在这些职能中，计划职能反映了管理者的决策意图，决定着管理行为的方向，制约和决定着其他管理职能，因而被人们视为管理的首要职能。

常识告诉我们，工作的内容越复杂，参与实施计划的行为主体和涉及的环节越多，越需要制订计划。我国古代就有“凡事预则立，不预则废”的思想。西方经济学家也阐明了这个道理：“虽然我们无法预见未来，但如果我们没有根据当时所得到的信息制订未来的计划，我们就无法合理地行事。”

要想避免工作的盲目性，必须前有计划、后有总结。计划能够建立起正常的工作秩序，明确工作的目标，是领导者指导、检查，群众监督、审查工作成绩的依据。计划也是经过一段时间后单位总结工作时的基本准则，完成或超额完成工作计划，说明工作成绩是突出的；相反，没有完成工作计划，则说明工作存在严重的问题。

4. 企业管理

1）管理的定义

管理是一个十分广泛的概念，有非常丰富的内涵和外延。很多管理学家给出了管理的定义。

德鲁克：管理是把一群乌合之众变成一个有效率、有目的、有生产力的组织的特殊过程。

孔茨：管理是设计和维持一种良好的环境，使人在群体中高效率地完成既定目标的一种活动。

西蒙：决策贯穿管理的全过程，管理就是决策。

罗宾斯：管理是指和别人一起，通过别人将活动更有效地完成的过程。

下面给出三个管理的定义。

定义 1-1　管理就是由一个人或多个人来协调其他人的活动，以便达到个人单独活动所不能达到的效果。

这种定义强调工作任务，其出发点为社会中的人们之所以形成各式各样的组织和集团，是因为集体劳动所能取得的效果是个人劳动无法取得的，或者仅能在很小的规模上、很长的时间内取得。美国的“阿波罗”登月计划曾经聚集了几万名科学家、几千家企业进行研究、设计和制造。这样巨大的项目需要的知识是任何人都无法全面掌握的，更谈不上具体地实现这项计划。即使像建造住房这种相对来说比较简单的工作，仅凭个人去做也只能局限在一个很小的规模上，而且要花费相当长的时间才有可能完成。总之，组织活动扩大了人类的能力范围。然而，要真正达到这种集体劳动的效果，必须有一个先决条件，即集体成员的活动必须协调一致。为此，就需要一种专门的活动，这种活动就是管理。

定义 1-2 管理就是领导。

这种定义强调管理者个人领导艺术，其出发点为任何组织都有一定的结构，而在结构的各个关键点上是不同的职位，占据这些职位的是一些具有特殊才能或品质的人，这些人被称为领导者。组织中的一切有目的的活动都是在不同层次领导者的领导之下进行的，组织活动是否有效，取决于这些领导者的个人领导活动是否有效。因此，可以认为管理就是领导。

定义 1-3 管理是指定组织中的管理者，通过实施计划、组织、领导、协调、控制等职能来优化、配置和协调人、财、物、信息等资源，以有效实现既定目标的过程。在这里，目标是方向，计划是前提，组织是载体和依托，领导和指挥是关键，协调和控制是保证。

这种定义强调比较广泛的研究，而不局限于某个侧面。这个定义有以下三层含义。

第一层含义说明管理采用的措施是计划、组织、控制、协调和领导这五大基本职能。

第二层含义说明第一层含义的目的，即利用上述措施来协调人力、物力和财力方面的资源。协调是指同步化与和谐化。一个组织要有成效，必须使组织中的各个部门、各个单位，直到各个人的活动同步与和谐；组织中人力、物力和财力的配备也同样要同步与和谐。只有这样才能均衡地达到多元的组织目标。

第三层含义说明第二层含义的目的。一个组织协调人力、物力和财力方面的资源是为了使整体组织活动更加富有成效，这也是管理活动的根本目的，即实现既定目标。

2）管理的五大职能

管理的职能是帮助组织充分利用其资源以实现组织的目标。职能是指人、事物或机构应有的作用。每个管理者工作时都是在执行其中的一个或几个职能。

（1）计划：就是组织对未来的活动，以及为了资源供给与使用而进行的一种预先的筹划。

（2）组织：是管理者创建的一个有助于实现组织目标的工作关系结构，即根据组织目标，在任务分工的基础上设置组织部门，根据各部门的任务性质和管理要求，确定各部门的工作标准、职权、职责，制定各部门之间的关系及联系方式和规范等，使组织成员能够共同工作并实现组织目标。

（3）领导：是指管理者利用被赋予的职权和自身拥有的权力去指挥、影响、激励组织成员为实现组织目标而努力工作的一门艺术性很强的管理活动。科学的领导在管理职能中变得日益重要。同时，领导也意味着创造共同的文化和价值观念，在整个组织范围内与员工沟通组织目标和鼓舞员工树立谋求卓越表现的愿望。此外，领导也包括对所有部门、职能机构中直接与管理者一起工作的员工进行激励。

（4）协调：就是正确处理组织内外部的各种关系，为组织正常运转创造良好的条件和环境，即沟通信息，增强相互理解，激励组织内每个成员自觉地为实现组织目标而共同努力，促进组织目标的实现。

（5）控制：就是使实践活动符合计划，监督各项活动以保证它们按组织计划进行并纠正各种重要偏差。控制是为了保证组织各部门、各环节能按预定要求运作而实现组织目标的一项管理工作活动。

3）管理的三个层次

管理通常可分成三个层次，即高层（也称战略级）管理、中层（也称策略级）管理和基层（也称执行级）管理。这三个层次的管理工作的特点各不相同。高层管理是指一个组织或系统最高领导层所做的工作，其主要任务是根据组织内外部的全面情况，分析和制定该组织的长远目标及政策。中层管理任务是根据高层管理所确定的总目标，具体对组织内拥有的各种资源制订资源分配计划及进度表，组织基层单位来实现总目标。基层管理任务则是按照中层管理制订的计划，具体组织人力去完成计划。

例如，在一个工厂中，厂长的工作属于高层管理，各科室（如计划科、生产科、销售科等）的工作属于中层管理，车间主任的工作则属于基层管理。

4）企业管理的概念

企业管理是指企业经理人员或经理机构对企业生产活动过程进行计划、组织、领导、协调、控制，优化、配置和协调人、财、物、信息等资源，实现企业目标等活动的总称。

企业的生产经营活动包括两部分：一部分属于企业内部的活动，即以生产为中心的基本生产过程、辅助生产过程及生产前的技术准备过程和生产后的服务过程，对这些过程的管理统称为生产管理；另一部分属于企业外部的活动，即联系社会经济的流通、分配、消费等过程，包括物资供应、产品销售、市场预测与市场调查、用户服务等，对这些过程的管理统称为经营管理，它是生产管理的延伸。

因此，企业管理可以分为生产管理和经营管理，主要目的是合理地组织企业内部的全部生产活动与科学地组织企业的全部经营活动。

企业最根本的目标有两个：一是企业自身的经济效益目标；二是社会效益目标。企业是一个经济组织，它的首要目标是实现利润最大化，即实现经济效益目标；企业也是一个社会组织，它要承担一定的社会责任，包括以产品或服务满足社会需求、为社会提供就业机会等，即实现社会效益目标。

企业的经济效益目标与社会效益目标有时是互相矛盾的。协调这种矛盾，处理好企业与国家、社会和个人之间的关系，也是企业管理的内容和目的之一。

5）企业管理的任务

为了实现企业的目标，企业管理应该完成以下五项工作任务。

（1）合理地组织生产经营活动。生产经营活动是企业活动的中心，管理是为生产经营服务的。为了保证生产经营活动顺利进行，企业必须建立高效的组织机构，制定科学的管理制度，使上下级之间、各部门之间、各环节之间职责分明、权责一致、信息畅通、协调配合。

（2）有效地利用企业资源。人、财、物、技术与信息是构成企业的五个基本资源要素，也是企业管理的基本对象，只有有效地利用这些资源，才能降低成本、节约费用，提高企业的经济效益。只有经济效益提高了，企业才能为社会提供价廉物美的产品和服务，才能更好地满足社会需求。

（3）促进技术进步，不断提高企业竞争实力。“科学技术是第一生产力”，企业管理应不断促进企业的技术进步，尽快把科学技术发展的新成果转换成企业的直接生产力，开发新产品、发展新市场，不断提高企业的竞争实力。生产力是人们征服自然、改造自然以获得物质生活资料的能力。

（4）加强职工教育，开发人力资源。企业管理的核心是对人的管理。人的力量是无穷的，人力资源是企业财富的源泉。加强职工教育，不断提高职工的科技知识和业务技术水平，不仅是开发企业人力资源的有效途径，也是企业发展的根本战略。

（5）协调内外部关系，增强企业的环境适应性。企业是社会经济系统的一个子系统，企业外部的政治、经济、社会和科学技术等环境因素都会对企业的生存和发展产生极大的影响。而且，企业是一个开放的动态系统，它与外部环境之间进行着广泛的物质、能量和信息的交换。在这些影响和交换中，必然会产生各种各样的矛盾，这就需要通过企业的管理活动进行内外部关系的协调，并不断调整内部结构，使企业适应外部环境的变化。

1.1.2 ERP 的定义

ERP 是指企业使用和配置相关资源的计划。具体而言，ERP 就是企业的管理者根据企业自身资源进行统一部署，按照各个不同部门的具体需求制订的不同计划，如销售计划、财务计划、生产计划和采购计划等，进而使企业有限的资源能够在部门之间实现最佳的配置，以提升企业资源的利用率，达到提高企业竞争力的目的。

到目前为止，ERP 还没有统一的定义，我们可以从管理界的管理思想、信息界的软件产品、企业界的管理系统三个方面理解 ERP。下面从管理思想、软件产品、管理系统三个层次给出 ERP 的基本定义。

定义 1-4 ERP 是由美国著名的计算机技术咨询和评估集团高德纳咨询公司提出的一整套企业管理系统体系标准，其实质是在 MRP II 基础上进一步发展而成的面向供应链（supply chain）的管理思想。

定义 1-5 ERP 是综合应用了客户机/服务器体系、关系数据库结构，面向对象技术、图形用户界面、第四代语言（fourth-generation language，4GL）、网络通信等信息产业成果，以 ERP 管理思想为灵魂的软件产品。

定义 1-6 ERP 是整合了企业管理理念、业务流程、基础数据、人力和物力、计算机硬件和软件于一体的企业资源管理系统。

上述三个定义具有如图 1-2 所示的包含关系。

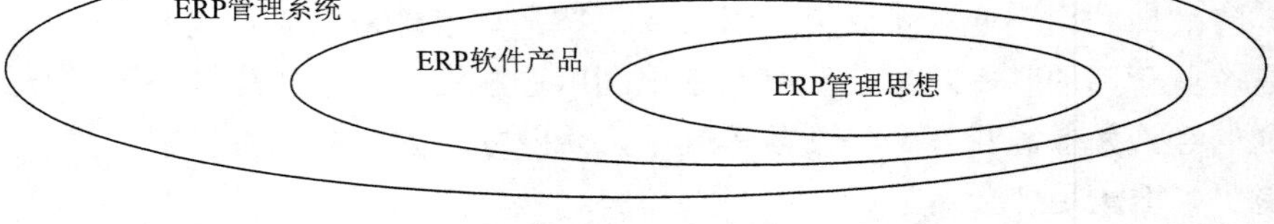

图 1-2 ERP 概念关系图

定义 1-4～定义 1-6 分别从三个角度定义了 ERP，下面给出的定义 1-7 是 ERP 的综合定义。

定义 1-7　ERP 是建立在现代信息技术基础上，融合现代企业的先进管理思想，全面集成企业所有资源信息，为企业提供决策、计划、控制与经营业绩评估的全方位和系统化的管理平台。

定义 1-7 说明了 ERP 不仅是一个计算机软件产品，也是一种管理理论和思想，它可以帮助管理者充分利用企业的所有资源，包括内部资源和外部市场资源，为企业制造产品和提供服务创造最优的解决方案，以实现企业的经营目标，可以帮助管理者进行决策、计划、控制与经营业绩评估，完成企业管理的各种任务。

因为先进的管理理论和思想只有依赖计算机软件系统才能实现，所以实现现代管理理论和思想的 ERP 系统常常被当作一种计算机软件系统或软件包，这实际上是一种表面的认识。ERP 系统是一个包含先进管理理论和思想的软件系统，只有深刻地了解 ERP 的管理思想和理念，才能真正地理解、掌握、应用和研制 ERP 系统。

由于企业的环境在不断变化，ERP 理论也在不断发展，当前 ERP 系统融合了许多针对企业管理新问题的新的管理思想与技术，如供应链管理（supply chain management，SCM）、客户关系管理（customer relationship management，CRM）、敏捷制造、精益生产、并行工程、企业业务流程管理等。它不仅面向供应链管理，体现企业业务流程重组、精益生产、敏捷制造、并行工程的管理理念，而且结合全面质量管理（total quality control，TQC）以保证质量和客户满意度；结合准时制（just in time，JIT）生产以降低库存和缩短交货期，消除一切无效劳动与浪费；结合约束理论来定义供应链上的瓶颈环节，消除制约因素来扩大企业供应链的有效产出。

当前 ERP 系统已经成为现代企业管理的主要软件工具，是企业不同层次管理者执行计划、组织、领导、协调和控制等管理职能，优化、配置和协调人、财、物及信息等资源的全方位和系统化的管理平台。可以说，现代企业管理离不开 ERP，而 ERP 更离不开现代企业管理的需求，现代企业管理的需求是产生 ERP、完善 ERP 和促进 ERP 发展的根本原因。

根据以上的内容可知，对应于不同领域的不同表述要求，ERP 分别有它特定的内涵和外延，本书选取管理界、信息界、企业界相应的“ERP 思想”“ERP 软件”“ERP 系统”的表述方式。

1.1.3　ERP 的特点

（1）ERP 更加面向市场、面向经营、面向销售，能够快速响应市场。它将供应链管理功能包含进来，强调供应商、制造商与分销商之间新的伙伴关系，并且支持企业后勤管理。

（2）ERP 更强调企业流程与工作流，通过工作流实现企业的人员、财务、制造与分销之间的集成，支持企业过程重组。

（3）ERP 更多地强调财务，具有较完善的企业财务管理体系，这使价值管理概念得以实施，资金流与物流、信息流更加有机地结合。

（4）ERP 较多地考虑将人的因素作为资源在生产经营规划中的作用，也考虑人的培训成本等。

（5）在生产制造计划中，ERP 支持制造资源计划与准时制生产的混合生产管理模式，也支持多种生产方式（离散制造、连续流程制造等）的管理模式。

（6）ERP 采用最新的计算机技术，如客户机/服务器分布式结构、面向对象技术、电子数据交换技术、多数据库集成技术、图形用户界面、第四代语言及辅助工具等。

此外，有的 ERP 系统还包括金融投资管理、质量管理、运输管理、项目管理、法规与标准、过程控制等补充功能，使企业的物流、信息流与资金流更加有机地集成。它能更好地支持企业经营管理各方面的集成，并将给企业带来更广泛、更长远的经济效益与社会效益。

1.2 ERP 与企业信息化

在 21 世纪，企业信息化是各个企业都要解决的主要问题。本节将探讨企业信息化与 ERP 的关系，说明 ERP 在企业信息化中的作用，说明企业使用 ERP 的必要性。

1.2.1 企业信息化的定义

企业信息化目前没有一个统一的描述，这里给出几个典型的定义。

定义 1-8 企业信息化是指企业有目的地推进与使用信息资源与现代信息技术的一种活动。

定义 1-9 企业信息化是指利用信息技术获取、处理、传输、应用知识和信息资源，使企业的竞争力更强和收益更多的一个动态过程。

定义 1-10 企业信息化是企业利用现代信息技术，通过对信息资源的深化开发和广泛利用，不断提高生产、经营、管理及决策的效率和水平，进而提高企业经济效益和企业竞争力的过程。

定义 1-11 企业信息化是企业将信息技术应用于企业生产、管理经营活动，实质上是将企业的生产过程、物料移动、事务（transaction）处理、现金流动、客户交货等业务过程数字化，通过各种信息系统、网络加工生成新的信息资源，提供给各层次的人们洞悉、观察各类动态业务中的一切信息，以做出有利于生产要素组合优化、企业资源合理配置的决策。

定义 1-12 企业信息化是企业利用现代信息技术，通过信息资源的深入开发和广泛利用，实现企业生产过程的自动化、管理方式的网络化、决策支持的智能化和商务运营的电子化，不断提高生产、经营、管理、决策的效率和水平，进而提高企业经济效益和企业竞争力的过程。

以上定义从不同视角、不同关注重点描述了企业信息化的内涵。对各种定义加以考察，可以发现各种定义虽然存在差异，但本质是相同的。因此，可以将企业信息化的定义概括如下。

定义 1-13 企业信息化是指企业在先进的管理理念指导下，应用先进的计算机网络技术整合企业资源，以改造企业的生产、管理和营销等业务流程为主要内容，为企业的战略层、战术层、运作层提供准确、及时、完整、有效的信息，以便对需求做出迅速反应，以提升企业的经济效益和竞争力的动态发展过程。

1.2.2 企业信息化不同阶段的内容与表现形式

1. 企业信息化不同阶段的内容

根据信息技术的演变，本书将企业信息划分为事务管理阶段、信息管理阶段与资源管理阶段。

在信息技术发展的早期阶段，企业信息化局限于生产过程的自动化管理及企业内部日常办公事务的处理等方面，该阶段称为事务管理阶段，其实现的是管理的信息化，主要内容是各管理职能科室实现独立的计算机管理，如财务部门实施电算化或仓库管理使用计算机等。

20 世纪 80 年代开始，随着计算机硬件和软件技术的发展，特别是计算机和通信网络技术的日趋融合，企业信息化内容发生了巨大的变化，信息技术在企业中的应用不再局限于企业活动的某些环节，而是逐步渗透到企业活动的各个领域和环节，极大地改变了企业的生产、流通和组织管理方式，推动了企业物流、资金流和信息流的相互融合，企业信息化位于信息管理阶段，其主要内容是信息系统化和集成化，即将各自独立的数据信息实现集成和共享，如现在一些财务软件公司在开发的财务管理系统中加入了“进销存”管理子系统。

进入 21 世纪以来，企业信息化进入资源管理阶段，其主要内容是实现资源信息化，建立面向供应链和基于业务流程重组的管理系统，并使用信息技术，再造企业管理。

信息管理与资源管理的本质区别在于信息管理不涉及管理方式的变革，企业管理依然可以是“科层制”，资源管理是应对知识经济时代的管理方案，是面向供应链的，也是“流程制”的。从使用的信息系统特征来看，资源管理系统软件带有物料需求计划、制造资源规制和工作流管理等功能，包括一些复杂的分析、规划等算法，具有决策辅助功能，也具有处理知识经济时代信息泛滥问题的能力。而信息管理系统则是面向功能和信息流的。

除了技术因素外，企业信息化的范围和内容还因企业规模、类型和性质的不同而呈现出巨大的差异。例如，大型企业和中小型企业的信息化就存在明显的差异，前者在信息技术应用的深度和广度方面都大大超过后者。又如，产品制造企业和服务企业也存在明显的差异，产品制造企业信息化的一个主要内容是产品设计和生产过程的自动化，而服务企业信息化则不包括这方面的内容。

2. 企业信息化的表现形式

企业信息化的表现形式可以概括为以下四个方面。

1）企业办公自动化与信息化

企业办公自动化（office automatic，OA）与信息化主要实现企业信息传递、信息类资源共享、电子邮件、公文流转、工作日程安排、小组协同办公和工作流程自动化等，即实现企业基本工作流信息化。

2）企业业务处理自动化与信息化

企业业务处理自动化与信息化以企业的各种应用系统为基础，通过各种类型的信息应用系统来有效地组织、利用信息资源，实现管理的高效率。企业的应用系统按功能可以分为事务处理系统（transaction processing system，TPS）、管理信息系统（management information system，MIS）、决策支持系统（decision supporting system，DSS）和智能支持系统等，以及人力资源系统、财务系统、存货系统和生产计划系统等。按应用的职能部门又可以分为财务管理系统、销售信息系统、库存管理（inventory management，IM）系统、人力资源管理系统和质量管理系统等。对于企业而言，各种应用系统既可以自成一体，以服务于企业某一个或某一些部门的职能需要，也可以是通过企业内部网有机联系在一起的集成应用系统，以实现企业业务管理下的计划管理、项目管理、财务管理、人力资源管理、采购销售和库存管理等为主要内容的企业管理和交易业务处理自动化及信息化。

3）企业产品设计和生产过程自动化与信息化

企业产品设计和生产过程自动化与信息化是制造业企业信息化的一个关键环节，其主要目的是在机械化的基础上综合利用微电子技术、计算机技术和自动控制技术实现对生产过程的监测和控制，从而达到提高产品质量和生产效率的目的。生产过程自动化与信息化涵盖产品设计和开发、生产工艺流程、物料管理和品质检验等各个生产环节。在产品设计和开发环节，主要是应用计算机辅助设计（computer aided design，CAD）技术、虚拟现实和模拟技术及网络技术等，缩短新产品的设计和开发周期，节约开发成本；在生产环节，主要是利用计算机辅助制造（computer aided manufacturing，CAM）、计算机集成制造系统（computer integrated manufacturing system，CIMS）和计算机集成生产系统（computer integrated producing system，CIPS）等技术实现生产过程的自动化和智能化。

生产过程自动化与信息化并不是孤立进行的，而是与其他环节，如库存、财务、设备和人员等管理方面的信息化紧密联系的。

4）企业外部运作管理信息化

企业将自身企业、供应商、用户和员工等整合成为一个完整、流畅的管理控制系统，以体现供应链管理的思想，实现企业供应链和客户关系管理的信息化。

企业采购和销售过程中的信息化极大地拓宽了企业信息系统的应用范围，从而使企业信息化从内部扩展到外部，并借助企业内部网、外部网和公共网络将企业内部的生产管理和外部的供应、销售整合在一起。通过网络和供应链管理系统等手段整合供应商及企业的交易和信息流程，以提高企业的采购效率；通过客户关系管理系统收集、处理和分析用户的信息，以便更好地满足用户的要求。

电子商务技术可以整合内部的信息系统和外部的信息系统，因此，电子商务系统的应用也是企业信息化建设的一个重要内容。

1.2.3 ERP 系统与企业信息化的关系

企业信息化的根本目的是利用信息技术与信息系统及时获取和处理与企业相关的信息，提高决策的科学性和企业行为的有效性，提高企业的劳动生产率，降低能耗和成本，提高企业的竞争能力。从企业信息化的根本目的可以发现 ERP 系统在实现企业信息化中的地位与作用。

1. ERP 系统是企业进行资源管理信息化的有效工具

企业信息化发展到资源信息化阶段，要求有一个集成的资源管理系统对企业供应链上的各个环节、各种资源进行管理，以提高企业的效益，从而达到提高企业竞争力的目的。

ERP 系统正是适应 21 世纪企业发展的需求特点——顾客、竞争、变化，整合企业内部和外部的所有资源，使用信息技术建立起来的面向供应链管理的工具。ERP 系统具有鲜明的时代特征，它对企业的业务流程重新进行了定义，用知识经济时代的“流程制”取代了过去经济时代的“科层制”管理模式，建立了以顾客和供应链为核心的管理理念。ERP 系统借助信息技术，使企业的大量基础数据共享，以信息代替库存，最大限度地降低了库存成本和风险，并借助计算机，对这些基础数据进行查询和统计分析，提高了决策的速度和准确率，体现了事先预测与计划、事中控制、事后统计与分析的管理思想。ERP 系统能够更有效地提高人力资源、时间资源等的使用效率，能解决信息泛滥问题，提高决策的准确率。

因此，ERP 系统是实现企业信息化的有力工具。

2. ERP 系统是实现企业信息化目的的保证

要实现企业信息化必须以实施 ERP 系统为基础，因为 ERP 系统是一种集成的企业管理信息系统，ERP 系统能够利用各个子系统的功能及时获取和处理与企业相关的信息，根据市场需求对企业内部和其供应链上各环节的资源进行全面规划、统筹安排、严格控制，以保证人、财、物、信息等各类资源得到充分、合理的应用，实现企业信息化的目的。

3. ERP 系统标志着企业信息化的水平

ERP 系统可以具体实现企业生产过程的自动化、管理方式的网络化、决策支持的智能化和商务运营的电子化。ERP 系统的使用标志着企业信息化进入资源管理阶段。

1.3 ERP 的演变与发展

1.3.1 ERP 的由来

从 1954 年计算机应用进入管理业务开始，计算机在企业管理中的应用从开始的数据单项处理发展到数据综合处理，即通常所说的管理信息系统。在半个多世纪的时间里，计算机在企业管理中的应用日益广泛，水平也越来越高。

1958 年，国际商业机器公司（International Business Machines Corporation，IBM）就发布了标准生产管理方式，对生产和库存进行控制。1961 年，美国一家制造企业提出了 MRP 管理系统，用计算机来计算物料需求和制订生产作业计划。1968 年，IBM 在其标准生产管理方式的基础上建立了生产信息控制系统（production and information control system，PICS）。20 世纪 70 年代后期推出的面向通信的生产信息控制系统（communication oriented production and information control system，COPICS）成为当时适用于综合制造业计算机辅助生产管理最具代表性的商业软件。进入 20 世纪 80 年代之后，全球许多软件公司在 MRP 和日本 JIT 的基础上，推出了 MRPⅡ系统。MRPⅡ很快在全球得到广泛的应用，它体现了先进的物料、生产、财务等管理思想和方法。20 世纪 90 年代初，ERP 概念被首次提出，随着互联网技术的广泛普及，企业资源正从物料、设备和资金等有形资产为主向以无形资产（知识和信息等）为主发展，促进了 MRPⅡ的不断发展，形成了以 MRPⅡ为基础、以网络技术为支持的 ERP 系统。之后，高德纳咨询公司结合新技术与新理念又提出了 ERPⅡ的概念，对原有概念进行了进一步拓展。ERP 具体演变过程如图 1-3 所示。

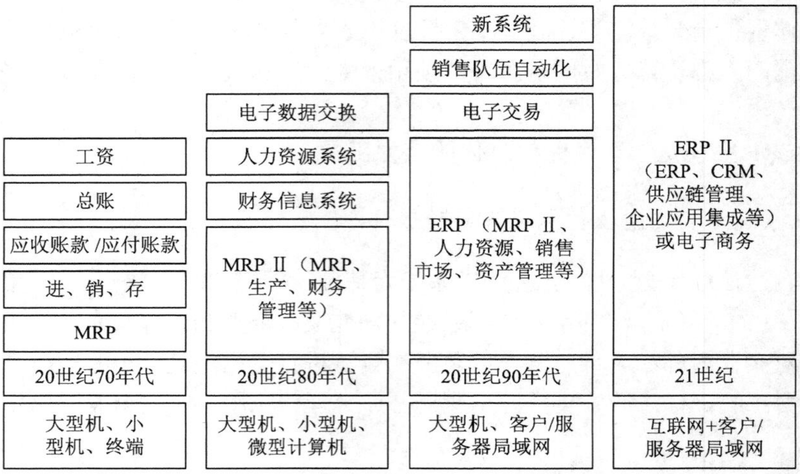

图 1-3　ERP 具体演变过程

1.3.2　订货点法

早在 20 世纪 30 年代初期，企业控制物料的需求通常采用控制库存物料数量的方法，为需求的每种物料设置一个最大库存量和安全库存量。物料的供应需要一定的时间（即供应周期，如物料的采购周期、加工周期等），因此不能等到物料的库存量消耗到安全库存量时才补充库存，而必须有一定的时间提前量，即必须在安全库存量的基础上增加一定数量的库存量。这个库存量作为物料订货期间的供应量，应该满足：当物料的供应到货时，物料消耗后的库存量刚好到了安全库存量。这种控制模型必须确定两个参数，即订货点与订货批量，如图 1-4 所示。

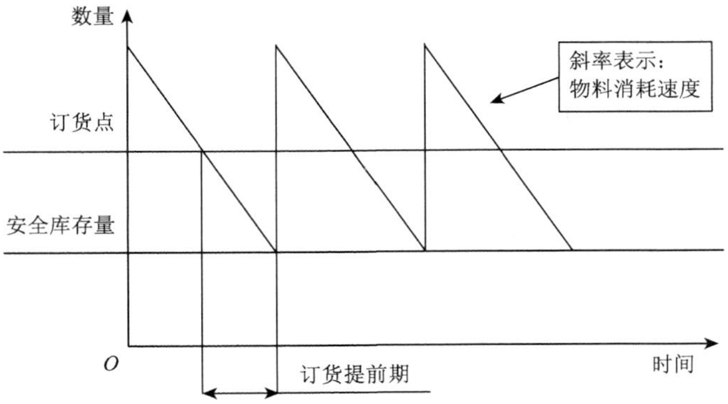

图 1-4　订货点法图示

订货点法应用需要满足一定的条件：①物料的消耗相对稳定；②物料的供应比较稳定；③物料的需求是独立的；④物料的价格不是太高。

这种模型在当时的环境下也起到了一定的作用，但随着市场的变化和产品复杂性的提高，它的应用受到一定的限制。

1.3.3　物料需求计划

订货点法受到众多条件的限制，而且不能反映物料的实际需求，企业往往为了满足生产需求而不断提高订货点的数量，从而造成库存积压，库存占用的资金大量增加，产品成本也随之升高，企业就会缺乏竞争力。

20 世纪 60 年代，美国生产与库存控制协会（American Production and Inventory Control Society，APICS）的物料需求计划委员会主席提出把对物料的需求分为独立需求与相关需求的概念，在此基础上，人们形成了“在需要的时候提供需要的数量”的重要认识。随着理论研究与实践的推进、发展，物料需求计划理论形成了，即基本的物料需求计划。这种思想指出，物料的订货量是根据需求来确定的，需求应考虑产品的结构，即产品结构与物料的需求量是相关的。

物料需求计划系统并不是仅仅代替订货点法下订单的库存管理系统，而是一种能提供物料计划及控制库存，依据产品的交货期推算出零部件的生产进度日程和原材料与外购件的需求日期的系统。它是将主生产计划（master production schedule，MPS）转换为物料需求表，并能为需求计划提供信息的系统。应用物料需求计划系统必须要决定物料的毛需求量（gross requirement，GR）和净需求量（net requirement，NR）。可先将物料的毛需求量转化为净需求量，从而进行毛需求量的净化过程，然后根据需求量和需求时间预先安排订单，以便了解缺料情况。

物料需求计划系统不仅给出了订单数量，而且特别强调需要的时间。因此，系统的输出数据可以作为采购、生产等工厂中各项管理的输入数据。这些数据是进行各项管理的基础。物料需求计划逻辑流程如图 1-5 所示。

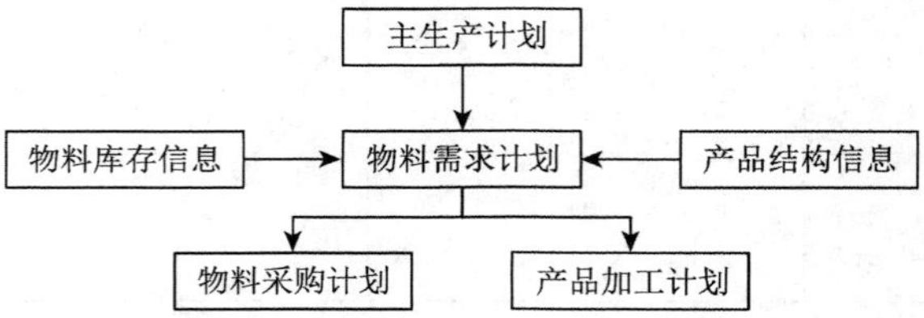

图 1-5　物料需求计划逻辑流程

物料需求计划需要满足的条件包括：①要有一个主生产计划；②每项物料要有一个独立的物料代码；③要有一个通过物料代码表示的物料清单（bill of materials，BOM）；④要有完整的库存记录。

1.3.4　闭环物料需求计划

物料需求计划的形成和制订考虑了产品结构相关信息和库存相关信息。但实际生产中的条件是变化的，如企业的制造工艺、生产设备及生产规模都是发展变化的，甚至要受社会环境的影响，如能源的供应、社会福利待遇的影响。利用基本物料需求计划原理制订的采购计划可能受供货能力或运输能力的限制而无法保障物料的及时供应。另外，如果制订的生产计划未考虑生产线的能力，在执行时就有可能偏离计划，计划的严肃性将受到挑战。因此，利用基本物料需求计划原理制订的生产计划与采购计划往往不可行。因为信息是单向的，与管理思想不一致，管理信息必须是闭环的信息流，由输入端到输出端再循环影响至输入端，从而形成信息回路。因此，随着市场的发展及基本物料需求计划原理被应用于实践，20 世纪 80 年代在此基础上发展形成了闭环物料需求计划理论。

闭环物料需求计划理论认为，主生产计划与物料需求计划应该是可行的，即考虑能力的约束，或者对能力提出需求计划，在满足能力需求的前提下，才能保证物料需求计划的执行和实现。在这种思想要求下，企业必须对投入/产出（input/output，I/O，或称为输入/输出）进行控制，也就是对企业的能力进行校验和执行控制。闭环物料需求计划流程如图 1-6 所示。

从图 1-6 中可以看出闭环物料需求计划的特点：①主生产计划来源于企业的生产经营规划与市场需求（如合同、客户订单等）；②主生产计划与物料需求计划的运行伴随着能力与负荷的运行，保证计划是可靠的；③采购与生产加工作业的计划与执行是物料的加工变化过程，同时又是控制能力的投入与产出过程；④能力的执行情况最终反馈到计划制订层，整个过程是能力的不断执行与调整的过程。

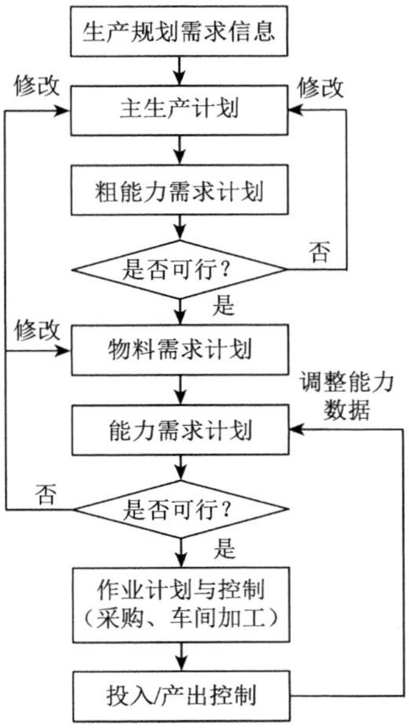

图 1-6　闭环物料需求计划流程

根据图 1-6 和闭环物料需求计划的特点，可将整个闭环物料需求计划的过程概述如下。

企业根据发展需要与市场需求来制订企业生产规划；根据生产规划制订主生产计划，同时进行生产能力与负荷分析，才能满足主生产计划基本可靠的要求。根据主生产计划、企业的物料库存信息、产品结构清单等信息来制订物料需求计划；由物料需求计划、产品生产工艺路线生成对能力的需求，由车间各加工工序能力数据［即工作中心（working center，WC）能力］生成对能力的需求，通过对能力的需求及供应的平衡，验证物料需求计划。如果这个阶段无法平衡能力，还有可能修改主生产计划。采购与车间作业按照平衡能力后的物料需求计划执行，并进行能力的控制，即输入/输出控制，进而将作业执行结果反馈到计划层。

闭环物料需求计划需要满足的条件包括：①有物料需求计划的计算结果；②有工作中心的划分和定义；③有工厂日历；④有工艺路线的划分和定义。

闭环物料需求计划能较好地解决计划与控制问题，是计划理论的一次大飞跃，但是，它仍然未能彻底解决计划与控制问题。

1.3.5　制造资源计划

从闭环物料需求计划的管理思想来看，它在生产计划领域中确实比较先进和实用，对生产计划的控制也比较完善。闭环物料需求计划的运行过程主要是物流（也有部分信息流）的过程，但是对于生产的动作过程，即产品从原材料的投入到成品的产出过程都伴随着企业资金的流通，闭环物料需求计划无法反映出来。并且，资金的动作会影响生产的运作，如采购计划制订后，企业由于资金短缺而无法按时完成，这就影响了整个生产计划的执行。

有需求才有发展，市场也是由需求不断推动的。对于出现的新问题，人们会寻求解决方法。1977 年 9 月，美国著名生产管理专家奥列弗 • 怀特（Oliver W. Wight）提出了一个新概念——制造资源计划（MRP II）[①]。MRP II 对制造业企业资源进行有效计划有一整套方法。它是一个围绕企业的基本经营目标，以生产计划为主线，对企业制造的各种资源进行统一计划和控制的有效系统，也是使企业的物流、信息流和资金流畅通的动态反馈系统。

下面对 MRP II 不同于闭环物料需求计划逻辑流程的部分加以描述。

MRP II 集成了应收账款、应付账款、成本管理及总账的财务管理。其采购作业根据采购单、供应商信息、入库单形成应付款信息（资金计划）；可根据采购作业成本、生产作业信息、产品结构信息、库存领料信息等产生生产成本信息；能把应付账款信息、应收账款信息、生产成本信息和其他信息等计入总账。产品的整个制造过程都伴随着资金流通的过程。MRP II 通过对企业生产成本和资金运作过程的掌握，调整企业的生产经营规划和生产计划，因而可得到更为可行、可靠的生产计划。

1.3.6 ERP 的生产

MRP II 对生产力的发展与信息技术的应用产生了深远的影响，但是随着市场竞争的日趋激烈和科技的进步，MRP II 的思想也逐步显示出局限性，主要表现在以下几个方面。

（1）企业竞争范围的扩大，要求企业在各个方面加强管理，并要求企业有更高的信息化集成程度，要求企业对整体资源进行集成管理，而不是仅对制造资源进行集成管理。现代企业都意识到，企业的竞争是综合实力的竞争，要求企业有更强的资金实力、更快的市场响应速度。因此，信息管理系统与理论仅停留在对制造部分的信息集成与理论研究上是远远不够的。与竞争有关的物流、信息流及资金流要从制造部分扩展到全面质量管理、企业的所有资源（分销资源、人力资源和服务资源等）及市场信息，并且要求 MRP II 能够处理工作流。在这些方面，MRP II 已经无法满足要求。

（2）企业规模不断扩大，多集团、多工厂要求协同作战、统一部署，这已超出 MRP II 的管理范围。全球范围内的企业兼并和联合潮流方兴未艾，大型企业集团和跨国集团不断涌现，企业规模越来越大，这就要求集团与集团之间、集团内与工厂之间统一计划，协调生产步骤，汇总信息，协调集团内部资源。这些既要独立又要统一的资源共享是 MRP II 目前无法解决的。

（3）信息全球化趋势的发展要求企业之间加强信息交流和信息共享。企业之间既是竞争对手，又是合作伙伴。信息管理已经扩大到整个供应链的管理，这些更是 MRP II 解决不了的。

---

① 制造资源计划的英文简称也是 MRP（manufacturing resource planning），为了与传统的 MRP 有所区别，将其名称改为 MRP II。

随着全球信息的飞速发展，尤其是互联网的发展与应用，企业与供应商、企业与用户之间，甚至是企业与竞争对手之间都要求对市场信息进行快速响应、信息共享。越来越多的企业之间的业务在互联网上进行，这些都对企业信息化提出了新的要求。

随着现代管理思想和方法的提出与发展，如准时制生产、全面质量管理、优化生产技术（optimized production technology，OPT）、分销资源计划（distribution resource planning，DRP）、制造执行系统（manufacturing execute system，MES）及敏捷制造系统（agile manufacturing system，AMS）等现代管理思想的相继出现，MRP II 逐步吸收和融合了其他先进的思想来完善和发展自身理论。20 世纪 90 年代，MRP II 发展到了一个新的阶段，即 ERP。

简要地说，企业的所有资源包括三大流，即物流、资金流和信息流。ERP 系统就是对这三种资源进行全面集成管理的管理信息系统。概括来说，ERP 系统是建立在信息技术基础上，利用现代企业的先进管理思想，全面地集成企业的所有资源信息，并为企业提供决策、计划、控制与经营业绩评估的全方位和系统化管理平台。ERP 系统是一种管理理论和管理思想，不仅仅是信息系统。它利用企业的所有资源，包括内部资源与外部资源，为企业制造产品或者提供服务创造最优的解决方案，最终达成企业的经营目标。

ERP 理论与系统是由 MRP II 发展而来的，它除了集成 MRP II 的基本思想（制造、财务及供销）之外，还大大扩展了管理的模块，如多工厂管理、质量管理、设备管理、运输管理、分销资源管理、过程控制接口、数据采集接口、电子通信等模块。它融合了离散型生产和流程型生产的特点，扩大了管理的范围，更加灵活或“柔性”地开展业务活动，实时地响应市场需求。MRP II 的核心是物流，主线是计划，伴随着物流过程，资金流和信息流同时存在。ERP 管理的中心是整合企业的物流、生产制造和资金流的资源，是对企业整体资源的全面平衡。总之，ERP 极大地扩展了业务管理的范围及深度，包括质量、设备、分销、运输、多工厂管理、数据采集接口等。

ERP 系统包括的模块一般有销售管理、采购管理、库存管理、制造标准、制造执行系统、物料需求计划、能力需求计划（capacity requirements planning，CRP）、车间管理、准时制生产管理、质量管理、财务管理、成本管理、应收账款管理、应付账款管理、现金管理、固定资产管理、工资管理、人力资源管理、分销资源管理、设备管理、工作流管理和系统管理等。

1.3.7　ERP 的发展

1990 年，高德纳咨询公司率先提出了 ERP 的概念。十年之后，该公司又提出了一个新的概念——ERP II。

刚开始提出 ERP II 系统的概念时，很多人认为它只是 ERP 系统的一种类型而已，但是从 2000 年开始，很多供应商和用户发现，当需要把企业对企业（business to business，B2B）、企业对用户（business to customer，B2C）与作为后台的 ERP 系统连接时，ERP 系统出现了集成危机。无论是传统的“水泥墙”式企业，还是现代公司，都需要解决 ERP

系统与基于 Web 的应用之间的信息传递问题。这种危机就像当初企业中各个应用独立面临的危机一样。ERP 系统成功地解决了企业中各个应用独立面临的危机，但是它又面临着与互联网集成的危机。ERP Ⅱ 系统的出现，就像 ERP 系统当初出现时面临的局面一样。

下面从几个方面对 ERP 未来的发展趋势进行展望。

1. 管理范围更加扩大

ERP 的管理范围有继续扩大的趋势，继续扩充供应链管理，并将电子商务（electronic commerce，EC）、客户关系管理、办公自动化、商务智能（business intelligence，BI）、商业过程管理（business process management）、企业绩效管理（enterprise performance management）、产品生命周期管理（product lifecycle management）等融入。

2. 继续支持与扩展企业的流程重组

企业的外部与内部环境变化是相当快的。企业要适应这种快节奏的变化，就要不断调整组织结构和业务流程。因此，ERP 的发展必然要继续支持企业的这种变化，使企业的工作流程能够按照业务的要求进行组织，以便集中相关业务人员，用最少的环节、最快的速度和最经济的形式完成某项业务的处理过程。

3. 运用最先进的计算机技术

信息是企业管理和决策的依据，计算机系统能够及时、准确地为企业提供必要的信息，因此 ERP 的发展是离不开先进的计算机技术的。互联网和企业内部网（Intranet）技术，使企业内部及企业与企业之间的信息传递更加畅通。面向对象技术的发展使企业内部的重组变得更加快捷和容易。计算机在整个业务过程中产生信息的详尽记录与统计分析，使决策变得更加科学和有目的性。新的计算机技术的不断涌现为 ERP 的发展提供了广阔的前景。

【复习思考题】

1. 什么是 ERP？
2. ERP 系统有什么特点？
3. 物料需求计划与闭环物料需求计划的区别与联系是什么？
4. 制造资源计划与物料需求计划的区别是什么？
5. 相对于 ERP 来说，制造资源计划思想的局限性是什么？
6. ERP 未来的发展趋势是什么？

第2章 生 产 管 理

| 学习目标 |

- 掌握 ERP 相关的基本概念。
- 掌握主生产计划的主要内容。
- 掌握物料需求计划的主要内容。
- 掌握能力需求计划的主要内容。
- 掌握车间管理的主要内容。
- 了解准时制生产的基本内容。
- 对主生产计划、物料需求计划、能力需求计划之间的关系有明确认识。

| 思政目标 | 工匠精神 科学素养 聚焦前沿 知识迁移

导引启示

一个生活小故事搞懂 ERP①

一天中午，丈夫在外给家里打电话："亲爱的老婆，晚上我想带几个同事回家吃饭可以吗?"（订货意向）

妻子："当然可以，来几个人，几点来，想吃什么菜?"

丈夫："6 个人，我们 7:00 左右回来，准备些酒、烤鸭、番茄炒蛋、凉菜、蛋花汤……你看可以吗?"（商务沟通）

妻子："没问题，我会准备好的。"（订单确认）

妻子记录下需要做的菜单（主生产计划），具体要准备的菜：鸭、酒、番茄、鸡蛋、油……（物料清单），发现需要 1 只鸭、5 瓶酒、4 个番茄……（物料清单展开），炒蛋需要 6 个鸡蛋，蛋花汤需要 4 个鸡蛋（共用物料）。

打开冰箱（库房）一看，只剩下 2 个鸡蛋（缺料）。

来到自由市场：

妻子："请问鸡蛋怎么卖?"（采购询价）

小贩："1 个 1 元，半打 5 元，1 打 9.5 元。"

妻子："我只需要 8 个，但这次买 1 打。"（经济批量采购）

---

① 资料来源：https://mbd.baidu.com/newspage/data/dtlandingsuper?nid=dt_4997441066679726585。

妻子："这有一个坏的，换一个。"（验收、退料、换料）

回到家中：

准备洗菜、切菜、炒菜……（工艺路线），厨房中有燃气灶、微波炉、电饭煲……（工作中心）。妻子发现拔鸭毛最费时间（瓶颈工序，关键工艺路线），用微波炉自己做烤鸭可能来不及（产能不足），于是决定在楼下的餐厅里买现成的（产品委外）。

下午 4:00，电话铃又响："妈妈，晚上几个同学想来家里吃饭，你帮忙准备一下。"（紧急订单）

"好的，儿子，你们想吃什么，爸爸晚上也有客人，你愿意和他们一起吃吗？"

"菜你看着办吧，但一定要有番茄炒蛋。我们不和大人一起吃，6:30 左右回来。"（不能并单处理）

"好的，肯定让你们满意。"（订单确认）

鸡蛋又不够了，打电话叫小贩送来。（紧急采购）

6:30，一切准备就绪，可烤鸭还没送来，急忙打电话询问："我是李太太，怎么订的烤鸭还没送来？"（采购，委外单跟催）

"不好意思，送货的人已经走了，可能是堵车吧，马上就会到的。"

门铃响了，"李太太，这是您要的烤鸭。请在单上签字。"（验收、入库、转应付账款）

6:45，女儿的电话："妈妈，我想现在带几个朋友回家吃饭可以吗？"（又是紧急订购意向，要求现货）

"不行呀，女儿，今天妈妈已经需要准备两桌饭了，时间实在是来不及，真的非常抱歉，下次早点说，一定给你们准备好。"（这就是 ERP 的使用局限，要有稳定的外部环境，要有一个起码的提前期）

送走了所有客人，疲惫的妻子坐在沙发上对丈夫说："亲爱的，现在咱们家请客的频率非常高，应该要买些厨房用品了（设备采购），最好能再雇个小保姆。"（连人力资源系统也有接口了）

丈夫："家里你做主，需要什么你就去办吧。"（通过审核）

妻子："还有，最近家里花销太大，用你的私房钱来补贴一下，好吗？"（最后就是应收货款的催要）

本章关键词

物料编码　　物料清单　　主生产计划　　能力需求计划　　车间管理

2.1 企业资源规划基础数据

在深入了解 ERP 理论及 ERP 系统原理之前，必须先对有关的基本概念进行全面的了解。本节主要介绍ERP理论及系统的一些基本概念，包括物料编码（item number或part number）、物料清单、工作中心、提前期与计划展望期、工艺路线、工作日历。

2.1.1 物料编码

物料是企业一切有形的采购、制造和销售对象的总称，如原材料、外购件、外协件、毛坯、零件、组合件、装配件、部件和产品等。物料通过它的基本属性、成本属性、计划属性和库存属性等来描述，通常用物料编码来唯一标识物料。物料编码有时也叫物料代码，是计算机系统对物料的唯一识别代码。

设计物料编码应遵循的基本原则包括唯一性原则、正确性原则、分类性原则、扩展性原则、统一性原则、不可更改性原则、重用性原则和简单性原则。

（1）唯一性原则。一种物料只能有一个物料编码，不同的物料有不同的物料编码，不同的物料编码表示不同的物料。这是物料编码最基本的原则，也是物料编码必须遵循的原则。

（2）正确性原则。正确性原则表示物料编码应当科学、合理，既遵循信息编码的基本原理，又符合企业的实际情况；既能满足企业自身的需要，又能满足企业合作伙伴的特殊要求。物料编码既要符合国家、行业的标准或规定，又应该尽可能地遵守国际通行的惯例。

（3）分类性原则。对于种类繁多的物料编码，应该按照规定的标准或规则划分成不同的类别，使同一类物料的编码在某一方面具有相同或相近的性质，这样便于ERP系统的管理和检索。例如，01表示电子产品、0101表示插头和插座、010101表示通用串行总线（universal serial bus，USB）插头和插座、010102表示网络插头和插座。这种编码符合分类性原则。

（4）扩展性原则。随着企业的发展和变化，企业中的物料也会发生变化。物料编码不能仅考虑企业当前的物料，还应该考虑企业未来发展的需要。物料编码应该有足够的编码资源，以便满足企业不断增长的物料需求。

（5）统一性原则。统一性原则有两个方面的含义：第一，企业的所有物料尽可能采用统一的物料编码规则，相同的物料使用同一个编码，同一个编码表示同一种物料，避免发生一物多码或一码多物的现象；第二，整个企业，包括企业的各个分公司、各个职能部门，都使用统一的物料编码规则，以便企业内部之间的物料信息共享和物料调度。

（6）不可更改性原则。物料编码是企业数字化管理的基础，是ERP系统中各种数据和信息的最主要标识和特征，是企业最重要的规章制度之一。鉴于物料编码的重要性，物料编码确定之后一般不允许更改。如果频繁地修改物料编码，可能会引起企业物料管理的混乱，最终导致整个企业经营处于无序状态。

（7）重用性原则。为了避免同一种物料有不同的编码，物料编码应当采用特征值的方式。例如，在编码产品零部件时，不宜仅使用自然序号、产品所属号等方式，而应该依据零部件结构特征结合序号来编码，这样可以做到相同结构的零部件具有相同特征值和不同顺序码组成的编码，从根本上解决一物多码、一码多物现象。这种重用以前知识、经验和成果的现象称为重用性原则。

（8）简单性原则。物料编码的最终目的是更好地管理物料。即使使用计算机管理物料，这种管理方式也仍然需要企业员工的参与。因此，物料编码不宜太过复杂，应该在满足其他原则的基础上，尽可能地简单明了，使其容易识别和使用，这样可以避免物料编码为企业带来的剧烈动荡。这是物料编码的简单性原则的要求。

一般来说，物料编码文件含有以下信息。

（1）物料的技术资料信息。这类信息提供物料的有关设计及工艺等技术资料，如物料名称、品种规格、型号、图号、配方、计算单位等。

（2）物料的库存信息。这类信息提供物料库存管理方面的信息，如物料来源、库存单位、物料库存类别、批量规则、批量周期、年盘点次数等。

（3）物料的计划管理信息。这类信息涉及物料与计划相关的信息，计算主生产计划与物料需求计划时，首先读取物料的该类设置信息，如计划属性、生产周期等。

（4）物料的采购管理信息。这类信息用于物料采购管理，如上次订货日期、物品日耗费量、订货点数量等。

（5）物料的销售管理信息。这类信息用于物料的销售及相关管理，主要有物品销售类型、销售收入科目、销售成本科目等。

（6）物料的财务有关信息。这类信息涉及物品的相关财务信息，一般有物品财务类别、增值税代码、实际成本、标准成本、计划价、计划价币种等。

（7）物料的质量管理信息。这类信息一般涉及检测标志、检验标准文件、存储期限等。

2.1.2 物料清单

物料清单是 ERP 系统中最重要的基础数据，其组织格式设计得合理与否直接影响系统的处理性能。因此，根据实际的使用环境，灵活地设计出合理、有效的物料清单是十分重要的。

1. 物料清单的特性

为了便于计算机识别，必须把产品结构图转换成规范的数据格式，这种用规范的数据格式描述产品结构的文件就是物料清单。

物料清单必须说明组件（部件）项目中各种物料需求的数量和相互之间的结构关系。例如，图 2-1 是 A 产品的三级物料清单结构图。

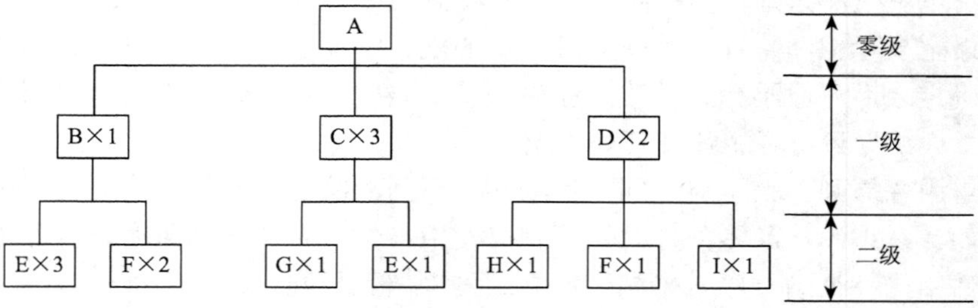

图 2-1　A 产品的三级物料清单结构图

图2-1表示产品A由1个部件B、3个部件C和2个部件D组成。部件B又由3个部件E和2个部件F组成，部件C和部件D以此类推。其中，产品A是零级，部件B、部件C、部件D是一级，部件E、部件F、部件G、部件H、部件I是二级。

物料清单的特性如下。

（1）物料清单上的每一种物料均有其唯一的编码，即物料编码。

（2）物料清单不是由设计部门单独编制的。物料清单要由既熟悉设计又熟悉生产工艺的专门人员来建立，或由设计、工艺、生产几个部门组成专门的物料清单小组负责建立（物料清单的结构化处理）。

（3）物料清单的数据中包含了材料消耗定额。

（4）根据管理的需要，物料清单把一个部件的几种不同状态看成几种不同的物料，给予不同的编码。

（5）物料清单中可以包含工装工具及水、电、通风等无库存余额项目。

（6）物料清单中包含装配时间因素。

（7）物料清单中的产品无关联性。

2. 虚拟件

虚拟件表示一种并不存在的物品，在图纸上与加工过程中均不出现，属于虚构的物品。图2-2中，在部件Z1和Z2的组成部件中都有部件B，且部件B都由部件C和部件D组成，所以可以把由部件C和部件D组成的部件B看成一个整体，如图2-3所示。

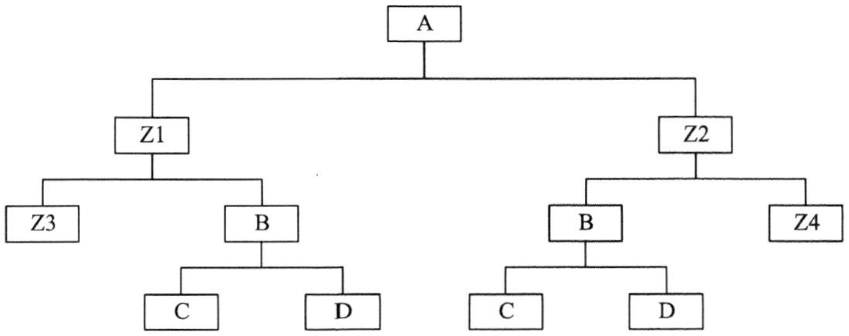

图2-2 A产品的结构图

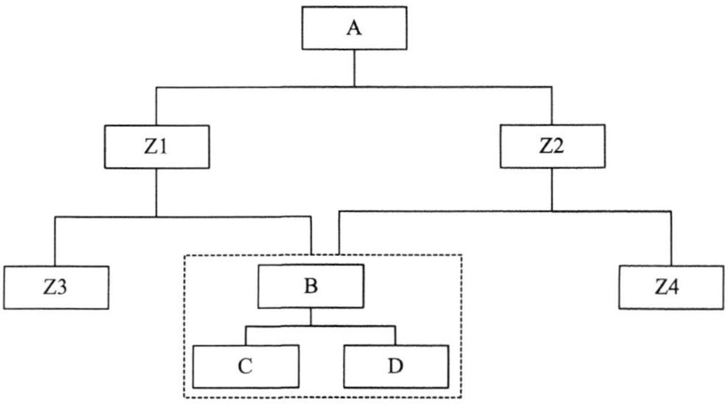

图2-3 A产品中的虚拟件

虚拟件的作用体现在以下两个方面。

（1）作为一般性业务管理使用。例如，组合采购、组合存储、组合发料，这样在处理业务、进行计算机查询时只需要对虚拟件进行操作，就可以自动生成实际的业务单据，甚至也可以查询到这种虚拟件的库存量与金额，但存货核算只针对实际的物料。

（2）简化产品结构的管理。为了简化对物料清单的管理，在产品结构中虚构一个物品，如图 2-4 所示。如果对 A 产品物料清单的定义采用图 2-2 的方式，那么，部件 Z1、Z2 的物料清单文件定义过程会重复引用到部件 C、部件 D，会加大工作量，并且数据库的存储空间也会增加。

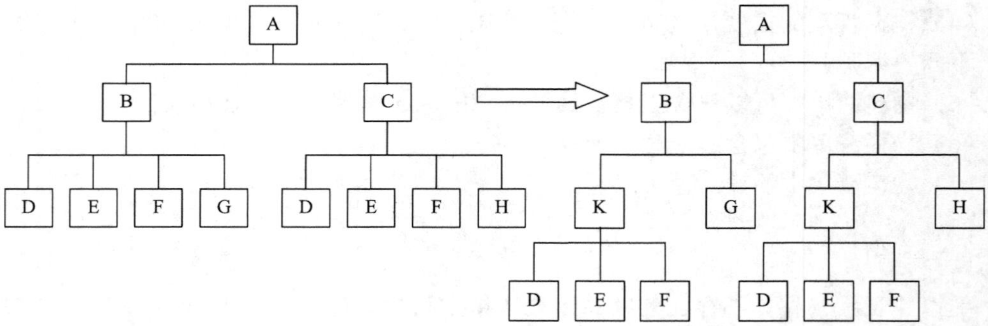

(a) A产品的结构图　　(b) 引入虚拟件后的结构图

图 2-4　A 产品中虚拟件的作用

采用图 2-3 的定义方式，增加一个虚拟件部件 B，并定义部件 B 的物料清单文件，而 Z1、Z2 的物料清单文件中只需要加入一个部件 B，无须重复加入部件 C 和部件 D，从而达到简化物料清单文件的目的，特别是在多个物料清单文件中有大量的相同部件重复出现时，这种定义方式的优越性就更加明显。另外，当虚拟件部件发生工程改变时，只影响虚拟件这一层，不会影响该虚拟件以上的所有父项。

3. 物料清单的表现形式

（1）物料清单的种类如下：普通型物料清单；计划物料清单；模块化物料清单；成本物料清单。

（2）物料清单输出形式如下：缩排式；汇总式；单层反查式；多层反查式；汇总反查式；矩阵式；对比式。

4. 物料清单的作用

物料清单的作用如图 2-5 所示。

从图 2-5 中可以看出，物料清单的作用主要包括以下几个方面。

（1）生成物料需求计划的基本信息，是联系主生产计划与物料需求计划的桥梁。

（2）物料清单是工艺路线生成的主要依据。

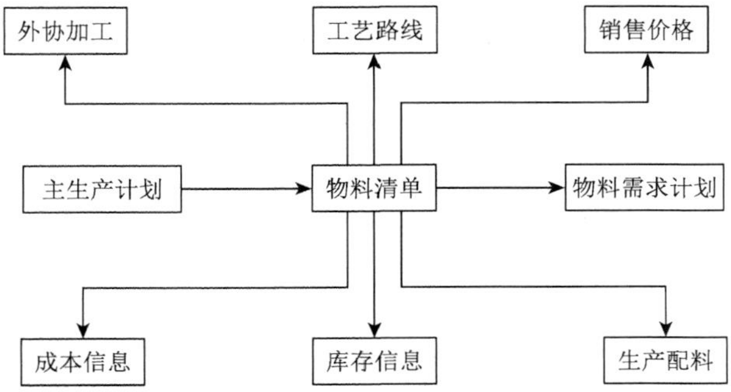

图 2-5　物料清单与其他数据的关系

（3）在准时制生产管理中，反冲物料库存信息必不可少，而且要求 100%准确。
（4）为采购外协加工提供依据。
（5）为生产配料提供依据。
（6）成本数据根据物料清单计算。
（7）提供制定销售价格的依据。

2.1.3　工作中心

工作中心是 ERP 系统组织生产的基本单元，也是进行作业安排、执行能力需求计划和进行成本核算的基本依据。ERP 系统进行数据核算的前提条件是必须有正确的工作中心能力数据，因此必须首先有建立与维护工作中心的能力。

1. 工作中心的定义及作用

工作中心是直接改变物料形态或性质的生产作业单元的统称，它在完成一项加工任务的同时也产生了加工成本。它是由一台或几台功能相同的设备、一个或多个工作人员、一个小组或一个工段、一个成组加工单元或一个装配场地等组成的，甚至一个实际的车间也可作为一个工作中心，这种情况大大简化了管理流程。

工作中心是一种生产作业的管理方式。也可以说，工作中心是一种基于 ERP 系统的管理单元。工作中心在完成一项作业任务的同时也产生了作业成本。从管理的角度来看，工作中心是生产作业计划任务中的执行单元，是生产作业成本的核算单元，是生产作业数据的采集点。工作中心划分得越精细，成本核算单元就可以越精细。

工作中心的作用包括以下几个方面。

（1）工作中心是平衡负荷能力的基本单元。

（2）工作中心是定义物料工艺路线的依据。在定义工艺路线文件前必须先确定工作中心，并定义好相关工作中心数据。

（3）工作中心是车间作业安排的基本单元。车间任务和作业进度被安排到各个加工工作中心。

（4）工作中心是加工信息与成本核算信息的数据采集点。

2. 工作中心的确定原则

工作中心的合理性是实现 ERP 系统管理的重要内容。为了合理地确定工作中心，应该遵循下面的原则。

（1）按照企业机器设备的合理布局，确定工作中心。

（2）工作中心应该尽可能细。

（3）按照机器设备的功能相同或相似性，可以把这些机器设备合并成一个大的工作中心。

（4）生产作业班组应该按照工作中心来设置，可以考虑把工作中心作为一级组织来管理。

3. 关键工作中心

关键工作中心（critical work center）是运行粗能力需求计划（rough-cut capacity planning，RCCP）的计算对象。

关键工作中心的特点如下：①设备经常满负荷，工人经常加班加点；②需要熟练的技术工人，不能任意替代或随时招聘技术工人；③工艺独特的专用设备，没有可能替代或分包；④设备昂贵且不能及时增添；⑤受成本或生产周期限制，不允许有可替代的工作中心。

4. 工作中心数据

工作中心数据包括工作中心基本数据、工作中心能力数据和工作中心成本数据。

（1）工作中心基本数据。工作中心基本数据包括工作中心代码、工作中心名称、工作中心简称、工作中心说明、替换工作中心、车间代码、人员每日班次和每班工作时数、工作中心每班平均人数、设备数、是否为工作中心等。

（2）工作中心能力数据。工作中心能力数据是工作中心每日可以提供的工时、机台时和可加工完成的产品数量，这些数据是由历史统计数据分析得到的。

工作中心能力数据涉及的相关计算如下：

$$\text{工作中心能力}=\text{每日班次}\times\text{每班工作时数}\times\text{效率}^{①}\times\text{利用率}^{②} \tag{2-1}$$

$$\text{效率}=\text{完成的标准定额小时数}/\text{实际直接工作小时数} \tag{2-2}$$

或

$$\text{效率}=\text{实际完成的产量}/\text{完成的标准定额产量} \tag{2-3}$$

$$\text{利用率}=\text{实际直接工作小时数}/\text{计划工作小时数} \tag{2-4}$$

（3）工作中心成本数据。生产加工在工作中心每小时发生的费用，称为工作中心费率。

工作中心发生的费用包括人员工资、直接能源消耗费用、辅助材料费、设备维修费和资产折旧等，要根据历史统计资料分析得出。

---

① 效率为平均统计值，取决于操作人员的技术水平和设备的使用年限。

② 利用率为平均统计值，取决于设备完好率、工作出勤率、停工率等因素。

工作中心成本数据涉及的相关计算如下：

工作中心直接费率 = 工作中心日所有发生费用/工作中心日工作时数 （2-5）

工作中心间接费率 = 分摊系数×车间发生的间接费用/工作中心日工作时数 （2-6）

2.1.4 提前期与计划展望期

1. 提前期

提前期（lead time，LT），是指某一工作的时间周期，即从工作开始到工作结束的时间，是设计工艺路线、制订生产计划的重要基础数据之一。例如，某个产品的交付提前期是指从作为开始时间的签订订单日期至作为结束时间的向客户交付产品的交付日期的时间。提前期的概念体现了对最终结束时间的重视。有时也把提前期称为作业时间或作业工时。如果把提前期称为工时，则体现了对作业开始至作业结束这段时间长度的重视。从本质上来说，提前期管理是对生产作业和管理作业的量化管理形式。

基于不同的使用目的和根据不同的划分标准，可以把提前期分为多种类型。

从生产过程的角度来看，提前期可以分为产品设计提前期、生产准备提前期、采购提前期、生产加工提前期、装配提前期、试验和测试提前期、发货运输提前期、累计提前期和总提前期等。

（1）产品设计提前期是指从收到订单开始至产品设计、工艺设计完成所需要的时间。

（2）生产准备提前期是从生产计划开始到生产准备完成（可以投入生产）的时间。

（3）采购提前期是指从采购订单下达到物料完工入库的全部时间。

（4）生产加工提前期是指从生产加工投入开始（生产准备完成）至生产完工入库的全部时间。

（5）装配提前期是指从装配投入开始至装配完工的全部时间。

（6）试验和测试提前期是指产品装配完成之后进行试验、测试所需要花费的时间。

（7）发货运输提前期是指产品测试之后开始包装、出库、装箱和运输，直到客户接收到产品所需要的时间。

（8）累计提前期是采购提前期、生产加工提前期、装配提前期的时间总和。

（9）总提前期是指产品的整个生产周期，包括产品设计提前期、生产准备提前期、采购提前期，以及生产加工提前期、装配提前期、试验和测试提前期、发货运输提前期的总和。

2. 计划展望期

计划展望期是指主生产计划所覆盖的时间范围，即计划的时间跨度，该长度之外（计划的最末时间后）是下一个计划的时间范围。

计划展望期的设定，旨在确保计划的预见性。为了便于安排产品开发或生产准备计划，计划展望期通常不短于主生产计划对象的总提前期。只要有长期合同订单或可靠的数据录入，计划展望期可以设定得长一些，如一年或更长时间，以提高计划的预见性。

2.1.5 工艺路线

工艺路线（routing），是描述物料加工、零部件装配的操作顺序的技术文件，是多个工序的序列。工序是生产作业人员或机器设备为了完成指定的任务而做的一个动作或一连串动作，是加工物料、装配产品的最基本的加工作业方式，是与工作中心、外协供应商等位置信息直接关联的数据，是组成工艺路线的基本单位。例如，一条流水线就是一条工艺路线，这条流水线上包含了许多的工序。

工艺路线主要说明物料实际加工和装配的工序顺序、每道工序使用的工作中心、各项时间定额（如准备时间、加工时间和传送时间，传送时间包括排队时间与等待时间），以及外协工序的时间和费用。

工艺路线是一种关联工作中心、提前期和物料消耗定额等基础数据的重要基础数据，是实施劳动定额管理的重要手段，是指导制造单位按照规定的作业流程完成生产任务的手段，根据在每一道工序采集到的实际完成数据，企业管理人员可以了解和监视生产进度完成情况。工艺路线提供的计算加工成本的标准工时数据是成本核算的基础和依据。

一般情况下，工艺路线数据主要包括工艺路线编码、工艺路线名称、工艺路线类型、制造单位、物料编码、物料名称、工序编码、工序名称、加工中心编码、是否外协、时间单位、准备时间、加工时间、移动时间、等待时间、固定机时、变动机时、固定人时、变动人时、生效日期、失效日期和检验标志等。

工艺路线和工序不是一成不变的，而是随着生产类型、技术进步、产品发展和员工素质的不断提高而变化的。

工艺路线的作用如下。

（1）用于能力需求计划的分析计算、平衡各个工作中心的能力。工艺路线文件中说明了消耗各个工作中心的工时定额，用于工作中心的能力运算。

（2）用于计算物料清单的有关物料的提前期。根据工艺的准备时间、加工时间和传送时间计算提前期。

（3）用于下达车间作业计划。根据加工顺序和各种提前期进行车间作业安排。

（4）用于加工成本的计算。根据工艺文件的工时定额（外协工序的费用）及工作中心的成本费用数据计算标准成本。

（5）根据工艺文件、物料清单及生产车间、生产线完工情况，生成各个工序的加工进度的整体情况，以及对在制品（work in product，WIP）的生产过程进行跟踪和监控。

2.1.6 工作日历

工作日历也称为工厂生产日历，它包含各个生产车间、相关部门的工作日历，工作日历中标明了生产日期、休息日期、设备检修日，这样在进行主生产计划与物料需求计划的运算时会避开休息日。

物料需求计划系统生成计划时，遇到非生产日期会自动跳过去，不安排工作（特殊的工艺时间除外）。

工作日历的作用如下。

（1）在主生产计划和物料需求计划中，基于提前期计算主生产计划、物料需求计划时，工作日历是确定开工日期、完工日期的依据。

（2）工作日历是计算工作中心产能负荷的日期基础。

（3）车间根据工作日历进行车间排产。

（4）采购部门根据工作日历调整采购、接收物料日期。

例如，主生产计划和物料需求计划编制生产计划时，会跳过非工作日（提前期中不包含非工作日），而把开工日期和完工日期确定在工作日；对于采购计划，则不考虑工作日历的限制，因为采购周期与企业的工作日历并没有关系，但一般把到货日期确定在工作日。

工作日历文件的一般结构（字段）中包含车间代码、工作中心代码、日期、年度、日期状态（工作、休息、停工）、年有效工作天数及累计有效工作天数等。

在有些企业中，不同的分厂、工作中心或车间因为生产任务不同、加工工艺不同而受不同的条件约束，可能会设置不同的工作日历，一般称为工作中心日历或车间日历，它是在工作日历的基础上，考虑本工作中心或车间的特殊情况来制定的。ERP 系统可以灵活处理工作中心的日历，当然，这会增加系统的计算量。

2.2 主生产计划

2.2.1 主生产计划概述

主生产计划是描述企业生产什么、生产多少及什么时段（time bucket）完成的生产计划，是把企业战略、企业生产计划大纲等宏观作业计划转化为生产作业和采购作业等微观作业计划的工具，是企业物料需求计划的直接来源，是粗略平衡企业生产负荷和生产能力的方法，是联系市场销售和生产制造的纽带，是指导企业生产管理部门开展生产管理和调度活动的权威性文件。

（1）主生产计划是描述企业生产什么、生产多少及什么时段完成的生产计划，这是主生产计划的主要内容，也是主生产计划的主要特征。其中，“生产什么”主要描述主生产计划的计划对象，“生产多少”主要描述主生产计划的计划对象的明确计划数量，“什么时段完成”主要描述主生产计划的计划对象最终完成的时段，这里所指的时段通常是最迟时段。

（2）主生产计划是把企业战略目标、经营规划和企业生产计划大纲等宏观作业计划转化为生产作业和采购作业等微观作业计划的工具。无论是企业战略，还是经营规划、企业生产计划大纲，都是描述企业未来发展或长期发展的目标，这个目标不是具体的，而是一个概括性的目标。例如，天津市某自行车制造公司将在 2025 年以前发展成为中国最大的自行车制造商和出口商，无论是生产和销售的自行车种类还是数量，都雄踞中国自行车市场首位。这种目标显然是一个战略目标。如果该自行车制造公司 2025 年度的销售收入计划是 2 亿元，那么这种计划属于经营规划的内容。如果进一步细分，该自行车制造公司 2019 年

10 月应完成 8000 辆电动类自行车的生产，那么这种计划则是生产计划大纲中的主要内容。如果生产计划大纲进一步细分，这种细分后的生产计划就是本节所要研究的主生产计划。

（3）主生产计划是企业物料需求计划的直接来源。实际上，主生产计划只是回答了企业生产什么、生产多少及什么时段完成等问题，并没有回答需要什么、需要多少及什么时段需要等问题。物料需求计划则是回答这些问题的更加详细的作业计划。在谈到主生产计划和物料需求计划之间的关系时，不可避免地会提及独立需求和相关需求的概念。用户对企业产品和服务的需求称为独立需求，独立需求最明显的特征是需求的对象和数量不确定，只能通过预测方法粗略地估计；企业内部物料转化各环节之间所发生的需求称为相关需求，相关需求也称为非独立需求，它可以根据对最终产品的独立需求精确地计算出来。一般认为，主生产计划的计划对象是独立需求，物料需求计划的计划对象是相关需求。一旦独立需求确定，即生产任务确定以后，构成该产品的零部件和原材料的数量及需要的时间是可以通过计算精确得到的。这里需要说明的是，由于不同的生产类型和不同的管理要求，主生产计划的计划对象也可能是相关需求。例如，在计算机制造企业中，主生产计划的对象既可能是完整的计算机，也可能是主机、显示器、键盘和鼠标等组成部件。

（4）主生产计划是粗略平衡企业生产负荷和生产能力的方法。主生产计划是一种可行的生产计划，这是因为在主生产计划制订后进行了粗能力需求计划的校验。之所以粗略平衡了企业的生产负荷和生产能力，是因为平衡过程中仅使用了关键工作中心，没有涉及所有的工作中心。

（5）主生产计划是联系市场销售和生产制造的纽带。企业的市场销售部门主要负责产品销售，与客户签约订单。产品订单是市场销售部门的工作成果，也是企业生产制造部门需要完成的任务目标。虽然说完成产品订单任务是生产制造部门的目标，但是产品订单签约日期、签约产品类型和数量存在不稳定性，如果将其直接作为生产制造部门的任务来源，则会造成生产制造部门生产的波动，破坏生产过程的均衡。因此，主生产计划作为一种纽带，调整了销售部门和生产制造部门之间的平衡，将订单合理转换为生产制造部门的任务来源。

（6）主生产计划是指导企业生产管理部门开展生产管理和调度活动的权威性文件。这是因为主生产计划是生产管理部门开展生产管理和调度活动的依据。如果生产中出现了问题，如设备故障、人员操作问题、产品设计或工艺设计问题和产品超差等质量问题，就会造成生产过程的停顿、生产进度的延迟等，这些问题必须得到及时和妥善的解决。解决这些问题的一个权威性文件就是主生产计划。企业应该依据主生产计划，在确保完成主生产计划的条件下，对生产作业进行调整。

有人会问：为什么必须根据主生产计划制订物料需求计划呢？难道不能直接根据销售预测结果和客户订单来制订物料需求计划吗？答案是，必须根据主生产计划制订物料需求计划的目的是满足均衡生产的需要。如果直接根据销售预测结果和客户订单来制订物料需求计划，就会使生产任务不平衡，生产任务时而多、时而少，造成一种不均衡的生产节奏。不均衡的生产节奏表现形式为：时而加班加点、设备日夜运转；时而员工无事可做、设备闲置。长期不均衡的生产节奏有可能造成生产无序的严重后果。由于销售预测结果和客户订单不稳定性的传导性，不宜将其作为物料需求计划的直接来源。主生产计划工具在这种转换过程中起到了三个作用：第一，屏蔽了需求来源的多样性和复杂性，使主生产计划是物料需求计划的唯一来源，从而大大简化了物料需求计划处理多样性需求的算法；第二，作为一种缓冲器，它大大减缓了销售预测结果和客户订单不稳定性向物料需求计划的传播，有助于保障生产过程的均衡性；第三，提高了 ERP 系统的柔性和扩展性，新增的 ERP 功能模块只要可以处理主生产计划的结果即可，无须考虑其他各种形式的需求方式。

2.2.2 主生产计划的编制原则

主生产计划是根据企业的能力确定要做的事情，通过均衡地安排生产实现生产规划的目标，使企业在客户服务水平、库存周转率和生产率方面都能得到提高，并及时更新，保证计划切实可行和有效。在编制主生产计划时，应遵循以下基本原则。

（1）最少项目原则：用最少的项目数据进行主生产计划的安排。如果主生产计划中的项目数据过多，就会使预测和管理变得困难。因此，要根据不同的制造环境，选取产品结构的不同级别进行主生产计划的编制，使得在产品结构这一级的制造和装配过程中，产品选型的数目最少，以改进管理评审与控制。

（2）独立具体原则：只列出实际的、具体的可构造项目。主生产计划应该列出实际要采购或制造的项目，而不是项目组或计划清单项目。这些项目产品具有特定的型号规格，可被分解成可识别的部件或组件。

（3）关键项目原则：列出对生产能力、财务指标和关键材料有重大影响的项目。对生产能力有重大影响的项目，是指那些对生产和装配过程有重大影响的项目，如一些大批量项目、造成生产能力出现瓶颈环节的项目或通过关键工作中心的项目。对财务指标有重大影响的项目，指的是与公司的利润和效益关联较为密切的关键项目，如制造费用高、含有贵重部件、原材料昂贵、生产工艺费用高或部件有特殊要求的项目，也包括那些作为公司主要利润来源的、相对不贵的项目。对关键材料有重大影响的项目，是指那些提前期很长或供应厂商有限的项目。

（4）全面代表原则：计划的项目应尽可能全面代表企业生产的产品。主生产计划应覆盖被该主生产计划驱动的物料需求计划程序中尽可能多的组件，反映关于制造设施，特别是瓶颈资源或关键工作中心尽可能多的信息。

（5）适当适量原则：留有适当余地，并考虑预防性维修设备的时间。可把预防性维修作为一个项目安排在主生产计划中，也可以在工作中心能力计算时，将维修的时间考虑在内，从而降低工作中心的能力。

（6）基本稳定原则：在有效的期限内计划应保持基本稳定。主生产计划制订后在有效的期限内应保持适当稳定，那种只按照主观意愿随意改动的做法，将会导致系统原有合理的、正常的优先级计划被破坏，削弱系统的计划能力。

2.2.3 主生产计划理论

主生产计划按照时间基准进行计划编制。主生产计划的时间基准主要有时段及时区

（time zone）与时界（time fence）。

1）时段

时段就是时间段落、间隔或时间跨度。划分时段只是为了说明在各个时间跨度内的计划量、产出量、需求量，以固定时间段的间隔汇总计划量、产出量、需求量，便于对比计划，从而可以区分出计划需求的优先级别。

时段说明了计划期分段能够分得多细。时段的长度可以由用户任意设定。一般制造资源计划系统的计划报表可显示约 40 个时段。ERP 系统并不像传统的计划管理那样称为年/季/月计划，它只有一个按各具体日期的产出量编制的计划，ERP 系统根据需要划分时段的长度，显示各种时段期间的计划报表。

典型的计划时段是周，如果再细分，也可以是日。在制造资源计划标准系统中把以“日”为最小时段的设置称为无时段系统。

计划时段的划分并不总是固定的。在制造资源计划系统中，人们可以按需要任意设定时段的划分。例如，根据计划变动的时间跨度规律，将近期的时段细分为日或周，将中远期的时段细分为月或季。

2）时区与时界

为了帮助理解时区与时界的概念和关系，下面从两个角度分别加以描述。

（1）某产品单次生产计划在时间上的时区分布关系，如图 2-6 所示（图 2-6 中的横坐标为时间顺序，时间单位用时段表示，可以是天、周或月等）。

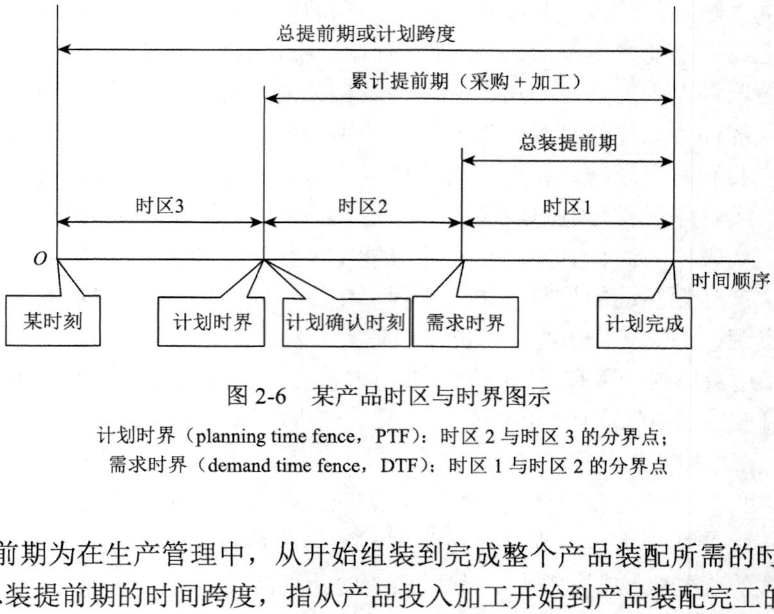

图 2-6　某产品时区与时界图示

计划时界（planning time fence，PTF）：时区 2 与时区 3 的分界点；
需求时界（demand time fence，DTF）：时区 1 与时区 2 的分界点

总装提前期为在生产管理中，从开始组装到完成整个产品装配所需的时间周期时区 1：产品的总装提前期的时间跨度，指从产品投入加工开始到产品装配完工的时间跨度。

时区 2：在产品的累计提前期的时间跨度内，超过时区 1 以外的时间跨度。

时区 3：超过时区 2 以外的时间跨度。

（2）某产品多个订单计划在时间上的时区分布关系，如图 2-7 所示。

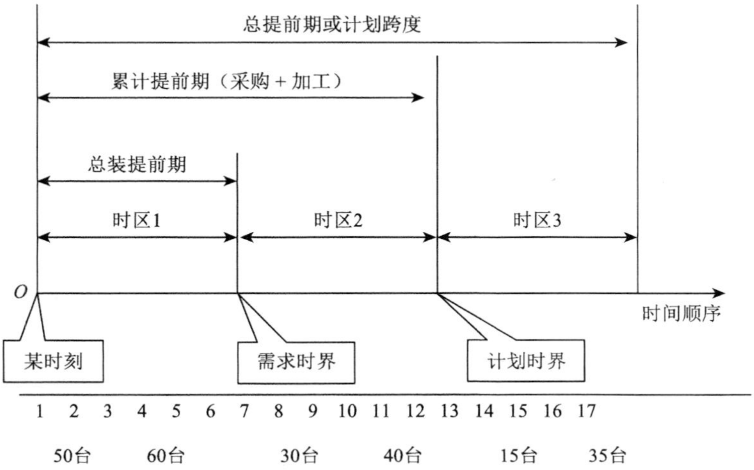

图 2-7 某产品各计划所处的时区分布图

假设图 2-7 中时段 1 为当前计划开始的时段，图 2-7 中横坐标的下方是不同时段的订单交货数量，那么 50 台与 60 台的订单在当前时段 1（系统时间）时刻，已经到了生产总装的阶段，处于时区 1 的时间跨度内；30 台与 40 台的订单还未到总装时段，但已经处于采购的过程中，处于时区 2 的时间跨度内；而 15 台与 35 台的订单在当前时刻，仍然未到要求采购的时间段，还只是在计划期内，处于时区 3 的时间跨度内。

3）时区、时界对计划的影响

在时区 1 中，需求依据实际合同数据，计划已下达及执行，计划变动代价极大，很难变动。产品已经投入生产，装配已在进行，变动需由厂领导决定，应该尽量避免更改计划。

在时区 2 中，需求依据合同与预测数据，可以取合同、预测、合同与预测之和的最大值。计划已确认及下达，变动代价大，系统不能自动更改，只能由人工干预。

在时区 3 中，计划以预测为主，或取预测与合同的最大值。计划允许变动，无代价。系统可自动更改，计划员也有权进行更改。

通过以上叙述，可以较为清楚地分析时区与时界对计划的影响，如表 2-1 所示。

表 2-1 时区、时界对计划的影响

时区	需求依据	订单情况	计划变动代价	计划变动条件
时区 1	实际合同	下达及执行	代价极大，很难变动	产品已经投入生产，装配已在进行，变动需由厂领导决定，应该尽量避免更改计划
时区 2	合同与预测，可以取合同、预测、合同与预测之和的最大值	确认及下达	变动代价大，系统不能自动更改，只能由人工干预	计划员只有更改完工日期的权限，数量必须由厂领导决定更改
时区 3	预测为主，或取预测与合同的最大值	计划	允许变动，无代价	系统可自动更改，计划员也有权进行更改

2.2.4 粗能力需求计划

粗能力需求计划是判定主生产计划是否可行的工具。粗能力需求计划的作用是把主生产计划中计划对象的生产计划转变成对工作中心的能力需求。在这里，主生产计划中的生产计划是生产负荷，关键工作中心能力是生产能力。如果生产能力大于或等于生产负荷，则主生产计划是可行的；否则，主生产计划是不可行的。没有经过粗能力需求计划判定的主生产计划是不可靠的，因为企业可能无法完成主生产计划中的计划任务。

1. 粗能力需求计划的对象和特点

通常情况下，粗能力需求计划的对象是企业中的关键资源。这些关键资源通常包括物、资金和人，有无形和有形之分，粗能力需求计划的对象如：①瓶颈工作中心，其加工能力可能是有限的；②供应商，其供货能力可能是有限的；③自然资源，企业可用的物料可能是有限的；④专门技能，企业缺乏具有专门技能的人才；⑤不可外协的工作，如由于涉及商业机密且自己能力不足，但又不能外协的工作；⑥资金，企业可用的资金可能是有限的；⑦运输，企业的运输能力可能是有限的；⑧仓库，企业用于保管物料的仓库空间可能是有限的。

与能力需求计划相比，粗能力需求计划主要计算关键资源的能力和负荷，使整个能力平衡的工作得到大大简化，不涉及工艺路线等基础数据的细节，能力平衡需要的时间也大大缩短，提高了能力平衡的效率，因此便于在早于物料需求计划的主生产计划阶段进行能力平衡工作，减轻后期详细能力平衡工作的压力。

但是，由于粗能力需求计划忽略了很多影响因素，经过粗能力需求计划平衡的计划也存在许多缺点。这些缺点主要表现在：①可信度差，粗能力需求计划只考虑了关键资源，但是在某些情况下，非关键资源也可能变成关键资源，因此经过粗能力需求计划平衡的计划很难保证总是可行的；②与实际生产有偏差，粗能力需求计划不考虑主生产计划的计划对象的现有库存量、在制量和实际的提前期等数据，因此粗能力需求计划的平衡结果肯定与实际生产存在偏差；③粗能力需求计划只宜作为中长期计划的能力平衡手段，对企业的生产大纲和主生产计划等的可行性具有指导性意义，但是由于粗能力需求计划本身不是一种实际的、精细的能力平衡方式，它无法应用于短期作业计划的平衡。

2. 粗能力需求计划的编制过程

一般地，粗能力需求计划的编制方法有两种，即资源清单法和分时间周期的资源清单法。这两种方法的主要区别在于：前者比较简单，不考虑各种提前期，往往会过高地估计负荷；后者比较复杂，考虑各种提前期，平衡结果比较准确。但是，资源清单法是分时间周期的资源清单法的基础，下面重点介绍资源清单法。

资源清单法的编写过程如下。

（1）定义关键资源。

（2）从主生产计划中的每种产品系列中选出将要进行粗能力需求计划的代表产品。

（3）对每个代表产品，确定其单位产品生产对关键资源的需求量，确定依据主要包括主生产计划、物料清单、工艺路线、定额工时及在物料清单中每个零件的平均批量等。

（4）对每个产品系列确定其主生产计划的计划产量。

（5）将主生产计划中的计划产量与能力清单中的资源需求量相乘。

（6）将所有产品系列所需要的能力加起来，得到对应计划的总能力需求。

例如，假设自行车 ZXCA-F 的物料清单如图 2-8 所示，其对应的主生产计划如表 2-2 所示①，其对应的工艺路线和工时定额如表 2-3 所示。注意，由于 JDX 零件是外购零件，不需要企业内部的生产能力，因此粗能力需求计划中不考虑该因素。

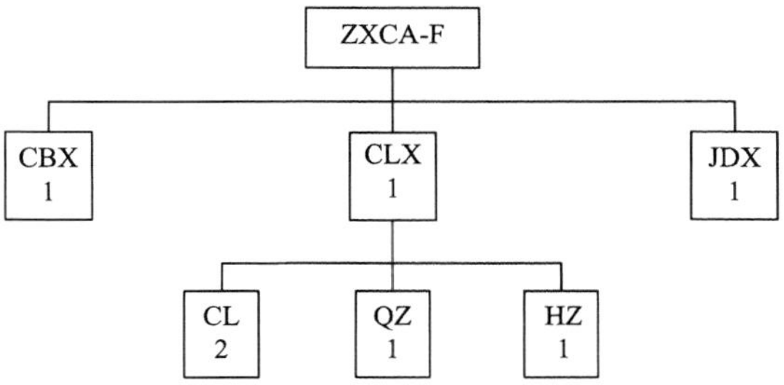

图 2-8　自行车 ZXCA-F 的物料清单

表 2-2　自行车 ZXCA-F 对应的主生产计划

月份	1	2	3	4	5	6	7	8	9	10
主生产计划/辆	110	110	120	120	120	120	120	150	150	150

表 2-3　自行车 ZXCA-F 对应的工艺路线和工时定额

物料项	工序编码	工作中心	单件加工时间/时	生产准备时间/时	平均批量/件	单件准备时间/时	单件总时间/时
ZXC	10	60	0.75	1.30	30	0.043	0.793
CBX	10	50	0.56	1.10	20	0.055	0.615
CLX	10	40	0.60	1.80	25	0.072	0.672
	20	25	0.35	1.20	20	0.060	0.410
CL	30	25	0.60	1.10	15	0.073	0.673
QZ	10	20	0.70	1.50	20	0.075	0.775
	20	10	0.50	1.35	35	0.039	0.539
HZ	10	20	0.90	1.25	50	0.025	0.925

① 本书例题中的相关物料项均采用简称：ZXC 为自行车，SLC 为三轮车，CBX 为车把系统，JDX 为脚蹬系统，CLX 为车轮系统，CL 为车轮，QZ 为前轴，HZ 为后轴。

表 2-3 中，工作中心 10、工作中心 20、工作中心 25、工作中心 40、工作中心 50 和工作中心 60 是关键资源。在表 2-3 中，给出了单件加工时间、生产准备时间和平均批量。这里，生产准备时间是指整个批量的生产准备时间。单件准备时间的计算公式如下：

$$单件准备时间 = 生产准备时间/平均批量 \tag{2-7}$$

根据式（2-7），计算每一个零件的单件准备时间，计算结果如表 2-4 所示。

表 2-4　自行车 ZXCA-F 的能力清单

工作中心	单件加工时间/时	单件准备时间/时	单件总时间/时
10	0.50	0.039	0.539
20	1.60	0.100	1.700
25	1.55	0.206	1.756
40	0.60	0.072	0.672
50	0.56	0.055	0.615
60	0.75	0.043	0.793
合计	5.56	0.515	6.075

单件总时间由单件加工时间和单件准备时间两部分组成。

计算每一个工作中心上全部零件的单件加工时间，其计算公式是

$$全部零件的单件加工时间 = 加工件数 \times 单件加工时间 \tag{2-8}$$

每一个工作中心上全部零件的单件加工时间的计算过程和结果如下所示。

工作中心 10：$1\times0.50 = 0.50$（定额工时/件）。

工作中心 20：$1\times0.70 + 1\times0.90 = 1.60$（定额工时/件）。

工作中心 25：$2\times0.60 + 1\times0.35 = 1.55$（定额工时/件）。

工作中心 40：$1\times0.60 = 0.60$（定额工时/件）。

工作中心 50：$1\times0.56 = 0.56$（定额工时/件）。

工作中心 60：$1\times0.75 = 0.75$（定额工时/件）。

接下来，计算每一个工作中心上全部零件的单件准备时间，其计算方式是加工件数和单件准备时间之积。计算过程和结果如下所示。

工作中心 10：$1\times0.039 = 0.039$（定额工时/件）。

工作中心 20：$1\times0.075 + 1\times0.025 = 0.1$（定额工时/件）。

工作中心 25：$2\times0.073 + 1\times0.060 = 0.206$（定额工时/件）。

工作中心 40：$1\times0.072 = 0.072$（定额工时/件）。

工作中心 50：$1\times0.055 = 0.055$（定额工时/件）。

工作中心 60：$1\times0.043 = 0.043$（定额工时/件）。

这时，根据单件加工时间和单件准备时间，可以计算每一个工作中心的单件总时间，计算过程和结果如表 2-4 所示。表 2-4 中的单件总时间表示单件成品对所有工作中心所需

求的用定额工时表示的自行车 ZXCA-F 的能力清单。

得到了自行车 ZXCA-F 的能力清单之后，依据其主生产计划，就可以计算自行车 ZXCA-F 的粗能力需求计划了。自行车 ZXCA-F 的粗能力需求计划等于主生产计划中每个周期的计划产量和能力清单中各个工作中心的单件总时间之积。计算结果如表 2-5 所示。

表 2-5 自行车 ZXCA-F 的粗能力需求计划 （单位：小时）

关键工作中心	月份										总计
	1	2	3	4	5	6	7	8	9	10	
10	59.29	59.29	64.68	64.68	64.68	64.68	64.68	80.85	80.85	80.85	
20	187.00	187.00	204.00	204.00	204.00	204.00	204.00	255.00	255.00	255.00	
25	193.16	193.16	210.72	210.72	210.72	210.72	210.72	263.40	263.40	263.40	
40	73.92	73.92	80.64	80.64	80.64	80.64	80.64	100.80	100.80	100.80	7715.25
50	67.65	67.65	73.80	73.80	73.80	73.80	73.80	92.25	92.25	92.25	
60	87.23	87.23	95.16	95.16	95.16	95.16	95.16	118.95	118.95	118.95	
合计	668.25	668.25	729.00	729.00	729.00	729.00	729.00	911.25	911.25	911.25	

如果希望更加准确地编制粗能力需求计划，可以考虑使用分时间周期的资源清单法。在分时间周期的资源清单法中，需要绘制产品的工序网络图，计算出分时间周期的能力清单，最终根据主生产计划和每个代表产品的能力清单，计算分阶段的粗能力需求计划。

2.2.5 主生产计划的编制

1. 主生产计划的编制过程

主生产计划的编制过程是一个不断循环反复、动态调整的过程。第一，主生产计划经过粗能力需求计划之后，才可以作为可行的主生产计划。如果某个主生产计划方案不能通过粗能力需求计划的平衡，该主生产计划方案必须修改。第二，当接收到没有预测到的新的客户订单时，需重新排定主生产计划。只有当编制的主生产计划比较合理时，调整计划的频率才不会太快，否则需要经常进行调整。在 ERP 系统运行之初，可能几天排定一次主生产计划，系统运行正常后可能一周或几周排定一次主生产计划。主生产计划的编制过程如图 2-9 所示。

2. 基本数量概念

在主生产计划计算过程中，经常用到九大基本数量概念。这些数量概念分别是：预测量、订单量、毛需求量、计划接收量（scheduled receipts）、预计可用库存量（projected available balance，PAB）、净需求量、计划产出量（planned order receipts）、计划投入量（planned order releases）和可供销售量（available to promise，ATP）。

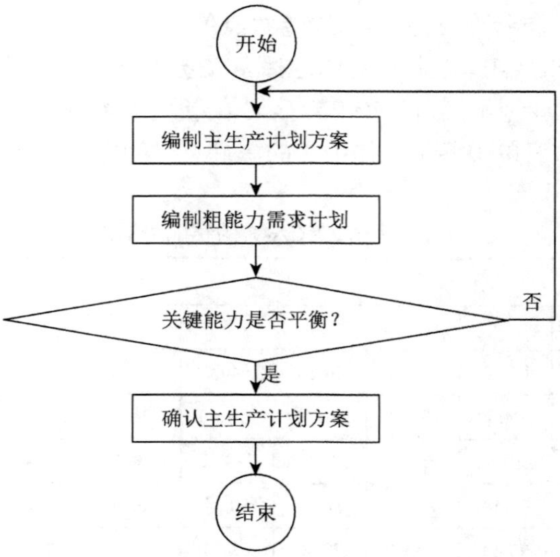

图 2-9　主生产计划的编制过程

（1）预测量是企业生产计划部门根据企业的经营规划、采用合适的预测方法预测的最终产品项目将要生产的数量。

（2）订单量是企业已经明确得到的、将要为客户提供的最终产品的数量，是企业明确的生产目标。预测量和订单量是企业组织生产管理活动的核心目标。在不同类型的企业中，预测量和订单量所起的作用也不尽相同。

（3）毛需求量是根据预测量和订单量计算得到的初步需求量。可以先计算毛需求量，毛需求量的计算与时区的确定、企业的生产政策有关。在主生产计划中，毛需求量是除了预测量和订单量之外的其他量的计算基础。

（4）计划接收量是指正在执行的订单量。在制订主生产计划时，往往把制订主生产计划日期之前已经发出的、将要在本计划期内达到的订单数量作为计划接收量来处理。如果希望手工修改主生产计划，也可以将手工添加的接收量作为计划接收量处理。

（5）预计可用库存量是指现有库存中，扣除了预留其他用途的已分配量之后可以用于需求计算的那部分库存量。预计可用库存量的计算公式如下：

$$\begin{aligned}\text{预计可用库存量} &= \text{前一时段的预计可用库存量} + \text{本时段计划接收量} \\ &\quad - \text{本时段毛需求量} + \text{本时段计划产出量}\end{aligned} \tag{2-9}$$

在式（2-9）中，如果前三项的计算结果是负值，表示如果不补充库存，将会出现缺料现象。因此需要借助第四项，即本时段计划产出量，来进行库存的补充。

（6）净需求量是根据毛需求量、安全库存量、前一时段末的预计可用库存量、本时段的计划接收量计算得到的一个数量。净需求量的计算公式是

$$\begin{aligned}\text{净需求量} &= \text{本时段需求量} - \text{前一时段末的预计可用库存量} + \text{本时段的计划接收量} \\ &\quad + \text{安全库存量}\end{aligned} \tag{2-10}$$

（7）计划产出量是指在计算预计可用库存量时，如果出现负值，表示需求不能被满足，需要根据批量政策计算得到的供应数量。计划产出量只是一个计算过程中的数据，

并不是真正的计划投入数据。

（8）计划投入量是根据计划产出量、提前期等数据计算得到的计划投入数量。

（9）可供销售量是指销售部门可以销售的产品数量。可供销售量的计算公式如下：

$$可供销售量 = 本时段计划产出量 + 本时段计划接收量 - 下一次出现计划产出量之前各时段订单量之和 \tag{2-11}$$

3. 主生产计划的计算过程

主生产计划的详细计算过程如图2-10所示。在计算过程中，首先需要确定系统设置的内容。系统设置包括整个主生产计划计算需要的数据环境。例如，需要明确编制主生产计划的日期，需要划分时段、时区，需要确定需求时界、计划时界、生产批量、批量增量、安全库存量和提前期等。

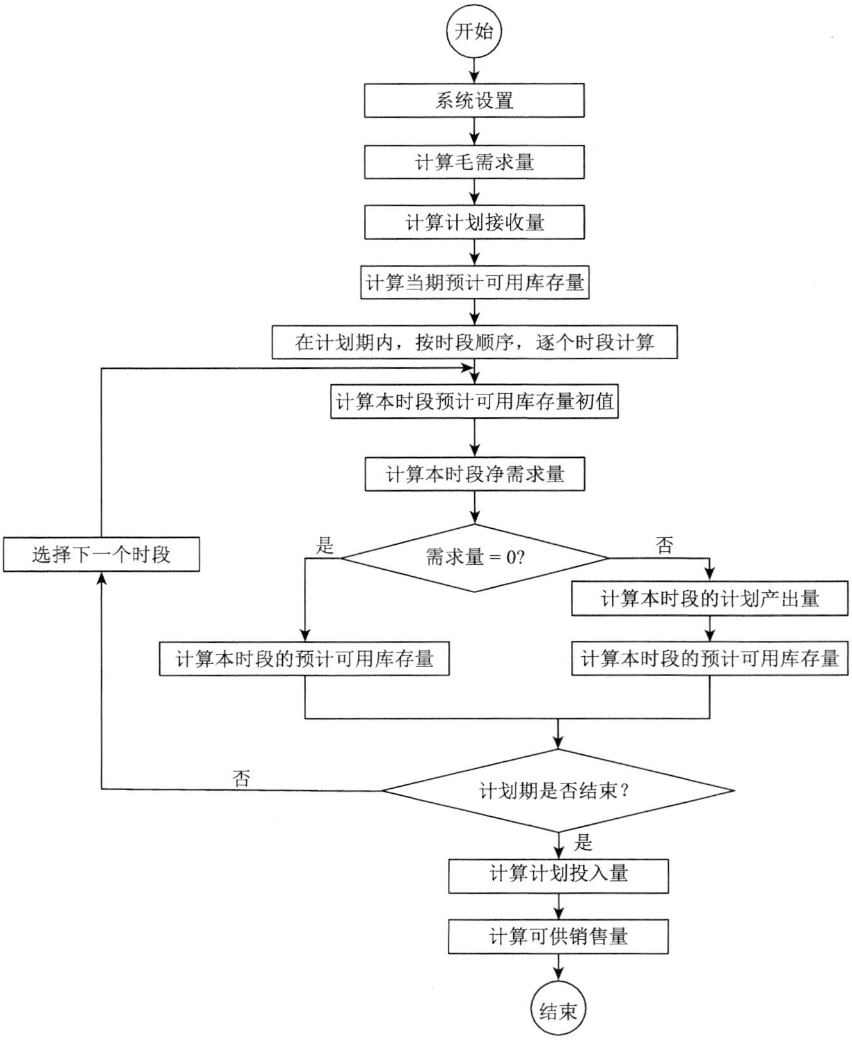

图2-10　主生产计划的详细计算过程

系统设置之后，可以计算毛需求量。计算毛需求量的基础数据是预测量和订单量。如何根据预测量和订单量得到毛需求量，依赖企业的类型、时区和生产政策。例如，我们可以制定这样的政策，在时区 1，毛需求量等于订单量；在时区 2，毛需求量等于订单量和预测量中的较大者；在时区 3，毛需求量等于预测量。

计算计划接收量需要确认在编制计划日期之前已经下达的订单数量，在 ERP 系统中可以由系统自动确认。

安全库存量是为了预防可能出现的缺货现象而保持的最低库存量。

计算当期预计可用库存量往往也是对当前数据的一种确认。当期预计可用库存量是指在编制主生产计划的日期时可用的库存量。

接下来，逐个时段进行计算。计算本时段预计可用库存量初值，表示在一个时段中，预计可用库存量有两个值，一个是预计可用库存量初值，另一个是预计可用库存量值。这是因为在计算预计可用库存量值时，如果计算结果是负值，需要借助计划产出量进行调整。

计算本时段净需求量时，如果预计可用库存量初值大于安全库存量，表示不需要补充库存，因此净需求量为 0。如果预计可用库存量初值小于安全库存量，则需要补充库存，这时净需求量由安全库存量减去预计可用库存量初值得到。

如果净需求量为 0，表示不需要补充物料，因此预计可用库存量等于预计可用库存量初值。如果净需求量不为 0，则需要计算计划产出量。

计算计划产出量时需要依据企业的批量政策。计划产出量的计算条件如下：

$$计划产出量 = N \times 生产批量 \tag{2-12}$$

式中，$N\times$生产批量$\geqslant$净需求量$>$（$N-1$）$\times$生产批量；N 为大于或等于 1 的整数。

计算计划产出量之后，需要判断计划期中的各个时段是否全部计算完毕。如果没有全部计算完毕，需要计算下一个时段的数据。

计划期循环完毕之后，可以计算计划投入量和可供销售量。

4. 主生产计划计算示例

假设将要编写自行车 ZXCA-F 的主生产计划，编写主生产计划的日期是 2011 年 6 月 1 日，现有库存量 120 辆，安全库存量 20 辆，生产批量 160 辆，批量增量也是 160 辆，提前期是 1 个时段。

（1）计算毛需求量。在需求时区，毛需求量等于订单量；在计划时区，毛需求量等于预测量和订单量中的较大值；在预测时区，毛需求量等于预测量。毛需求量的计算结果如表 2-6 所示。

表 2-6 主生产计划横式报表 （单位：辆）

时区	当期	需求时区		计划时区				预测时区			
时段		1	2	3	4	5	6	7	8	9	10
预测量		70	70	70	70	70	80	80	80	80	80
订单量		100	90	80	60	70	90	50	100	90	70
毛需求量		100	90	80	70	70	90	80	80	80	80

续表

时区	当期	需求时区		计划时区				预测时区			
时段		1	2	3	4	5	6	7	8	9	10
预计可用库存量初值	120	20	–70	10	100	30	–60	20	–60	20	–60
净需求量			90	10			80		80		80
计划产出量			160	160			160		160		160
预计可用库存量		20	90	170	100	30	100	20	100	20	100
计划投入量		160	160			160		160		160	
可供销售量		20	70	–50			20		–30		90

（2）计算第 1 时段数据。预计可用库存量初值 = 120–100 = 20 （辆） = 安全库存量；净需求量 = 0 辆；计划产出量 = 0 辆；预计可用库存量 = 120–100 = 20（辆）。

（3）计算第 2 时段数据。预计可用库存量初值 = 20–90 = –70（辆）＜20 辆；净需求量 = 20–（–70） = 90（辆）；计划产出量 = 1 × 160 = 160（辆）；预计可用库存量 = 20 + 160–90 = 90（辆）。

（4）计算第 3 时段数据。预计可用库存量初值 = 90–80 = 10（辆）＜20 辆；净需求量 = 20–10 =10（辆）；计划产出量 = 1 × 160 = 160（辆）；预计可用库存量 = 90 + 160–80 = 170（辆）。

其他时段的预计可用库存量初值、净需求量、计划产出量和预计可用库存量值以此类推，这里不再赘述。下面介绍如何计算计划投入量和可供销售量。

（5）计算各时段的计划投入量。由于提前期是 1 个时段，因此将计划产出量的所有数据提前 1 个时段，就可以得到相应时段的计划投入量。

（6）计算各时段的可供销售量。可以通过各个时段的计划产出量、相应的订单量和提前期等数据计算可供销售量。例如，在第 6 时段，可供销售量 = 160–90–50 = 20（辆）。

2.3 物料需求计划

物料需求计划是根据得到的主生产计划和产品结构、工艺路线和批量政策等，将最终产品分解成具体操作的零部件生产作业计划和原材料、外购件的采购作业计划的过程。从计划对象来看，物料需求计划与主生产计划不同。主生产计划的计划对象是独立需求物料，而物料需求计划的计划对象是相关需求物料。从计划层次来看，主生产计划是宏观计划与微观计划的分水岭，而物料需求计划是微观计划的正式开始。物料需求计划是 ERP 系统的核心，是 ERP 系统的先驱，是 ERP 系统中连接基础数据和动态作业计划的桥梁。

2.3.1 物料需求计划的概述

物料需求计划是 20 世纪 60 年代在美国出现，并于 70 年代发展起来的一种管理技术和方法，是根据主生产计划确定的物料采购和生产管理方式。因此，可以说物料需求计划既是一种物料管理方式，也是一种生产管理模式。

物料需求计划的定义是：物料需求计划是一种物料管理和生产方式，是 ERP 系统的重要组件，它是建立在主生产计划的基础上，根据产品的物料清单、工艺路线、批量政策和提前期等技术和管理特征，生成原材料、毛坯和外购件的采购作业计划和零部件生产与装配的生产作业计划，从而达到有效管理和控制企业物料流动的微观计划。

物料需求计划建立在主生产计划的基础上，但是与主生产计划有本质的不同。主生产计划回答了生产什么和何时生产的问题，其计划对象是最终交付用户的产品项目。但是，如何生产这些产品项目，如何合理、均衡地安排组成这些产品项目的零部件的生产、原材料和外购件的采购，如何考虑现有的库存状况并保持合理、优化的库存，如何在生产过程中考虑合理有效的生产批量等，都是物料需求计划需要回答的问题。

作为 ERP 系统的重要组件，物料需求计划要回答的问题有以下几个。

（1）生产什么？生产多少？何时生产？

（2）要用到什么？用到多少？何时用到？

（3）已经有了什么？有多少？何时使用？

（4）还缺少什么？缺少多少？何时需要？

（5）何时安排？

实际上，问题（1）可以由主生产计划来回答。这里生产的目标对象是独立需求物料，这些内容正是主生产计划的核心内容。因为物料需求计划建立在主生产计划的基础上，这些内容是物料需求计划运算的起点。

问题（2）是问题（1）的自然延续，是对问题（1）的补充回答，也可以说是对主生产计划内容的进一步细化。这个问题的答案，就是物料清单。这个问题涉及的目标对象是相关需求物料，是独立需求物料根据物料清单结构分解得到的物料与对应的物料数量。这种分解计算过程是通过物料需求计划完成的。

问题（1）和问题（2）的研究内容是确定将要生产或采购的对象，问题（3）则是针对已经确定的对象回答已经有了什么和有多少的问题。问题（3）由物料库存信息和已下达的采购订单来回答，这里的目标对象与问题（2）中的目标对象是一致的。

实际上，问题（4）是通过问题（2）和问题（3）计算得到的。除此之外，它还需要考虑批量规则、安全库存量、废品率等管理因素。在传统的手工管理方式下，问题（4）是在真正发生缺料时通过缺料表和缺料计划解决的。在 ERP 系统中，问题（4）的解决时间已经提前到制订物料需求计划时。

在问题（2）、问题（3）和问题（4）中，有关“何时”问题的解决离不开工艺路线和各种提前期数据。虽然根据工艺路线和各种提前期数据可以解决何时用到、何时使用及何时需要等问题，但是并不能完全解决物料采购作业、生产作业的安排问题，这是因为合理解决这些作业的安排问题还涉及设备能力、人员能力、资金能力和均衡生产等条件。问题（5）的答案实际上就是平衡设备能力、调度生产人员、合理筹措资金及均衡安排作业等。能力需求计划是解决问题（5）的一种有效方法。

物料需求计划是 ERP 系统的核心内容，它把 ERP 系统中的许多重要组件组合在一起。

主生产计划作为物料需求计划的基础和输入，是物料需求计划要达到的最终目标。物料清单是物料需求计划把最终产品分解成各种物料的工具，是最终产品与物料编码和物料数量相关联的方法。毫无疑问，作为一种重要的基础数据，物料编码是整个 ERP 系统，包括主生产计划和物料需求计划组件识别和使用物料的依据。在物料需求计划的计算过程中，如果需要某种指定编码的物料，但是这种物料偏偏无法及时满足作业的需求，能否采用性能相近或更高性能的同类物料代替这种指定编码的物料呢？答案就是企业制定的物料代用政策。工序和工序组成的工艺路线是物料需求计划安排生产作业顺序的基础。工序把将要加工的物料和实施加工的工作中心连接起来。实际上，工作中心把物料需求计划和能力需求计划两个重要组件关联起来。制造日历有助于物料需求计划明确地安排采购作业和生产作业的时间。虽然根据主生产计划和物料清单可以得到需要的物料，但是企业当前已经有多少物料和真正需要多少物料需要借助库存状况来回答。已经发放的加工订单和采购订单有助于更加准确地回答真正需要多少物料。在上述这些组件和数据的基础上，物料需求计划经过复杂的运算，输出可以发放的加工订单和采购订单。物料需求计划的结构示意图如图 2-11 所示。

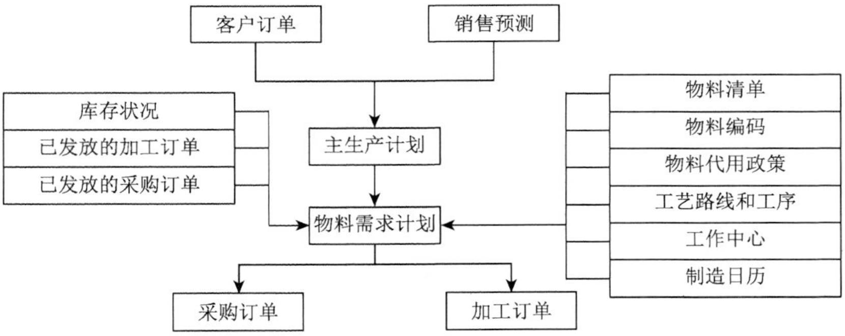

图 2-11 物料需求计划的结构示意图

2.3.2 物料需求计划的工作原理

物料需求计划为 ERP 系统的核心组件，理解物料需求计划的工作原理是非常重要的。为了更好地理解物料需求计划的工作原理，本节将从逐层计算原则，物料需求计划的输入、处理和输出，物料需求计划中的基本数量概念，物料需求计划的运行方式，以及物料需求计划的开环和闭环等不同的角度对物料需求计划进行剖析，力求全方位地观察和理解物料需求计划的工作原理和特点。

1. 逐层计算原则

逐层计算原则是指物料需求计划在计算物料需求量时，应该按照产品结构层次采用自顶向下逐层计算物料需求量的方式。计算物料需求量是物料需求计划的主要目标之一。但是，由于产品结构的复杂性，物料需求量的计算必须遵循一定的计算原则，否则可能会产生错误的结果。下面通过一个实例讲解逐层计算原则。

根据图 2-12 中的自行车物料清单结构可知，一辆自行车有一套车轮系统，一套车轮系统包括一根前轴，一根前轴又包括两片前轴挡。

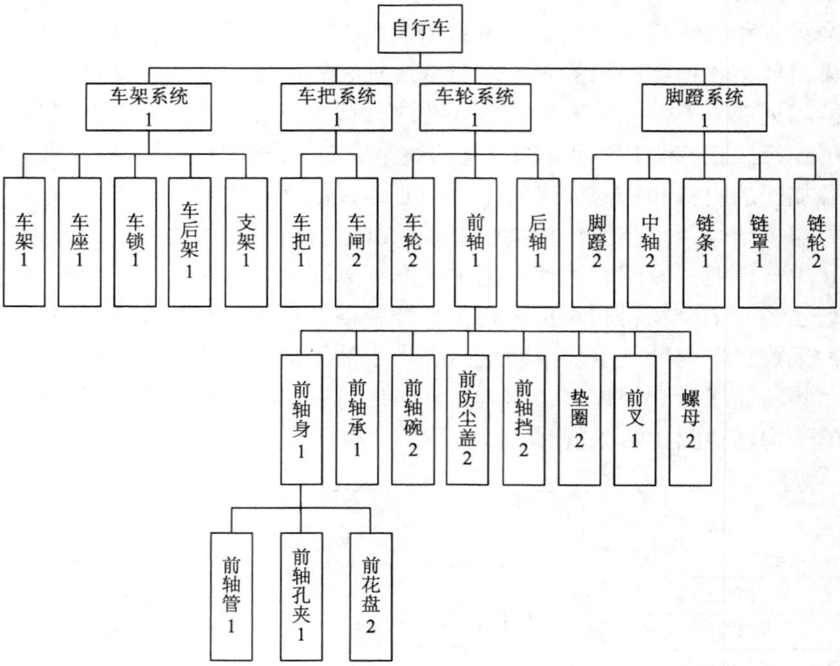

图 2-12 自行车物料清单结构图

假设希望生产 200 辆自行车，仓库中现有 35 套车轮系统、61 根前轴和 128 片前轴挡。根据需求量和现有库存量，如果不考虑产品的层次结构，那么可以按照下列方式计算自行车的缺件数量。

自行车的需求量：200 辆。

车轮系统的需求量：200–35 = 165（套）。

前轴的需求量：200–61 = 139（根）。

前轴挡的需求量：200×2–128 = 272（片）。

显然，上面的计算有明显的错误，因为这些计算没有考虑产品结构的层次关系。每一套车轮都包括一根前轴，而每一根前轴都包括两片前轴挡，这些隐含在层次关系中的数据必须在计算过程中被考虑到，不能遗漏。如果遵循逐层计算原则，则这些隐含在层次结构中的数据就包含在计算过程中。下面按照逐层计算原则计算自行车的缺件数量。

自行车的需求量：200 辆。

车轮系统的需求量：200–35 = 165（套）。

前轴的需求量：165–61 = 104（根）。

前轴挡的需求量：104×2–128 = 80（片）。

比较上面两种计算方式可以看出，在第一种计算方式下，前轴挡的需求量是 272 片，但在第二种计算方式下，前轴挡的需求量减少为80片。之所以两者相差192片，是因为这个192片数据隐含在产品结构的层次关系中了。由于第二种计算方式考虑了层次关系中的数据，其结果更加合理。

逐层计算原则是物料需求计划工作原理的重要组成部分，它揭示了物料需求计划计算物料需求量的基本过程形式，是理解物料需求计划工作原理的基础。

2. 物料需求计划的输入、处理和输出

从物料管理和控制方面讲，物料需求计划是一个复杂的系统，它有自己的输入、处理和输出；从ERP系统角度来看，物料需求计划是一个子系统或者是一个活动，但是它仍然有自己特殊的输入、处理和输出。不管怎么说，理解物料需求计划的输入、处理和输出有助于我们深入理解物料需求计划的工作原理。

从图2-11可以看到，物料需求计划的输入内容是比较多的。但是，物料需求计划最主要的输入数据是三个，即主生产计划、物料清单和库存状况。主生产计划提供了何时生产什么、生产多少的数据。主生产计划是物料需求计划运算的驱动力量，是物料需求计划运算的起点和运算的对象。但是，如何对主生产计划提供的数据进行深入的分解和汇总，则离不开物料清单数据的支持。作为对产品结构基础数据的描述，物料清单是支持物料需求计划分解主生产计划数据的不可或缺的工具。在物料清单的支持下，物料需求计划把外界对企业的需求主生产计划转变成了企业内部对物料作业的需求，即对零部件的毛需求。库存状况包括库存物料的各种状态，这些状态包括物料编码、数量、批量大小和提前期等数据。物料的可用库存量描述了库存数量。可用库存量为现有库存中可以使用的已有库存量和已发放且可以得到的已订数量之和。

物料需求计划的处理过程主要包括读取主生产计划数据、分解物料清单、计算物料毛需求、计算物料净需求和下达作业计划。毫无疑问，读取主生产计划数据是物料需求计划开始运算的起点。主生产计划的对象是最终产品项目，分解物料清单实际上就是把最终产品项目的数量与生产一个最终产品项目所需要的零件数量相乘，就可以得知需要什么样的零件和这种零件所需要的数量。这种零件所需要的数量就是毛需求量。用毛需求量减去可用库存量就可以得到净需求量。无论是下达采购作业计划（采购订单）还是生产作业计划（加工订单），净需求量都是这些计划的基础数据。在实际中，既可以把这些净需求量作为计划数据直接下达，也可以依据批量政策将净需求量进行调整后作为计划数据下达。需要注意的是，作为计划数据，“期”标准是同样重要的。作为确定计划时间的“期”标准来源于各种提前期数据。

物料需求计划的输出主要是指可以用于管理和控制的各种计划和报告。这些报告主要包括零部件的生产作业计划、原材料外购件的采购作业计划及异常报告等。这些计划是企业物料采购、生产能力平衡和车间作业管理的输入，是发放采购订单、加工订单的依据。可以说物料需求计划的输出是企业物料管理、车间管理和设备管理等主要管理工作的基础和起点。

3. 物料需求计划中的基本数量概念

在物料需求计划运算中，经常用到的基本数量概念包括描述库存信息的数量概念和

描述需求信息的数量概念。描述库存信息的数量概念包括现有库存量、计划接收量、已分配量、安全库存量、可用库存量和预计可用库存量等；描述需求信息的数量概念包括总需求量、毛需求量、净需求量、计划产出量和计划投入量等。

毛需求量是物料需求量，它是基于最终产品项目的需求量，是按照物料清单进行层层分解计算得到的物料需求量。毛需求量的来源可以有多处，如既可能来自同一个最终产品项目，也可能来自不同的最终产品项目。

已分配量是当前虽然保存在仓库中，但是已经分配的物料数量。

总需求量等于毛需求量加上已分配量。

现有库存量是当前仓库中现有的物料数量。但是，仓库中某些物料可能已经被分配却没有出库，因此这部分物料数量是不能用于当前物料需求计划计算的。现有库存量还包括了物料的安全库存量。因此，只有从现有库存量中减去已分配量和安全库存量，剩余的物料数量才是仓库中可以参加物料需求计划计算的物料数量。

可用库存量是当前仓库中可以参加物料需求计划计算的物料数量，还应该包括那些已经发放、预计在计划期内到达的采购单和加工单上的物料数量。

计划接收量是指前期已经下达的、目前正在执行中的订单量，是将来要在某个时段产出的数量，即以前计划的产出量。

预计可用库存量等于现有库存量和计划接收量之和。

净需求量等于总需求量减去预计可用库存量。其计算公式如下：

$$\begin{aligned}\text{净需求量} &= \text{总需求量} - \text{预计可用库存量} \\ &= \text{毛需求量} + \text{已分配量} - \text{现有库存量} - \text{计划接收量}\end{aligned} \tag{2-13}$$

计划产出量是以净需求量数据为基础，考虑批量政策、废品率和均衡生产等因素对净需求量进行调整后的结果。

计划投入量是考虑提前期因素之后对计划产出量的时间进行调整后的结果。一般地，计划投入量的数据等于计划产出量，但是要按照提前期提前安排投入。

4. 物料需求计划的运行方式

物料需求计划的运行方式不是一劳永逸的。制订计划环境的任何改变，都可能影响整个计划的运行。物料需求计划经过运算之后，得到一个主生产计划、物料清单、物料需求及库存状况之间相对平衡的采购作业计划和生产作业计划。但是，这种平衡状态可能会由于其中的某个或某些因素的变化而被打破，如增加了新的订单、产品结构设计更改、生产加工废品率增大和库存状况变化等，原有的采购作业计划和生产作业计划已经不能满足实际作业的需要，必须重新运算物料需求计划。重新运算物料需求计划的方式称为物料需求计划的运行方式。

一般地，物料需求计划的运行方式有两种类型：一种是再生式物料需求计划（regenerative MRP）运行方式；另一种是净改变式物料需求计划（net change MRP）运行方式。再生式物料需求计划运行方式表示每次计算时，都会覆盖原来的物料需求计划数据，生成全新的物料需求计划。净改变式物料需求计划运行方式表示只会根据指定条件而变化，如主生产计划变化、物料清单变化等，经过局部运算，更新原来物料需求计划的部分数据。再生式物料需求计划运行方式是周期性运算物料需求计划，通常的运算周期是一周。净改变式物料需求计划运行方式是一种连续性的操作，当指定数据改变时就需要立刻运行。

在再生式物料需求计划运行方式中，主生产计划中列出的每一个最终产品项目的需求都要进行分解，每一个需要的物料清单文件都要被访问，每一个相关物料的库存状态记录都要被更新，每一个物料的毛需求量和净需求量都要被重新计算，每一项作业计划的日程都需要被重新安排，系统会输出大量的相关报告。这种方法的优点是数据的处理效率高，因为总是提供最新的计划数据。但是，这种方法存在的主要问题是运算量大，两次运算之间的主生产计划变化、物料清单变化和作业计划因素变化等不能及时反映到物料需求计划中。

在净改变式物料需求计划运行方式中，采用对需求进行局部分解的作业方式。局部分解大大缩小了需求计划运算的范围，可以确保提高重排作业计划的频率。这里的局部分解可以理解为，每次运行物料需求计划时仅分解主生产计划中的一部分内容，如库存事务处理引起的分解只局限在该事务直接涉及的物料项目和这些物料项目下属层次的物料项目。净改变式物料需求计划运行方式既可以每天运行，也可以实时运行。净改变式物料需求计划运行方式的优点在于对状态变化能够及时做出反应。但是，这种方法也存在诸多缺点，如系统的自清理能力差、数据处理的效率相对比较低，以及对于各种变化过于敏感等。

采用净改变式物料需求计划运行方式，令管理人员颇感头疼的一个问题是，系统要求管理人员不断地修正正在进行的作业，如对于已经下达的加工订单更改加工零件的结构、对于已经下达的采购订单更改到货日期等。不过，如何更好地处理这些令人头疼的问题取决于管理人员管理的技术和艺术，即系统提供了应该做出修正的建议，实际中管理人员应考虑如何采取合理有效的管理措施来实现这些建议。

当前，在大多数 ERP 系统中主要采用再生式物料需求计划运行方式。实际上，纯粹的再生式物料需求计划运行方式与纯粹的净改变式物料需求计划运行方式都是不存在的，许多 ERP 系统往往采用这两种类型的混合运行方式。

5. 物料需求计划的开环与闭环

物料需求计划的发展过程是一个自身不断完善的过程。物料需求计划最初被提出是在 20 世纪 60 年代中期，物料需求计划的结构如图 2-11 所示。根据可行的主生产计划，在物料清单、库存状态信息和工艺路线等基础数据的支持下，由计算机编制出分时间段的物料需求计划，从而可以下达执行采购作业的采购订单和执行生产作业的加工订单。很显然，采用物料需求计划可以快速、准确地制订采购作业计划和生产作业计划，从而可以保证得到准确的物料需求，为最终实现物料管理的精细化打下物质基础。但是，这种物料需求计划计算方式有一些前提条件，如主生产计划存在且可行、采购作业计划可行且执行过程顺利，以及生产作业计划可行且生产过程不受其他外界因素的影响。然而，这种前提往往是不现实的。例如，采购作业计划可能因为供货能力或运输能力不足而不能按期或按量执行，生产作业计划可能会受到加工设备能力不足、人力资源缺乏和废品率过大的影响而不能按期、按量完成。

怎样解决物料需求计划计算方式存在的这些问题呢？可以基于控制原理采取一些适当的措施，如在物料需求计划计算过程中考虑企业的生产加工能力问题、供货企业的供货能力问题，确保制订的物料需求计划（包括采购作业计划、生产作业计划）是可行的；在采购作业计划、生产作业计划的执行过程中，通过增加采购管理和车间管理功能，从而增强计划跟踪和反馈功能，确保物料需求计划可以得到及时更新。采取这些措施之后得到的物料需求计划称为闭环物料需求计划，相对应地，把采用以前的计算方式的物料需求计划称为开环物料需求计划。

作为一个权威机构，美国生产与库存控制协会发表的闭环物料需求计划的结构原理如图 2-13 所示。在图 2-13 中，主生产计划来自企业的生产规划，主生产计划是否可行在被称为粗能力需求计划的产能负荷分析之后进行判断，如果可行的主生产计划制订的物料需求计划是在物料清单和库存状况数据的支持下完成的，那么可以进一步分解为分时段的需求。物料需求计划的分时段需求可以把未来物料短缺问题的解决方案提前到当前作为优先计划的物料需求计划中。但是，如果这个物料需求计划超越了企业现有的生产加工能力和采购运输能力，它也就失去了指导车间作业的权威意义。但是，如果物料需求计划经过能力需求计划评估被认为不可行，则可以及时调整主生产计划，

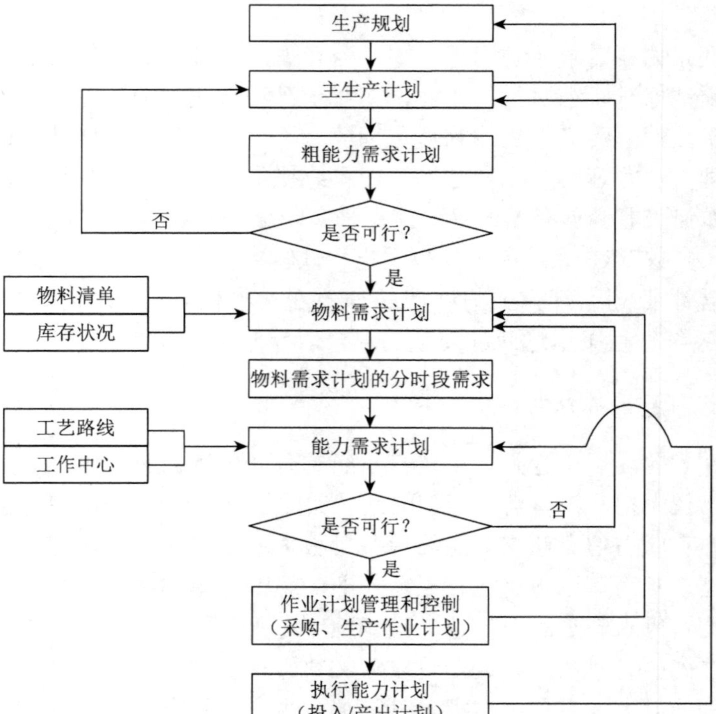

图 2-13　闭环物料需求计划的结构原理

甚至可以调整企业的生产规划。因此，增加能力需求计划以便检验物料需求计划在当前生产环境中是否可行；增加作业计划管理和控制功能的目的是便于将生产环境变化和作业计划与实际作业的差异及时地反映到物料需求计划中，以便对今后物料需求计划的执行进行适当的平衡和调整；执行能力计划可以根据作业需要对生产能力进行进一步调整，以便能力需求计划在变化的生产环境中总可以顺利地保证物料需求计划的可行性。

虽然闭环物料需求计划没有解决资金资源、人力资源等生产环境中的约束问题，但是很好地解决了物料管理和控制问题，因此闭环物料需求计划的产生和广泛应用是生产计划管理理论发展的一个里程碑。

我们可以采取低层码来解决物料需求计划计算顺序问题。低层码是指同一种物料项目位于同一个物料清单的不同阶层中或位于不同的物料清单的不同层次中，而有多个阶层码时，取最低层码作为计算该项物料需求量的一种方法。这种方法的目的是确保时间上最先提出需求的物料在计划上最先得到库存量。低层码的引入是对逐层计算原则的一个补充，低层码指定了同一物料位于不同物料清单阶层时的处理方式。

下面通过一个例子讲述低层码的作用。如图 2-14 所示，在一个自行车产品的物料清单结构示意图中，最终产品项目是 ZXCA-F1，其由 2 个零件 A 和 1 个组件 B 组成，1 个组件 B 由 1 个零件 A 和 2 个零件 C 组成。在这里，零件 A 既出现在阶层 1 又出现在阶层 2，因此零件 A 的低层码是 2。最终产品项目 ZXCA-F1 的物料需求计划计算过程如图 2-15 所示。在该过程中，首先根据 ZXCA-F1 的主生产计划得到零件 A 和组件 B 的总需求量。遇到零件 A 时，发现其当前的阶层码是 1，与其低层码不同。因此，对零件 A 只是保存其通过物料清单分解得到的总需求量，暂不进行预计库存量、净需求量和计划产出量等的计算。组件 B 的当前阶层与其低层码一致，因此计算该物料的所有物料需求计划数量。之后，进行分解又得到零件 A。现在，零件 A 的当前阶层等于其低层码，因此可以对零件 A 进行物料需求计划计算，此时才使用与零件 A 有关的计划接收量、当前预计可用库存量等数据。零件 A 的总需求量包括不同阶层的所有需求量之和，当然，如何进行汇总，还需要考虑有关的需求日期。

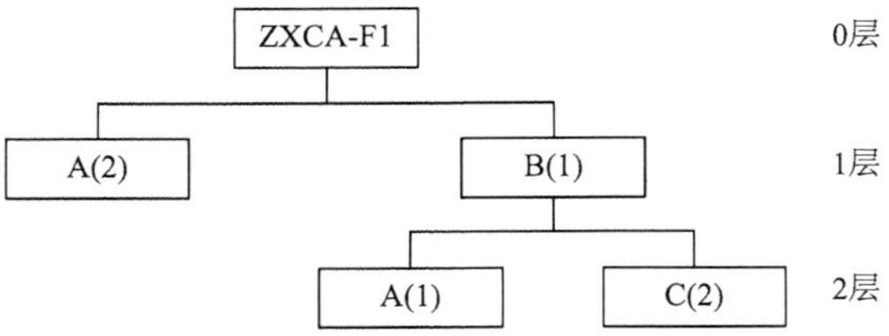

图 2-14 自行车产品的物料清单结构示意图

对于位于不同物料清单中不同阶层的同一种物料来说，其计算过程与此类似。因此可以说，同一种物料在 ERP 系统中的计算过程是按照低层码顺序进行的。

计划形式：主生产计划

物料名称：ZXCA-F1　装配提前期：1

时段	1	2	3	4	5
需求量		50		80	90

计划形式：物料需求计划　物料名称：A（1层）

加工提前期：1　批量规划：30　安全库存：20

时段	1	2	3	4	5
需求量	100		160	180	

计划形式：物料需求计划　物料名称：B（1层）

装配提前期：1　批量规划：30　安全库存：20

时段	当期	1	2	3	4	5
毛需求量		50		80	90	
计划接收量		100				
预计可用库存量	20	70	70	40	50	50
净需求量				30	70	
计划产出量				50	100	
计划投入量			50	100		

规划形式：物料需求计划　物料名称：A（2层）

加工提前期：1　批量规划：30　安全库存：20

时段	当期	1	2	3	4	5
毛需求量		100	50	260	180	
计划接收量		90				
预计可用库存量	30	20	30	40	40	40
净需求量			50	250	160	
计划产出量			60	270	180	
计划投入量		60	270	180		

图 2-15　ZXCA-F1 的物料需求计划计算过程

2.3.3　物料需求计划的计算过程

根据物料需求计划的基本概念和工作原理，本节将用具体示例详细演示物料需求计划的计算过程。物料需求计划的计算过程与主生产计划的计算过程非常类似，但又有所不同，例如，在物料需求计划计算过程中，没有预测量、订单量和可供销售量等数据，因为物料需求计划的计算量都是相关需求，不是可以销售的最终产品项目；在计算物料需求计划时需要考虑物料清单的分解和低层码等影响因素；主生产计划只涉及最终产品项目，但是物料需求计划涉及组成最终产品项目的所有层次的物料，物料需求计划的计算量和复杂程度远远大于主生产计划的计算量和复杂程度。物料需求计划的计算过程示意图如图 2-16 所示。

首先，基于物料清单计算各个物料的低层码，然后按照逐层计算原则和低层码计算每个物料的毛需求量。其次，考虑物料的库存状况，计算计划接收量和当期预计可用库存量。再次，进行分时段计算。在分时段计算过程中，先计算本时段预计可用库存量初值，再计算本时段净需求量，然后根据净需求量的值对预计可用库存量初值进行调整。需要注意的是，当净需求量非 0 时，需要基于批量政策计算本时段的计划产出量。最后，当分时段计算结束之后，基于计划期数据，在计划产出量的基础上计算计划投入量。

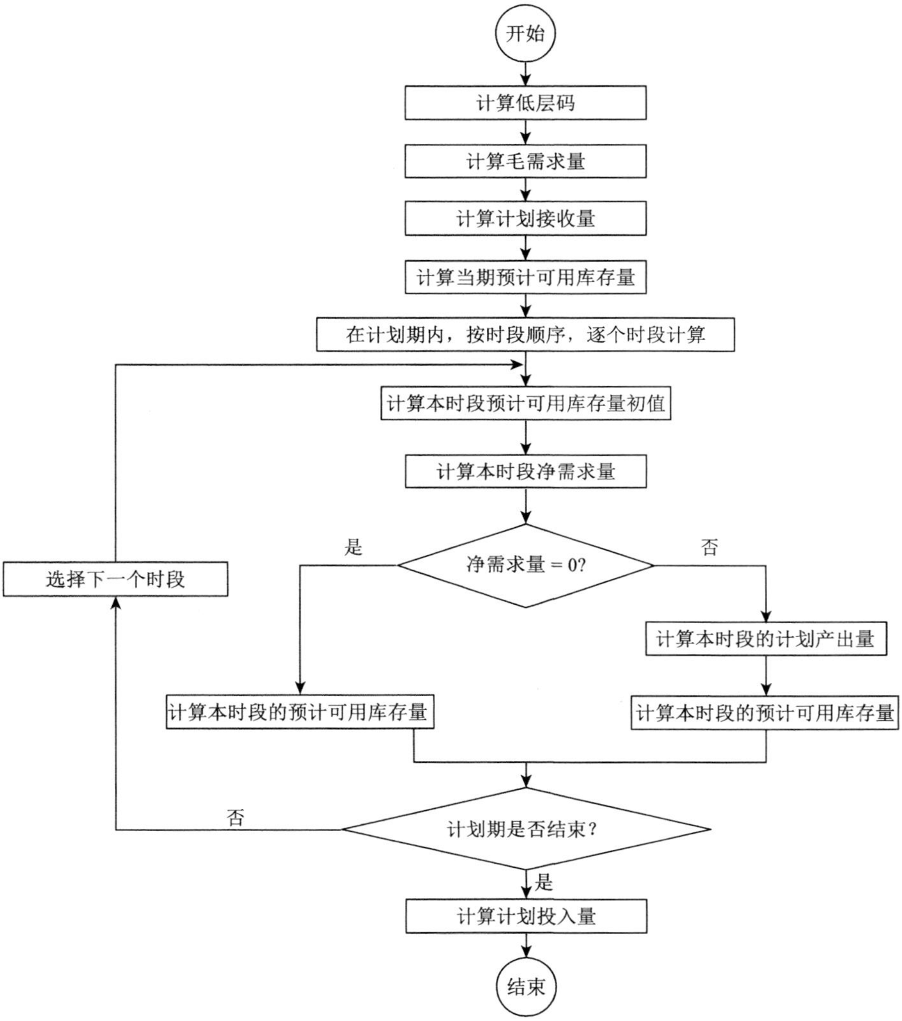

图 2-16　物料需求计划的计算过程示意图

下面通过一个具体示例讲述物料需求计划的计算过程（为了表述方便，示例中的物料数量不添加单位）。图 2-17 是物料清单示意图，这两个产品分别是 ZXC 和 SLC。已知条件是 ZXC 和 SLC 的主生产计划，以及所有物料的当前预计可用库存量、安全库存量、提前期、批量和已分配量等。现在需要计算零件 A 和零件 C 的物料需求计划。

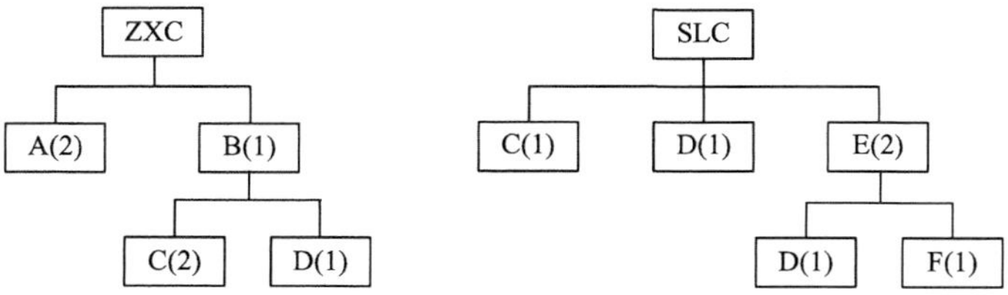

图 2-17　ZXC 和 SLC 的物料清单示意图

ZXC 和 SLC 的主生产计划如表 2-7 和表 2-8 所示。表 2-7 和表 2-8 中分别描述了最终产品项目 ZXC 和 SLC 的物料名称、物料编码和物料的提前期。

表 2-7 ZXC 的主生产计划

主生产计划	当期	时段 1	时段 2	时段 3	时段 4	时段 5	时段 6	时段 7	时段 8	时段 9	时段 10
计划产出量			50	50	60	60	60	60	90	90	90
计划投入量		50	50	60	60	60	60	90	90	90	

表 2-8 SLC 的主生产计划

主生产计划	当期	时段 1	时段 2	时段 3	时段 4	时段 5	时段 6	时段 7	时段 8	时段 9	时段 10
计划产出量			80	80	80	80	80	80	120	120	120
计划投入量		80	80	80	80	80	80	120	120	120	

首先计算零件 A 的物料需求计划。因为零件 A 只出现在 ZXC 的物料清单中，并且只出现一次，所以其阶层码与低层码都是 1。零件 A 的毛需求量等于 ZXC 的计划投入量。假设在时段 1 的计划接收量为 80，当期预计可用库存量为 20，安全库存量为 20，批量是 100。

在时段 1，预计可用库存量 = 20 + 80–50 = 50。

在时段 2，预计可用库存量初值 = 50–50 = 0＜20，净需求量 = 20–0 = 20，根据批量政策，满足净需求量要求的计划产出量为 100，于是预计可用库存量 = 50 + 100–50 = 100。

在时段 3，预计可用库存量初值 = 100–60 = 40＞20，于是净需求量 = 0。

在时段 4，预计可用库存量初值 = 40–60 = –20＜20，净需求量 = 20–（–20） = 40，根据批量政策，满足净需求量要求的计划产出量为 100，于是预计可用库存量 = 40 + 100–60 = 80。

在时段 5，预计可用库存量初值 = 80–60 = 20 = 20，净需求量 = 0。

在时段 6，预计可用库存量初值 = 20–60 = –40＜20，净需求量 = 20–（–40） = 60，根据批量政策，满足净需求量要求的计划产出量为 100，于是预计可用库存量 = 20 + 100–60 = 60。

在时段 7，预计可用库存量初值 = 60–90 = –30＜20，净需求量 = 20–（–30） = 50，根据批量政策，满足净需求量要求的计划产出量为 100，于是预计可用库存量 = 60 + 100–90 = 70。

在时段 8，预计可用库存量初值 = 70–90 = –20＜20，净需求量 = 20–（–20） = 40，根据批量政策，满足净需求量要求的计划产出量为 100，于是预计可用库存量 = 70 + 100–90 = 80。

在时段 9，预计可用库存量初值 = 80–90 = –10＜20，净需求量 = 20–（–10） = 30，根据批量政策，满足净需求量要求的计划产出量为 100，于是预计可用库存量 = 80 + 100–90 = 90。

在时段 10，预计可用库存量 = 90。

计算结果如表 2-9 所示。

表 2-9 零件 A 的物料需求计划

物料需求	当期	时段 1	时段 2	时段 3	时段 4	时段 5	时段 6	时段 7	时段 8	时段 9	时段 10
毛需求量		50	50	60	60	60	60	90	90	90	
计划接收量		80									
预计可用库存量	20	50	100	40	80	20	60	70	80	90	90
净需求量			20		40		60	50	40	30	
计划产出量			100		100		100	100	100	100	
计划投入量		100		100		100	100	100	100		

现在计算零件 C 的物料需求计划。与零件 A 不同的是，零件 C 位于 ZXC 和 SLC 两个物料清单中，且这两个零件的阶层也不相同，其低层码为 2。设零件 C 的提前期为 1，当期预计可用库存量为 25，安全库存量为 15，批量为 50。

计算思路是：首先，计算 ZXC 对物料 B 的毛需求量，计算物料 B 的计划投入量，并根据物料 B 的计划投入量得到物料 C 的毛需求量；其次，计算 SLC 对物料 C 的毛需求量；再次，合并两个产品对物料 C 的毛需求量；最后，依据合并后的对物料 C 的毛需求量推算出其计划投入量。

（1）计算 ZXC 对物料 B 的毛需求量，计算过程和结果如表 2-10 所示。

表 2-10 ZXC 对物料 B 的毛需求量

物料	物料需求	当期	时段 1	时段 2	时段 3	时段 4	时段 5	时段 6	时段 7	时段 8	时段 9	时段 10
ZXC	计划产出量			50	50	60	60	60	60	90	90	90
	计划投入量		50	50	60	60	60	60	90	90	90	
B	毛需求量		50	50	60	60	60	60	90	90	90	

（2）计算物料 B 的计划投入量，实际上就是计算该物料的物料需求计划，计算过程如表 2-11 所示。这里假设当期预计可用库存量为 35，安全库存量为 20，批量为 50，提前期为 1。

表 2-11 物料 B 的物料需求计划

物料需求	当期	时段 1	时段 2	时段 3	时段 4	时段 5	时段 6	时段 7	时段 8	时段 9	时段 10
毛需求量		50	50	60	60	60	60	90	90	90	
计划接收量		100									
预计可用库存量	35	85	35	25	65	55	45	55	65	25	25
净需求量				45	55	15	25	65	55	45	
计划产出量				50	100	50	50	100	100	50	
计划投入量			50	100	50	50	100	100	50		

（3）计算 ZXC 对物料 C 的毛需求量。根据物料 B 的计划投入量，可以直接推算出物料 C 的毛需求量，推算过程如表 2-12 所示。需要注意的是，直接根据物料 B 的毛需求量推算出物料 C 的毛需求量和根据物料 B 的计划投入量计算出物料 C 的毛需求量，这两个毛需求量是不同的，其间的差别往往很大。

表 2-12　ZXC 对物料 C 的毛需求量

物料	物料需求	当期	时段 1	时段 2	时段 3	时段 4	时段 5	时段 6	时段 7	时段 8	时段 9	时段 10
B	计划投入量			50	100	50	50	100	100	50		
C	毛需求量			50	100	50	50	100	100	50		

（4）计算 SLC 对物料 C 的毛需求量，计算过程如表 2-13 所示。例如，在时段 1，根据 SLC 的计划投入量直接推算出物料 C 的毛需求量为 80。

表 2-13　SLC 对物料 C 的毛需求量

物料	物料需求	当期	时段 1	时段 2	时段 3	时段 4	时段 5	时段 6	时段 7	时段 8	时段 9	时段 10
SLC	计划产出量			80	80	80	80	80	80	120	120	120
	计划投入量		80	80	80	80	80	80	120	120	120	
C	毛需求量		80	80	80	80	80	80	120	120	120	

（5）合并物料 C 的毛需求量。根据表 2-10、表 2-12 和表 2-13 的数据合并物料 C 的毛需求量，得到物料 C 的总毛需求量，合并过程和结果如表 2-14 所示（有关物料 C 的数据已经添加了灰色背景）。例如，在时段 3，ZXC 对物料 C 的毛需求量是 100，SLC 对物料 C 的毛需求量是 80，两者合并后在时段 3 对物料 C 的总毛需求量是 180。可以根据物料 C 的总毛需求量计算物料 C 的物料需求计划。需要说明的是，在不会引起混淆时，常常把物料 C 的总毛需求量简称为毛需求量。

表 2-14　ZXC 和 SLC 对物料 C 的总毛需求量

物料	物料需求	当期	时段 1	时段 2	时段 3	时段 4	时段 5	时段 6	时段 7	时段 8	时段 9	时段 10
ZXC	计划产出量			50	50	60	60	60	60	90	90	90
	计划投入量		50	50	60	60	60	60	90	90	90	
B	毛需求量		50	50	60	60	60	60	90	90	90	
	计划投入量			50	100	50	50	100	100	50		
C	毛需求量			50	100	50	50	100	100	50		
SLC	计划产出量			80	80	80	80	80	80	120	120	120
	计划投入量		80	80	80	80	80	80	120	120	120	
C	毛需求量		80	80	80	80	80	80	120	120	120	
C	总毛需求量		80	130	180	130	130	180	220	170	120	

（6）计算物料 C 的物料需求计划。计算过程和结果如表 2-15 所示。这里假设当期预计可用库存量为 70，安全库存量为 60，批量为 100，提前期为 1。当计算出计划产出量之后，根据提前期为 1 倒排计划，推算出对应的计划投入量。

表 2-15 物料 C 的物料需求计划

物料需求	当期	时段 1	时段 2	时段 3	时段 4	时段 5	时段 6	时段 7	时段 8	时段 9	时段 10
毛需求量		80	130	180	130	130	180	220	170	120	
计划接收量		120									
预计可用库存量	70	110	80	100	70	140	60	140	70	150	150
净需求量			80	140	90	120	100	220	90	110	
计划产出量			100	200	100	200	100	300	100	200	
计划投入量		100	200	100	200	100	300	100	200		

2.4 能力需求计划

能力需求计划的目的是检验物料需求计划是否可行并且对生产作业过程中的能力和负荷进行平衡。从内容上来看，能力需求计划与物料需求计划是不同的。物料需求计划的内容是有关企业直接的作业对象、管理对象的描述，以及从事这些活动的安排和指导，是为了满足用户需求、完成已签约订单的直接的工作计划，而能力需求计划的内容是辅助和检验物料需求计划内容是否可行的辅助工作计划和生产能力需求计划。

2.4.1 能力需求计划的概述

1. 能力需求计划的基本概念

能力需求计划是一种由物料需求计划输出的将物料的分时段需求计划转变成对企业各个工作中心的分时段需求计划的管理工具，是一个协调能力需求与可用能力之间的平衡的处理过程，是一种协调物料需求计划的计划内容和确保物料需求计划在现有生产环境中可行、有效的计划管理方法。

从工作内容上来看，物料需求计划的计划内容是物料，具体内容包括需要的物料的编码、物料数量和物料所需时间等，而能力需求计划的计划内容是能力，具体内容包括工作中心加工能力、员工工作时间、设备加工效率、员工出勤率和劳动生产率等。从工作内容角度来看，能力需求计划起到一个计划转换器的作用，把物料需求计划转换成了能力需求计划，实际上，它又起到一个工作延伸扩散器的作用，把有关物料计划管理和控制工作向设备计划管理和控制工作、人力资源计划管理和控制工作方面延伸和扩散，从而使整个 ERP 系统有可能将物料管理、设备管理和人力资源管理等多种职能的工作作为一个整体的系统对待。

从处理过程来看，能力需求计划不仅要把对物料的需求计划转变成对工作中心的能力需求计划，还要协调和处理有关这些能力的能力需求与可用能力之间的矛盾。能力需求来自物料需求计划，可用能力来自现有的生产作业环境。从宏观角度来看，如果能力需求小于可用能力，那么除了引起可用能力的闲置和浪费之外，一般不会对物料需求计划的正常运行带来什么负面影响和障碍。但是，经常遇到的情况是，能力需求大于可用能力，该怎么办呢？有三种不同的且各有优劣的解决方案：一是提高企业现有的可用能力；二是通过减少物料需求计划来降低能力需求；三是通过“移峰填谷”、加班加点和外部协作等临时性的管理调度手段来解决能力需求和可用能力之间的矛盾。第一种方案是最彻底的解决方案，但是这种方案是企业发展壮大的里程碑式的结果，这种方案很难被用于需要随时解决的临时性问题。有人把这种解决方案称为决策性的解决方案。第二种方案是比较保守的解决方案。这种方案的最终实质就是通过拒绝过多的、自身无法承担的订单来实现企业内部的生产平衡。这种方案的优点在于经营稳健，缺点在于可能错失发展壮大的良机。第三种方案体现了管理技术和管理艺术有效结合的效果。在这种方案中，需要采用最合适的管理手段、调度措施来尝试协调解决当前面临的问题。实际上，能力需求计划往往采用这种方案来协调生产管理中的计划和实际中的矛盾。

从管理手段来看，能力需求计划作为一种约束条件的测试工具，用于检验和确保物料需求计划的可行性，并且对生产作业过程中的能力和负荷进行平衡。前面已经提到，计算物料需求计划的三个最基础的数据是主生产计划、物料清单和库存状况，但是这种计算过程并没有完全回答企业是否有能力完成这种计算结果等问题。虽然主生产计划已经得到粗能力需求计划的验证，在某种程度上来说物料需求计划被确保是可行的，但是实际上粗能力需求计划并不能准确地回答物料需求计划是否可行的问题。从管理的完整性角度来看，能力需求计划全面解决了物料需求计划是否可行和有效的问题。即使主生产计划没有经过粗能力需求计划的验证，能力需求计划也不会使不可行的物料需求计划进入实施环节。当然，采用粗能力需求计划验证主生产计划，其好处在于物料需求计划的计算和能力需求计划对物料需求计划的验证都有了更高的工作效率。

能力需求计划的转换器、协调器约束机制作用示意图如图 2-18 所示。来自物料需求计划的生产作业计划表示计划负荷，工艺路线可以提供单位负荷耗用能力标准，这两个数据可以形成对工作中心的能力需求。工作中心提供了企业当前环境的可用能力。能力需求和可用能力经过能力需求计划的处理变成了可行的生产作业计划和已平衡的能力需求计划报表。

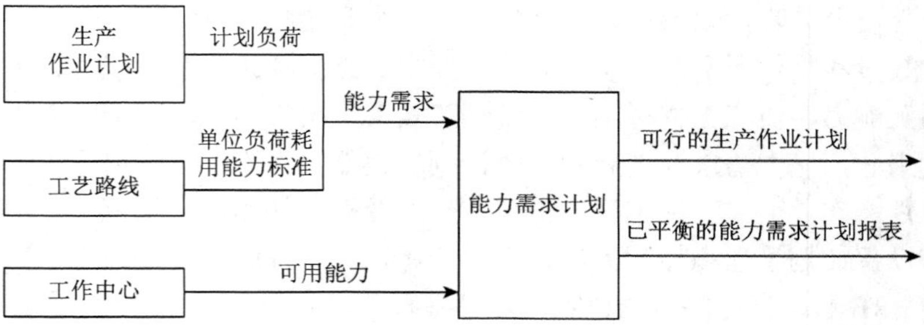

图 2-18 能力需求计划的转换器、协调器约束机制作用示意图

通过前面的分析可知，能力需求计划可以回答下面几个问题。

（1）生产什么？生产多少？何时生产？（由生产作业计划回答，并且得到计划负荷，这些计划负荷也可以是分时段的）

（2）使用什么工艺路线？工艺路线中包括哪些工作中心？（前面这两个问题可以得到单位负荷耗用能力标准，如使用某个数控加工机床的标准工时定额，再加上计划负荷，就可以得到物料需求计划对能力的需求量）

（3）工作中心的可用能力是多少？（这是重要的基础数据）

（4）分时段的能力需求状况如何？（分时段的计划负荷加上单位负荷耗用能力标准可以得到分时段的能力需求状况）

2. 能力需求计划和粗能力需求计划

在主生产计划中我们提到了用于校验主生产计划是否可行的粗能力需求计划，在物料需求计划中我们又反复强调需要能力需求计划校验其是否可行，那么这两种校验计划是否可行的方法之间有什么样的关系呢？实际上，这两种方法是密切关联的。

从计划层次上来看，粗能力需求计划与主生产计划位于相同的层次，能力需求计划与物料需求计划位于相同的层次，因此粗能力需求计划位于需求计划的高层，能力需求计划位于需求计划的较低层次。

从内容上来看，粗能力需求计划和能力需求计划两者都属于能力需求计划，都用于校验编制的计划是否可行。不同的是，粗能力需求计划用于校验主生产计划（独立需求件），而能力需求计划的校验对象是物料需求计划（相关需求件）。因为物料需求计划是主生产计划的进一步细化，所以能力需求计划也是粗能力需求计划的进一步细化。

从编制方式来看，粗能力需求计划与能力需求计划有很大的差别。例如，粗能力需求计划仅考虑关键工作中心的能力需求，能力需求计划则考虑整个工作中心的能力需求；粗能力需求计划的计算过程主要依据资源清单，而能力需求计划的计算过程主要依据工艺路线。

能力需求计划与粗能力需求计划之间的区别如表 2-16 所示。

表 2-16　能力需求计划与粗能力需求计划之间的区别

比较项	粗能力需求计划	能力需求计划
计划阶段	主生产计划	物料需求计划与生产作业计划
主要作用	校验主生产计划是否可行	校验物料需求计划是否可行
能力对象	关键工作中心	全部工作中心
计算过程依据	资源清单	工艺路线
负荷对象	独立需求件	相关需求件
库存状况	不考虑	考虑
订单类型	计划和确定订单	计划和确定订单、已下达订单
工作日历	工厂日历或工作中心日历	工作中心日历
提前期	提前期偏置	工序的开工时间和完工时间

3. 能力需求计划的编制方式

从能力需求计划的编制方式来看，可以把能力需求计划分为两种类型，即无限能力计划和有限能力计划。无限能力计划和有限能力计划在是否考虑能力需求计划时是一样的，两者的主要差别在于处理超负荷时采取的方式不同。

无限能力计划是不考虑能力限制的能力需求计划编制方式。当工作中心的负荷工时超过能力工时时，该工作中心处于超负荷状态。在无限能力计划中，由于不考虑能力限制，工作中心的负荷是所有消耗该工作中心的负荷相加，这是一种更加自然地处理能力需求的方式，超负荷状态是一种不可避免的现象。当工作中心处于超负荷状态时，可以采取两类解决措施：第一类是增加能力工时，如可以采购新的加工设备、招聘新的员工等；第二类是采取调度手段，如延长工作中心的工作时间、采用替代工作中心、将超负荷转移到其他工作中心、变加工为采购及采用外协加工等。实际上，还有一种更为极端的管理措施，即延长订单的交货期或者取消订单。但是，这种极端管理措施是与企业经营宗旨相违背的，只能是特殊情况下的解决方案。当前，市场上的许多 ERP 系统都采用无限能力计划的能力需求计划编制方式。

有限能力计划是考虑能力限制的能力需求计划编制方式。由于考虑了能力限制，某个工作中心的负荷工时总是不能超过该工作中心的能力工时，在这种方式下不会出现工作中心超负荷现象。按照处理超负荷的方式，有限能力计划又可分为优先级计划和有限顺排计划。这里主要介绍优先级计划。优先级较低的计划负荷被推迟。当工作中心满负荷时，优先级较高的计划负荷先被执行。从理论上来看，当多个计划负荷向工作中心分配时，这些计划负荷总得有一个处理顺序，无序的处理方式对于生产管理来说是一种不负责任的粗放管理方式，因此优先级计划实际上是一种理性管理方式的表现。从实践上来看，优先级计划反映了市场和用户的需求状况，因此具有更大的应用价值。

2.4.2 能力需求计划的输入数据

在能力需求计划的计算过程中，主要用到四个方面的数据，即加工订单数据、工艺路线数据、工作中心数据和工作中心日历数据。

加工订单是生产作业计划的一种表现形式。按照指导生产加工有效性状态来看，加工订单可以分为三种类型，即计划订单、确认订单和已下达订单。计划订单是根据物料需求计划直接计算得到的加工订单。但是，实际上物料的需求和能力的可用性可能会与计算得到的数据有差异，因此计划订单必须经过生产计划管理人员修正之后才能使用。计划订单经过修正并与实际情况符合后，由生产计划管理人员将其状态修改为确认订单。确认订单是否能成为指导实际加工作业的任务，还需要看它是否被下达。下达订单状态是生产作业计划的真正实施状态，已下达订单也称为加工订单。加工订单描述了工作中心负荷的来源。

工艺路线数据是一种重要的基础数据，它描述了零件、组件及最终产品等物料加工和装配所需要的工序步骤和每一个步骤所需要的工作中心、加工工具及加工定额工时（准备时间和加工时间等），还指定了某些特殊工序步骤的可替换工序。工艺路线是一种标准，它可以把来自加工订单的负荷转变成对加工中心的能力需求。

毫无疑问，工作中心数据是能力需求计划中不可或缺的重要的基础数据之一。无论是来自加工订单和工艺路线的能力需求，还是可用的生产加工能力，其载体都是工作中心。工作中心还起到一种把作业工作与组织结构、人力资源连接起来的桥梁作用。作为能力需求计划的核心数据和能力单元，工作中心的主要数据包括每天班次、每班工作小时数、每班人数、每班设备数、加工效率和设备利用率等。实际上，当前许多 ERP 系统在工作中心的描述上还有进一步细化的空间。例如，有关以加工人员为主要能力对象的描述可以精细到对单个人员能力的描述上，增加职业技能等级（初级工、中级工、高级工、技师和高级技师等）信息等的描述。

作为一种计划数据，日期数据是不可或缺的。为了快速、准确且方便地确定计划日期，很多情况下日期数据采取制造日历、工厂日历和工作中心日历等数据。日历上的主要数据是日历编码和对应日期。不同类型的日历的差别主要在于其适用范围和描述的精细程度不同。制造日历往往用于整个企业，是最基本的日历；工厂日历增加了不同生产加工车间实际作业的工作时间和班次等内容；工作中心日历真正体现了精细化管理的思想，它可以根据不同工作中心的特点来安排更加切合实际的工作日历。企业可以根据自己的实际生产经营和管理情况，确定采用一套日历还是采用多套日历。

2.4.3 能力需求计划的处理过程

能力需求计划的处理过程主要包括计算工作中心可用能力、计算工作中心上的工序负荷及计算工作中心的分时段能力需求等关键环节。

1. 能力需求计划处理过程中的关键环节

下面分别讲述如何计算工作中心可用能力、计算工作中心上的工序负荷及计算工作中心的分时段能力需求等能力需求计划处理过程中的关键环节。

1）计算工作中心可用能力

在描述工作中心的可用能力时，需要确定工作中心的能力单位、能力类型和额定能力。额定能力应该经常随着实际能力的变化进行调整。

不同类型的企业采用不同的工作中心能力单位。在离散型企业中，如机械、电子产品等企业，经常采用加工单件物料所需时间（时/件）或单位时间的产量（件/时）等描述工作中心的可用能力。在流程型企业中，如化工、纺织和造纸等企业，经常采用单位时间产量（吨/日、千克/时、米/日）等描述工作中心的可用能力。

能力需求计划经常用两种方式描述能力：一种是按照设备工时描述能力；另一种是按照人员工时描述能力。具体采用哪一种能力类型，往往需要考虑企业的产品特点、管理习惯和成本核算方式等多个因素。

额定能力是指在正常情况下工作中心的可用能力。工作中心的额定能力也称为标准能力。额定能力往往小于工作中心的最大能力，因为它考虑了工作中心的利用率和效率等影响因素。工作中心利用率是从计划和实际投入相比较的角度来看工作中心的利用状况，效率是从实际投入和实际产出相比较来看工作中心的工作效果。某个工作中心额定能力（时/日）的计算公式如下所示：

$$\begin{aligned}额定能力 &= 单个设备每日每班可用工时数\times 可用设备数\times 每日班数\times 利用率\times 效率\\ &= 单个设备每日可用工时数\times 可用设备数\times 利用率\times 效率\end{aligned} \tag{2-14}$$

$$\begin{aligned}额定能力 &= 每人每日每班可用工时数\times 每班人数\times 每日班数\times 利用率\times 效率\\ &= 每人每日可用工时数\times 有效人数\times 利用率\times 效率\end{aligned} \tag{2-15}$$

例如，某个工作中心有 2 台同样型号和规格的加工设备，有 2 个加工班组，每班 2 人，每班工作时间是 8 小时。经过统计，设备的利用率是 95%，效率是 90%，现在采用设备工时描述该工作中心的可用能力，则该工作中心的可用能力是：额定能力 = 8×2×2×95%×90% = 27.36（小时）。

实际能力是指某个工作中心的生产加工能力。实际能力是额定能力的基础，并且通过额定能力反映出来。额定能力应该经常调整以尽可能准确地反映实际能力，两者的误差应该尽可能小。例如，在上面的示例中，最后测得的实际能力是 28.12 小时，大于额定能力，即表示额定能力的利用率或效率估计偏低，应当按照实际能力的大小适当调整额定能力的利用率或效率。

2）计算工作中心上的工序负荷

计算工作中心上的工序负荷是指逐个计算工序与某个工作中心相关联的生产负荷。生产负荷来自两个数据，即加工的物料数量和加工单个物料需要的额定工时。在能力需求计划的计算过程中，加工的物料数量来自物料的计划投入量，加工单个物料需要的额定工时来自工艺路线。工作中心的工序负荷的计算公式如下：

$$工序负荷 = 准备时间 + 加工物料数量\times 加工时间 \tag{2-16}$$

式中，准备时间是每一个加工物料批次需要的开机时间，以及安装刀具、夹具和设备调试等准备性操作耗费的时间；加工时间是加工单个物料耗费的时间。

例如，工序 20 对应的工作中心是 WC15，将要加工一批物料，这批物料的数量是 120 件，准备时间是 15 分钟（0.25 小时），加工一件物料耗费的时间（WC15 上的工序 20 的工序负荷）是 3 分钟（0.05 小时），工序 20 在 WC15 上的工序负荷是：工序负荷 = 0.25 + 120×0.05 = 6.25（小时）。

注意，这里需要把准备时间和加工时间统一换算为以小时为单位。

3）计算工作中心的分时段能力需求

就像分时段的物料需求计划一样，工作中心的能力需求也应该是分时段的。为了计算工作中心的分时段能力需求，需要计算两方面的数据：第一，计算每一道工序在每一个工作中心上的开始时间和结束时间；第二，以工作中心为基础，按照时段汇总所有工序的能力需求。

前面讲过，工序提前期又称工时，每一个作业的工时都由多个不同的时间组成。这些时间包括排队时间、准备时间、加工时间、等待时间和移动时间等，单位通常是秒、分和时等。排队时间是指在工作中心安排作业前耗费的时间；准备时间是指在加工前需要做的准备工作，如开机、检查和调整机器、装卸夹具及加油等，这是每一批零部件的作业都需要消耗的时间；加工时间是指每一个零部件加工、装配的实际作业时间；等待时间是指物料在某个工作中心加工完成之后不能立即转移到下一道工序或工作中心，需要等待一段时间才能转移到下一道工序的时间消耗；移动时间又称搬运时间或运输时间，即从当前工序转移到下一道工序花费的时间。这些时间之间的关系如图 2-19 所示。

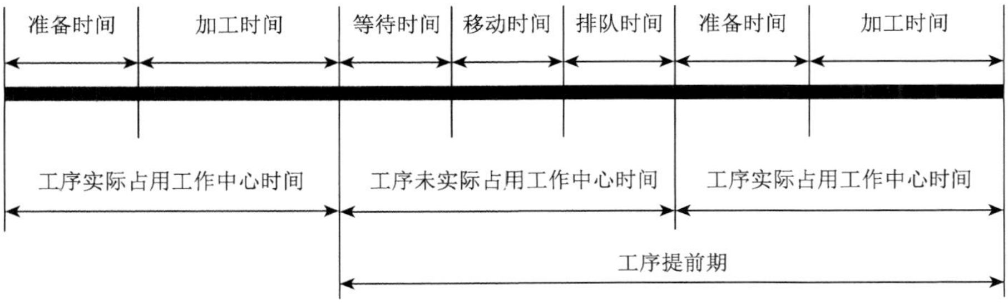

图 2-19　工序提前期概念示意图

从图 2-19 可以看出，可以把工序提前期分为两大部分：工序未实际占用工作中心时间和工序实际占用工作中心时间。工序未实际占用工作中心时间包括等待时间、移动时间和排队时间，工序实际占用工作中心时间包括准备时间和加工时间。

图 2-19 只是工序提前期概念示意图。实际生产加工作业中，为了提高作业效率、缩短工序提前期，经常采用交叉作业的方式。某个工序中的物料并不是被全部加工完后才移动到下一道工序，而是完成一部分之后，完成的部分物料就被移动到下一道工序。交叉程度可以根据物料特点、工作中心位置和距离、管理手段及员工素质等确定。现在许多 ERP 系统产品已经具备了处理交叉作业的能力。

2. 能力需求计划的编制过程流程图

能力需求计划的编制过程流程图如图 2-20 所示。

（1）读入基础数据，这些基础数据包括加工订单数据、工艺路线数据、工作中心数据和工作中心日历数据等。

（2）计算工作中心可用能力，并且根据历史实际能力数据对计算的结果进行调整。

（3）计算工作中心上的工序负荷或能力需求。

（4）逐个计算工序的开工时间和完工时间。

（5）按照工序的开工时间和完工时间确定其加工的作业时段，并且按照时段逐个汇总工作中心各工序的能力需求。

（6）按照指定的格式输出有关能力需求计划的报表和报告等。

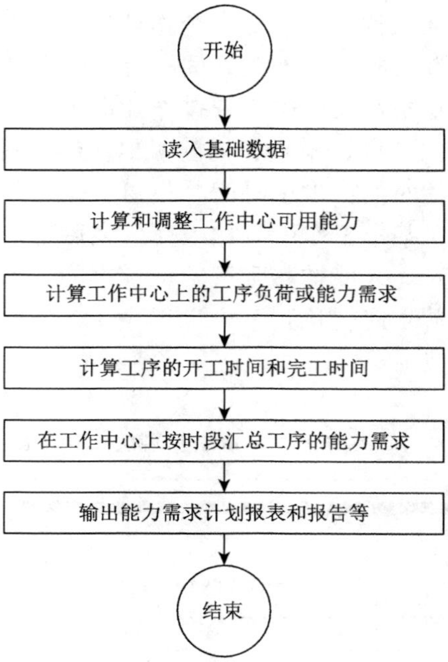

图 2-20　能力需求计划的编制过程流程图

3. 能力需求计划编制示例

下面通过一个具体的示例，详细讲述如何编制能力需求计划（为了表述方便，示例中的物料数量不添加单位）。假设自行车 ZXCA-F2 的物料清单结构图如图 2-21 所示。每个 ZXCA-F2 由 2 个物料 A 和 1 个物料 B 组成，每个物料 B 由 1 个物料 C 和 2 个物料 D 组成。自行车 ZXCA-F2 的主生产计划如表 2-17 所示。自行车 ZXCA-F2 的装配提前期是 1 时段，计划产出量和计划投入量如表 2-18 所示。

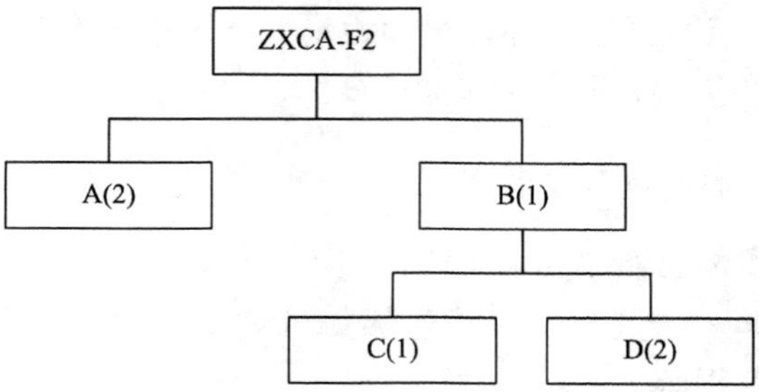

图 2-21　自行车 ZXCA-F2 的物料清单结构图

表 2-17　ZXCA-F2 的主生产计划

主生产计划	当期	时段 1	时段 2	时段 3	时段 4	时段 5	时段 6	时段 7	时段 8	时段 9	时段 10
计划产出量			90	90	90	120	120	120	120	150	150
计划投入量		90	90	90	120	120	120	120	150	150	

表 2-18 ZXCA-F2 的物料需求计划

物料	物料需求	当期	时段 1	时段 2	时段 3	时段 4	时段 5	时段 6	时段 7	时段 8	时段 9	时段 10
ZXCA-F2	计划产出量			90	90	90	120	120	120	120	150	150
	计划投入量		90	90	90	120	120	120	120	150	150	
A	毛需求量		180	180	180	240	240	240	240	300	300	
	计划接收量		150									
	预计可用库存量	60	30	150	120	30	90	150	60	60	60	60
	净需求量			180	60	150	240	180	120	270	270	
	计划产出量			300	150	150	300	300	150	300	300	
	计划投入量		300	150	150	300	300	150	300	300		
B	毛需求量		90	90	90	120	120	120	120	150	150	
	计划接收量		100									
	预计可用库存量	50	60	70	80	60	40	120	100	50	100	100
	净需求量			55	45	65	85	105	25	75	125	
	计划产出量			100	100	100	100	200	100	100	200	
	计划投入量		100	100	100	100	200	100	100	200		
C	毛需求量		100	100	100	100	200	100	100	200		
	计划接收量		120									
	预计可用库存量	80	100	200	100	200	200	100	200	200	200	200
	净需求量			80		80	80		80	80		
	计划产出量			200		200	200		200	200		
	计划投入量		200		200	200		200	200			
D	毛需求量		200	200	200	200	400	200	200	400		
	计划接收量		300									
	预计可用库存量	150	250	350	150	250	150	250	350	250	250	250
	净需求量			70		170	270	170	70	170		
	计划产出量			300		300	300	300	300	300		
	计划投入量		300		300	300	300	300	300			

根据表 2-17 中的主生产计划，对 ZXCA-F2 进行分解，计算其他物料的物料需求计划。计算过程和计算结果如表 2-18 所示。其中，物料 A 的有关属性是，计划接收量是 150，预计可用库存量初值是 60，订货批量是 150，安全库存量是 30，提前期是 1 时段。物料 A 的毛需求量等于 ZXCA-F2 物料计划投入量的 2 倍，物料 B 的毛需求量则等于 ZXCA-F2 物料的计划投入量。物料 B 的有关属性是，计划接收量是 100，预计可用库存量初值是 50，安全库存量是 25，订货批量是 100，提前期是 1 时段。物料 C 的毛需求量等于物料 B 的计划投入量。物料 C 的有关属性描述是，计划接收量是 120，预计可用库存量初值是 80，安全库存量是 80，订货批量是 200，提前期是 1 时段。物料 D 的毛需求量等于物料

B 的计划投入量的 2 倍，计划接收量是 300，预计可用库存量初值是 150，订货批量是 300，安全库存量是 120，提前期是 1 时段。

假设 ZXCA-F2 的加工、装配共涉及 5 个工作中心，每个工作中心每天工作 8 小时，每个工作中心都有 1 位操作人员。每个工作中心的利用率、效率都不完全一样，具体参数如表 2-19 所示。WC02 的可用能力的计算方式为：8×1×0.98×0.99≈7.76（额定小时/天）。其他工作中心的计算过程与此类似。

表 2-19　工作中心和工作中心的可用能力

工作中心编码	每天工作时间/时	利用率/%	效率/%	可用能力/（额定小时/天）
WC02	8	98	99	7.76
WC07	8	98	99	7.76
WC15	8	95	98	7.45
WC23	8	95	95	7.22
WC39	8	95	90	6.84

各个物料的工艺路线和额定工时如表 2-20 所示。工序编码一般采用 5、10 和 15 的样式。从表 2-20 中可以看出，不同物料的不同工序有可能采用同样的工作中心，如物料 A 的工序 5 与物料 C 的工序 5 都采用了 WC07，这是符合实际情况的。

表 2-20　ZXCA-F2 的工艺路线和额定工时

物料编码	工序编码	工作中心编码	单件加工时间/时	准备时间/时
ZXCA-F2	5	WC02	0.03	0.52
A	5	WC07	0.01	0.35
	10	WC15	0.04	0.35
B	5	WC02	0.02	0.65
C	5	WC07	0.03	0.65
	10	WC23	0.03	0.65
D	5	WC39	0.05	0.55

根据表 2-20 中的额定工时数据，我们可以计算出每一个工作中心上的工序负荷，计算公式如下：

$$\text{工作中心上的工序负荷} = \text{加工件数} \times \text{单件加工时间} + \text{准备时间} \tag{2-17}$$

有关工作中心的工序负荷的计算过程和计算结果如表 2-21 所示。例如，物料 A 的工序 5 和物料 C 的工序 5 都在工作中心 WC07 加工。物料 A 的计划投入量的订单数量是 150 和 300，物料 C 的计划投入量的订单数量是 200。物料 A 的工序 5 的 150 订单数量的工序负荷是：150×0.01 + 0.35 = 1.85（小时）。工序负荷也称能力负荷。

表 2-21 工作中心的工序负荷计算结果

物料编码	工序编码	工作中心编码	订单数量	能力负荷/时
ZXCA-F2	5	WC02	90	90×0.03 + 0.52 = 3.22
			120	120×0.03 + 0.52 = 4.12
			150	150×0.03 + 0.52 = 5.02
A	5	WC07	150	150×0.01 + 0.35 = 1.85
			300	300×0.01 + 0.35 = 3.35
	10	WC15	150	150×0.04 + 0.35 = 6.35
			300	300×0.04 + 0.35 = 12.35
B	5	WC02	100	100×0.02 + 0.65 = 2.65
			200	200×0.02 + 0.65 = 4.65
C	5	WC07	200	200×0.03 + 0.65 = 6.65
	10	WC23	200	200×0.03 + 0.65 = 6.65
D	5	WC39	300	300×0.05 + 0.55 = 15.55

现在计算各工序占用工作中心的时间，即生产作业时间。一般地，生产作业时间的单位是小时。能力负荷除以可用能力即得到作业天数，然后转变为小时（取整）。计算结果如表 2-22 所示。

表 2-22 ZXCA-F2 的生产作业时间

物料编码	工序编码	工作中心编码	可用能力/（额定小时/天）	订单数量	能力负荷/时	生产作业时间/天	生产作业时间/时
ZXCA-F2	5	WC02	7.76	90	3.22	3.22/7.76 = 0.41	4
				120	4.12	4.12/7.76 = 0.53	5
				150	5.02	5.02/7.76 = 0.65	6
A	5	WC07	7.76	150	1.85	1.85/7.76 = 0.24	2
				300	3.35	3.35/7.76 = 0.43	4
	10	WC15	7.45	150	6.35	6.35/7.45 = 0.85	7
				300	12.35	12.35/7.45 = 1.66	14
B	5	WC02	7.76	100	2.65	2.65/7.76 = 0.34	3
				200	4.65	4.65/7.76 = 0.60	5
C	5	WC07	7.76	200	6.65	6.65/7.76 = 0.86	7
	10	WC23	7.22	200	6.65	6.65/7.22 = 0.92	8
D	5	WC39	6.84	300	15.55	15.55/6.84 = 2.27	19

为了计算各工序在工作中心的开工日期和完工日期，还需要得到物料在各个工作中心的等待时间、移动时间和排队时间。这些基础数据如表 2-23 所示。注意，表 2-23 中列出了从库房到生产加工地点的移动时间，不考虑其等待时间，这是因为物料只在需要时才出库。

表 2-23 工作中心的等待时间、移动时间和排队时间 （单位：小时）

工作中心编码	等待时间	移动时间	排队时间
WC02	0	1	2
WC07	1	1	2
WC15	1	1	1
WC23	1	1	1
WC39	1	1	1
库房	0	1	0

下面采用倒序排产法计算物料的能力需求。假设表 2-18 中计算物料需求计划的时段为周。倒序排产法是根据工序的完工时间减去等待时间、移动时间、排队时间和生产作业时间（准备时间和加工时间）得到工序开工时间的方法。

首先研究物料 C 的工艺路线和制造时间。根据表 2-20，物料 C 的加工工艺路线依次是工序 5（WC07）、工序 10（WC23）。物料 C 的加工经过了三个不同的位置，即库房、工序 5 和工序 10，这些位置之间的顺序图（工艺路线）和相应的时间如图 2-22 所示。

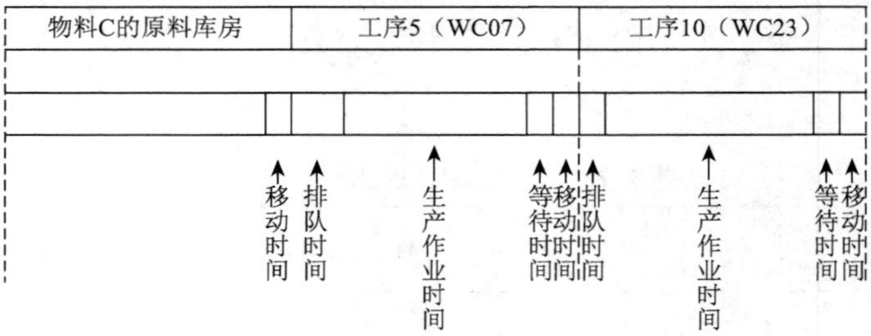

图 2-22 物料 C 的工艺路线和时间之间的关系

根据表 2-22 和表 2-23 可以得到物料 C 的各种制造时间数据，将这些制造时间数据汇总在一起，结果如表 2-24 所示。

表 2-24 物料 C 的制造时间 （单位：小时）

工序	工作中心编码	排队时间	生产作业时间	等待时间	移动时间
库房	—	0	0	0	1
5	WC07	2	7	1	1
10	WC23	1	8	1	1

下面研究物料 C 的开工时间和完工时间。首先给出一些假设，假设每周工作 5 天，每天工作 8 小时，每天上班时间是 8:00，下班时间是 16:00。

根据表 2-18 可知，由于物料 C 的提前期是 1 周，其在第 1 周的计划产出量 200 是用于第 2 周物料 B 的装配作业的。这些计划产出量的最晚完工时间是第 1 周的最后一个工作日的结束。也就是说，工序 10 必须在第 1 周的周五的 16:00 之前完成。由于从工序 10 的工作中心 WC23 转移到其他工作中心的等待时间和移动时间都是 1 小时，工序 10 在工作中心 WC23 的加工操作最晚必须在周五 14:00 完成。因为在工作中心 WC23 的生产作业时间是 8 小时，所以物料 C 最晚必须在周四 14:00 开工。又因为物料在到达工作中心 WC23 能够加工之前，需要排队 1 小时，所以该物料必须在周四 11:00 完成工作中心 WC07 的加工，最晚必须在周三 12:00 开始在工作中心 WC07 加工，最晚必须在周三 10:00 到达工作中心 WC07，最晚必须在周三 9:00 离开库房。由于采用了倒序排产法，得到的时间需求都是最晚时间，即最晚开工时间和最晚完工时间。至此，我们得到了物料 C 的工序 5 和工序 10 的最晚开工时间和最晚完工时间，如表 2-25 所示。注意，在这里我们把最晚开工时间和最晚完工时间简称为开工时间和完工时间。

表 2-25 物料 C 的开工时间和完工时间

工序	工作中心编码	能力负荷/时	开工时间	完工时间
5	WC07	6.65	第 1 周周三 12:00	第 1 周周四 11:00
10	WC23	6.65	第 1 周周四 14:00	第 1 周周五 14:00

按照上述步骤，可以求出物料 C 的分时段能力需求计划，如表 2-26 所示。注意，同一时段（周）中的能力负荷需汇总在一起。

表 2-26 物料 C 的分时段能力需求计划 （单位：小时）

物料	工作中心	当期	时段 1	时段 2	时段 3	时段 4	时段 5	时段 6	时段 7	时段 8	时段 9	时段 10
C	WC07		6.65		6.65	6.65		6.65	6.65			
	WC23		6.65		6.65	6.65		6.65	6.65			

针对物料 D、物料 B、物料 A 和 ZXCA-F2 重复上述计算过程，得到如表 2-27 所示的 ZXCA-F2 的分时段能力需求计划表。

表 2-27 ZXCA-F2 的分时段能力需求计划表 （单位：小时）

物料	工作中心	当期	时段 1	时段 2	时段 3	时段 4	时段 5	时段 6	时段 7	时段 8	时段 9	时段 10
ZXCA-F2	WC02		3.22	3.22	3.32	4.12	4.12	4.12	4.12	5.02	5.02	
A	WC07		3.35	1.85	1.85	3.35	3.35	1.85	3.35	3.35		
	WC15		12.35	6.35	6.35	12.35	12.35	6.35	12.35	12.35		
B	WC02		2.65	2.65	2.65	2.65	4.65	2.65	2.65	4.65		
C	WC07		6.65		6.65	6.65		6.65	6.65			
	WC23		6.65		6.65	6.65		6.65	6.65			
D	WC39		6.84		6.84	6.84	6.84	6.84	6.84			

根据表 2-27 中的能力需求数据，按照工作中心将其汇总在一起，得到如表 2-28 所示的能力需求计划数据，即工作中心能力需求计划表。

表 2-28 工作中心能力需求计划表 （单位：小时）

工作中心	当期	时段 1	时段 2	时段 3	时段 4	时段 5	时段 6	时段 7	时段 8	时段 9	时段 10
WC02		5.87	5.87	5.87	6.77	8.77	6.77	6.77	9.67	5.02	
WC07		10.00	1.85	8.50	10.00	3.35	8.50	10.00	3.35		
WC15		12.35	6.35	6.35	12.35	12.35	6.35	12.35	12.35		
WC23		6.65		6.65	6.65		6.65	6.65			
WC39		6.84		6.84	6.84	6.84	6.84	6.84			

得到工作中心能力需求计划表之后，就可以绘制能力负荷直方图。如果可用能力大于负荷，则表示能力多余、闲置；如果可用能力等于负荷，则表示能力和负荷一致，这是最为理想的状态；如果可用能力小于负荷，则表示能力不足。能力不足时，需要采取合理有效的措施来解决这些问题。

2.4.4 能力需求计划的评价

通过前面的分析可以看出，能力需求计划实现了把物料需求计划转变为分时段能力需求计划、根据能力需求和可用能力之间的平衡关系判断物料需求计划是否可行的功能。下面重点讨论有关能力需求计划的前提条件、作业交叉和时段粒度等管理问题。

通常情况下，能力需求计划的前提条件是无限能力的。也就是说，在能力需求计算过程中，不考虑工作中心可用能力的限制。当求出能力需求计划之后，再处理可用能力和能力需求之间产生冲突的地方。这些问题暴露出来之后，管理人员可以及时采取相关措施，在计划阶段解决可用能力不足的问题，从而提高管理效率和质量。

在计算工序的开工时间和完工时间时，需要考虑等待时间、移动时间、排队时间、加工时间和准备时间等工艺时间。如果这些工艺时间之间是串行的，那么计算过程比较简单。但是，如果这些工艺时间之间是并行、交叉的，那么不同的物料之间、不同的工序之间的交叉程度都可能是不同的。在实际生产中，这种交叉程度既可能是线性的，也可能是阶梯形的，从而使得用计算机处理这种交叉现象的难度大大增加。在 ERP 系统中，是否考虑这种工艺时间的交叉现象、如何考虑交叉现象的交叉程度等，是衡量 ERP 系统是否有效的一个重要因素。可以看出，开发出一个符合生产管理实际的、灵活有效的 ERP 系统是非常不容易的。

时段粒度非常关键，时段粒度越细，则各种数据的管理越精细，各种细节问题越容易暴露出来，越容易采取合理有效的管理措施。但是，随着时段粒度的细化，数据量越来越大，管理的复杂性越来越高，管理的难度也越来越大。例如，如果时段是周，那么无论是周三的能力需求，还是周四的能力需求，都汇总在一个周次的能力需求中，从而掩盖了周三和周四的差别。如果时段是天，则周三、周四的差别就可以显示出来。这种差别是否能够显示出来是非常重要的。假设每周的可用能力需求是41小时，小于每周的可用能力50小时。好像每周的可用能力足够承担负荷，但是实际上周四、周五的能力需求都超过了可用能力。由于时段的粒度为周，每天存在的问题就被掩盖了。同样，如果选择时段为天，则每天存在的问题就完全暴露了，但是每小时中存在的问题就被掩盖了。因此，如何选择合适的时段粒度是一个不容忽视的问题。

本节主要研究了能力需求计划问题。首先介绍了能力需求计划的基本概念和内容，比较了能力需求计划和粗能力需求计划之间的区别和联系。其次，介绍了能力需求计划的编制方式，即有限能力计划和无限能力计划。再次，对能力需求计划输入数据的类型和来源进行了详细的介绍，并详细描述了能力需求计划的计算和处理过程。最后，讨论了能力需求计划中一些关键的管理问题。

2.5 车间管理与准时生产

2.5.1 车间管理概述

车间管理处于ERP的计划执行与控制层，其管理目标是按物料需求计划的要求，按时、按质、按量、低成本地完成加工制造任务。车间管理的过程主要是依据物料需求计划、制造工艺路线与各工序的能力编排工序加工计划，下达车间生产任务单，并控制计划进度，最终使产品完工入库。

1. 车间管理工作

1）按物料需求计划生成车间任务

物料需求计划提供的是各种物料的计划需求日期（也可以有开始投入日期），有的物料可由多条加工路线、多个车间完成。车间接收的物料需求计划订单是生产计划员根据理想状态的资料制订的，所以在投放前要仔细地核实车间的实际情况，要检查工作中心、工具、物料及生产提前期等的有效性，解决计划与实际之间存在的问题，建立和落实车间任务，做出各物料加工的车间进度计划（加工单），并根据物料短缺报告说明物料在任务单上的短缺量，帮助管理人员及时掌握有关情况，采取相应措施，及时解决出现的问题。

2）生成各工作中心的加工任务并进行作业排序

工作中心的加工任务也称工作中心进度表，工作中心进度表是根据工作中心正在加工的情况、已经进入该工作中心（排队等候）的情况、上工序的加工情况（即将到达的加工任务），做出工作中心的任务计划，以控制生产过程中任务的流动和优先级别。它显示了在某个工作中心将要或正在生产的订单物品、已完成的数量和未完成的数量、计划生产准备和加工时间与订单的优先级别。

3）下达生产指令、生产进度控制与生产作业控制

常见的生产指令如生产工单，或称为生产工票，每个任务可以下达一张生产工票，

也可以分开下达多张生产工票，可以对应一道工序或多道工序。通常是一个任务对应一张生产工票，再流经多道工序。

生产进度控制贯穿了整个生产过程，有的企业生产进度控制的主要对象是用户需求产品的最终完工进度，但完整的生产进度控制包括投入进度控制、工序在制进度控制和产出进度控制。

生产作业控制活动在制造业的生产管理中占据非常重要的位置。车间生产管理人员大部分都在从事生产的作业控制活动。生产计划一旦被下达并被实施，生产制造的控制活动就同时开始运作。生产作业控制的主要内容是进度控制、质量控制、车间物流控制与成本控制。影响生产经营活动的主要因素包括人、设备、物料、计划、资金与过程的各种信息流，车间管理子系统的集成为企业的生产作业控制提供了良好的管理平台与解决方案。

4）能力的投入、产出控制

能力的投入、产出控制是调度与控制投入、产出的工作量，平衡与充分发挥各工序的能力，同时控制投入、产出的物料流动，控制在制品库存量，保持物流平衡、有序。

5）登记加工信息

加工任务、生产工票记录的加工信息一般说明了任务单在工艺路线中每道工序的情况，包括发放到工序上的数量、在工序上加工的数量、已经加工完成的数量、已转下道工序的数量、在工序中报废的数量、工序计划开始与结束的时间、实际加工的开始与结束时间、物料的计划和实际发放量，另外还有加工工作中心、加工人员或班组、加工工时、台时、完工数量、完工时间、废品数量和费用等。收集车间数据有助于计划和控制生产活动、保证产品质量、记录实际生产成本。车间数据包括人工数据、生产数据、质量控制数据和物料移动数据。数据收集的频率取决于企业具体的生产方法。

6）在制品管理

在制品管理也是车间管理的一项重要的工作内容，由于物料占用了企业的大量资金，是生产成本的主要构成部分，车间必须对车间原材料、半成品及成品进行严格管理，要有科学、合理的管理方法。对车间物料要定期盘点，对盘盈或盘亏的物料和在制品在得到有关部门确认后要及时进行调整，要总结分析并加以预防控制。

7）统计分析

对车间生产过程的各种信息进行统计与分析，可以改进车间管理工作。统计分析的内容有进度分析、在制品物流分析、投入/产出分析、工作效率分析、车间成本分析及车间人员考勤分析等。

车间管理子系统帮助车间管理人员监督和控制车间生产活动，同时帮助企业提高劳动生产率、减少车间在制品、提高产品质量。车间管理类型可以大致分为两类：单件小批生产和大批量流水生产。单件小批生产指产品品种规格较多，生产数量较少，生产作业按照任务单所下达的批量在不同的生产车间和工作中心移动，即离散型生产管理。大批量流水生产也叫连续式生产，是指产品品种较少，产品系列的生产数量较多，生产作业按照某一生产节拍以固定的顺序流动，企业中的设备经常是按加工顺序（生产线）组织的。

2. 车间管理子系统业务处理流程

车间管理子系统业务流程图如图 2-23 所示。

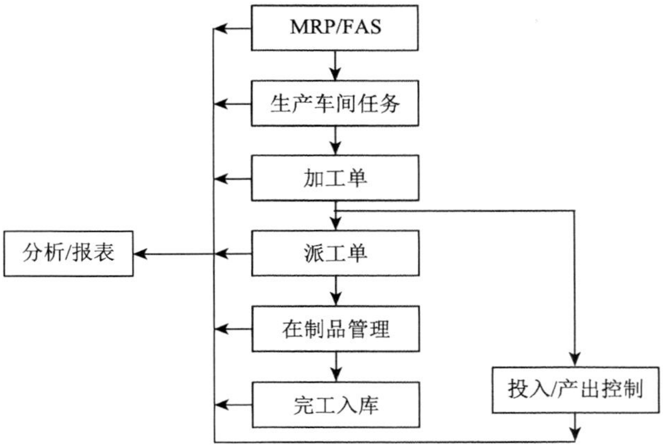

图 2-23 车间管理子系统业务流程图

FAS 表示最终组装计划（final assembly schedule）

车间管理子系统与其他子系统的关系如图 2-24 所示。

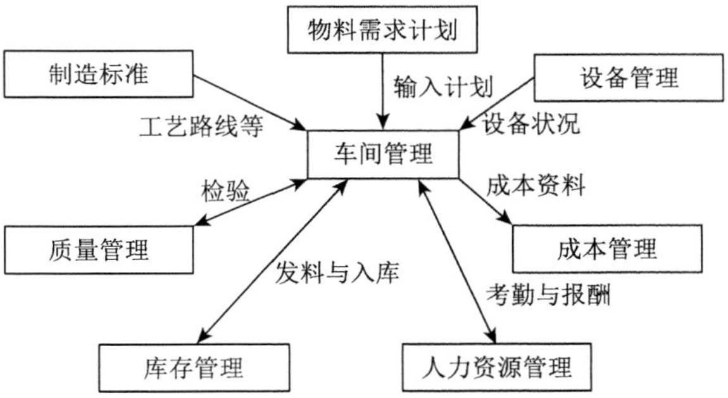

图 2-24 车间管理子系统与其他子系统的关系

2.5.2 车间工作任务

物料需求计划生成并确认后，就进入计划控制层。建立车间任务就是要把物料需求计划中的物料制造任务下达给车间。一般来说，企业的不同车间可以完成相同的加工任务，而且不同的车间可能会有不同的加工工艺路线，因而必须把物料需求计划明确下达给某个车间进行加工，当然也允许把同一个物料需求计划分配给不同的车间。因此，车间任务可以由物料需求计划自动生成，也可以手工建立或进行物料需求计划任务分配（建立、分割等）。有时车间还会涉及一些临时任务，如返工、翻修和改装等。车间任务一般的报表形式如表 2-29 所示。

表 2-29 车间任务一般的报表形式

任务号	物料需求计划号	物料代码	需求量	需求日期	车间代码/名称	任务数量	计划开工日期	计划完工日期
A001	M009	VCD333-22	10	2000/9/5	VC-01/插件车间	10	2000/9/3	2000/9/5
A002	M010	VCD333-10	10	2000/9/7	VC-01/插件车间	10	2000/9/5	2000/9/7

车间任务建立、确认后，要对任务的物料再次进行落实，也就是对车间任务进行物料分配，完成物料分配后就可以下达任务，确保任务的执行。物料分配后会影响库存物料的可分配量（已分配量），各种软件的处理流程与方式会有一些差别。车间任务下达的流程图如图 2-25 所示。

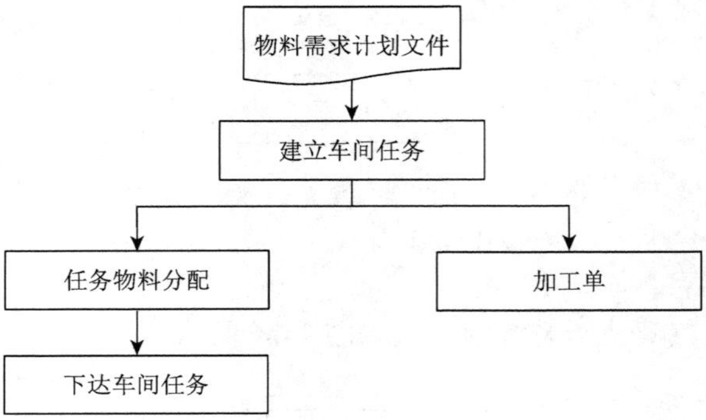

图 2-25 车间任务下达的流程图

2.5.3 加工单、派工单与作业排序

1. 加工单

建立车间任务后，系统生成该任务的工序作业计划，也就是面向物料的加工说明文件，即加工单。它说明了某任务（加工某物料）的加工工序、工作中心、工作进度及需使用的工装设备等。加工单是针对物料的加工计划，因此，各个物料的加工计划有时也称为物料加工单，相当于手工管理中的加工传票。而此后的加工信息则对应各个加工单，用于维护与登录加工信息，习惯上也叫登录工票信息。一般来说，在工序作业计划中还要说明工序的物料完工传递方式，如平行作业、交叉作业等。加工单生成流程图如图 2-26 所示。

生成物料加工单后，根据各个工作中心当前正在加工的任务与排队任务等生产情况，进行各工序的作业安排，即下达派工单（dispatch list），这是面向工作中心（工序）的任务说明文件。计划员进行派工时，需充分考虑各个任务物料的优先级别、工序能力（工作中心能力）、任务用料的分配等情况，进行作业排序与派工。

加工单的报表形式如表 2-30 所示。

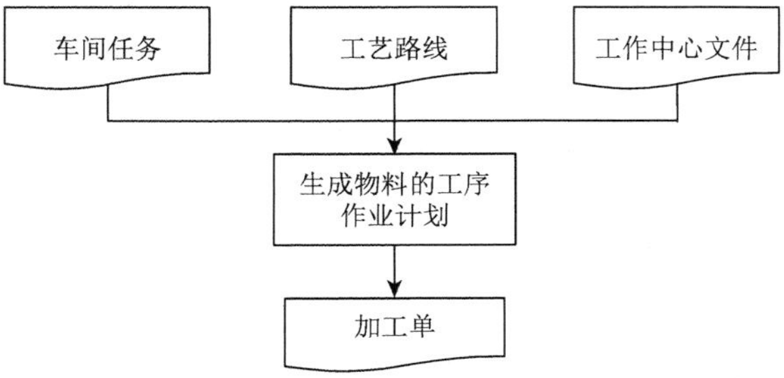

图 2-26　加工单生成流程图

表 2-30　加工单的报表形式

工序	工序名称	工作中心代码/名称	标准时间/时			本工序时间/时	计划进度				状态	传递标志
			准备	工时	台时		最早开工日期	最早完工日期	最晚开工日期	最晚完工日期		
1	插1号板	C01/插小件组	0.1	1		10.1	2000/9/5	2000/9/6	2000/9/5	2000/9/6	开工	正常
2	插2号板	C02/插小件组	0.1	1.5		15.1	2000/9/6	2000/9/7	2000/9/6	2000/9/7	确认	平行

2. 派工单

派工单是说明某时段（如周、月）工作中心的加工任务与各任务优先级别的文件。它的作用是安排加工任务，使任务的执行状态为“开工”，它的形式也是多种多样的，现在列举一种形式，如表 2-31 所示。

表 2-31　派工单

物料代码/名称	任务号	工序号	需求数量	最早开工日期	最早完工日期	最晚开工日期	最晚完工日期	剩余/拖后时间/天	优先级别
A01V1 板	R01	01	10	2000/10/9	2000/10/11	2000/10/10	2000/10/12	+1	1
A01V2 板	R02	01	20	2000/10/10	2000/10/12	2000/10/11	2000/10/14	+1	2

表 2-31 中的剩余时间表示：如果最早开工日期＞系统日期，则富余天数 = 最早开工日期–系统日期。拖后时间表示：如果最晚开工日期＜系统日期，则拖期天数 = 系统日期–最晚开工日期。优先级别用于说明加工物料的先后顺序，数字越小一般说明加工级别越高，计算方法也较多，一般考虑优先级别时主要考虑订单完工日期、至完工日期剩余时间、剩余的工序数等。示例如下：①优先级别 = 最晚完工日期–系统日期；②优先级别 =（最晚完工日期–系统日期）/（最晚完工日期–最晚开工日期）；③优先级别 = 交货剩余时间（天数）–完工剩余时间（天数）。

3. 作业排序

作业排序的目的是：①将作业任务按优先级别编排；②按能力（设备、人力）分配任务；③保证任务如期完成；④使完成任务的时间最短。

各种任务的组合编排是比较复杂的，企业一般要设置自己的排序方案，并可根据需求进行适当的二次开发。作业排序方案的评价一般有以下常见标准。

（1）工件流程时间：从工件可以开始加工至完工的时间。

（2）全部完工时间。

（3）延迟：用比预定完工时间延迟了的时间部分表示，也可以用未按预定时间完工的工件数占总工件数的百分比表示。

（4）在制品库存。

（5）总库存：是计划入库量与现有库存量的总和。

（6）有效工作效率：机器或工人的有效生产时间占总工作时间的百分比。

在作业排序中，常用到甘特图。甘特图是亨利·甘特（Henry L. Gantt）于 1917 年提出的。表 2-32 是某车间的几种物品加工进度甘特图。

表 2-32　物品加工进度甘特图

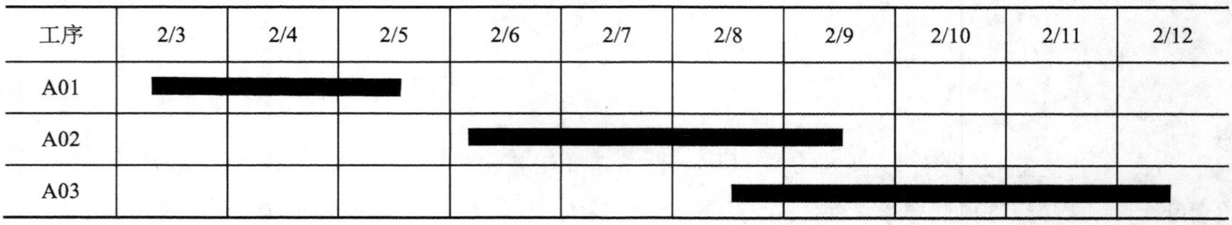

注：2/3 表示 2 月 3 日，其余以此类推。

2.5.4　投入/产出控制

投入/产出控制是衡量能力执行情况的一种方法。投入/产出报告是一个计划与实际投入及计划与实际产出的控制报告。投入/产出计算主要生成某一时间段内各工作中心的计划投入工时（台时、能力标准）、计划产出工时（台时、能力标准）等其他信息（如初始队列等），用户可在每周初用该程序进行计算。

实际输入工时（台时、能力标准）和实际输出工时（台时、能力标准）数据由车间按实际情况进行录入维护。投入/产出报告的数据一般有计划投入、实际投入、计划产出、实际产出、计划排队时间、实际排队时间和偏差等。比较计划投入与实际投入可以分析输入工作中心的订单流动情况。比较实际投入与实际产出可以看出工作中心是否正在加工所有到达的负荷，它可以指示出工作中心的实际拖欠及实际排队情况。比较计划产出和实际产出可以得到工作中心执行计划的情况。表 2-33 是一种常见的投入/产出报表形式。

表 2-33 投入/产出报表

项目	时段				
	1	2	3	4	5
计划投入/台时	100	100	100	100	100
实际投入/台时	98	96	110	98	95
累计投入偏差/台时	–2	–6	4	2	–3
计划产出/台时	100	100	100	100	100
实际产出/台时	98	97	102	100	98
累计产出偏差/台时	–2	–5	–3	–3	–5
计划排队/台时	15	15	15	15	15
实际排队/台时	16	15	13	11	8

注：计划投入为工作中心的计划订单与已下达订单所需的工时（台时）；计划产出为计划要求完成任务的工时（台时）；实际投入为工作中心实际接收任务的工时（台时）；实际产出为实际完成任务的工时（台时）；后时段累计投入偏差等于前时段累计投入偏差加实际投入减去计划投入；后时段累计产出偏差等于前时段累计产出偏差加实际产出减去计划产出；计划排队为工作中心的任务的计划排队工时（台时）；实际排队为工作中心的任务的实际排队工时（台时）。

图 2-27 是投入/产出的物流控制模型。

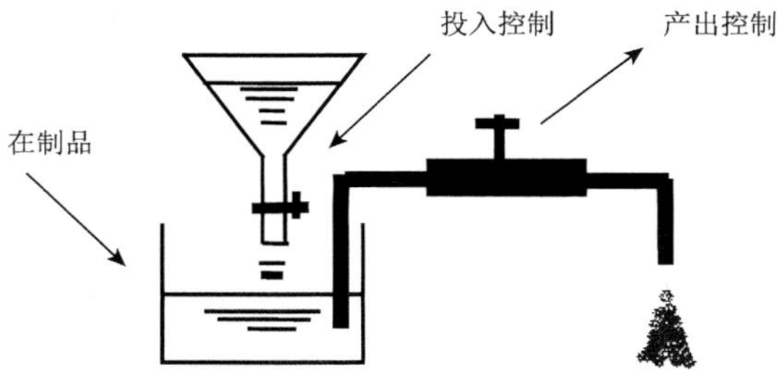

图 2-27 投入/产出的物流控制模型

负荷是由加工物料引起的，负荷与物料的对应关系即产品的定额工作量（工时、台时），因此投入/产出报表也可以对在制品的流动进行分析。分析方法参考表 2-34，并可根据结果控制物料的排队。

表 2-34 投入/产出报表分析

对比结果	存在问题
计划投入＞实际投入	加工件推迟到达
计划投入＝实际投入	加工件按计划准时到达
计划投入＜实际投入	加工件提前到达
实际投入＞实际产出	在制品增加

续表

对比结果	存在问题
实际投入＝实际产出	在制品维持不变
实际投入＜实际产出	在制品减少
计划产出＞实际产出	工作中心产出落后于计划产出
计划产出＝实际产出	工作中心按计划产出
计划产出＜实际产出	工作中心产出超前计划产出

排队时间计算如下：

$$时段末的排队时间＝时段初的排队时间＋投入量－产出量 \quad (2\text{-}18)$$

因此，控制投入和产出量可以控制车间物流的排队时间，避免物料积压和排队时间过长。但是，当能力需求增加时，应采取适当措施进行补救、调节。

2.5.5 成组技术

据有关统计数据，批量小于 50 件的机械产品，成本要比大批量生产同样的产品高 10～30 倍。各个行业都会存在这样一个事实，小批量的产品制造成本比大批量的制造成本要高出许多。如何降低小批量产品的制造成本，一直是小批量生产企业的研究课题。成组技术吸收大批量生产的优点，为小批量生产企业提供了一个解决方案。

成组技术的原理是识别加工产品的相似性，根据这些相似性，按照一定的工艺特点进行分类与分组，生产时按照相似的一组加工件安排加工，达到高效生产的目的。据统计，机械制造业经常会有相似的加工件，相似件的比例会达到 70%～75%，这些相似件所采用的设备、工装夹具有很大的相似点，加工工艺路线也较为相似。因此，利用成组技术可以加快工艺设计的速度，并可以提高工艺设计水平。在组织生产时组成成组单元，可以加大制造批量，缩短生产准备时间、传送时间甚至加工时间，从而提高生产效率。图 2-28 是一种组成成组单元进行加工的生产组织类型。

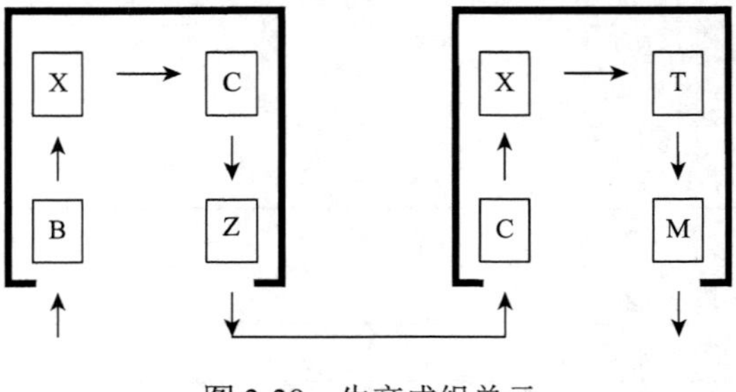

图 2-28　生产成组单元

B：刨库；X：铣床；C：车床；Z：钻床；T：镗床；M：磨床

成组技术的基本工作是对物品进行分类编码，分类编码系统以完成物品分类编码为目的。各种分类编码系统的分类方法有所不同，如按工艺特点分类、按物品结构（外形、物料清单结构等）分类。ERP 系统一般可以在物品编码资料中或在工艺路线中设置成组技术码，这样就可以按成组技术安排生产计划。现场生产组织按加工件分组原则选择设备、工装夹具与场地。这样，就可以组成成组单元，详细内容可参考有关资料。

2.5.6 准时制生产

20 世纪 70 年代末期，日本制造业在石油危机的冲击下，发动了一场向浪费挑战的生产管理变革。以日本丰田汽车制造公司为代表的制造业，首先发展并形成了一种以消除制造过程中的一切浪费为宗旨的准时制生产管理理念。准时制生产管理理念的成功向以美国为代表的制造资源计划系统与生产管理方法发起了挑战。随着对两种方法的分析、比较，20 世纪 80 年代末期，管理学者又提出将两者结合起来的观念，也就是将准时制生产管理理念嵌入制造资源计划系统，并取得了巨大的成功。

在深入接触准时制生产管理理念前，先介绍一下重复制造的概念。重复制造是指大批量的生产环境，目前我国许多企业均采用这种生产模式，如汽车、电冰箱、电视机及空调机等的生产均属于这种生产类型。重复制造也是车间作业的一种方式，但它有自身的一些特点，它的生产设备通常是按产品系列进行组织设计的。

重复制造的特点是：①生产过程和生产管理简单化；②工艺路线固定；③生产线的生产能力固定；④产品的生产周期性重复，甚至多种产品的混批生产也是周期性重复的；⑤物料流动性大，加工零件按照固定的节拍迅速地通过各道生产工序，生产组织工作通常取决于物料统计信息的情况。

当我们说到重复制造时就会想到准时制生产，有许多软件也直接用准时制生产的生产管理方式代替重复制造的生产管理方式，但它们不能混为一谈。重复制造是非生产形式，而准时制生产管理方式是一种管理的理念与方法，是在重复制造的生产环境下发展起来的一种先进的管理思想、管理方法及管理工具。有的企业有重复制造的生产环境，生产计划也按最终组装计划进行排产，但并未采用准时制生产管理技术（如准时制生产采用拉式作业）。重复制造不一定采用拉式作业。在制造资源计划理论的发展过程中，曾经有相当一部分人认为制造资源计划的理论不适应准时制生产管理方式，甚至认为制造资源计划已经过时。对准时制生产管理方式的批评主要集中在它仅适用于大量重复制造的生产类型。准时制生产管理方式确实更适用于大量重复制造环境，这是由于准时制生产管理方式的有关技术主要是在大量重复制造行业（如汽车和消费电子制造业）发展起来的。然而，很多国家中采用准时制生产管理方式的企业都发现准时制生产管理方式同样可用于小批量生产类型的企业。一方面，准时制生产管理方式倡导不断改善、减少浪费，从根本上解决生产率不高的问题；另一方面，当生产设备按成组技术组成成组单元进行布置时，小批量生产过程也就非常类似于重复制造环境了。准时制生产管理方式强调的不是大批量的重复制造环境，而是减少浪费，其本质在于依靠缩短提前期、缩短准备时间、减少批量和依靠员工更多地参与来达到极大地提高制造能力的目的。

经过多年的研究和实践，美国企业把制造资源计划与准时制生产管理方式完全融合起来，创造了被称为美式准时制生产的方式。到 1992 年，美国应用准时制生产管理方式的企业达到全部企业的 55%左右。事实上，制造资源计划在美国占据主流的管理方式后，也被引入日本的许多企业中，在日本也展开过准时制生产管理方式的“看板方式”是否能与制造资源计划结合的争论。结果是日本许多企业都已把制造资源计划系统作为管理不可缺少的手段，改进了原来基于手工的准时制生产系统。随着对准时制生产管理方式研究的深入，美国麻省理工学院教授詹姆斯・P. 沃麦克等将准时制生产管理方式扩展为精益生产（lean production）方式，其管理内容包括设计、制造、管理与营销等，并形成了一个完整的体系，而日本则把丰田生产方式（Toyota production system，TPS）作为准时制生产管理方式的扩展体系进行研究。

理论研究与实践经验证明，准时制生产理论与我们现时的 ERP/MRPⅡ理论可以很好地结合，越来越多的 ERP 系统包含了准时制生产管理方式。在实际应用时，企业应根据自身特点选择软件的运行方式。在具有大批量的生产任务时，更适合用准时制生产管理方式运行软件。本书讨论的重复制造模块主要为准时制生产管理方式，企业如果管理不成熟、条件不具备，不应采用准时制生产管理方式，但要尽量创造条件向准时制生产管理方式迈进。企业是否采用准时制生产管理模块（或管理方式），现提供下列参考，如果满足条件则可以应用 ERP 的准时制生产管理模块：①物料清单准确率 100%；②库存数据准确率 100%；③工艺路线稳定；④生产能力稳定（设备良好、人员稳定）；⑤生产过程中质量比较稳定；⑥物料供应稳定。

ERP 系统集成了准时制生产管理方式，扩展了准时制生产的理论体系，体现了精益生产方式的理论思想，系统一般具有以下特点：①时间周期为每日（或更短）；②由生产率制订计划（使用一个生产率生成器以避免分散地保存订单）；③在线更替；④组件可自动发送；⑤拥有多个仓位的库存余额；⑥具有不需车间订单的能力；⑦具有每日或更频繁地重定计划能力；⑧拥有每日或每周的销售计划；⑨通过模拟能力，改变能力计划；⑩不用订单号，以事务接受确定的计划订单；⑪具有适应准时制生产计算、质量体系和减少库存的功能；⑫与供应商联结；⑬具有生成看板卡的能力。

1. 准时制生产工作特点

（1）拉式作业与推式作业有不同的物料移动指令。推式作业方式是根据主生产计划和物料需求计划下达生产加工订单（生产工票），根据生产工票将物料配套发往各个工作中心。上工序完工后生产工票与加工完成的物品向下工序传递，物料是从上工序向下推动传递的；在上工序未完工前，下工序只是等待物料、组件加工。这样，会形成一定的生产物料库存，因而称为推式作业，如图 2-29 所示。

拉式作业的物料移动来自下工序，准时制生产作业安排实行适时、适量、适地的生产安排，当最终组装计划下达后，下工序向上工序领取本工序需要的组件进行组装。当上工序的加工组件数量不能满足下工序的组装要求时，产生需求信息。准时制生产中常用“看板”来传递工序之间的需求信息与库存量，每个“看板”只在上下工序之间传递，每道工序之间都有“看板”。这种物料需求指令方向是来自下工序，由下工序向上工序传

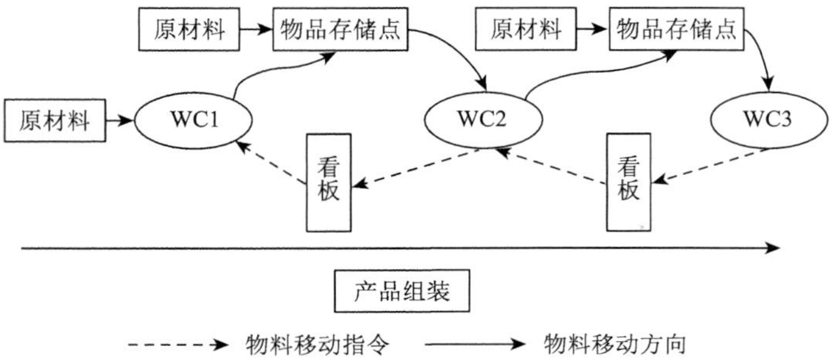

图 2-29 准时制生产推式作业

递加工与需求指令，因而称为拉式作业。拉式作业大大地减少了在制品库存及排队等待时间，并简化了优先级别控制和能力控制流程，简化了工序跟踪，减少了事务处理的工作量，因而可以降低管理费用。

（2）反冲法核销成本。反冲法是事后扣减物料库存的方法，可以简化物料的发放与接收事务，提高生产效率。反冲法利用物料完成的成品与产品报废数量，同时根据产品的物料清单计算核销的物料库存与加工工时。一般来说，反冲法多适用于生产节拍的重复制造作业（如总装配线），并要求物料清单准确率为100%，生产的统计（完工产品数、废品数）也必须准确无误。应用时，要设立采用反冲法计算的工序起点与采用反冲法计算的工序结束点。

（3）按生产率安排生产计划。传统的离散型车间作业按生产工票（即生产工单）下达生产任务，而准时制生产作业管理按生产率（时产、日产）安排生产计划，不需要下达生产工票，作业计划一般是最终组装计划，生产安排既要平衡能力，又要平衡物流。

2. 准时制生产系统的实现

企业的生产作业既可以按离散型的车间作业管理（下生产工票）方式，也可以按准时制生产作业管理（日产计划）方式，还可以按这两种混合的方式，即有的车间按离散型的车间作业管理，有的车间按准时制生产作业管理方式进行生产管理，或者车间的某生产线、某几个工作中心设置为准时制生产作业管理方式。

首先设置准时制生产作业管理的工作中心及工作中心在制品区。工作中心在制品区为工作中心加工用的原材料、完成产品、半成品（组件）的存储货位。由于准时制生产作业管理采用固定的“看板”数，从而限制了在制品的数量。在准时制生产系统中要定义物料移动的标准容器，即存储的数量为一个标准数量，相当于生产现场料箱，按领用、消耗并按标准容器的数量自动增减在制品的账面数量，即该工作中心具有拉式作业的属性，如图2-30所示。

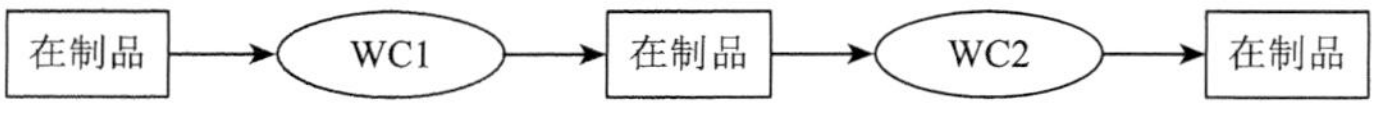

图 2-30 准时制生产物料流动模型

设计在制品后，再设计在制品对应不同材料的存储货位。

准时制生产作业管理不允许生产存在瓶颈工序、不进行能力计划测评，因此需采用增加能力评价的方法消除能力不平衡现象。而根据准时制生产作业管理的现场管理模式，在系统中设置“黄灯报急，红灯报停”的系统报警，实现网络监控。

工作中心的“看板”在计算机系统中为生成的看板卡，拉出表可视为“看板”中的移动卡，它是用来控制物料移动的。拉出表中包含的信息有：零件号、单位、在制品量、库存量、仓库、货位、需求量、上工序工作中心代码和工序工作中心代码。拉出表报告如表2-35所示。

表2-35 拉出表报告

物品代码	名称	单位	在制品量	库存量	仓库	货位	需求量	已拉出量
A01	面板组件	件	0	12	101	1101	10	0
A02	后板组件	件	0	10	102	1201	10	0
A03	底板组件	件	0	10	101	1301	10	0

生产计划报告可视为“看板”中的生产卡，它是生产部门用来发布各个工作中心的生产信息的。生产计划报告包含的信息有物品代码、名称、所加工的车间代号及描述，主码代号包含了该零件的工作中心及在制品货位、周开始日、周数量，以及在一周内每日、各时段的生产计划量。组装计划报告如表2-36所示。

表2-36 组装计划报告

周开始日	星期一	星期二	星期三	星期四	星期五	星期六	星期日
2001/10/1	5	5	5	5	5	5	5
2001/10/9	7	7	7	5	7	7	0
2001/10/17	6	6	6	6	6	6	0

注：表中的数字表示生产计划量。

3. 准时制生产系统运行、使用流程

1）系统初始设置

系统初始设置包括以下几方面内容。

（1）物品代码中设置准时制生产标识。

（2）设置准时制生产的工作中心。

（3）设置工作中心的在制品账号、货位、货位物料、标准容量（数量）与物料管理员。

（4）设置工作中心的加工物品、生产节拍、生产能力、成本工时或计件成本。

（5）设置准时制生产的生产线。

（6）设置准时制生产的替代生产线。

2）运行流程

准时制生产系统运行流程图如图 2-31 所示。

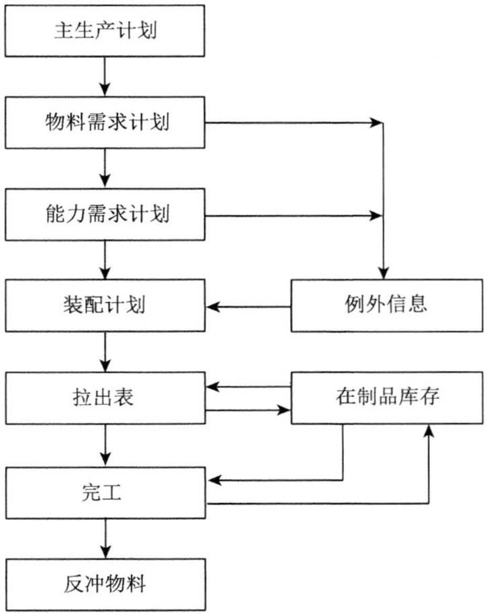

图 2-31 准时制生产系统运行流程图

现对准时制生产系统运行的过程进行简要描述：由主生产计划生成能力需求计划与物料需求计划，同时生成各种计算与说明的例外信息，计划员根据这些信息（同时含物流平衡计划）调整由物料需求计划生成的准时制生产线的装配计划或总装配计划；下达计划任务；根据在制品库存信息，生成各工序的拉出表，分配物料到生产线；加工物料在生产线中流动，由拉出表不断传递工序间的需求信息；加工过程的拉出表是根据流出物品与上工序的在制品物料库存自动生成的；最后由完工物品反冲物料消耗和生产成本。

【复习思考题】

1. 简答题

（1）什么是物料编码？其最基本的要素是什么？
（2）什么是物料清单？其基本作用是什么？
（3）什么是工作中心？其作用是什么？
（4）简述主生产计划的定义及作用。
（5）简述粗能力需求计划的定义及作用。
（6）简述物料需求计划的定义及作用。
（7）简述物料需求计划的基本原理。

（8）简述能力需求计划的定义及作用。

（9）简述车间管理的工作内容。

2. 计算题

（1）某企业生产一种产品，产品生产的批量为 20，提前期为 2 周，需求时界为 2 周，计划时界为 5 周，当前可用库存为 40，第一周的计划接收量为 20，产出率为 95%，已知所接收的订单情况和销售预测，试根据表 2-37 制订该产品的主生产计划。

表 2-37 生产情况表

类别	时段 1	时段 2	时段 3	时段 4	时段 5	时段 6	时段 7	时段 8	时段 9	时段 10
	11/01	11/08	11/15	11/22	11/29	12/06	12/13	12/20	12/27	01/03
预测量	10	10	0	10	20	20	20	10	20	30
订单量	0	0	26	0	24	32	30	15	28	21
毛需求量										
计划接收量										
预计可用库存量										
净需求量										
计划产出量										
计划投入量										
可供销售量										

注：11/01 表示 11 月 1 日，其余参数以此类推。

（2）若已知该产品的产品结构如图 2-32 所示，并且已知部件 B 的提前期为 1 周，批量为 20；部件 C 的提前期为 3 周，批量为 60；零件 D 的提前期为 3 周，批量为 25；E 的提前期为 3 周，批量为 25。试根据题项（1）确定的主生产计划，计算零件 D 在各个时段的物料需求。

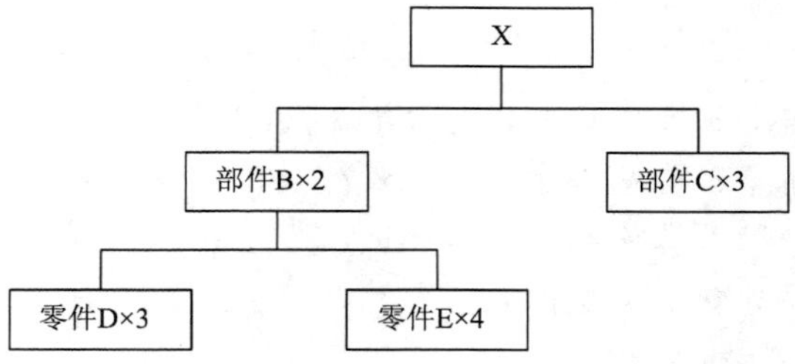

图 2-32 产品结构

（3）已知某产品的产品结构如图 2-33 所示，试计算该产品的标准成本。

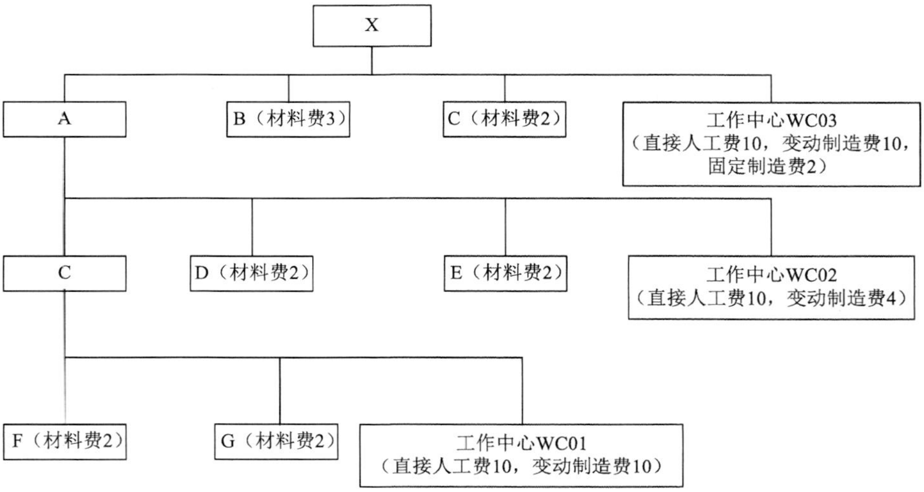

图 2-33 某产品的产品结构

3. 分析题

（1）在不同时界对主生产计划进行调整分别会给企业带来什么影响？
（2）试从多个角度分析物料需求计划与主生产计划计算过程的不同之处。
（3）理解并叙述能力需求计划的能力控制机制。
（4）如何实施准时制生产作业管理方式？

第3章 财 务 管 理

| 学习目标 |

- ➢ 掌握财务管理的基本业务。
- ➢ 掌握总账管理的基本概念及业务。
- ➢ 掌握应收账款、应付账款管理的基本概念及业务。
- ➢ 掌握固定资产管理的基本概念及业务。
- ➢ 掌握成本管理的基本概念及业务。

| 思政目标 | 责任担当　　契约精神　　诚实守信　　严谨规范　　底线思维

导引启示

中国国旅集团：打造一体化财务共享服务中心[①]

信息技术的创新发展，必然引发商业模式的变革，使财务体系、运营策略和运作流程发生变化。在数字化、自动化、智能化的发展趋势下，流程机器人、人工智能、大数据和云计算等新技术被应用到财务领域，使财务流程不断优化、财务运营效率不断提升。其中，财务共享服务是近年来集团企业财务转型的焦点、创新技术应用的聚集地，也是构建面向未来财务蓝图的基石。

2015 年，中国国旅集团有限公司（简称国旅集团）副总会计师陈文龙亲自带队，打造了集团全内容、业务财务一体化的财务共享服务中心，成为业内标杆。财务共享服务中心具有起点高、内容全、建设快、投资少，以及业财高度融合、数据高度集成、业务高度共享等特点，实现了项目设计时的以下五大建设目标。

（1）业务处理表单化。按照“制度流程化、流程表单化、表单信息化”思路，公司历时 8 个月，对业务流程进行梳理、分类、调整、优化，对部分重要业务流程和审批流程进行了规范统一，实现了业务数据化、流程规范化和系统自动控制。

（2）业务财务一体化。国旅集团的主营业务均有成熟的多个业务系统，通过主数据接口实现业务系统与共享系统的自动连接，生成相应单据，并按照该单据在共享系统中设置的流程自动流转，同时业务系统中的审批流及附件会自动形成相关文件，同步成为单据附件。

---

① 资料来源：https://www.sohu.com/a/115186507_481838。

（3）共享内容全面化。国旅集团共享服务内容涵盖了全部财务会计内容并融入了部分管理会计和移动互联网内容。

（4）信息系统集成化。国旅集团在财务共享上线前有20套完全独立的财务系统及硬件，上线后变成了全集团统一的一套共享系统和一套硬件设备，在功能和内容上较之前的系统有了质的飞跃，并且所有业务及数据都完成了互联互通，正向流程实现了业务、资金、核算、预算的完全协同，以及集团各级主体“实时报表，一键合并”功能，逆向流程实现了从报表、预算到业务、单据的全流程联查，在合并报表方面可以查询到每张合并抵销凭证，预算执行能查询到每张单据。同时，信息系统的集成，也使财务共享成为集团一个重要的信息库，不仅包括财务信息，还包括大量的业务信息，为后续开展的大数据分析提供了基础。

（5）多端应用同步化。财务共享服务区别于以往的财务信息化，主要用户是业务人员并且是线上审批，因此在设计时就要求系统满足不同人群的适应性需求以及移动端的同步应用，以前端、后端、移动端三端不同形式进行人机对话。

国旅集团财务共享上线后，成效快速显现出来，除大幅提高了业务与财务的工作效率、显著提升财务信息质量、降低运维及人工成本等财务共享的基本成效外，还在跨组织作业突破传统会计主体实现财务整体素质提升、实时报表突破会计分期实现持续财务监督等方面发挥出明显作用。

本章关键词

总账管理　应收、应付款管理　工资管理　固定资产管理　成本管理

3.1 财务管理基本业务概述

企业的财务管理涉及企业的各个职能部门。采购部门根据采购执行计划下达采购订单，采购合同接受财务部门的监督；供应商根据采购订单和合同送货，企业物料部门（或采购部门）根据订单验收货物，签收收货单并交给财务部门；来料经检验合格后入库，仓库开出入库单并交给财务部门，财务部门计入应付账款、材料采购、仓库原材料等科目，并按照协议与供应商结算，计入银行存款和现金科目；生产部门统计生产工时、物料消耗、废品情况和产品产量等报送给财务部门，财务部门根据各个部门和岗位的工资卡片计算应付工资和结转人工成本等，并根据材料成本核算生产成本；销售部门销售产品、服务，由库存部门开出出货单交给财务部门，销售发票交给财务部门处理，有关的销售费用单据也交给财务部门，财务部门根据有关原始凭证等计入（或结转）销售收入、应收账款、销售成本和产成品等科目，所有科目汇入总账，月末财务结转收入和费用，进而计算利润，等等。

3.1.1 财务会计与管理会计的区别

财务管理的对象是企业资金流，是企业经营成果和经营效率的最终反映，因而财务管理一直是各行业的企业实施 ERP 系统时关注的重点。ERP 系统涉及的会计事务处理既有财务会计又有管理会计，可以将 ERP 系统的财务管理分为总账管理、应收账款管理、应付账款管理、工资管理、固定资产管理、现金管理、成本管理、财务分析及决策。

财务管理是对会计工作、活动的统称。现代会计学把企业的会计分为财务会计（financial accounting）与管理会计（management accounting）：主要为企业外部提供财务信息的会计事务称为财务会计，而主要为企业内部各级管理人员提供管理决策信息（包括财务信息与非财务信息）的会计事务称为管理会计。两者的主要区别见表 3-1。

表 3-1 财务会计与管理会计的主要区别

比较项目	财务会计	管理会计
性质	对外报告会计，使企业之间具有可比性	对内报告会计，一般不对外公开
使用对象	企业外部	企业内部
使用目的	生成国家规定的财务报表（如资产负债表、利润表、现金流量表），以满足企业决策需要	生成为了支持企业特定管理目的，详细程度不同的、没有特定格式的会计报表，如成本物料单、各种分析报表等
时间性	按国家规定时间（年、月），受国家法规、会计条例或准则的制约	按管理需要自定义时段，以满足企业成本/效益分析的要求

财务会计为企业外部提供财务信息，编制对外发布的财务报表，一般包括定期对外发布的资产负债表、利润表以及现金流量表等。它针对过去已经发生交易的实际收入、费用与成本等货币性数据，根据一般公认会计原则来进行会计处理，并受法律的限制，按公认形式来编制对外的财务报表，以展示整个企业组织的财务状况与经营成果。

管理会计则为企业内部各级管理人员提供管理决策信息，包括战略管理、预算管理、成本管理、营运管理等，以协助其执行业务、管理控制、改善缺点。它针对未来将发生的作业与决策，以及长短期计划制定有关货币性数据与非货币性数据，根据企业计划、控制与决策的需要来进行会计数据的汇集、处理与分析，并依据企业自定义的形式来编制对内的会计报告，以提供管理计划、控制与决策有关的信息和执行情况。

3.1.2 企业经营活动循环

企业是以营利为目的的经济组织，它的全部活动就是利用占有的资源获得最大的回报。为了达到这样的目的，企业要先获得所需要的资本，资本来源于所有者的投资及向债权人的举债。

在获得了所需的资本以后，企业会利用这些资本采购所需的设备和原材料，因而要向供应商支付现金（包括银行存款），或者形成应付账款。企业还要雇用员工，为此需要向员工支付工资。这个过程是周而复始、不断重复的，从而构成一个循环，即采购付款循环。

企业利用购入的设备、原材料和雇用的人力资源来生产产品，这个过程是一边消耗资源、一边形成产品的过程，这个过程也是周而复始的循环过程，即生产循环。

企业生产出产品后，要想方设法把它们销售出去，以获得盈利，企业销售产品会收到现金或形成应收账款。这也是一个不断循环的过程，即销售收款循环。

企业的全部经营活动实际上就是这几个循环的不断重复，它们又构成了一个大循环，称为企业的经营活动循环。

3.1.3 企业会计循环

企业的经营活动离不开财务管理活动，在企业的财务管理活动中构成了一个“会计凭证—会计账簿—财务报表”的循环，而 ERP 系统财务管理的功能就是这个循环的模拟。为了了解 ERP 系统财务管理的功能，首先应了解财务管理的“会计凭证—会计账簿—财务报表”循环。

在企业的经营活动中，每一项经济业务必须有原始凭证。原始凭证审核无误则可作为编制记账凭证的依据，然后根据记账凭证将经济业务活动计入相应的账目。虽然通过所有的账目已经记录了所有经济业务的发生和完成情况，但是还不能直观地从中获取有关的信息来满足投资者、债权人、银行、供应商等企业外部的利害关系集团和个人及企业管理者了解企业的财务状况、经营成果和经济效益的需求，为此，必须编制财务报表，为了改善企业的经营状况，还要进行财务分析，如图 3-1 所示。

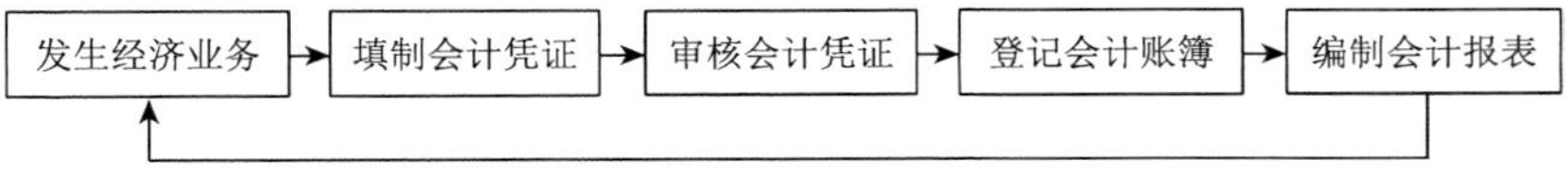

图 3-1 会计循环流程图

3.2 总账管理

从本质上讲，总账是企业所有业务交易的完整记录。总账及整个财务信息系统的范围，不应界定为以会计凭证为开端，而应广义地包括其他各模块的交易明细资料，如库存管理模块的物料进出单据、应收模块和应付模块的收款单等。总账的主要作用是处理记账凭证输入、审核；输出日记账、明细分类账、总分类账及编制主要会计报表。

3.2.1 会计的基本概念

1. 账户和会计科目

在会计账簿中要为每个核算对象（各种资产、负债、所有者权益、费用、收入）设立一个专门的账户，用来登记其日常增减变动结存的资料。通过账户把原始单据上的经济数据分类处理成企业的经济信息。

在设立账户时，要根据核算对象的不同性质与内容来规定专门的账户名称（会计科目），按一定的顺序分类排列的账户名称表称为会计科目表。

会计科目表是会计制度的重要组成部分，它不但规定了各类企业应当设立哪些账户，也规定了财务报表中必须包括的内容项目。

2. 会计凭证

会计凭证的收集、制作和管理是财务管理工作的重要内容。会计凭证分为原始凭证和记账凭证。

原始凭证，又称原始单据，是经济业务发生或完成时取得或填制的，用以记录、证明经济业务已经发生或完成的，进行会计核算的原始资料。原始凭证记载着大量的经济信息，与记账凭证相比，具有更强的法律效力。原始凭证按其形成的方式，分为外来原始凭证和自制原始凭证。前者如购货时取得的发票，后者如原材料入库时由仓库保管人员填制的入库单、商品销售时由销售部门开出的发货单等。

记账凭证是会计人员根据审核后的原始凭证进行归类、整理，并确定会计分录而编制的凭证，是记录账目的依据，它记载的是会计信息。从原始凭证到记账凭证是经济信息转换成会计信息的过程，是一种质的飞跃。记账凭证要根据原始凭证所反映的经济业务，按规定的会计科目和复式记账方法编制会计分录，用来指明经济业务应当归类的会计科目和记账方向，作为记账的依据。

记账凭证分为收款凭证、付款凭证和转账凭证。收款凭证是用于反映货币资金收入业务的记账凭证，根据货币资金收入业务的原始凭证填制而成；付款凭证是用于反映货币资金支出业务的记账凭证，根据货币资金支出业务的原始凭证填制而成；转账凭证是用于反映与货币资金收付无关的转账业务的记账凭证，根据有关转账业务的原始凭证或记账凭证填制而成。

3. 根据会计凭证记账

记账是指从原始凭证到记账凭证，按照一定的会计科目和复式记账法，将大量的经济活动信息转化为会计信息记录在记账凭证上。但是，这些记录在会计凭证上的信息还是分散的、不系统的。为了把分散在会计凭证中的大量核算信息加以集中归类反映，为经营管理提供系统、完整的核算资料，并为编制会计报表提供依据，就必须设置和登记账簿。记账以记账凭证为依据，按照时间的先后顺序，既要记入总账，又要记入明细账。为了保证账簿记录和会计报表数字的真实性、可靠性，必须定期进行对账和结账。

1）登记日记账

日记账又称序时账，是按照经济业务发生的先后顺序登记的账簿。日记账一般分为两种，即现金日记账和银行存款日记账。

2）登记明细分类账

明细分类账简称明细账，是根据记账凭证或原始凭证登记的一种账簿，每个企业必须设置各种明细分类账。明细分类账的账页格式一般需要根据所反映内容的不同，在借贷余三栏式账页、数量金额式账页和多栏式账页中选择。

3）登记总账

总账是总分类账的简称，是根据总分类科目设置的，每个企业都要有一本总账，而且只能有一本。总账账簿的账页格式采用三栏式账页。

4）对账

对账就是在有关经济业务入账以后，进行账簿记录的核对。对账分为日常对账和定期对账两种。日常对账是指会计人员在编制会计凭证时对原始凭证和记账凭证的核对，以及在登记账簿时对账簿记录和会计凭证的核对。定期对账是指在期末结账前，对凭证和账簿记录的核对，做到账证相符、账账相符、账实相符。

5）结账

结账是指在会计期末计算并结转各账户的本期发生额和期末余额。

把各会计期间发生的经济业务，在该会计期间全部登记入账并对账以后，就可以通过账簿记录了解经济业务的发生和完成情况。但是，在管理上需要掌握各会计期间的全部经济活动的详细情况及其结果，并编制各会计期间的财务报表。根据会计凭证将经济业务记入账簿后，还不能直观地从中获取所需的各种信息资料，必须通过结账的方式把各种账簿记录结算清楚，以提供所需的各项信息资料。

会计期间一般实行日历制。月末进行计算，季末进行结算，年末进行决算。结账于各会计期末进行，所以可以分为月结、季结和年结。

4. 财务报表

财务报告包括财务报表［由会计报表（主表和附表）、会计报表附注组成］和财务情况说明书。财务报表是财务报告的主干部分，是以企业的会计凭证、会计账簿和其他会计资料为依据，以货币作为计量单位总括地反映企业的财务状况、经营成果和现金流量，按照规定的格式、内容和填报要求定期编制并对外报送的书面报告文件。它一般是以表格的形式简明扼要地体现出来，因而被称为财务报表。

财务报表是会计核算工作的结果，是反映会计主体财务状况、经营成果和财务状况变动情况的书面文件，也是会计部门提供会计信息的重要手段。因此，财务报表必须数字真实、计算准确、内容完整、编报及时。

财务报表所提供的会计信息，是投资者、债权人、银行、供应商等会计信息使用者了解企业的财务状况、经营成果和经济效益，进而了解投资风险和投资报酬，以及货款或借款能否按期收回等情况的主要来源，是投资者进行投资决策、贷款者进行贷款决策、供应商决定销售策略的重要依据，也是国家经济管理部门制定宏观经济管理政策和经济决策的重要信息来源。

财务报表所提供的会计信息，也是企业内部管理人员了解企业经营状况和经营成果的重要经济信息来源。企业决策者可以根据财务报表所反映的情况总结经验，制定改善经营管理的措施，不断提高企业的经济效益。

财务报表主要包括对外报送的财务报表和财务情况说明书。

对外报送的财务报表由主表、附表和会计报表附注三部分组成。其中，主表包括资产负债表、损益表和现金流量表。附表根据各行业的特点编制，工业企业的附表包括利润分配表和主营业务收支明细表，商品流通企业的附表包括利润分配表和商品销售利润明细表。会计报表附注是为了帮助会计报表阅读者理解财务报表的内容而对表内有关项目和一些表外项目所做的解释。

财务情况说明书是为了了解和评价企业财务状况和经营成果所提供的书面资料，主要说明企业的生产经营状况、利润实现和分配状况、资金增减和周转情况、纳税情况及主要的会计处理方法等。

主要财务报表包括资产负债表、损益表及现金流量表。

资产负债表是反映企业在某一个特定日期的资产、负债和所有者权益构成情况的财务报表。它根据“资产 = 负债 + 所有者权益”这一基本公式，依照一定的分类标准和次序，把企业在某一个特定日期的资产、负债和所有者权益项目予以适当的排列编制而成。

损益表是反映企业在一定会计期间的经营成果的会计报表。它根据“收入–费用 = 利润”这一公式，依据一定的标准和次序，把企业一定时期内的收入、费用和利润情况项目予以适当的排列编制而成。

现金流量表是反映企业一定会计期间经营活动、投资活动与筹资活动的现金流入和流出的会计报表，从动态上反映现金的变动情况。现金流量表能评估企业未来取得现金流入的能力和偿还负债的能力，以及企业财务管理水平和制订营运资金计划、加强财务管理和用好企业的营运资金的能力。

5. 财务分析

财务分析的对象是财务报表，主要是资产负债表和损益表，从这两种财务报表中着重分析企业的收益性、安全性、成长性和周转性四个方面的内容。

1）企业的获利能力

企业利润的高低、利润额的大小，是企业是否有活力、管理效能优劣的标志。作为投资者，要考虑选择利润丰厚的企业进行投资。因此，分析财务报表，首先要着重分析企业当期投入资本的收益性。

2）企业的偿还能力

分析企业的偿还能力的目的在于确保投资的安全性。具体从两个方面进行分析：一是分析企业的短期偿债能力，看其有无能力偿还到期债务，这要从企业资金流动状况来判断；二是分析企业的长期偿债能力的强弱，这要通过分析财务报表中不同权益项目之间的关系、权益与收益之间的关系，以及权益与资产之间的关系来进行检测。

3）企业扩展经营的能力

分析企业扩展经营的能力，即进行成长性分析，这是投资者进行长期投资决策时最为关注的重要问题。

4）企业的经营效率

分析企业的经营效率主要是分析财务报表中各项资金的周转速度，以检测企业各项资金的利用效果和经营效率。

3.2.2 企业的账务处理程序

账务处理程序又称会计核算组织程序、会计核算形式，它是指在会计循环中，会计单位采用的会计凭证、会计账簿、会计报表的种类和格式与记账程序有机结合的方法和步骤。在实际的会计工作中，有多种账务处理程序可供企业根据实际需求来选择。图 3-2 为较常用的记账凭证账务处理程序。

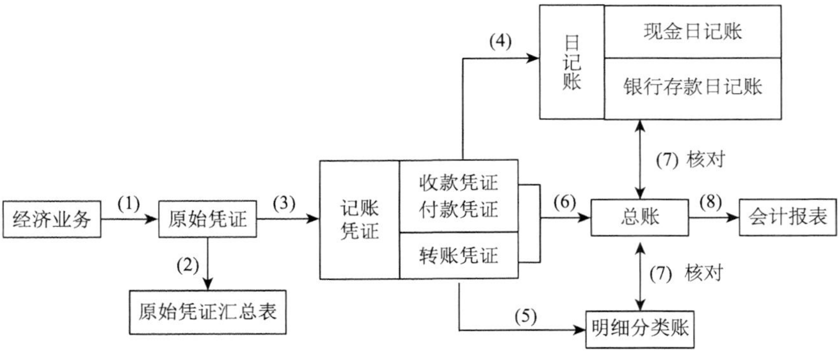

图 3-2 记账凭证账务处理程序

记账程序如下。

（1）在经济业务发生或完成时取得原始凭证。

（2）根据审核无误的原始凭证编制原始凭证汇总表（本步骤为非必需步骤）。

（3）根据审核无误的原始凭证或原始凭证汇总表编制记账凭证。

（4）根据审核无误的收款凭证和付款凭证逐日逐笔登记现金日记账和银行存款日记账。

（5）根据审核无误的记账凭证及其所附的原始凭证逐笔登记明细分类账。

（6）根据审核无误的记账凭证逐笔登记总账。

（7）期末，将现金和银行存款日记账与总账核对；将明细分类账与总账核对。

（8）期末，根据总账和明细分类账的余额和发生额编制会计报表。

3.2.3 总账系统与其他系统的关系

总账系统（图 3-3）与其他系统的关系如图 3-4 所示。本节以用友软件股份有限公司（以下简称用友）的用友 U8 系统为例，应收账款、应付账款、固定资产、工资管理、存货核算及成本管理等模块将各自模块生成的记账凭证传递到总账模块，在总账模块进行审核和记账，期末结账后进行财务分析，生成会计报表和财务信息为企业决策提供支持。

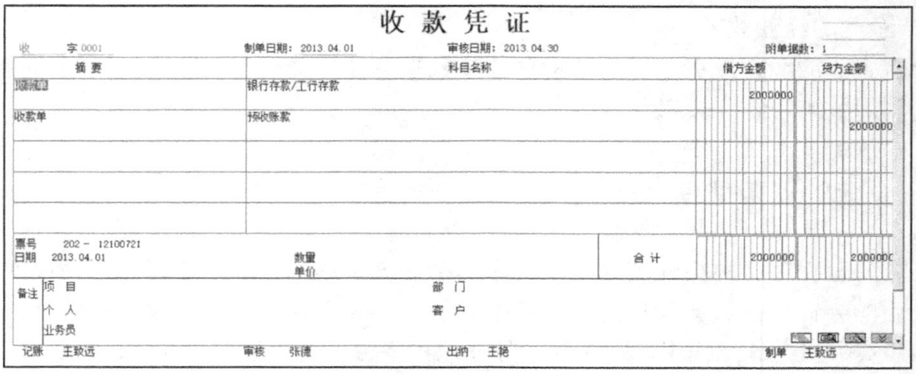

收款凭证

收 字 0001 制单日期：2013.04.01 审核日期：2013.04.30 附单据数：1

摘要	科目名称	借方金额	贷方金额
[illegible]	银行存款/工行存款	2000000	
收款单	预收账款		2000000
票号 202－12100721 日期 2013.04.01 数量 单价	合计	2000000	2000000

备注 项目 部门

个人 客户

业务员

记账 王致远 审核 张德 出纳 王艳 制单 王致远

图 3-3 总账系统中的记账凭证

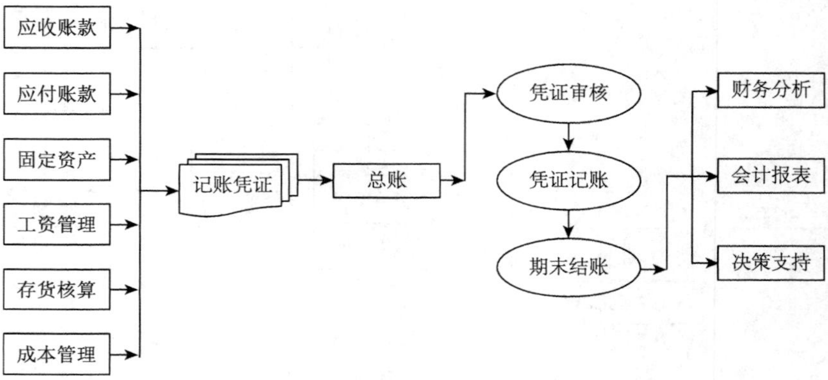

图 3-4 总账系统与其他系统的关系

3.3 应收账款管理

3.3.1 应收账款的概念

应收账款是指企业销售商品、材料、物资或提供劳务等应向客户收取的账款。应收账款可以按照不同货币和不同客户设立账户。在应收账款的账务处理中，往往会产生各种应收票据，如期票、汇票和支票，这些应收票据要有收到和签发的处理、到期收回和偿付处理、贴现处理、票据登记处理，还要有坏账处理、客户账龄报告和分析。

应收账款主要用来进行应收账款的核算和客户往来账的管理。对于那些比较复杂的销售业务、比较复杂的应收账款的核算，需要跟踪其每一笔业务的收款情况，并且核算到产品一级。应收账款是根据发票来处理客户付款的，它可以更改存款账户余额，处理退款、借款和贷款，区分逾期结算和催促付款。

在企业应收项目中，应收账款的比重一般比较大，因此对于应收项目的控制，重点往往在应收账款上。在总账中设置应收账户，记录客户名称、地址、信用等级等内容，并在应收账上汇总所有客户账款增减数，根据应收账款可以建立付款清单。

应收账款记录和管理客户的核算资料，是销售管理的一部分，同时应收账款的所有交易（如应收账款的产生、收款作业等）资料也将进入总账系统。应收账款系统不仅是财务会计的一部分，还通过与销售系统集成，向销售系统提供进行客户管理所需的有效信息。

3.3.2 应收账款模块的作用

ERP 系统中应收账款模块的作用如下。

(1) 改善发票和付款处理的精度：应收账款和发票管理提供了每张发票及由贷方冲销的付款和账单调整的完整的会计核算方法，发票数据的自动传输功能避免了数据的重复录入工作。

（2）及时提供客户对账单：能方便、快速地生成客户对账单，不同的客户可使用不同的结算周期，调整以后能立即产生更正的客户对账单。

（3）改善客户查询响应：可以立即答复客户和销售人员关于账款的问题。可以对某一个客户的所有发票、付款、指定的发票及付款的去向继续跟踪。

（4）减少处理应收账款的时间：简化了客户发票和现金收入的处理过程，大大缩短了计算费用、检查信贷额度、生成客户对账单及处理发票和支付的时间。

（5）改进现金收入的控制：对现金收入的控制保证了由供应商提交的付款已使用了适当的现金折扣并将其正确地分摊到发票中。

3.3.3 应收账款模块的功能

应收账款模块主要提供以下功能。

（1）发票管理。发票管理具有将订单信息传递至发票，并按订单查询发票和信用证的功能，能列出需要审核的发票和信用证、打印已审核的发票和信用证、提供发票调整的审计线索、查询历史资料等。

（2）客户管理。客户管理提供有关客户的信息，如使用币别、付款条件、折扣代号、付款方式、付款银行、信用状态等。此外，还提供交易信息，如交易金额、折扣额等。

（3）付款管理。付款管理提供多种处理方法，如自动处理付款条件、折扣、税额和多币种的转换，能够列出指定客户的付款活动及指定时期内的信用证的应用情况。

（4）账龄分析。账龄分析设立应收账款客户的付款到期日，以及为客户打印结算单的过期信息，并打印对账单。

（5）借贷通知单。当发票过账至应收账款，产生汇票、计算财务费用或接受未指定用途的付款时都会产生借贷通知单，并且所有的借贷通知单的金额汇总起来将会得出客户余额。借贷通知单主要是为了修改已过账的发票信息，记录客户余额的调整，录入客户的未结余额。

（6）生成会计分录。应收账款模块能够自动生成有关应收账款的全部会计分录，这些会计分录可以自动过账到总账中，当然在过账之前，需要认真地检查会计分录是否准确无误。可以以每笔应收账款事务产生一个总账账务的明细方式表示，也可以以时间、类型等汇总方式表示。

3.3.4 应收账款系统主要账务处理

销售业务发生时，应在销售系统录入销售专用发票，销售发票作为信息流会自动传入应收账款系统，在应收账款系统将采购发票作为应收单据进行审核、制单，生成记账凭证。收到客户货款后，填制收款单，经过审核、制单生成记账凭证。应收账款系统生成的主要记账凭证如图 3-5、图 3-6 所示。

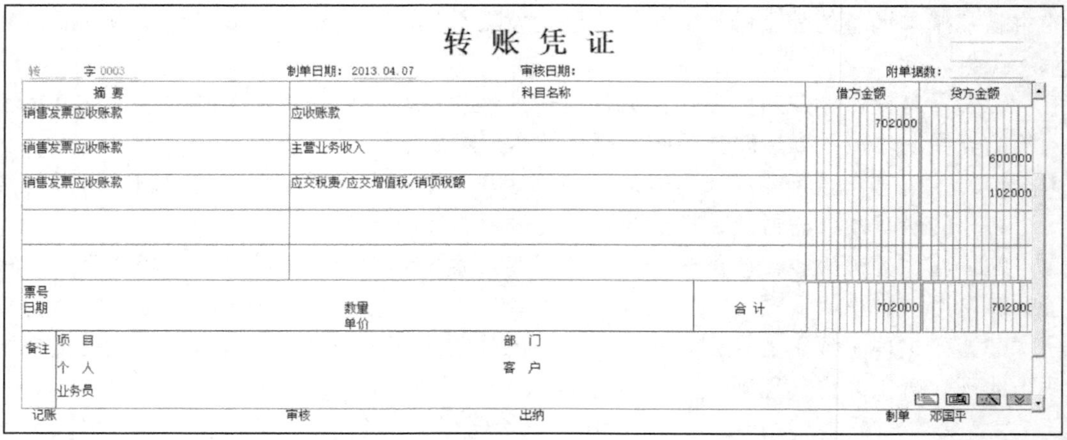

转 账 凭 证

转 字 0003　　制单日期：2013.04.07　　审核日期：　　附单据数：

摘要	科目名称	借方金额	贷方金额
销售发票应收账款	应收账款	702000	
销售发票应收账款	主营业务收入		600000
销售发票应收账款	应交税费/应交增值税/销项税额		102000
票号 日期	数量 单价 合计	702000	702000

备注　项目　部门　个人　客户　业务员

记账　审核　出纳　制单 邓国平

图 3-5　应收账款记账凭证

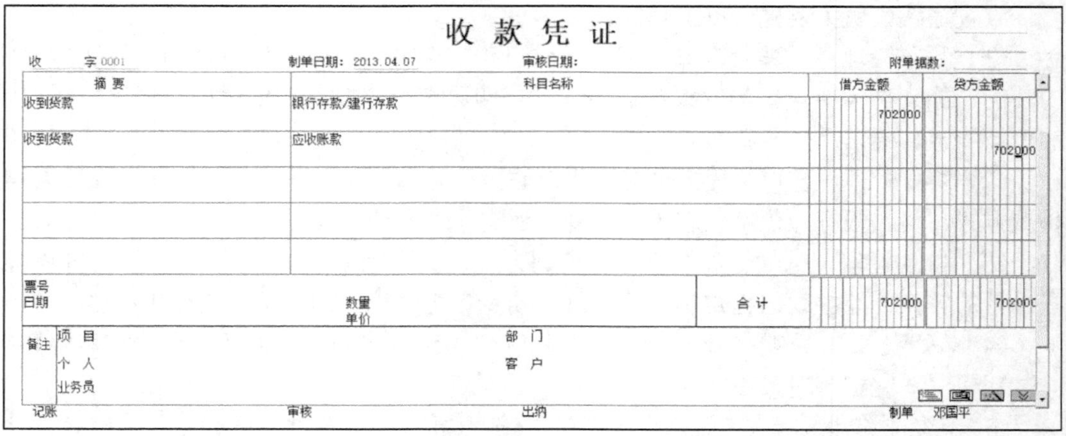

收 款 凭 证

收 字 0001　　制单日期：2013.04.07　　审核日期：　　附单据数：

摘要	科目名称	借方金额	贷方金额
收到货款	银行存款/建行存款	702000	
收到货款	应收账款		702000
票号 日期	数量 单价 合计	702000	702000

备注　项目　部门　个人　客户　业务员

记账　审核　出纳　制单 邓国平

图 3-6　收到应收账款记账凭证

3.3.5 应收账款系统与其他系统的关系

应收账款系统（图 3-7）与其他系统的关系如图 3-8 所示。以用友 U8 系统为例，企业发生了一笔销售产品业务，需要在销售管理模块填写报价单、销售订单、发货单及销售发票。其中，销售发票作为一项应收账款的有效凭证信息流自动传递到应收账款管理模块，在应收账款管理模块中，对作为应收单据的销售发票进行审核、制单，生成记账凭证。财务人员对客户随后所付货款的业务在应收账款管理模块中填制收款单，然后经过审核、制单，生成记账凭证，应收账款中生成的记账凭证作为信息流会自动传递到总账管理模块，在总账管理模块中进行记账凭证的审核和记账。核销是确定收款单与发票及应收单之间对应关系的操作，也就是建立已收款与应收款的核销记录，如果企业与客户之间既有应收业务又有应付业务，可以将两种业务的财务处理做转账凭证相抵，在系统管理中要相应地启动应收账款管理模块及设置应收账款管理模块的操作员及权限。

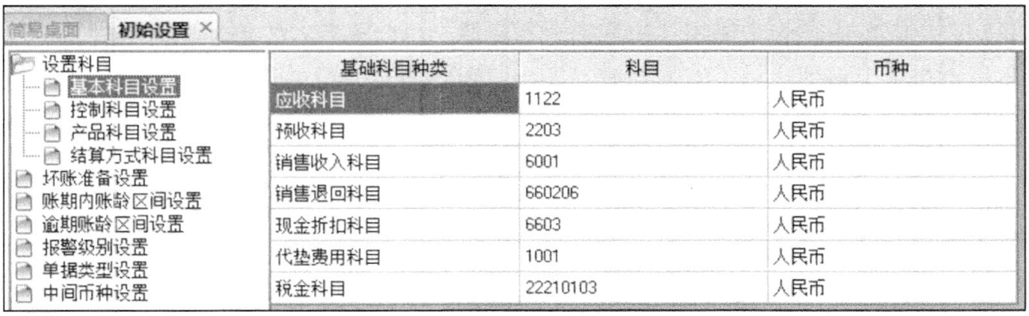

图 3-7　应收账款系统中的初始设置

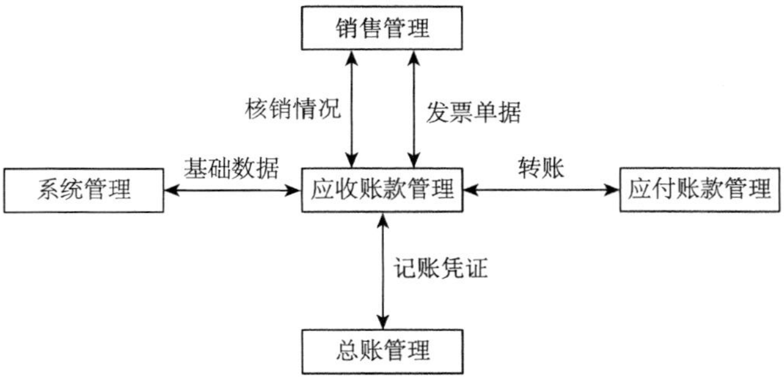

图 3-8　应收账款系统与其他系统的关系

3.4　应付账款管理

3.4.1　应付账款的概念

应付账款是企业应付的购货账款，是企业向外赊购商品的会计处理。企业在购入商品时，按照发票价格分别记入购货和应付账款账户，如果附有折扣条件，则在按期偿付账款时将取得的折扣数额贷记购货折扣账户，一般设有应付账款账户。

在应付账款的账务处理中，往往会产生各种应付票据，如期票、汇票和支票，这些应付票据要有发出和签发处理、到期偿付处理、贴现处理、票据登记处理、税金的处理和账龄分析。应付账款记录及管理供应商和委外商的核算资料，应成为采购管理和委外管理的一部分，应付账款的所有交易（如应付账款的产生、付款作业等）资料也将进入总账系统。

3.4.2 应付账款模块的作用

ERP 系统中应付账款模块主要有以下几方面的作用。

（1）缩短处理应付账款的时间。应付账款模块简化了发票付款的处理流程。在发票与采购入库匹配时，大大缩短了执行三方（发票、付款单、入库单）核对的时间。现金需求分析可模拟付款决策的效果，能方便、准确地计算出推荐的支付金额。应付账款模块可以自动打印支票，并提供对关键信息的联机查询以支持付款决策。

（2）改进现金支付的控制。现金支付的控制保证了由供应商开出的所有发票及开给供应商的所有支票都经过了审核。这样很容易在支票发出前的付款处理的每一步验证入库和付款信息。支票发出以后，也可以进行支票核对。

（3）提高商业信用。应付账款模块可以协助企业及时向供应商付款并获得折扣，由此得到更大的优惠。利用该功能能够更好地理解现金需求、有更多的时间进行决策。应付账款模块协助企业更有效地利用商业信用，并提高现金周转能力。自动发票数据传递功能避免了重复劳动。

3.4.3 应付账款模块的功能

应付账款模块主要提供发票管理、供应商管理、付款管理、账龄分析等功能。

（1）发票管理。发票管理是将发票输入之后，可以验证发票上所列物料的入库情况，核对采购订单物料，计算采购单和发票的差异，查看指定发票的所有采购订单的入库情况，列出指定发票的有关支票付出情况，列出指定供应商的所有发票和发票调整情况。

（2）供应商管理。供应商管理提供每个提供物料的供应商信息，如使用币别、付款条件、折扣代码、付款方式、付款银行和会计科目。此外，还提供交易信息，如交易发票金额、折扣额等。

（3）付款管理。付款管理可以处理多个付款银行与多种付款方式，能够进行支票验证和重新编号，将开出的支票与银行核对，查询指定银行开出的支票及作废支票。

（4）账龄分析。账龄分析可以根据指定的过期天数和未来天数计算账龄，也可以按照账龄列出应付账款的余额。

3.4.4 应付账款系统主要账务处理

采购业务发生时，应在采购系统录入采购专用发票，采购发票作为信息流会自动传入应付账款系统，在应付账款系统将采购发票作为应付单据进行审核、制单，生成记账凭证。向供应商付款，填制付款单，经过审核、制单生成记账凭证。应付账款系统生成的主要记账凭证如图 3-9、图 3-10 所示。

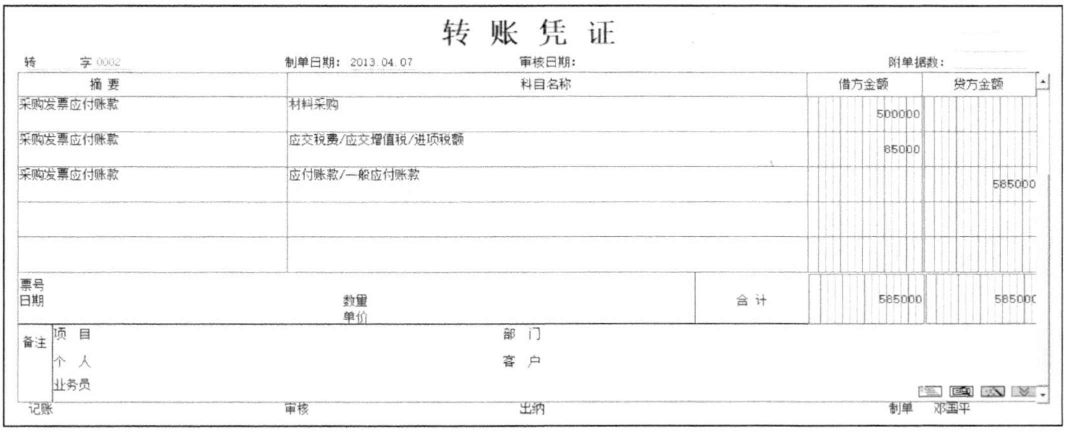

转账凭证

转 字 0002　制单日期：2013.04.07　审核日期：　附单据数：

摘要	科目名称	借方金额	贷方金额
采购发票应付账款	材料采购	500000	
采购发票应付账款	应交税费/应交增值税/进项税额	85000	
采购发票应付账款	应付账款/一般应付账款		585000
票号 日期	数量 单价 合计	585000	585000

备注　项目　部门　个人　客户　业务员

记账　审核　出纳　制单 邓国平

图 3-9　应付账款记账凭证

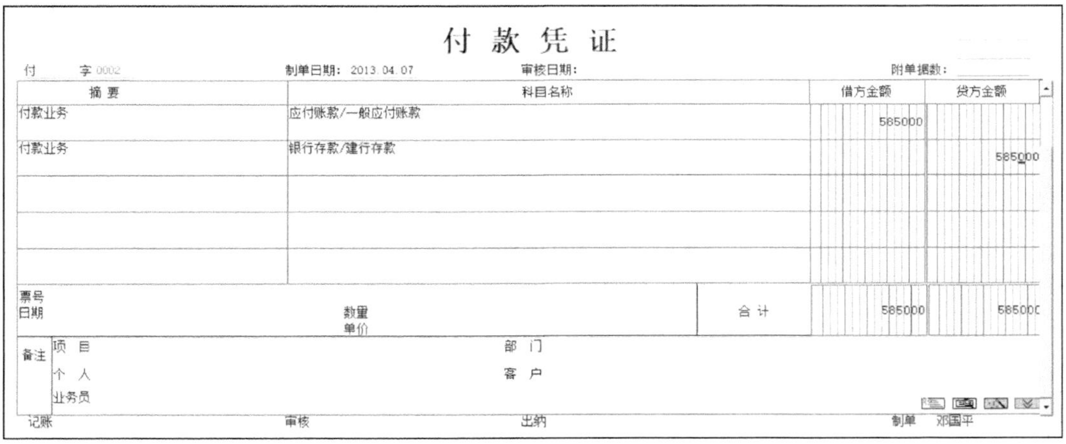

付款凭证

付 字 0002　制单日期：2013.04.07　审核日期：　附单据数：

摘要	科目名称	借方金额	贷方金额
付款业务	应付账款/一般应付账款	585000	
付款业务	银行存款/建行存款		585000
票号 日期	数量 单价 合计	585000	585000

备注　项目　部门　个人　客户　业务员

记账　审核　出纳　制单 邓国平

图 3-10　支付应付账款记账凭证

3.4.5　应付账款系统与其他系统的关系

应付账款系统（图 3-11）与其他系统的关系如图 3-12 所示。以用友 U8 系统为例，企业发生了一笔采购原材料业务，需要在采购管理模块填写请购单、采购订单、到货单及采购发票，其中采购发票作为一项应付账款的有效凭证信息流自动传递到应付账款模块，在应付账款模块中，对作为应付单据的采购发票进行审核、制单，生成记账凭证。企业随后发生的支付货款的业务也需在应付账款模块中填制付款单，然后经过审核、制单，生成记账凭证。应付账款模块中生成的记账凭证作为信息流会自动传递到总账管理模块，在总账管理模块中进行记账凭证的审核和记账。核销是确定付款单与发票及应付单之间对应关系的操作，也就是建立已付款与应付款的核销记录，如果企业与供应商之间既有应付账款业务又有应收账款业务，可以将两种业务的财务处理做转账凭证相抵，在系统管理中要相应地启动应付账款模块及设置应付账款模块的操作员及权限。

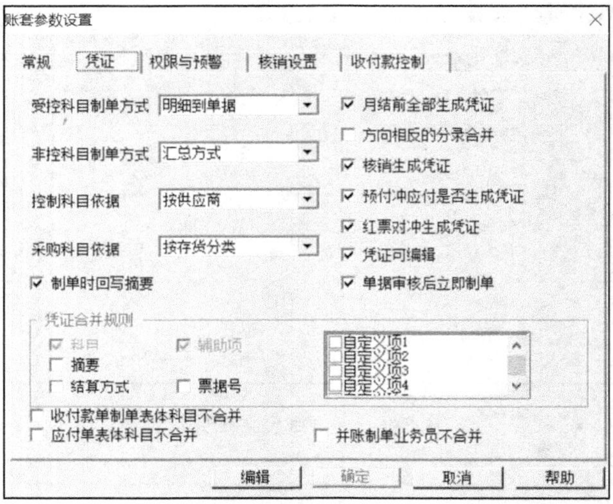

图 3-11　应付账款系统中的账套参数设置

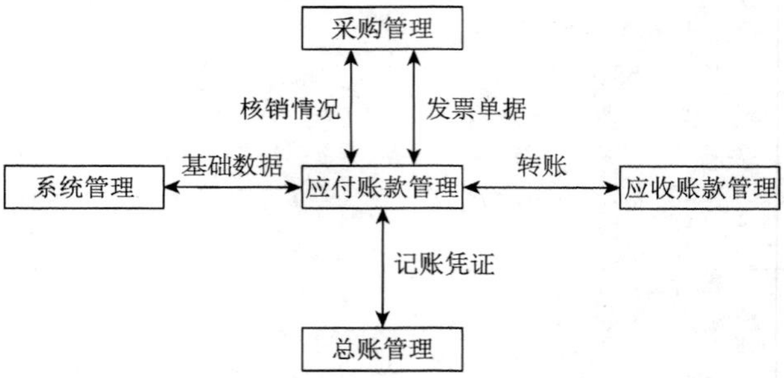

图 3-12　应付账款系统与其他系统的关系

3.5　工 资 管 理

3.5.1　工资的有关概念

工资是指用人单位基于劳动关系，根据职工提供的劳动数量和质量，按照劳动合同的约定支付给职工的货币报酬。对工资的管理包括工资核算和工资管理两部分，其中，工资核算是根据职工考勤记录、工资标准、各项应发补贴、各项代扣款项等原始资料来结算应付工资和实发工资，进行计提、分配、结转和编制转账凭证的过程；工资管理则是制定和执行职工的工资政策，如辅助企业根据实际情况和工资结构制订工资计划、工资预算、工资标准等。

3.5.2 工资管理模块的主要功能

工资管理模块的核算和管理任务主要包括以下内容。

1. 工资数据计算

工资管理模块根据企业各部门提供的职工的劳动数量和质量及考勤情况，及时、准确地输入与职工工资有关的原始数据，并计算职工的工资，包括职工应发工资、个人所得税和各种代扣款项并编制工资单，以便发放工资并正确反映和监督职工的工资结算情况。

2. 工资费用的分配与计提

工资管理模块根据职工的工作部门和工作性质，汇总分配工资费用和计提职工福利费、劳动保险费等，并生成相应的记账凭证，以便进行工资费用的账务处理和正确计算产品的成本。

3. 对工资数据进行统计分析

工资管理模块根据管理的需要，及时提供有关的工资统计分析数据。

4. 处理职工的工资变动

工资管理模块及时处理职工的调入、调出、内部变动等，以及由此引起的工资数据变动。

根据工资业务处理的需要，工资管理模块应具有的基本功能包括以下几个方面。

（1）系统初始设置。系统的初始设置主要是设置系统工作必不可少的各种编码信息和原始数据。在工资管理模块中，各单位的工资项目一般相差较大，因此工资管理模块应具有设置适合具体单位需要的工资项目的功能，以便生成工资数据库。

（2）日常业务数据输入。日常业务数据输入主要是输入考勤、产量、工时等每月变动的工资数据。另外，可能发生的人员变动和工资数据变动也应在该功能中进行处理。

（3）工资的结算与工资费用的分配。工资的结算包括职工日工资的计算、职工个人应付工资合计、个人所得税计算及实发工资的计算公式设置和计算；工资费用的分配包括工资费用的分类、汇总、统计，以及进行工资费用的明细分类核算。

3.5.3 工资核算的账务处理

工资核算业务主要包括工资费用计提分摊、发放工资等，相应的记账凭证如图 3-13、图 3-14 所示。

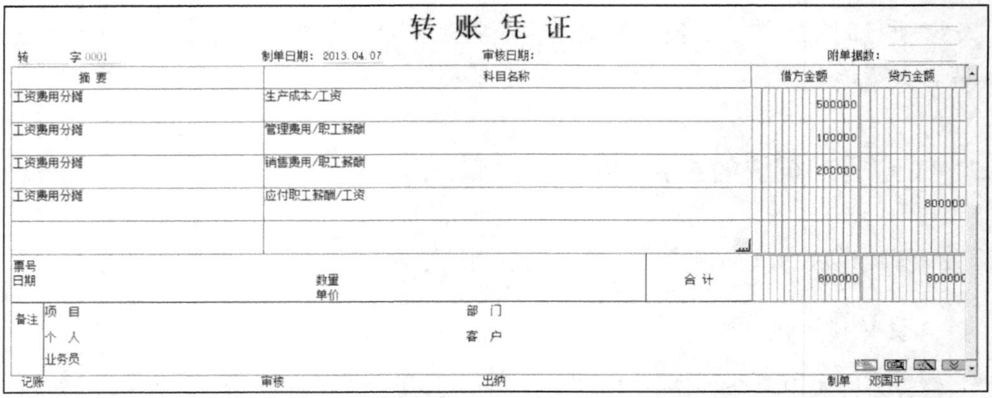

图 3-13 工资费用计提分摊记账凭证

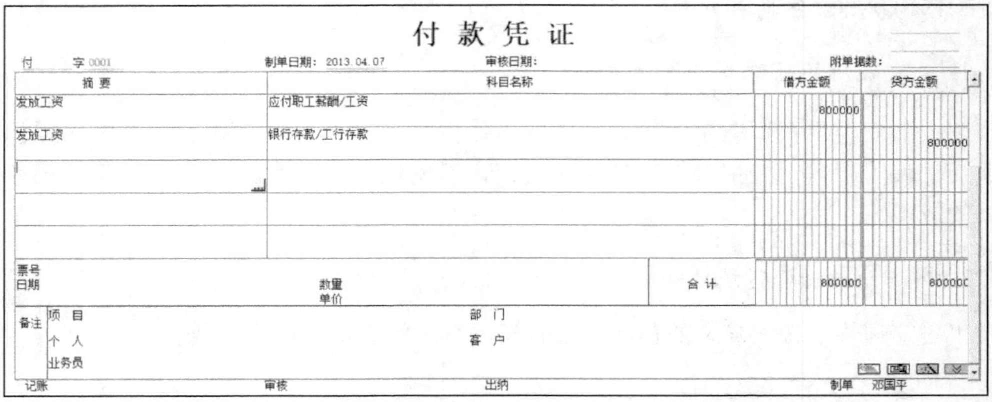

图 3-14 发放工资记账凭证

3.5.4 工资管理系统与其他系统的关系

工资管理系统（图 3-15）与其他系统的关系如图 3-16 所示。

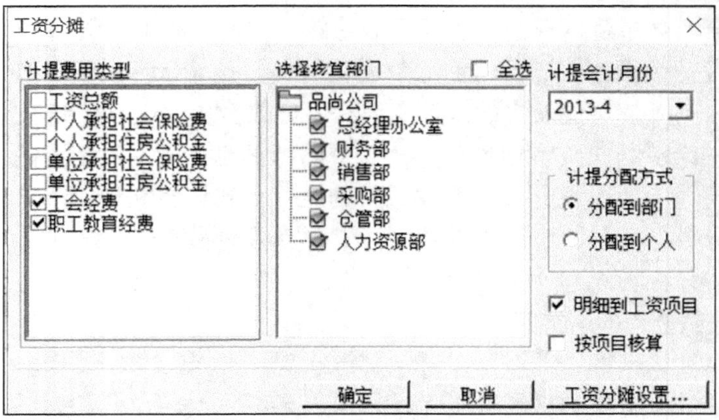

图 3-15 工资管理系统中的工资分配

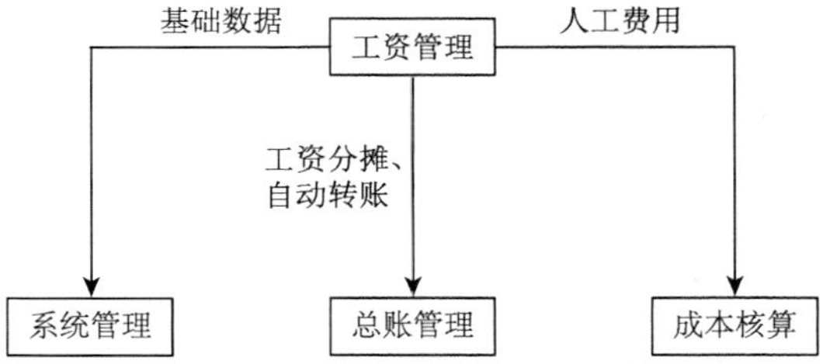

图 3-16 工资管理系统与其他系统的关系

3.6 固定资产管理

3.6.1 固定资产管理的基本概念

1. 固定资产的概念

在企业的资产负债表中，资产分为两类，即固定资产和流动资产。在讨论它们所对应的会计事务之前，我们先来确定固定资产和流动资产的区别。应当理解，这样的分类不是基于资产的物理性质，而是基于资产拥有的目的。

固定资产是具有以下特征的有形资产：①为生产商品、提供劳务、出租或经营管理而持有；②使用年限超过一个会计年度；③单位价值较高。

上述第一个特征指出，企业持有固定资产的目的是生产商品、提供劳务、出租或经营管理，而不是直接用于出售。另外两个特征则是与流动资产的区别。

如果一个企业拥有某项资产的目的是在一定的时期内用于企业日复一日地经营运作，那么这项资产应当被划分为固定资产。另外一家企业可能拥有同样的资产，其目的却是日复一日地销售这种资产，这项资产就应当被划分为流动资产。

例如，一家自行车企业生产和销售自行车，不销售计算机。因此，该企业拥有的所有计算机都是固定资产。但是，对于一家制造并销售计算机的企业，其库房中的计算机则是流动资产。

企业的厂房建筑、汽车、计算机、生产产品的机器设备，以及管理人员办公室中的家具，都属于固定资产。

2. 固定资产的确认

固定资产的确认首先要符合固定资产的定义，其次，还要符合以下两条确认条件。

1）该项固定资产所包含的经济利益很可能流入企业

资产最基本的特征是预期能为企业带来经济效益。对于固定资产的确认来说，如果某一项固定资产预期不能为企业带来经济效益，则不能将它确认为企业的固定资产。如果该项固定资产所包含的经济利益很可能流入企业，并同时满足固定资产确认的其他条件，企业就应当将其确认为固定资产。

2）该固定资产的成本能够可靠地计量

成本能够可靠地计量，是资产确认的一项基本条件。固定资产作为企业资产的重要组成部分，其成本也必须能够可靠地计量。

3. 固定资产的分类

企业的固定资产种类繁多，为了加强管理，便于组织会计核算，必须对固定资产进行分类。常见的固定资产分类方法主要有三种，即按经济用途分类、按使用情况分类及综合分类。

1）按经济用途分类

（1）生产经营用固定资产：指直接服务于企业生产、经营过程的各种固定资产。例如，生产经营用的房屋、建筑物、机器、器具、工具等。

（2）非生产经营用固定资产：指不直接服务于企业生产、经营过程的各种固定资产。例如，职工宿舍、食堂、健身和娱乐场所使用的房屋、设备和其他固定资产。

按固定资产的经济用途分类，可以归类反映和监督企业生产经营用固定资产和非生产经营用固定资产的组成和变化情况，借以考核和分析企业固定资产的利用情况，促使企业合理地配备固定资产，充分发挥固定资产的效用。

2）按使用情况分类

（1）使用中的固定资产：指正在使用中的生产经营用固定资产和非生产经营用固定资产。

（2）未使用的固定资产：指已购建但尚未使用的新增固定资产，以及因改建、扩建等原因而暂停使用的固定资产。

（3）不需用的固定资产：指企业多余或不适用的固定资产。

按固定资产的使用情况分类，有利于反映企业固定资产的使用情况及其比例关系，便于分析固定资产的利用效率，促使企业更合理地使用固定资产。

3）综合分类

按固定资产的经济用途和使用情况等综合分类，可以把企业的固定资产分为七类。

（1）生产经营用固定资产。

（2）非生产经营用固定资产。

（3）租出的固定资产，指企业出租给外单位使用的固定资产。

（4）不需用的固定资产。

（5）未使用的固定资产。

（6）土地，指过去已经估价并单独入账的土地。

（7）融资租入的固定资产，指企业以融资租赁方式租入的固定资产，在租赁期内视同自有的固定资产进行管理。

3.6.2 固定资产的核算

1. 固定资产的初值计量

固定资产的初值计量是指固定资产的获取成本，即企业购建一项固定资产达到预定可使用状态时所发生的一切合理、必要的支出。这些支出既包括直接发生的价款、运输费、包装费和安装成本，也包括间接发生的其他费用，如借款利息、汇兑损益及其他应分摊的间接费用。

2. 固定资产的折旧

1）固定资产折旧的概念

固定资产折旧，是指在固定资产的使用期限内，按确定的方法对应计折旧额进行的系统分摊。应计折旧额是指固定资产的原价扣除其预计净残值后的余额。

从本质上说，折旧是一种费用。但是，该费用不是在计提折旧期间付出货币资金，而是在前期已经发生了支出，而这种支出的收益在资产投入使用后的有效使用期内实现。

将固定资产折旧计入生产成本的过程，即逐步把固定资产的价值转移到生产成本中，并在产品销售中得到补偿，从而转化为货币资金的过程。

确定固定资产的使用期限时应当考虑以下因素：①固定资产的预计生产能力；②固定资产的有形损耗，如设备磨损、房屋的自然侵蚀等；③固定资产的无形损耗，如因新技术的出现使现有资产相对陈旧，或因市场需求变化而使现有资产价值降低；④有关固定资产使用的法律法规限制。

企业应当根据固定资产的性质和消耗方式合理地确定固定资产的预计使用年限和预计净残值，并根据科学技术的发展、环境及其他因素选择合理的固定资产折旧方法，作为计提折旧的依据。

2）固定资产折旧方法

企业应当根据固定资产所含经济利益的预期实现方式选择适当的折旧方法。可选择的折旧方法包括年限平均法、工作量法、双倍余额递减法、年数总和法。

折旧方法一经选定，不得随意变更，如需变更，应在会计报表中进行说明。

（1）年限平均法。年限平均法又称直线法，是将固定资产的应计折旧额均衡地分摊到固定资产预计使用寿命年限中的一种方法，采用这种方法计算的每期折旧额都是相等的。计算公式如下：

$$年折旧率 = （1-预计净残值率）/预计使用年限 \tag{3-1}$$

$$月折旧率 = 年折旧率/12 \tag{3-2}$$

$$月折旧额 = 固定资产原价 \times 月折旧率 \tag{3-3}$$

【例 3.1】 某企业有一座厂房，原价为 500 000 元，预计使用年限为 20 年，净残值率为 2%，则该厂房的折旧率和折旧额计算如下：

$$年折旧率 = （1-2\%）/20 = 4.9\%$$

$$月折旧率 = 4.9\%/12 \approx 0.41\%$$

$$月折旧额 = 500\,000 \times 0.41\% = 2050（元）$$

采用年限平均法计算固定资产折旧比较简便，但是存在着明显的局限性。

首先，固定资产在其使用年限的不同年份中所提供的经济效益是不同的。一般来说，固定资产在其使用前期工作效率相对较高，所带来的经济效益也比较多；而在其使用后期，工作效率一直是下降趋势，所带来的经济效益也逐渐减少。但是，年限平均法不考虑这样的事实。

其次，固定资产在不同的使用年份所产生的维修费用也不一样，固定资产的维修费用将随着使用时间的增长而不断增加。但是，年限平均法没有考虑这一因素。

（2）工作量法。工作量法是根据实际工作量计提固定资产折旧的一种方法。计算公式如下：

单位工作量折旧额 = [固定资产原价×（1–预计净残值率）]/预计总工作量 （3-4）

固定资产月折旧额 = 固定资产当月工作量×单位工作量折旧额 （3-5）

【例 3.2】某企业有一台机器设备，原价为 680 000 元，预计生产产品数量为 2 000 000 件，预计净残值率为 3%，本月生产产品 34 000 件，则该机器设备的折旧额计算如下：

单位工作量折旧额 = [680 000×（1–3%）]/2 000 000 = 0.3298（元/件）

月折旧额 = 34 000×0.3298 = 11 213.2（元）

（3）双倍余额递减法。双倍余额递减法是在不考虑固定资产预计净残值的情况下，根据每年年初固定资产净值和双倍的直线法折旧率计算固定资产折旧额的一种方法。应用这种方法计算折旧额时，由于每年年初固定资产净值没有扣除预计净残值，所以在计算固定资产折旧额时，应在其折旧年限到期前两年内，将固定资产净值扣除预计净残值后的余额平均摊销。计算公式如下：

年折旧率 = 2/预计使用年限 （3-6）

月折旧率 = 年折旧率/12 （3-7）

月折旧额 = 固定资产年初账面余额×月折旧率 （3-8）

企业在选用双倍余额递减法计提折旧时，固定资产的预计净残值不从其价值中减去。因此，每年计提的固定资产折旧额是用两倍于直线法的折旧率乘以固定资产的账面净值得到的。只要固定资产仍在继续使用，其账面净值就不可能被冲销完毕，因此，在固定资产的使用后期，如果发现采用双倍余额递减法计算的折旧额小于采用直线法计算的折旧额，就应改用直线法计提折旧。采用双倍余额递减法计提折旧的固定资产时，应当在固定资产折旧年限到期前两年内，将固定资产账面净值扣除预计净残值后的余额进行平均摊销。

【例 3.3】某企业有一台机器设备，原价为 600 000 元，预计使用年限为 5 年，预计净残值率为 4%。该企业采用双倍余额递减法计提折旧，每年折旧额计算如下：

年折旧率 = 2/5 = 40%

第 1 年应计提的折旧额 = 600 000×40% = 240 000（元）

第 2 年应计提的折旧额 =（600 000–240 000）×40% = 144 000（元）

第 3 年应计提的折旧额 =（600 000–240 000–144 000）×40% = 86 400（元）

从第 4 年起改按直线法计提折旧：

第 4 年、第 5 年应计提的折旧额 = [（600 000–240 000–144 000–86 400）–（600 000×4%）]/2 =（129 600–600 000×4%）/2 = 52 800（元）

（4）年数总和法。年数总和法又称合计年限法，是固定资产加速折旧法的一种。它是将固定资产的原值减去残值后的净额乘以一个逐年递减的分数计算固定资产折旧额的一种方法。逐年递减分数的分子代表固定资产尚可使用的年数；分母代表使用年数的逐年数字的总和。计算公式如下：

$$年折旧率 = 尚可使用年限/预计使用年限的年数总和 \tag{3-9}$$

$$月折旧率 = 年折旧率/12 \tag{3-10}$$

$$月折旧额 = （固定资产原价-预计净残值）\times 月折旧率 \tag{3-11}$$

3）固定资产计提折旧的账务处理

企业计提的固定资产折旧，应当根据固定资产的用途，分别计入相关资产的生产成本或当期费用。

一般来说，企业基本生产车间使用的固定资产，其计提折旧应计入制造费用，并最终计入所生产的产品成本；企业销售部门使用的固定资产，其计提折旧应计入营业费用；企业管理部门使用的固定资产，其计提折旧应计入管理费用；企业未使用的、不需用的固定资产，其计提折旧也应计入管理费用。

企业按月计提固定资产折旧，并根据用途借记“制造费用”“营业费用”“管理费用”等科目，贷记“累计折旧”科目。

3. 固定资产的后续支出

企业的固定资产投入使用后，为了适应技术发展的需求，或者为了维护或提高固定资产的使用效能，往往需要对现有的固定资产进行维护、改建、扩建或者改良，为此所产生的支出即固定资产的后续支出。

固定资产的后续支出分为两类，即资本化的后续支出和费用化的后续支出。

资本化的后续支出是指企业在资产投资后所需支付的额外费用，它提高了固定资产原定的创利能力。具体来说，它可能延长了固定资产的使用寿命，或者使产品质量得到实质性的提高，或者使产品成本得到实质性的降低。资本化的后续支出应当计入固定资产的账面价值。

费用化的后续支出只是维护固定资产的正常运转和使用，并不导致固定资产性能的改变或固定资产未来经济利益的增加。因此，该类支出应在发生时一次性直接计入当期费用，不再通过预提或待摊的方式进行核算。

4. 固定资产的期末计量

1）固定资产清查

企业应定期或者至少每年年终时对固定资产进行全面的清查，固定资产的清查采用实地盘点的方式。

对盘盈、盘亏、毁损的固定资产，应在期末结账前处理完毕。盘盈的固定资产计入当期营业外收入；盘亏和毁损的固定资产在减去过失人或保险公司的赔款和残料价值后，计入当期营业外支出。

2）固定资产减值

为了客观、真实、准确地反映期末固定资产的实际价值，企业在编制资产负债表时，应合理地确定固定资产的期末价值。固定资产在使用过程中，存在有形损耗（如自然磨损）和无形损耗（如技术陈旧）及其他原因，导致其可收回金额低于其账面价值，这种情况即固定资产减值。

对已经发生的固定资产减值损失必须加以确认，否则，将导致固定资产价值的虚夸，也不符合会计核算原则中的谨慎原则。

企业应当按照固定资产账面价值超过其可收回金额的部分计提固定资产减值准备，步骤如下：①考虑并确认固定资产发生减值的迹象；②计算并确定固定资产可收回金额；③计算固定资产账面价值和可收回金额之差；④计提固定资产减值准备，借记“营业外支出——计提的固定资产减值准备”科目，贷记“固定资产减值准备”科目。

3）已确认固定资产减值损失的转回

如果有迹象表明，以前会计期间，据以计提固定资产减值的各种因素发生变化，使固定资产的可收回金额大于其账面价值，则会计已经计提的固定资产减值准备应当转回，但转回的金额不应超过原已计提的固定资产减值准备。转回已计提的固定资产减值准备后，固定资产的账面价值不应超过不考虑减值因素情况下计算确定的固定资产净值。

4）固定资产处置

企业在生产经营过程中，对那些不适用或不需用的固定资产可以通过对外出售的方式进行处置；对那些由于使用而不断磨损直到最终报废，或由于技术进步等原因提前报废，或由于遭受自然灾害等非正常损失发生毁损的固定资产应及时进行清理处置。此外，企业因其他原因，如对外投资、债务重组、非货币性交易等减少的固定资产，也要进行固定资产处置。

固定资产处置一般通过“固定资产清理”科目进行核算。

（1）出售、报废和毁损的固定资产。对于企业出售、报废和毁损的固定资产，其会计核算一般经过以下几个步骤：①固定资产转入清理。出售、报废或毁损的固定资产转入清理时，按固定资产净值，借记“固定资产清理”科目，按已经计提的折旧，借记“累计折旧”科目，按固定资产原价，贷记“固定资产”科目。②发生的清理费用处理。固定资产清理过程中发生的费用及应交的税金，借记“固定资产清理”科目，贷记“银行存款”“应交税金”等科目。③出售收入和残料的处理。企业收回出售固定资产的价款、残料价值和变价收入等，应冲减清理支出。按实际收到的出售价款及残料变价收入等，借记“银行存款”“原材料”等科目，贷记“固定资产清理”科目。④保险赔偿处理。企业计算或收到应由保险公司或过失人赔偿的损失时，应冲减清理支出，借记“其他应收款”“银行存款”等科目，贷记“固定资产清理”科目。⑤清理净收益的处理。固定资产清理后的净收益，属于筹建期间的，冲减长期待摊费用，借记“固定资产清理”科目，贷记“长期待摊费用”科目；不属于筹建期间的，直接计入当期收益，借记“固定资产清理”科目，贷记“营业外收入”科目。⑥清理净损失的处理。固定资产清理后的净损失，属于筹建期间的，计入长期待摊费用，借记“长期待摊费用”科目，贷记“固定资产清理”科目；不属于筹建期间的，直接计入当期损失，借记“营业外支出”科目，贷记“固定资产清理”科目。

【例 3.4】某企业有一台设备，因使用期满经批准报废。该设备原价为 186 700 元，已计提折旧 179 580 元。在清理过程中以银行存款支付清理费用 5000 元，残料变卖收入为 6500 元。假定不考虑其他税费，该企业清理处置这台设备的账务处理如下。

①固定资产转入清理。

借：固定资产清理（7120 元）。

累计折旧（179 580 元）。

贷：固定资产（186 700 元）。

②发生清理费用。

借：固定资产清理（5000 元）。

贷：银行存款（5000 元）。

③收到残料变价收入。

借：银行存款（6500 元）。

贷：固定资产清理（6500 元）。

④结转固定资产净损益。

借：营业外支出——处置固定资产净损失（5620 元）。

贷：固定资产清理（5620 元）。

（2）捐赠转移的固定资产。对外捐赠转移的固定资产时，应按固定资产净值借记“固定资产清理”科目，按已经计提的累计折旧，借记“累计折旧”科目，按该项固定资产的原价，贷记“固定资产”科目。按捐赠转移的固定资产应支付的相关税费，借记“固定资产清理”科目，贷记“银行存款”“应交税金”等科目。按“固定资产清理”科目的余额，借记“营业外支出——捐赠支出”科目，贷记“固定资产清理”科目。

3.6.3 ERP 系统的固定资产管理

1. ERP 系统的固定资产管理功能概述

固定资产管理功能已经成为企业对 ERP 系统的基本要求之一。固定资产管理模块对固定资产的增减变动及折旧的计提和分配进行核算，其基本功能包括以下几个方面。

（1）登录固定资产明细账、计提折旧、编制报表及编制转账凭证，并转入总账等功能。

（2）进行固定资产总值、累计折旧数据的动态管理，协助设备管理部门做好固定资产的管理和分析工作。

（3）处理各种资产变动业务，包括原值变动、部门转移、使用状况变动、使用年限调整、折旧方法调整、净残值调整、工作总量调整、累计折旧调整、资产类别调整等。

（4）提供自动计提折旧功能，支持用户自定义折旧方法，支持固定资产多部门使用和分摊的处理功能。

（5）提供对固定资产的评估功能，包括对固定资产原值、累计折旧、使用年限、净残值率、折旧方法等进行评估。

（6）提供“固定资产到期提示表”，用于显示当前使用年限到期的固定资产信息。

（7）与设备管理关联，设备管理系统的设备台账信息可以通过读入固定资产管理系统信息建立。

2. 固定资产管理模块和其他模块的集成

固定资产管理模块不是一个孤立的模块，它与其他模块的集成是非常重要的。该模块应和总账、采购管理、应付账款、应收账款、库存管理等模块集成。

1）和总账模块的集成

和总账模块的集成是固定资产管理模块必需的最小集成，也是最重要的集成，总账应当总是能够显示所有资产的最新价值。因此，所有过账到固定资产管理模块的资产核算必须在企业的会计科目表中更新资产的价值。

2）和采购管理模块的集成

如果资产的获取要使用采购订单，那么必须把固定资产管理模块和采购管理模块集成。

3）和应付账款模块的集成

和应付账款模块的集成为处理供应商发票提供了方便。

4）和应收账款模块的集成

当把一项资产销售给一个外部客户并且发出这项处置的发票时，应收账款模块用于资产的应收款和收款的核算。

5）和库存管理模块的集成

固定资产管理模块和库存管理模块的集成用于两类资产获取：①从外部采购的订单；②自构造的资产。

当从外部采购固定资产时，可以把固定资产看作库存物料。在进行固定资产的登记之前所有采购的资产都要先登记到库存，企业也可以以内部方式建立资产。和库存管理模块的集成使用户可以从库房中取出物料，然后把它们装配到资产中。

3. 固定资产账号的设置

1）总账中的日记账名称

如前所述，固定资产管理模块是一个和其他模块集成的模块。因此，为了记录固定资产业务的核算，在设置总账时，必须生成一个类型为“固定资产过账”的日记账名称。此外，如果要求对固定资产做预算，还必须生成一个类型为“固定资产预算”的日记账名称。

2）库存管理模块中的日记账名称

仅当使用库存物料装配固定资产时，在库存管理模块中设置日记账名称才是必要的。在这种情况下，必须在库存管理模块中至少设置一个类型为“固定资产”的日记账名称。

3）总账账号

固定资产要求有几个总账账号，这些账号必须在总账科目表中进行设置。这些账号将把固定资产的过账和预算集成起来。

4. 固定资产的登记

为了管理固定资产，一个企业必须对固定资产进行登记。在资产登记表中录入的固定资产的信息包括财务信息和非财务信息。

1）固定资产的财务信息

固定资产的财务信息包括以下内容：①获取价格；②价值调整；③折旧；④预算；⑤税务信息。

2）固定资产的非财务信息

在资产登记表中，除了录入固定资产的财务信息之外，还要录入固定资产的非财务信息。固定资产的非财务信息只需要记录一次。固定资产的非财务信息包括以下内容：①系列号；②条形码和资产号；③位置；④保险信息；⑤维修数据；⑥和其他资产的关系；⑦有关的图纸和文档；⑧维修日期；⑨保险信息。

5. 固定资产核算

按照会计准则，ERP 系统可以实现对固定资产在其整个财务生命周期的各个阶段的核算，如固定资产的初值计量、折旧、价值调整、处置等。

6. 固定资产查询和报告

为了管理固定资产，固定资产管理模块必须具有记录与固定资产相关的业务核算和数据处理的能力，以便实现和总账的集成。

1）固定资产查询

（1）固定资产的核算查询。

（2）固定资产的余额查询。

（3）固定资产的未来核算查询。

（4）固定资产的预算查询。

固定资产的核算查询可以列出所有的固定资产核算，而不管核算是在哪里建立的。固定资产查询还可以进行固定资产的余额查询、固定资产的未来核算查询及固定资产的预算查询。

2）报告

（1）固定资产报表：打印固定资产报表，连同每个核算类型的金额及账面净值。

（2）固定资产获取：列出固定资产获取，连同获取日期、价格、供应商信息等。

（3）固定资产处置：列出固定资产的处置，连同处置日期、账面净值、销售价值和损益等。

（4）固定资产条形码：列出固定资产条形码标签。

（5）固定资产核算：列出固定资产核算，连同日期、凭证、核算类型、金额等。

（6）固定资产转移：按不同的核算类型列出在选定的时区内的固定资产的转移。

（7）固定资产储备核算：列出固定资产储备核算，连同日期、凭证、金额等。

（8）固定资产余额：列出固定资产余额，连同每种核算类型的金额、损益、账面净值等。

（9）固定资产保险报告：列出固定资产保险报告，连同政策号、保险价值等。

（10）固定资产出借历史：打印固定资产的出借历史，连同出借日期、希望归还的日期等。

（11）固定资产出借报告：打印固定资产出借报告，连同出借日期、借用人、位置、希望归还的日期等。

（12）固定资产的未来价值：选定预算模式和日期间隔，打印固定资产的未来价值计算表。

3.6.4 固定资产管理系统与其他系统的关系

固定资产管理系统（图 3-17）与其他系统的关系如图 3-18 所示。

固定资产卡片

卡片编号	00001			日期	2013-04-01
固定资产编号	02200001	固定资产名称			惠普T6电脑
类别编号	022	类别名称			办公设备
规格型号		使用部门			总经理办公室
增加方式	直接购入	存放地点			
使用状况	在用	使用年限(月)	60	折旧方法	平均年限法(一)
开始使用日期	2010-06-01	已计提月份	33	币种	人民币
原值	10000.00	净残值率	3%	净残值	300.00
累计折旧	0.00	月折旧率	0.0162	本月计提折旧额	162.00
净值	10000.00	对应折旧科目	660205,折旧费	项目	
录入人	邓国平			录入日期	2013-04-01

图 3-17 固定资产管理系统中的固定资产卡片

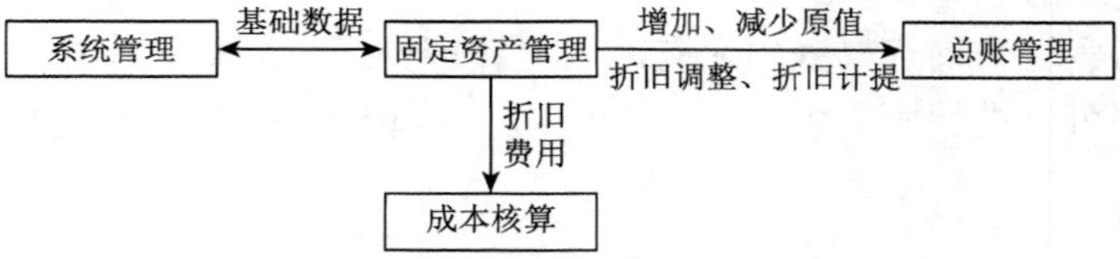

图 3-18 固定资产管理系统与其他系统的关系

3.7 成 本 管 理

产品成本是生产过程中各种资源利用情况的货币表示，是衡量企业技术和管理水平的重要指标。企业要使自己的产品占领市场，就必须对其成本进行控制，否则就会失去市场竞争力，从而影响企业的生存和发展。因此，成本控制是每个企业都关心的事情。企业通过对成本的计划、控制和分析，来优化资源的利用、降低成本和提高效益。

ERP 系统为企业的成本管理提供了工具。把财务和成本管理纳入系统中，是 ERP 系统发展过程中的一个重要标志。ERP 系统的成本管理功能对于企业是非常重要的。因此，必须了解 ERP 系统中的成本计算方法和相关概念。

3.7.1 成本管理的基本概念

1. 财务会计和管理会计

会计是以货币作为反映方式，采用专门的方法、经济业务进行核算和监督的一种管理活动或经济信息系统。现代会计学把主要为企业外部提供财务信息的会计事务称为财务会计，而把主要为企业内部提供财务信息的会计事务称为管理会计。

财务会计的主要目的在于为企业外部的利害关系集团和个人（国家经济管理部门、股东、领导部门等）提供全面反映企业财务状况、经营成果和财务状况变动的信息。这些信息高度综合，但详细程度不能满足决策的需要，时间范围可有月、季、年的不同规定。所报告的信息反映已经发生的情况，所遵循的约束条件是外部强制的标准、会计原则、方法及程序。

管理会计是 20 世纪 50 年代发展起来的一门学科，是现代管理学的重要组成部分，管理会计的主要目的是为企业内部各级管理部门和人员提供进行经营决策所需的各种经济信息。这些信息要满足特定的要求，详细到可供计划、控制和决策使用。提供信息的范围可根据需要有极大的伸缩性（时间单位可从小时到年），所提供的信息既有历史信息，也有预测信息。所遵循的约束条件以满足成本/效益分析的要求为准，无外部的强制约束。

ERP 系统的成本管理是按照管理会计的原理、企业的生产成本进行预测、计划、决策控制、分析与考核。有些人认为引进的 ERP 软件的成本管理部分不符合中国国情，其原因之一就是未能区分上述两种不同的会计范畴。人们想到的往往是成本管理模块的功能不符合上级部门要求的报表格式，而较少想到它所提供的功能是一个非常有力的管理工具。成本管理与采购管理、销售管理、车间管理等企业的管理系统有密切的联系，可以说成本管理是核心，如图 3-19 所示，随着会计制度的改革和 ERP 系统的进一步发展与应用，其优越性将会变得更加明显。

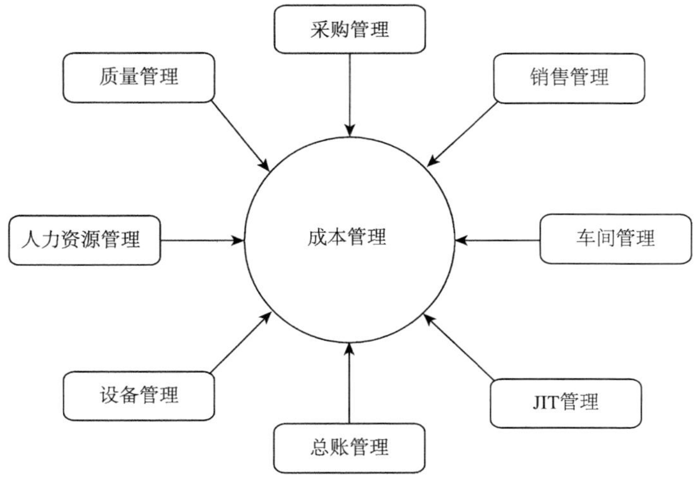

图 3-19 成本管理系统与其他系统的主要关系

2. 标准成本体系

标准成本体系是 20 世纪早期产生并得到广泛应用的一种成本管理制度。标准成本体系的特点是事前计划、事中控制、事后分析。ERP 系统采用的就是标准成本体系。

在成本发生前，标准成本体系通过对历史资料的分析研究和反复测算，制定出未来某个时期内各种生产条件（如生产规模、技术水平、能力利用率等）处于正常状态下的标准成本。标准成本是进行成本控制的依据和基础。

在成本发生过程中，标准成本体系将实际产生的成本与标准成本进行对比，记录产生的差异，并进行适当的控制和调整。

在成本发生后，标准成本体系对实际成本与标准成本的差异进行全面的综合分析和研究，发现问题、解决问题，并制定新的标准成本。

传统的手工管理的成本会计往往局限于事后算账。标准成本体系则将成本的计划、控制、核算、分析和改进进行有机结合，形成一个成本管理的科学过程。

3. 责任会计制

管理会计的重要内容之一是责任会计制，而建立责任中心则是体现责任会计制的主要内容。责任中心即企业内部负有特定管理责任的部门或单位，按所负责任和控制范围的不同分为成本中心、利润中心和投资中心，其中，成本中心和利润中心是制造业的主要责任中心，下面对它们进行介绍。

1）成本中心

成本中心是以达到最低成本为经营目标的组织单位，它是成本的积累点。企业的分厂、业务部门、车间、班组、工作中心甚至个人，只要发生了费用支出，都可以根据需要定义为成本中心，几个成本中心可以形成成本中心组。

2）利润中心

利润中心是以获得最大利润为经营目标的组织单位，它有权对影响利润的因素做出决策，并选择市场或货源。利润中心必须是独立核算、有收入来源的部门或单位，如分厂、事业部等。一个企业可以有多个利润中心，利润中心之下还可以设立一个或多个小规模的利润中心。

4. 成本计算方法

产品的成本计算方法按其所包括的范围，可分为完全成本法、变动成本法和制造成本法。

完全成本法，也称吸收成本法，是指在计算产品成本和存货成本时把所消耗的直接材料、直接工资、制造费用、管理费用等全部包括在内的计算方法，它是财务会计一般的做法，也是我国传统上采用的成本计算方法。

变动成本法，也称直接成本法，是指在计算产品成本和存货成本时，只包括产品在生产经营过程中的变动费用（如直接材料、直接工资、变动的制造费用等），而把固定制造费用全数以“期间成本”计入本期损益，作为产品销售利润的减除项目。

制造成本法与完全成本法不同。制造成本法计算产品成本和存货成本时，只包括直接材料、直接工资和制造费用，而将管理费用、销售费用、财务费用作为期间费用处理，在发生期内全数列入当期损益，作为产品销售利润的扣除项目。

制造成本法与变动成本法也有不同。制造成本法不要求把制造费用再区分为可变制造费用和固定制造费用，而是将制造费用按照一定的分配标准计入产品成本和存货成本。

我国的《企业会计准则》规定，企业应当采用制造成本法。也就是将传统的成本核算办法进行改革，由完全成本法改为制造成本法，产品成本核算到制造成本为止，销售费用、管理费用、财务费用不再摊入产品成本，而是作为期间费用直接计入当期损益。

企业成本构成如图3-20所示。

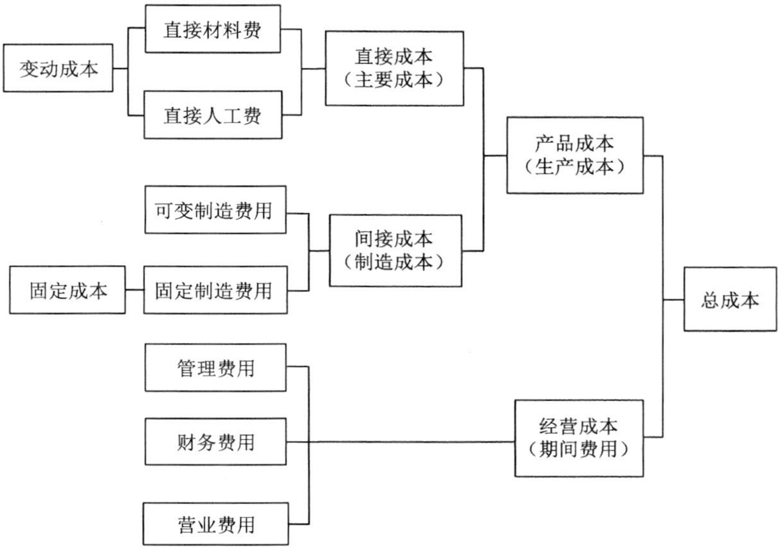

图3-20　企业成本构成

5. 成本项目的分类

成本项目的分类要根据管理的要求确定，一般可分为直接材料费、直接人工费和制造费用。

1）直接材料费

直接材料费是指直接用于产品生产，构成产品实体的原料、主要材料、外购半成品，以及有助于产品形成的辅助材料和其他直接材料所产生的费用。直接材料费的计算方法有以下几种。

（1）移动加权平均法：每当有材料入库，就重新计算一次材料存货的价格。其计算公式如下：

$$材料价格 = 最近库存材料金额 + 本次购进材料金额 \tag{3-12}$$

$$材料数量 = 最近库存材料数量 + 本次购进材料数量 \tag{3-13}$$

（2）先进先出法（first-in，first-out，FIFO）：假定先入库的材料先出库使用，因此，材料的价格是最先入库的材料价格。

（3）后进先出法（last-in，first-out，LIFO）：假定后入库的材料先出库使用，因此，材料的价格是最后入库的材料价格。

（4）个别认定法：又称批量法，一般用于物料的批次管理。

2）直接人工费

直接人工费是指直接参加生产的工人工资，以及按参加生产的工人工资总额和规定的比例计算提取的职工福利费。

3）制造费用

制造费用是指企业各生产单位为组织和管理生产而发生的各项间接费用，包括管理人员的工资和福利费，车间房屋建筑设备的折旧费、租赁费、修理费、办公费、水电费、燃料费、动力费、机物料消耗、劳动保护费等。

直接材料费和直接人工费都是直接成本，它们可以根据材料费用和人工费用发生的原始凭证加以汇总和分配后直接计入各成本对象的成本中。制造费用是一种间接成本，当制造费用发生时，一般无法直接判定它所属的成本计算对象，因而不能直接计入所生产的产品成本。通常的做法是，首先，按制造费用发生的地点进行归集；其次，采用一定的方法在各成本计算对象间进行分配；最后，将制造费用计入各成本计算对象的成本中。

在制造费用中，与产量有直接关系的称为可变制造费用，如燃料与动力消耗、机物料消耗等；与产量无直接关系的称为固定制造费用，如管理人员工资、办公费、修理费、折旧费、采暖费、照明费等。

6. ERP 系统中的四种基本的成本类型

为了便于计划、监控、分析和维护产品成本，ERP 系统中通常设置四种基本的成本类型。

1）标准成本

标准成本是成本管理中的计划成本，是经营的目标和评价的尺度，反映了一定时期内要达到的成本水平。标准成本在计划期（如会计年度）内保持不变，是一种冻结的成本，作为预计企业收入、物料库存价值及报价的基础。

制定标准成本时，应充分考虑在有效作业状态下所需要的材料和人工数量、预期支付的材料和人工费用，以及在正常生产情况下应分摊的制造费用等因素。标准成本的制定应由销售、生产、计划、采购、物料、劳动工资、工艺、车间、会计等有关部门人员共同商定。标准成本制定后，企业要定期进行评价和维护。

2）现行标准成本

现行标准成本也称为现行成本，类似于人们常说的定额成本，是一种当前使用的标准成本，或者可看作标准成本的执行成本。现行标准成本反映的是生产计划期内某一时期的成本标准。在实际生产过程中，产品结构、加工工艺、采购费用和劳动生产率等因素会发生变化，也会导致成本数据发生变化。为了使标准成本数据尽量接近实际，可对现行标准成本定期（如 3～6 个月）进行调整，使标准成本保持不变。

现行标准成本的制定方式与标准成本类似，只是有些数据采用的是现行的成本数据。

3）模拟成本

ERP 系统的特点之一就是运用其模拟功能，回答“如果……将会……”的问题。例如，有时人们想知道产品设计变更、结构变化或工艺材料代用所引起的成本变化，就可以通过 ERP 系统的模拟功能来实现。为了在成本模拟或预定过程中不影响现行数据，设置了模拟成本，这对于在产品设计过程中进行价值分析具有十分重要的作用。

在制定下一个会计年度的标准成本之前，需要先把修订的成本项目输入模拟成本系统，经过多次模拟运行比较，审定后再转换到标准成本系统。

模拟成本的制定方式与标准成本类似。现行标准成本和模拟成本均可在标准成本的基础上通过复制和转换来建立。在复制和转换后进行必要的修改可以大大减少重复的工作量。

4）实际成本

实际成本是在生产过程中实际发生的成本，主要来自各部门的反馈信息，如生产工票、领料单、采购发票等。

3.7.2 ERP 系统中的成本计算

ERP 系统中成本计算的基本数据包括采购成本、材料定额、工时定额及各种费率等，它们分别记录在物料生成文件、物料清单、工作中心和工艺路线等文件中。

这些基本数据有些是数量性数据，如工时定额、材料定额；有些是价格性数据，如材料价格和各种费率。这些基本数据的准确性是成本计算准确性的保证。

ERP 系统中的成本计算采用累加法，是按物料清单规定的物料之间的层次、需求关系和制造过程，从产品结构的最低层次开始，从低层向高层逐层累加。成本的发生和累加与生产制造过程同步，随着生产制造过程的进行，在材料信息和生产计划信息动态产生的同时，成本信息也会产生，使 ERP 系统在计划、控制物流的同时，也控制了资金流，做到了物流、信息流和资金流的统一。

采用累加法进行成本计算时，累加的结构和依据就是产品的物料清单。在物料清单中，处于各个不同层次的物料项目的成本都包含两部分，即本层发生的成本和低层累加的成本。

在一个典型的产品物料清单中，底层的物料项目都是外购件，即原材料或标准件，它的材料费（采购件费）和采购间接费（采购部门的管理费、运输及保管费等）之和组成产品成本中的直接材料费，其中：

$$\text{采购间接费}=\text{采购件数}\times\text{采购间接率} \tag{3-14}$$

此时尚未发生加工成本。

当成本计算进入上一层以后，如果发生加工装配作业，则发生在这一层的直接人工费和制造费用的计算公式如下：

$$\text{直接人工费}=\text{工作中心记录的人工费率}\times\text{工艺路线记录的工时数} \tag{3-15}$$

$$\text{制造费用}=\text{工作中心记录的制造费率}\times\text{工艺路线记录的工时数} \tag{3-16}$$

制造费用包括可变制造费用和固定制造费用，它们可有不同的费率，但计算公式相同。

直接人工费和制造费用之和称为加工成本，是物料项目在本层的增值，也称为增值成本。将加工成本和低层各项成本累加在一起，就组成了累加至本层的物料项目成本。

如此逐层由低至高累加，最后到顶层组成最终产品的成本。每一层的成本均由本层的增值成本和低层累加的成本两部分组成。

累加法对于成本的分解较细，便于企业按不同要求进行汇总，实行各种成本计算方法（如品种法、分步法、分批法）都很方便。

如前所述，制造费用是一种间接成本，当其发生时尚不能直接判定所属的成本计算对象，因此要对制造费用先行归集，再定期分摊。这样一来，在进行产品成本计算时，制造费用的计算和分摊都有某种程度的滞后。为了避免这种情况，使得在成本累加的过程中制造费用的计算能和直接费用的计算同步进行，应事先指定制造费率。有了制造费率才能把制造费用分摊到工作中心。分摊之前要先确定工作中心的能力水平，一般用正常生产条件下的能力小时数来表示。

制造费率是在一定产量规模、能力水平和效率的条件下预先制定的，当条件发生变化时应进行修订（其单位为元/时）。制造费率公式如下：

制造费率 = 预计某个时期的制造费用总额/预计该时期应完成的工时　　(3-17)

固定制造费用和可变制造费用的费率是分别计算的。划分这两种制造费用的方法很多，基本上是取历史上两个产量差别较大时期的制造费用总额之差除以产量之差，从而求出单位产量的可变制造费用，再计算计划期内的可变制造费用和固定制造费用。

3.7.3　成本差异分析

实际成本与标准成本之间的差额，称为成本差异。成本差异分析是 ERP 系统成本管理的重要内容。

实际成本低于标准成本的差异，称为有利差异，即成本节约，用负值表示，记在有关差异账户的贷方；反之，称为不利差异，即成本超支，用正值表示，记在有关差异账户的借方。不论差异是正值还是负值，只要超过了规定的容差限度，就应进行差异分析。有时出现负值不一定是好事，在某项差异上出现负值可能导致另一项差异出现更大的正值。

1. 直接材料成本差异

直接材料成本差异等于材料的实际用量与实际价格的乘积减去标准用量与标准价格的乘积所得的差。出现这种差异既有价差的原因，也有量差的原因。例如，采购价格和运输费用的变化、材料代用或变更、自制件改外购件等皆为价差原因，而材料报废或损耗、材料利用率变化、产品结构变化等均为量差原因。

2. 直接人工成本差异

直接人工成本差异等于工人的实际出勤工时与实际工资率的乘积减去标准工时与标准工资率的乘积所得的差。造成这种差异的原因有：工作中心和工人等级或工资的变动；设备故障、停电、缺料或任务不足；工作效率、加工工艺或投料批量的变化等。

3. 制造费用差异

制造费用差异等于实际工时与实际制造费率的乘积减去标准工时与标准制造费率的乘积所得的差。

如果计算可变制造费用差异，则用可变制造费率；如果计算固定制造费用差异，则用固定制造费率。

制造费用是期间成本，为了便于在成本计算时对制造费用进行分摊，要预先确定制造费率，预定制造费率带有人为因素。制造费率的差异、工作效率的变化及资源不足、市场疲软均是产生制造费用差异的原因。

上述各种差异应各自独立设置账户，由财务系统自动入账。成本差异可以按标准成本的比例分配给各类库存物料，用实际成本计价，也可以结转到销售成本。结转到销售成本比较简便，国外多采用此法。

ERP 系统的成本管理可以真正使企业做到事前计划、事中控制、事后分析，从根本上改变我国有些企业为赶写所需的成本数据，却在产品总成本产生后，再反摊到各个组成物料上的做法。

3.7.4 降低成本的方法

1. 降低成本的常见误区

传统的降低成本的方法是直接追求低成本，这种方法存在一系列有害的影响。下面是这种方法的一些常见做法。

（1）减少直接人工成本。许多企业中甚至有许多工业工程师专门致力于这项工作。直接人工成本是总人工成本中最容易识别的部分。但是，在今天，直接人工成本其实只占产品生产成本很小的一部分。具体来说，直接人工成本占产品生产成本的百分比已从过去的 15%～25%降到了 10%以下，而且还有进一步下降的趋势。因此，降低人工成本的努力不应只集中在直接人工成本方面，而应该关注总人工成本的降低，包括所有员工的工作，都应在考察范围之内。

（2）减少对新工厂的投资或减少改善工作效率方面的投资。这样做会使现有资产得不到保养和更新，从而减小企业竞争的后劲。

（3）会计策略变为早收晚付。这样做会使企业向客户和供应商转嫁费用负担，从而对与客户和供应商的合作产生消极影响。

（4）减少对工厂设备预防性维修的投资。这样做将导致产品质量降低，影响生产计划的顺利执行，破坏按时交货的能力。

（5）减少对产品或工艺过程设计的研究开发资金。这样做将削弱企业未来的竞争力。

（6）减少新产品开发方面的投资。这样做将放慢产品更新换代的步伐，现有产品的“超期服役”会导致产品落后于时代需求的局面。而且，现有产品的生产常常使用低成本、低质量的材料，从而降低了产品质量，影响了产品信誉，降低了市场占有率。

（7）以低价压榨供应商。以低价压榨供应商会使供应商不得不降低产品质量，以换取产品的低成本。采购人员也更加注重寻找便宜的商品，从而放弃了质量和交货期的要求。

（8）降低员工的工资水平。降低员工的工资水平会对员工失去激励，可能会导致高水平的员工离开。

（9）减少对员工进行教育和培训的投资。这样做将降低企业的智力资产水平，不能鼓励员工保持专业化水平的提高。

以上这些做法最多只能收到短期降低产品成本的效果，带来的问题却是很多的。这些问题必然会反过来造成高成本，从而形成恶性循环。从美国许多制造企业的情况来看，在过去 20 年间，这些都是常见的现象。这种一味削减预算的做法牺牲了企业的未来。

2. 如何成为一个低成本的企业

要在长期的竞争中保持低成本，仅依靠削减预算是不可能做到的。上述做法的错误在于企业的领导者没有认识到保持低成本是有效地做好其他事情的前提之一。企业的领导者应当把工作的重点转移到如何使企业的运作更为有效的方面来。这样，低成本也就随之而来。

根据国外的经验，要成为一个低成本的制造企业，要有四个重要的步骤，包括以基于市场的成本核算作为产品和工艺设计活动的基础、关注成本和质量的关系、建立准确的成本核算系统、通过减少不必要的业务活动来减少制造费用。下面我们分别讨论这几个问题。

1）以基于市场的成本核算作为产品和工艺设计活动的基础

基于市场的成本核算方法，是一种合乎逻辑的成本核算方法，在日本的企业中已经使用多年。事实上，任何产品的成本策略都必须由市场驱动，即基于市场需求建立可接受的产品价格，这个价格和企业的利润目标共同支配了产品的成本目标，因此，这种方法也称为目标成本核算方法。

日本的企业通过目标成本核算方法，建立了比较低的目标成本，从而达到了两个目的：一是确保市场占有率的增长；二是正如美国《财富》杂志的一篇文章所谈到的，“日本企业的目标成本系统的关键特征是从产品的计划和设计阶段就核算成本，核算从生产直到客户服务等各个阶段上的目标成本”。

事实表明，建立比较低的目标成本，会迫使产品和工艺过程设计人员在工作中进行革新，不断寻找新的降低成本的方法。对于其他环节的员工，也有同样的影响。

2）关注成本和质量的关系

传统的观点认为成本和质量二者是相互对立的。换言之，高质量必然伴随着高成本。但是，世界各地优秀的制造企业的经验已经表明，取得低成本最好的，甚至是唯一的方法是追求产品的高质量。因为，产品质量低劣就意味着废品、返工、退货、索赔等，这必然造成高成本。事实上，不能一次把事情办好是最大的浪费。

3）建立准确的成本核算系统

1989 年，美国会计师协会（National Association of Accountants，NAA）曾就成本核算系统向 3200 家制造企业的财务总监发出调查问卷，回收到 1344 份问卷。调查结果表明，50%的财务总监认为他们的成本核算系统已过时，78%的财务总监认为他们现有的成本核算系统经常对大批量生产的产品低估利润，而对一些小批量生产的特殊产品高估利润。

由此可见，许多制造企业使用的产品成本核算系统对于成本核算和制定价格都存在一些问题。大多数成本核算系统最初是为财务和纳税的目的而评估库存价值的，它们最初不是作为产品成本核算系统而设计的。

成本核算出现问题的主要原因在于制造费用的分摊方法。这种分摊通常根据与批量有关的直接人工成本来进行。然而，如前所述，在大多数企业中，直接人工成本只占产品成本的很小一部分。在这个分摊过程中，所有制造费用按一年中计划的直接人工小时数进行分摊，得到一个制造费用分配率。在许多企业中，这个按工时分摊的制造费用分配率高达 800%，有的甚至高达 1500%。显然，随着直接人工成本的进一步降低，这个制造费用分配率还会进一步提高。

以这种方式分摊制造费用的结果扭曲了产品的成本。通常情况下，大批量生产的标准产品的成本被定高或者小批量生产的特殊产品的成本被定低会影响准确定价，也会难以确定哪些产品盈利，哪些产品亏损。在企业决定发展哪些产品或放弃哪些产品时，依据这些错误的成本信息，很可能做出错误的决定。

这种成本核算方法的另外一个严重的问题是它不强调对质量的关注和对增值的分析，而这对于任何制造企业都是至关重要的。

作业成本法可以克服上述缺点。作业成本法也称为 ABC 成本法，在 20 世纪 70 年代就有学者提出并讨论过它的基本概念。

近年来，由于传统成本核算方法的缺点暴露得更加充分，作业成本法受到广泛的关注并在不少企业中得到使用。这种成本核算方法让人们认识到，在现代制造企业的生产经营活动中，许多制造费用并不单一地与生产批量有关。一些最重要的制造费用并不受生产批量或其相关指标的影响。作业成本法认为，现代最重要的制造费用是与生产批量相对独立的一系列业务活动的结果，是这些业务活动而不是生产批量消耗了资源，并确定了制造费用的水平。也就是说，与产品相关的业务活动驱动了制造费用。由此可见，要反映产品的实际资源消耗，它们的制造费用份额必须以与产品相关的业务活动为基础来分配，制造费用分配比例的依据应是各产品、产品批量或生产线带来的业务活动。为此，要识别哪些业务活动产生了成本，以及每项业务活动的成本消耗。

目前，作业成本法在我国企业中已经有所应用，一些 ERP 系统中也提供了作业成本法的功能，这为准确地进行成本核算提供了更好的方法和工具。

4）通过减少不必要的业务活动来减少制造费用

使产品成本的计算更准确，是作业成本法的一大优点。除此之外，作业成本法更重要的作用是鼓励人们从与产品相关的整个运作过程来考虑问题，从而使这种成本核算方法成为企业运作过程中增值分析的基础。在作业成本法的基础上运用 JIT 管理方式的观点自然会产生一个新的问题，那就是减少不必要的业务活动从而减少制造费用。这里有两层意思：一是考察现有的每项业务活动是否都符合必要的标准，该项活动是否为产品增值；二是分析必要的业务活动看其能否得到简化。

对于消除和简化业务活动，许多有效的管理方法和工具可以起到帮助作用。

上面谈到的作业成本法是一个有效的工具。如果一项活动产生了太多成本，它必将引起人们的注意。于是，人们会对其进行考察分析并采取必要的措施来解决出现的问题。然后，其他活动又会成为人们关注的焦点。如此循环往复，企业的业务活动得到改善。

一个企业可以有多种产品，减少不同产品的专用件并增加公用件对于减少业务活动可以起到重要的作用。可见，产品的标准化设计是非常重要的。标准化设计可以减少产品中的零件数，从而减少企业中的零件总数，进而只需要比较少的空间和设备来存放零件，同时只需要比较少的供应商，以及比较少的采购、生产、物料接收和检验人员，比较少的财务人员，比较少的装配和服务工具，比较少的技术手册，等等。日本进行的一项研究表明，将零件数减少 50%，可以降低 30%的成本。

实践经验证明，业务活动越少，成本越低。持续不断地消除浪费、简化和加快执行过程，不但能使客户感到满意，也使企业受益无穷。

3.8 财务分析与财务决策

3.8.1 财务分析

在企业信息化建设过程中，财务管理依然是企业管理者最关心的问题。财务管理是对企业经营状况和经营成果的评价，是监督企业经营管理各个环节的有效工具，更是企业进行预测、决策、实施战略管理的基础和依据。随着市场经济的不断发展，市场竞争日趋激烈，如何把握企业的发展方向、选择合适的投资决策、及时掌握和控制生产成本及各种间接费用、确定市场开拓和产品促销的策略等，都与企业的财务管理密切相关，而通过财务分析，有效利用财务数据信息实现正确的经营决策显得尤为重要。

财务分析以企业财务报告及其他相关资料为主要依据，对企业的财务状况和经营成果进行评价和剖析，反映企业在经营过程中的利弊得失和发展趋势，从而为改进企业财务管理工作和优化经济决策提供重要的财务信息。

财务分析的最基本功能是将大量的财务报表数据转换为对特定决策有用的信息，减少决策的不确定性，它遵循一定的理论和方法。财务分析的起点是财务报表，即分析使用的数据主要来源于企业的财务报表，分析的结果是得出企业的偿债能力、盈利能力和抵抗风险的能力，并做出评价或找出问题所在。

财务分析是一个认知过程，通常只能发现问题而不能提供解决问题的现成答案，只能做出评价而不能改善企业的状况，因此，财务分析是检查的手段，而不是具体的治疗手段。通常，不同的使用对象的关注点不同，其分析的目的也不一致。使用对象主要包括投资人、债权人、经理人员、供应商、政府、雇员、工会和中介机构等。因此，财务分析的目的可以总结为：评价过去的经营业绩、衡量现在的财务状况、预测未来的发展趋势。

财务分析的主要内容是会计报表分析、财务比率分析和预算分析。针对具体的分析目标，可分为流动性分析、盈利能力分析、财务风险分析、专题分析等。

通常，企业的经营状况和财务状况都可以通过资产负债表、利润表、现金流量表等财务报表反映。对财务报表的数据进行财务分析，可以使企业的经营管理者及时了解企业的经营状况和财务状况，了解企业的收入、利润及偿债能力，发现和避免企业的经营风险，促使企业采取正确的发展策略，实现企业的长远发展。

3.8.2 财务分析的方法

财务分析有多种角度和口径的分析方法，如趋势分析法、比率分析法、因素分析法等。分析者可以结合企业的实际情况对不同的分析对象采用不同的分析方法，以达到全面了解企业经营业绩和财务状况的目的。

1. 趋势分析法

趋势分析法，又称水平分析法，是通过对比两期或连续数期财务报告中的相同指标，确定其增减变动的方向、数额和幅度，来说明企业财务状况或经营成果的变动趋势的一种方法。采用这种方法可以分析引起变化的主要原因、变动的性质，并预测企业未来的发展前景。

趋势分析法的具体应用主要有以下三种方式。

1）重要财务指标的比较

重要财务指标的比较指对不同时期财务报告中相同的指标或比率进行比较，直接观察其增减变动及变动幅度，观察其变动趋势，预测其发展前景。对不同时期财务指标的比较，可以有以下两种方法。

（1）定基动态比率：以某一时期的数额为固定基期数额计算出来的动态比率。其计算公式如下：

$$定基动态比率 = 分析期数额/固定基期数额\times 100\% \quad （3\text{-}18）$$

（2）环比动态比率：以每一分析期的前期数额为基期数额计算出来的动态比率。其计算公式如下：

$$环比动态比率 = 分析期数额/前期数额\times 100\% \quad （3\text{-}19）$$

2）会计报表的比较

会计报表的比较是将连续数期的会计报表的金额并列起来比较其相同指标的增减变动金额及幅度，据以判断企业财务状况及经营成果发展变化的一种方法。会计报表的比较具体包括资产负债表的比较、利润表的比较和现金流量表的比较等。比较时，既要计算会计报表中有关项目增减变化的绝对额，又要计算其增减变动的百分比。

3）会计报表项目构成的比较

会计报表项目构成的比较是在会计报表比较的基础上发展而来的，它以会计报表中的某个总体指标作为100%，再计算出各组指标占该总体指标的百分比，从而比较各个项目百分比的增减变动，以此判断有关财务活动的变化趋势。

这种方法比前述两种方法能更准确地分析企业财务活动的发展趋势。它既可用于同一企业不同时期财务状况的纵向比较，又可用于不同企业之间的横向比较。同时，这种方法能消除不同时期（或不同企业）之间业务规模差异的影响，有利于分析企业的耗费水平和盈利水平。

2. 比率分析法

比率分析法是通过计算各种比率指标来确定经济活动变动程度的分析方法。比率作为相对数，能够把某些条件下的不可比指标变为可比指标，以利于分析。比率指标主要有以下三类。

（1）构成比率：又称结构比率，是某项财务指标的各组成部分数值占总体数值的百分比，反映了总体与部分的关系。其计算公式如下：

构成比率 = 某个组成部分的数值/总体数值×100%　　（3-20）

（2）效率比率：是某项财务活动中所费与所得的比率，反映了投入与产出的关系。利用效率比率指标可以进行得失比较、考察经营成果、评价经济效益。

（3）相关比率：是将某个项目和与其有关但又不同的项目加以对比所得的比率，反映了有关经济活动的相互关系。利用相关比率指标可以考察与企业有联系的相关业务安排是否合理，以保障运营活动的顺利进行。

3. 因素分析法

因素分析法是依据分析指标与其影响因素的关系，从数量上确定各因素对分析指标的影响方向和程度的一种方法。采用这种方法的出发点在于，当有若干因素对分析指标产生影响时，假定其他因素都没有变化，顺序确定每一个因素单独变化所产生的影响。因素分析法包括以下两种方法。

（1）连环替代法：将分析指标分解为各个可以计量的因素，并根据各个因素之间的依存关系，顺序用各个因素的比较值（通常为实际值）替代基准值（通常为标准值或计划值），据以测定各个因素对分析指标的影响。

（2）差额分析法：是连环替代法的一种简化形式，它利用各个因素的比较值与基准值之间的差额来计算各个因素对分析指标的影响。

3.8.3 基本财务指标

1. 短期偿债能力指标

偿债能力是指企业偿还债务（包括本金和利息）的能力。偿债能力指标包括短期偿债能力指标和长期偿债能力指标。

短期偿债能力是指企业的流动资产对流动负债及时偿还的能力，是衡量企业当前的财务能力，特别是流动资产变现能力的重要指标，主要包括以下三个指标。

（1）流动比率：是流动资产与流动负债的比率，表明企业每一元流动负债有多少流动资产作为偿还保障，反映了企业可在短期内转变为现金的流动资产偿还流动负债的能力。其计算公式如下：

流动比率 = 流动资产/流动负债×100%　　（3-21）

（2）速动比率：是速动资产与流动负债的比率。速动资产是指流动资产减去变现能力较差且不稳定的存货、预收账款、一年内到期的非流动资产和其他流动资产之后的余额。其计算公式如下：

$$速动比率 = 速动资产/流动负债\times 100\% \tag{3-22}$$

$$\begin{aligned}速动资产 &= 货币资金 + 交易性金融资产 + 应收账款 + 应收票据\\ &= 流动资产 - 存货 - 预收账款 - 一年内到期的非流动资产 - 其他流动资产\end{aligned} \tag{3-23}$$

（3）现金流动负债比率：是企业一定时期的经营现金净流量与期末流动负债的比率，它可从现金流量的角度反映企业当期偿付短期负债的能力，该时期一般为一年。其计算公式如下：

$$现金流动负债比率 = 年经营现金净流量/年末流动负债\times 100\% \tag{3-24}$$

2. 长期偿债能力指标

长期偿债能力是指企业偿还长期债务的能力。长期偿债能力指标主要有以下几种。

（1）资产负债率：又称负债比率，是指企业负债总额与资产总额的比率。它表明资产总额中债权人提供的资金所占的比重，以及企业资产对债权人权益的保障程度。其计算公式如下：

$$资产负债率 = 负债总额/资产总额\times 100\% \tag{3-25}$$

（2）产权比率：又称资本负债率，是指负债总额与所有者权益总额的比率，是企业财务结构稳健与否的主要标志。它反映了企业的所有者权益对债权人权益的保障程度。其计算公式如下：

$$产权比率 = 负债总额/所有者权益总额\times 100\% \tag{3-26}$$

（3）或有负债率：是指企业或有负债总额与所有者权益总额的比率，反映了企业所有者权益对可能的或有负债的保障程度。其计算公式如下：

$$或有负债率 = 或有负债总额/所有者权益总额\times 100\% \tag{3-27}$$

$$\begin{aligned}或有负债总额 = &已贴现商业汇票金额 + 对外担保余额\\ &+ 未决诉讼、未决仲裁（除贴现与担保引起的诉讼或仲裁）\\ &+ 其他或有事项金额\end{aligned} \tag{3-28}$$

（4）已获利息倍数：是指企业一定时期息税前利润（earnings before interest and tax，EBIT）总额与利息支出额的比率，反映了企业获利能力对债务偿付的保障程度。其中，息税前利润总额指利润总额与利息支出的合计数，利息支出额指实际支出的借款利息、债券利息等。其计算公式如下：

$$已获利息倍数 = 息税前利润总额/利息支出额 \tag{3-29}$$

$$息税前利润总额 = 利润总额 + 利息支出 = 净利润 + 所得税 + 利息支出 \tag{3-30}$$

（5）带息负债比率：是指企业某一时点的带息负债金额与负债总额的比率，反映了企业负债中带息负债的比重，在一定程度上体现了企业未来的偿债（特别是偿还利息）压力。其计算公式如下：

带息负债比率 =（短期借款 + 一年内到期的长期负债 + 长期借款 + 应付债券 + 应付利息）/ 负债总额 × 100%　（3-31）

3. 运营能力指标

运营能力是指企业基于外部市场环境的约束，通过内部人力资源和生产资料的配置组合而对实现财务目标所产生的作用大小。运营能力指标主要有以下几种。

（1）劳动效率：是指企业营业收入或净产值与平均职工人数的比率。其计算公式如下：

劳动效率 = 营业收入或净产值/平均职工人数 × 100%　（3-32）

（2）应收账款周转率：是指企业一定时期内的营业收入（或销售收入）与平均应收账款余额的比率，反映了应收账款的周转速度。其计算公式如下：

应收账款周转率 = 营业收入/平均应收账款余额 × 100%　（3-33）

（3）存货周转率：是指企业一定时期内营业成本（或销售成本）与平均存货余额的比率，反映了企业流动资产的流动性，也是衡量企业生产经营各环节中存货运营效率的一个综合性指标。其计算公式如下：

存货周转率 = 营业成本/平均存货余额 × 100%　（3-34）

（4）流动资产周转率：是指企业一定时期内营业收入与平均流动资产总额的比率，反映了企业流动资产的周转速度。其计算公式如下：

流动资产周转率 = 营业收入/平均流动资产总额 × 100%　（3-35）

4. 获利能力指标

获利能力即企业资金增值的能力，它通常反映企业收益数额的大小与水平的高低。获利能力指标主要有以下几种。

（1）营业利润率：是指企业一定时期内营业利润与营业收入的比率。其计算公式如下：

营业利润率 = 营业利润/营业收入 × 100%　（3-36）

（2）成本费用利润率：是指企业一定时期内利润总额与成本费用总额的比率。其计算公式如下：

成本费用利润率 = 利润总额/成本费用总额 × 100%　（3-37）

成本费用总额 = 营业成本 + 税金及附加 + 销售费用 + 管理费用 + 财务费用　（3-38）

（3）盈余现金保障倍数：是指企业一定时期内经营现金净流量与净利润的比值，反映了企业当期利润中现金收益的保障程度，真实地反映了企业盈余的质量，是评价企业盈利状况的辅助指标。其计算公式如下：

$$盈余现金保障倍数 = 经营现金净流量/净利润 \tag{3-39}$$

（4）总资产报酬率：是指企业在一定时期内获得的报酬总额与平均资产总额的比率，反映了企业资产的综合利用效果，也是衡量企业利用债权人和所有者权益总额所取得盈利的重要指标。其计算公式如下：

$$\begin{aligned}总资产报酬率 &=（利润总额+利息支出）/ 平均资产总额\times 100\% \\ &= 息税前利润总额 / 平均资产总额\times 100\%\end{aligned} \tag{3-40}$$

（5）净资产收益率：是指企业一定时期内净利润与平均净资产的比率，反映了企业自有资金的收益水平，是企业获利能力指标的核心。其计算公式如下：

$$净资产收益率 = 净利润/平均净资产\times 100\% \tag{3-41}$$

$$平均净资产 =（所有者权益年初数 + 所有者权益年末数）/2 \tag{3-42}$$

（6）资本收益率：是指企业一定时期内净利润与平均资产的比率，反映了企业实际获得投资额的回报水平。其计算公式如下：

$$资本收益率 = 净利润/平均资产\times 100\% \tag{3-43}$$

$$\begin{aligned}平均资产 =[&实收资本（股本）及资本公积年初数 \\ &+实收资本（股本）及资本公积年末数]/ 2\end{aligned} \tag{3-44}$$

$$资本公积 = 实收资本（股本）中的资本溢价（股本溢价） \tag{3-45}$$

（7）每股收益：也称每股利润、每股盈余，反映了企业普通股股东持有每一股份所能享有的企业利润和应承担的企业亏损，是衡量上市公司获利能力最常用的财务分析指标。其计算公式如下：

$$每股收益 = 归属于普通股股东的当期净利润/当期发行在外普通股的加权平均数 \tag{3-46}$$

$$\begin{aligned}当期发行在外普通股的加权平均数 =& 期初发行在外普通股股数 / 报告期时间 \\ &+当期新发行普通股股数\times 已发行时间 / 报告期时间 \\ &-当期回购普通股股数\times 已购回时间 / 报告期时间\end{aligned} \tag{3-47}$$

（8）每股股利：是指上市公司本年发放的普通股现金股利总额与年末普通股股数的比值。其计算公式如下：

$$每股股利 = 普通股现金股利总额/年末普通股股数 \tag{3-48}$$

（9）市盈率：是指上市公司普通股每股市价与普通股每股收益的比值，反映了投资者对上市公司每股净利润愿意支付的价格，可以用来估计普通股的投资报酬和风险。其计算公式如下：

$$市盈率 = 普通股每股市价/普通股每股收益 \tag{3-49}$$

（10）每股净资产：是指上市公司年末净资产（即股东权益）与年末普通股总数的比值。其计算公式如下：

$$每股净资产 = 年末股东权益/年末普通股总数 \tag{3-50}$$

5. 发展能力指标

发展能力是指企业在生存的基础上扩大规模、壮大实力的潜在能力。发展能力指标主要有以下几种。

（1）营业收入增长率：是指企业本年营业收入增长额与上年营业收入总额的比率，反映了企业营业收入的增减变动情况，是评价企业成长状况和发展能力的重要指标。其计算公式如下：

$$营业收入增长率 = 本年营业收入增长额/上年营业收入总额 \times 100\% \tag{3-51}$$

（2）资本保值增值率：是指企业扣除客观因素后的本年末所有者权益总额与年初所有者权益总额的比率，反映了企业当年资本在企业自身努力下的实际增减变动情况。其计算公式如下：

$$资本保值增值率 = 本年末所有者权益总额/年初所有者权益总额 \times 100\% \tag{3-52}$$

（3）资本积累率：是指企业本年所有者权益增长额与年初所有者权益总额的比率，反映了企业当年资本的积累能力，是评价企业发展潜力的重要指标。其计算公式如下：

$$资本积累率 = 本年所有者权益增长额/年初所有者权益总额 \times 100\% \tag{3-53}$$

（4）总资产增长率：是指企业本年总资产增长额与年初资产总额的比率，反映了企业本年度资产规模的增长情况。其计算公式如下：

$$总资产增长率 = 本年总资产增长额/年初资产总额 \times 100\% \tag{3-54}$$

（5）营业利润增长率：是指企业本年营业利润增长额与上年营业利润总额的比率，反映了企业营业利润的增减变动情况。其计算公式如下：

$$营业利润增长率 = 本年营业利润增长额/上年营业利润总额 \times 100\% \tag{3-55}$$

（6）技术投入比率：是指企业本年科技支出（包括用于研究开发、技术改造、科技创新等方面的支出）合计与本年营业收入金额的比率，反映了企业在技术研发方面的投入，在一定程度上可以体现企业的发展潜力。其计算公式如下：

$$技术投入比率 = 本年科技支出合计/本年营业收入金额 \times 100\% \tag{3-56}$$

3.9 ERP 系统中财务管理业务流程

ERP 系统深刻地把握了企业经营活动的本质，有效地实现了财务管理和生产管理、采购管理、销售管理、库存管理功能的集成，将数据的采集延伸到生产、采购、销售和库存管理等环节。ERP 系统是一个以计划为主导的信息系统，它的计划和控制功能是伴随企业的生产经营活动展开的，这是一个循环往复的过程，ERP 系统的计划执行过程伴随企业的物流和资金流过程。ERP 系统的计划和控制功能就是通过对信息流的控制，实现对物流和资金流的控制，ERP 系统各模块的关系如图 3-21 所示。

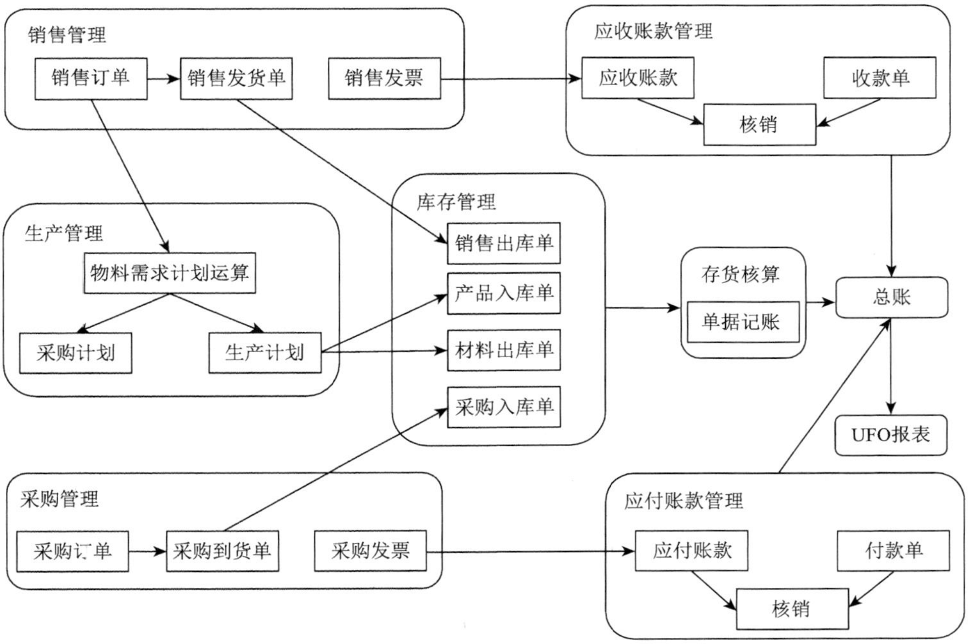

图 3-21 ERP 系统各模块的关系

UFO 报表系统是用友开发的电子表格软件

ERP 系统的执行过程是从采购活动开始的。采购部门根据物料需求计划采购物料，物料采购回来以后，经质检部门验收入库，录入库存系统。此时，库存增加，同时应付账款也增加（或现金减少）。财务部门通过 ERP 系统的会计界面生成会计凭证，过账后在总账系统中同时更新应付账款和存货账户，从而在采购和付款循环中实现物流和资金流的统一。

生产车间根据生产订单从仓库领取原材料，此时，存货减少，在制品增加，即生产成本增加。财务部门通过 ERP 系统生成材料出库记账凭证，计入总账，更新相应的会计科目数据。加工完成后，生产出可以向客户销售的产品并入库。财务部门通过 ERP 系统生成产成品出库记账凭证，计入总账，减少总账模块中生产成本账户的金额，增加存货账户的金额，从而实现生产循环中物流和资金流的统一。

销售部门接到客户订单，通知仓库按照销售订单向客户发货，此时，库存减少，应收账款增加。财务部门通过 ERP 系统的会计界面，生成会计凭证，过账后即可更新应收账款和存货等有关账户的金额。收到客户付来的货款后，财务部门通过 ERP 系统的会计界面，生成收款凭证并过账，总账系统中的现金和应收账款两个科目的数据同时得到更新，从而在销售和收款循环中实现物流和资金流的统一。

利用 ERP 系统的财务管理功能进行对账和结账及编制财务报表，相比传统的手工操作大大地提高了效率，可以更准确、及时地完成这些重要的财务活动。

ERP 系统中的财务管理功能和通常所说的会计电算化既有联系又有区别。通常所说的会计电算化，基本上实现了在财务管理领域中用计算机代替人的手工劳动，从这个意义上说，ERP 系统的财务管理功能实现了会计电算化的功能。但是，ERP 系统的财务管理功能比会计电算化的功能更深入一步，即 ERP 系统的财务管理功能是和 ERP 系统的企业生产运作管理功能集成在一起的。也就是说，ERP 系统的财务管理功能所需要的数据都是直接来自企业的生产运作管理领域。因此，ERP 系统的财务管理功能处理和控制的企业资金流能真实地反映企业的经营成果和经营效率。

【复习思考题】

1. 简述企业的经营活动循环过程。
2. 主要的财务报表有哪些？
3. ERP 系统中主要的财务管理模块有哪些？
4. ERP 系统中各财务模块中生成的记账凭证是什么？
5. 什么是成本中心？什么是利润中心？
6. ERP 系统中通常设置哪些成本类型？
7. 固定资产有哪些基本核算类型？

第4章 进销存管理

|学习目标|

- 掌握供应链管理中的采购管理。
- 掌握供应链管理中的库存管理。
- 掌握供应链管理中的销售管理。
- 掌握供应链管理中的客户关系管理。

|思政目标| 学科交叉 契约精神 团队协作 沟通表达 创新务实

导引启示

从啤酒游戏中看供应链问题[①]

Beer Game，即啤酒游戏，是20世纪60年代麻省理工学院斯隆管理学院发明的一种类似“大富翁”的策略游戏，旨在让学生更生动、深刻地感受理解“牛鞭效应”和库存管理的重要性。

游戏一般在信息不透明的情况下进行，参与者分为零售商、供应商、制造商，他们根据下游订单和对需求的预测，向自己的上游商家下单。

当暂时的库存不够满足下游客户的需求时，各环节商家往往会加大订单，以期弥补亏损，尽快完成客户订单。而每个环节的商家在急于完成当前的订单的同时，还要考虑预留好安全库存，预防再次缺货的情况发生，但是随着需求的向上传递，商家收到的下游订单量和向上游发出的订单量不断增加，每个环节的缺货、欠货情况不断严重。当整条供应链大部分处于缺货、欠货状态时，各环节商家并不清楚自己上游供应商的状况，很有可能会感到恐慌，进而再次发出大量需求订单。

这就像滚雪球一样，需求量越来越大，缺货量越来越大，亏损越来越大。这也就造成了供应链条中常见的“牛鞭效应”。

“牛鞭效应”是指供应链上的信息流从最终客户向原始供应商传递的时候，由于无法有效地实现信息的共享，信息失真扭曲且逐渐放大，导致需求信息出现越来越大的波动。这种波动在图形上显现时如同挥舞的牛鞭，因此称为“牛鞭效应”。“牛鞭效应”是供应链中普遍存在的一种高风险现象，会造成供应和库存的风险，影响到营销、供应和生产，

---

① 资料来源：https://baijiahao.baidu.com/s?id=1640986240702333937&wfr=spider&for=pc。

甚至造成整个供应链的混乱。

待商家熬过了前期的缺货状态后，之前的需求订单又源源不断地到位，下游部分的商家库存充足，于是减少甚至不再向上游下订单，上游部分的商家因前期收到大量订单，加紧生产的产品没了销路，造成积货严重。

以上的游戏过程和结果给我们带来以下启示。

1. 客户需求预测

在游戏中，终端客户是只有零售商才能接触到的，运作起初，客户的需求是难以预测的，但随着时间的推移，数据逐渐增多，客户的需求量和需求变化也是有迹可循的。零售商根据逐渐完善的数据做出稳定、保守的预测，即使有偶尔的激增订单，也可以在安全库存的支撑下不至于造成大量、长期的缺货、欠货。

2. 理性下单

合理考虑预留的在提前期可能产生的安全库存，在解决缺货、欠货问题的同时，也要考虑突然激增的订单会不会造成供应链上游的订单恐慌和大量缺货，以及后期自己货物堆积发生的可能性。

3. 信息共享，系统协作

在游戏中，每个环节都在尽力保证不让自己缺货、欠货，努力维持自己的库存水平稳定，但最终结果是造成订单恐慌、“牛鞭效应”。因为零售商会根据历史销量做出合理预测，但为了保证这笔订单是及时可得的，能够适应顾客下一轮需求的变化，他们通常会将预测订货量放大后向上游供应商下单，而上游商家出于同样的考虑，也会加大订单量。

如果各商家之间可以共享数据，根据整个供应链的情况做出最合适的订单决策，“牛鞭效应”将被明显缓和。幸运的是，随着信息技术的发展，实时信息一体化系统的建成加强了供应链内部企业的联系与合作，使信息共享、系统协作越来越可能实现。

本章关键词

采购管理　　库存管理　　销售管理　　客户关系管理

供应链是围绕核心企业，通过对信息流、物流、资金流的控制，从采购原材料开始，制成中间产品及最终产品，最后由销售网络把产品送到消费者手中，将供应商、制造商、分销商、零售商，直到最终用户连成一个整体的功能网链结构。它不仅是一条连接供应商到用户的物流链、信息链、资金链，还是一条增值链，物料在供应链上因加工、包装、运输等过程而增加价值，给相关企业带来收益。供应链的概念是从扩大的生产概念发展来的，它对企业的生产活动进行了前伸和后延。例如，日本丰田汽车公司的精益协作方式中就将供应商的活动视为生产活动的有机组成部分而加以控制和协调，这就是向前延伸，即前伸。后延是指将生产活动延伸至产品的销售和服务阶段。因此，供应链就是通过计划、获得、存储、分销、服务等活动在用户和供应商之间形成的一种衔接，从而使企业能满足内外部用户的需求。

4.1　采购管理

从传统上讲，采购主要指购买过程，具体指企业在一定的条件下从供应市场获取产品或服务作为企业资源，以保证企业生产及经营活动正常开展的一项经营活动。采购是一个商业性质的有机体，是为维持正常运转而寻求从体外摄入能量的过程。

采购管理指的是管理供应商关系所必需的所有活动，包括保持供应商与企业间的良好关系，并不断改善采购过程，使采购业务更加有序和高效。采购管理一般分为内部管理和外部管理，内部管理包括对采购物品的管理、对采购人员的管理及对相关信息的管理等，外部管理包括对供应商的管理、对采购物品的运输管理及对相关信息的管理等。

4.1.1　采购管理的作用

采购管理是供应链管理中的重要组成部分，它是供应链企业之间在生产合作方面的具体实施者，是在制造商和供应商之间架起的一座桥梁，沟通生产需求与物料供应的联系，在企业经营管理中占据着非常重要的位置。从 ERP 理论角度考虑，采购管理的主要作用有以下几方面。

1. 降低成本

任何企业向市场提供产品或服务都离不开对原材料或消耗品的采购，有效的采购管理是降低企业经营成本的重要环节。对于加工制造业来说，物料成本占产品成本的比重非常大，如石油炼油企业，其原材料成本占产品成本的 80%，即使原材料较少的制药业，其原材料成本也占了近 30%，可见采购管理对企业经营管理的重要作用。

为了降低成本，企业的采购部门必须想方设法降低材料的采购成本，一般可以通过提高采购人员素质、对物料进行正确估价、加强信息来源、发展自己的供应商、批量采购等方法来降低成本。

2. 产品质量的基本保障

在制造业中，采购的物料会直接或间接地应用于企业的产品中，如造船厂用的钢材、家具厂用的木材、奶制品加工业用的牛奶等，这些物料的质量直接影响企业产成品的质量，因此应加强对采购物料质量的管理，否则将会对企业造成巨大的影响。规模较大的企业，有专人负责采购管理和对采购物料质量的检验。

3. 准时制生产管理

准时制生产管理的原则是所有的原材料和产品都应该不早也不晚地在生产流程需要

它们的时候出现，即有需求时才有生产，有生产时才会需要原材料。在 ERP 理论中，为了降低成本、减少库存，采购与生产和销售是有序进行的，加强采购管理才能准时生产。为了实现这个目标，一般企业应用安全库存、固定供应商等方法。

4. 战略决策

采购一般分为日常采购和战略采购。日常采购是采购人员根据确定的供应协议和条款及企业的物料需求时间计划，以采购订单的形式向供应商发出需求信息，并安排和跟踪整个物流过程，确保物料按时到达企业，保障企业正常运营的过程。战略采购是采购人员根据企业的经营战略需求，制定和执行企业的物料获得规划，通过内部用户需求分析，以及外部供应市场、竞争对手、供应基础等分析，在综合比较的基础上设定物料长期和短期的采购目标、达成目标所需的采购策略及行动计划，并通过行动的实施寻找到合适的供应资源，满足企业在成本、质量、时间、技术等方面的综合指标要求。日常采购能为企业提供持续稳定的收益，而战略采购在某些特殊的时期能够为企业带来更加可观的收益，因此对分析的准确性有较高的要求。

4.1.2 采购管理业务概述

采购管理的主要业务是依据物料需求计划，根据物料的采购提前期、采购批量来选择供应商，然后发出采购订单，供应商根据采购订单供货，来料后根据采购订单进行验收、收货，检验合格后分配库存货位并登记入库。对其主要环节的描述如下。

1. 接收物料需求或采购指示

物料需求多数来自生产计划产生的需求，采购部门必须按照物料规格、数量、需求时间及质量要求把物料提供给生产部门。另外，部分物料并不是由生产部门（或计划部门）提出进行采购的，由于物料的意外损耗（如天气、人为因素等），基于安全库存考虑，会由库存部门提出采购，采购部门应据此进行采购。采购部门接收物料需求或采购指示后，制订采购计划，实施采购。

2. 选择供应商

在 ERP 理论中，供应商是企业的资源之一，也是企业的合作伙伴。日常采购选择的供应商已基本确定，但采购人员应根据市场条件、采购综合背景发展供应商并扩大供应商的范围，以求降低采购成本、提高采购质量，因此，对供应商要不断进行评价（如质量、服务价格等），做出理性的选择。

3. 下达订单

根据物料需求计划制订采购计划，并根据采购计划选择供应商，下达采购订单，如图 4-1 所示。这就要求采购人员必须将采购材料的质量要求、数量要求及交货时间要求准确无误地下达给供应商。

图 4-1 ERP 系统采购子系统采购订单

4. 订单跟踪

采购人员发出采购订单以后，为了保证采购订单按期、按质、按量交货，要对采购订单进行跟踪，控制采购进度。订单跟踪一般包括对订单电子信息的跟踪和对订单实物的跟踪。

5. 验收货物

收到采购货物以后，采购部门应协助库存、供应商及相关部门对货物进行验收，验收合格后登记入库，同时采购部门也应完成对相关信息的记录。

4.1.3 采购管理业务流程

采购管理主要由采购部门来完成，有的企业将采购、计划、仓库等部门组成一个部门。采购部门是企业物资的重要入口部门，是物流的主要部门，主要完成生产物资的采购，它与各个部门有着密切的关系，与生产部门、仓库部门、财务部门的业务联系是根据生产计划和物料需求计划制订采购计划，根据采购计划选择合适的原材料供应商，当供应商供应货物时，由采购部门协助仓库部门完成验收入库，同时将采购费用清单交给财务部门，由财务部门完成采购款项结算业务处理。

如上所述，企业的采购管理业务流程如图 4-2 所示。

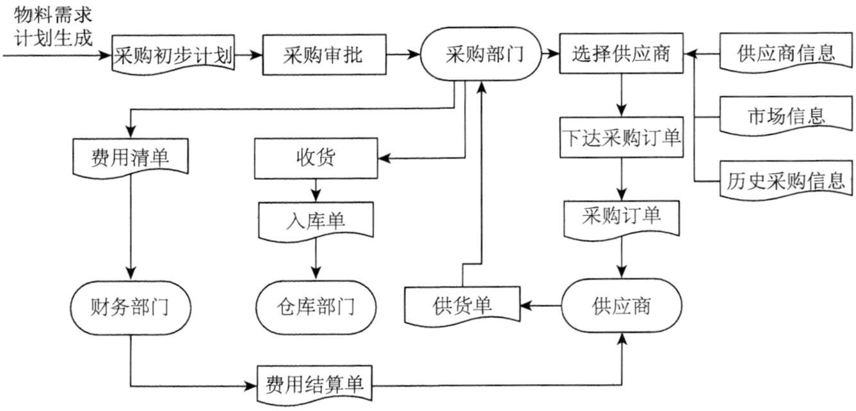

图 4-2 企业的采购管理业务流程

表示业务单据和信息；表示动作；表示部门

下面对图 4-2 中的主要业务流程进行说明。

1. 采购计划生成

在 ERP 系统中，一般由物料需求计划自动生成采购初步计划，经领导审批后下达采购任务。企业部分采购计划也可来源于库存管理，当出现非正常库存时进行采购。

2. 供应商管理

采购部门通过对货源的调查和对供应商信息的收集，建立供应商档案，包括供应商名称、地址、联系电话、状态、所提供商品名称、发货地点、运输方式、供应商技术水平、设备和能力等信息。采购部门通过对供应商档案的查询，选择合适的供应商，对采购商品进行询价，并完成其他与采购相关的事宜。当采购原材料价值较大时，询价可能会多次进行，一般称为谈判。当采购部门与供应商达成一致时，采购部门下达采购订单，核准后提交给供应商。

3. 订单跟踪和货物验收

订单跟踪是指通过 ERP 系统可以随时查看已下达的采购订单到达的位置和被供应商处理的状态，确认供应商收到采购订单、了解采购订单是否按时处理，供应商可以通过 ERP 系统将这些信息通知采购部门。

当供应商供货时，采购部门根据采购订单对货物的数量、规格等进行核对，并通知仓库部门验收入库。若货物出现质量等问题，采购部门应与供应商协商解决。

每一次交易信息将被记录在供应商档案中，作为下一次与供应商进行采购业务的重要依据。

4. 财务处理

采购业务完成以后，由财务部门完成费用结算，并进行费用差异分析。

企业的每一次相关物料的采购业务都存在紧密的联系，ERP 系统采用计算机进行数据处理，尽量减少人为因素的影响，从而保证企业的正常生产运营，降低企业采购成本。

4.1.4 采购作业控制

采购管理是整个生产经营活动的重要组成部分，是企业生产活动的起点，是降低产品成本的重要环节。因此，在采购管理中，应加强对采购作业的控制。在 ERP 系统中，采购作业控制是指通过设置与采购作业相关的参数，将采购物料的数量和质量控制在预定范围内的风险防范措施。常用的采购作业控制措施包括预算控制措施、物料选用目录控制措施、采购订单控制措施、质量控制措施和财务付款控制措施等。

1. 预算控制措施

预算控制是管理控制中使用最广泛的一种控制方法。预算控制清楚地表明了计划与控制的紧密联系。预算是计划的数量表现，预算的编制是作为计划过程的一部分开始的，同时预算本身也是计划过程的终点，是转化为进一步控制标准的计划。预算控制措施是用数字编制未来某一个时期内企业的采购计划，也就是用财务数字来表明预期的结果，防止实际采购金额超过预算金额，同时也是采购人员判定采购是否合理的重要依据。

2. 物料选用目录控制措施

某些物料的采购必须从批准的物料选用目录中选择，采购人员不能随意选择目录之外的物料。物料选用目录是相关职能部门和技术人员基于国际标准、国家标准、行业标准、地方标准和企业标准等要求，根据供应商的供货历史状况，按照规定的程序确定的。企业根据物料选用目录选用相应的物料名称、型号规格、技术性能和供应厂商等。

物料选用目录控制措施为采购人员提供了物料的规范，在一定程度上减少了采购人员的主观行为对采购物料的质量、规格等的负面影响。由于市场是变化的，物料选用目录应及时更新。在企业的实际采购中，对于某些特殊性物料，采购人员可上报企业的主管部门，经过严格的审批后，可采购非物料选用目录内的物料。

3. 采购订单控制措施

采购订单控制措施主要控制采购到货的物料数量、采购价格及到货日期应满足采购订单的要求，实际中的数据和采购订单上的数据之差应该在事先规定好的误差范围内。例如，企业采购 100 吨钢材，误差设定在 0.5 吨，则在验收到货时，99.5～100.5 吨属于正常采购数量，若超出这个范围，则应发出预警。当采购结果与采购订单不一致时，应以采购结果为准，若企业无法接受，可要求退货，从而保证采购数量的准确性。

4. 质量控制措施

质量控制措施是确保采购物料满足设计和工艺提出的技术性能指标要求的措施。如果物料的技术性能指标达到或超过了设计和工艺提出的技术性能指标基准，就认为该物料达到了质量要求；如果物料的技术性能指标低于设计和工艺提出的技术性能指标基准，则认为物料的质量低劣。

在采购管理过程中，质量控制措施常用的几种方法如下：①选择能够提供合格物料的供应商；②不合格的物料不入库；③对供应商进行动态评价，并删除不合格的供应商。

5. 财务付款控制措施

财务付款控制措施是指在采购付款时，设置付款条件，只有满足指定的付款条件才可以付款。一般在采购订单中添加付款限制条件，若物料质量不合格，可以不付款或只付一部分货款，从而对供应商起到限制作用，以确保企业采购入库的所有物料符合企业的基本要求，进而保证产品的质量。

由于采购管理的重要性，应对采购订单进行全程跟踪，甚至包括已经入库的物料，当出现问题时，ERP 系统能够报警，若物料没有入库，则不予入库，若已经入库，则能够追踪该批有问题的物料，进行下一步处理。

4.2 库 存 管 理

随着生产力的不断发展，当人类的劳动和生产有了剩余的时候，对产品的有效管理成为生产活动必不可少的一部分，库存问题就自然而然出现了。企业的所有物料都是库存项目，《APICS 词汇》中对库存的定义是："以支持生产、维护、操作和客户服务为目的存储的各种物料，包括原材料和在制品、维修件和生产消耗、成品和备件等。"

库存管理是企业生产过程的重要组成部分，是企业物料管理的核心，是企业为了生产、销售等经营管理需要而对计划存储、流通的有关物品进行的相应管理。

4.2.1 库存的分类

企业生产的产品不同，库存分类也不一样。目前对库存分类的方法有许多种，下面从不同的角度对库存项目进行分类。

（1）按价值划分，库存可分为贵重物品与普通物资，如库存 ABC 分类法就属于按照价值分类的方法。

（2）按物品在企业的产品成型状态划分，库存可分为原材料库存、半成品库存和产品库存。

（3）按库存物品的形成原因划分，库存可分为安全库存、储备库存、在途库存和正常周转库存。安全库存是为了应付需求、制造与供应的意外情况而设立的一种库存；储备库存一般用于应付季节性市场采购与销售情况，如材料涨价、销售旺季而设立的库存；在途库存是由于材料和产品运输而产生的库存量；正常周转库存是指一般用于生产等企业经营需要而产生的库存，如按生产计划采购的物料等。

（4）按物品需求的相关性划分，库存可分为独立需求库存与相关需求库存。独立需求库存是指某一物品的库存需求与其他物品没有直接关系，库存量是独立的；相关需求库存是指某一物品的库存量与有些物品有关系，存在一定的量与时间的对应关系。

企业的库存类别与企业的生产经营有密切的关系，不同的库存物品对企业的作用不同，在管理上采取的管理策略也不同。

4.2.2 库存管理的作用

库存管理也称库存控制，主要是在企业生产、经营过程中对库存量的管理，使库存量在动态变化的过程中，减少空间占用、降低成本、加速资金周转，保持一种动态的、合理的平衡。归纳起来，库存管理的作用主要体现在以下几点。

（1）维持销售产品的稳定。销售预测型企业对最终销售产品必须保持一定数量的库存（安全库存），以应对市场的销售变化。市场预测并不能保证未来一段时间之内产品需求的绝对数量，但为了提高企业的经济效益，维持一定数量的库存是必需的。

（2）维持生产的稳定。企业按照销售订单与销售预测安排生产计划，并制订采购计划，下达采购订单。由于采购的物品需要一定的提前期，这个提前期是根据统计数据或者是在供应商生产和经营稳定的前提下制定的，所以存在一定的风险，有可能会延迟交货，最终影响企业的正常生产，造成生产的不稳定。为了降低这种风险，企业会增加原材料的库存量。

（3）平衡企业物流。在采购材料、生产用料、在制品及销售物品的物流环节中，库存起着重要的平衡作用。企业会根据库存能力，协调采购的材料收货入库。同时，对生产部门的领料应考虑库存能力、生产线物料情况，平衡物料发放，并协调在制品的库存管理。另外，对销售产品的物品库存也要视情况进行协调。

（4）平衡物流资金的占用。库存的材料、在制品及产成品是企业流通资金的主要占用部分，因而对库存量的控制实际上也是对流通资金的平衡。企业库存量越大，占用的资金越多，资金周转越困难，企业应考虑自身的资金周转能力来管理库存，使之维持一个平衡状态，保持生产经营的高效性。

由前面的阐述可知，库存管理在企业生产经营中起到了重要的积极作用，但也有负面的影响。在 ERP 理论中，企业为了降低成本，追求的是零库存，但这在实践中基本上是做不到的。库存的负面影响主要体现在以下几个方面。

（1）增加了企业的产品成本和管理成本。库存材料的成本直接增加了产品成本，另外，为了管理库存，人力资源等的投入也直接增加了企业的管理成本。

（2）占用了资金。库存量越大，占用的资金越多，对企业的资金周转越不利。

（3）掩盖了企业众多的管理问题。在企业的产品生产经营过程中，环节越多，各个环节的有效连接就越难，容易产生互相推卸责任问题，进而产生计划不周、市场销售不力等多种问题。

由于库存管理存在着若干弊端，企业应重视对库存的管理，对库存量进行严格控制。

4.2.3 库存管理业务流程

库存管理业务主要包括入库业务、出库业务、库间调拨业务和库存盘点业务等。库存管理主要是对库存量的控制，因此库存管理业务要尽量保证库存量的准确性。库存量较大的企业，库存管理的成败决定着企业 ERP 实施和应用的成败。

1. 入库业务流程

入库业务是库存管理最基本的业务之一。仓库在收到采购物料、生产完工物料和销售退回物料后，仓库保管员需要检查物料的数量、外观质量和型号规格等，在验收入库后办理入库手续。常见的入库业务类型有采购到货直接入库、采购到货检验转入库、销售退回到货直接转入库、销售退回到货检验转入库、半成品临时入库、在制品临时入库、产成品入库和其他入库等。入库处理的业务单据是入库单，入库单经过处理之后应该增加库存量。入库业务的简易处理过程如图 4-3 所示。

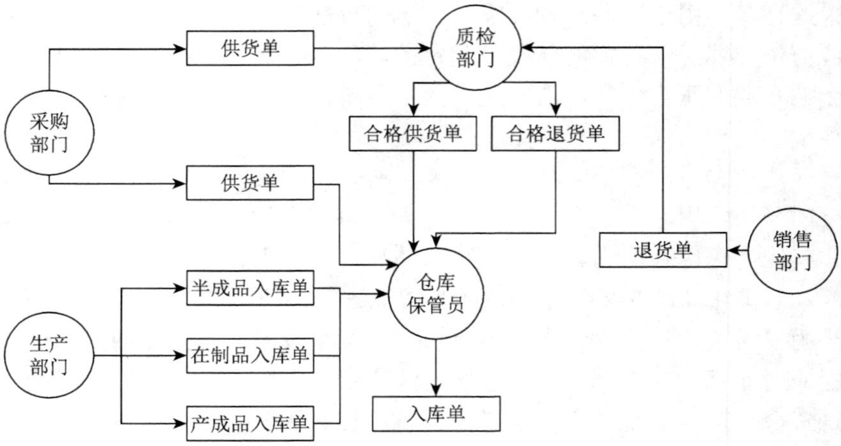

图 4-3　入库业务的简易处理过程

在 ERP 系统中，可以根据采购订单生成入库单（图 4-4）、根据采购到货检验单生成入库单、根据生产订单生成入库单和手工输入入库单等。根据采购订单直接生成入库单时，除了保留原始单据的信息之外，还应该增加入库数量、入库日期、入库仓库及仓库保管员等信息。

图 4-4　ERP 系统库存管理子系统的采购入库单

2. 出库业务流程

出库业务与入库业务是对应的，也是库存管理最基本的业务之一。仓库保管员根据销售订单、销售提货单和生产领料单等单据发放物料的过程称为出库业务。出库业务的主要类型包括生产领用、销售出库等。出库业务的单据为出库单。出库业务的简易业务流程如图 4-5 所示。

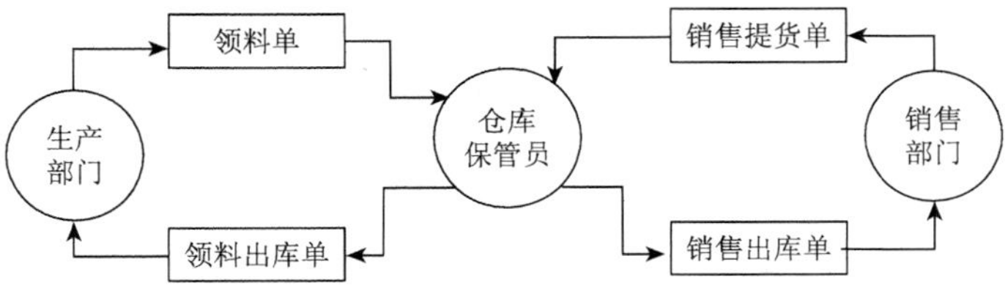

图 4-5 出库业务的简易业务流程

在 ERP 系统中，可以根据销售订单生成出库单、根据生产订单生成出库单，有时为了某些特殊的需要，也可以根据企业实际情况手工录入出库单。

3. 库间调拨业务流程

在实际工作中，由于仓库位置的变化、物料状态的改变、管理方式的调整等，经常需要把物料从一个仓库移送到另一个仓库，这种库存管理方式称为库间调拨业务。库间调拨业务一般不会影响存货的价值，只会影响各个仓库存货的数量。库间调拨业务一般包括两种：一种是在同一个仓库中的物料位置的移动；另一种是在不同仓库间的物料位置的移动。在具体的操作中，需要根据仓库、货位之间的距离和调拨时间的长短，采取不同的业务处理方式。距离比较近、时间比较短的，采取一步式调拨。距离比较远、时间比较长的，采取两步式调拨，即物料的发放和接收分步进行，并且需要对在途物料进行监控。库间调拨业务一般根据调拨单完成。

4. 库存盘点业务流程

库存盘点是定期或不定期地对仓库内的存货进行全部或部分清点，以准确掌握当前的实际库存量，并且针对存货的账面数量与实际数量不符的差异，分析造成差异的原因，并采取相应的管理措施。库存盘点是库存管理中一项重要的工作，在物料进行频繁的入库、出库、库间调拨等业务以后，由于存货本身的特点和操作人员的管理不当等，实际库存与账面数额可能不相等。当存货数量大于账面数量时，称为盘盈；当存货数量小于账面数量时，称为盘亏。出现盘盈或盘亏时，要根据实际库存量调整账面数量，同时企业需要对盘盈和盘亏进行差异分析，找出其中的原因，进行相应的处理。

库存盘点对企业非常重要，不同企业采取的盘点方法和策略等不同，读者可以参考相应的书籍或资料，限于篇幅，这里不再过多介绍。

4.2.4 库存管理策略

库存管理策略是指按照企业的经营特点和物料的属性，对库存物料采取的综合管理方式的总称。

1. ABC 库存管理策略

在库存物料中，有些库存物料虽然存货少，但占用了大部分库存资金，相反，存货多的库存物料只占用较少的库存资金。ABC 库存管理策略就是根据库存物料的数量和占用资金的关系，把物料分为 A 类、B 类、C 类，分别采用不同管理措施的一种方法，如表 4-1 所示。

表 4-1　库存物料的 ABC 分类

类别	占库存资金	占库存品种
A 类	大约 80%	大约 20%
B 类	大约 15%	大约 30%
C 类	大约 5%	大约 50%

A 类物料属于重点库存控制对象，要求库存记录准确，严格按照物料的盘点周期进行盘点，检查其数量与质量状况，并要制定不定期检查制度，密切监控该类物料的使用与保管情况。此外，还应尽量降低 A 类物料的库存量，采取合理的订货周期与订货量，杜绝浪费与呆滞库存。C 类物料无须太多的管理投入，库存记录可以允许有适当的偏差，盘点周期也可以适当延长。B 类物料介于 A 类物料与 C 类物料之间，可以采取适中的方法加以使用、保管与控制。

ABC 库存管理策略简单、易用，长期以来被许多企业采用。但应注意的是，构成产品的各种材料和子件都是缺一不可的。对 C 类物料管理的同时，一定要防止因数量和质量而影响计划的执行。

2. 批次管理策略

批次管理策略是对物料进行逐批管理和控制的方法。在批次管理中，即使是同种类型的物料，如果批次不同，也要作为不同的物料进行管理。这种管理方法常用于制药、食品、汽车、航空和航天等领域。例如，食品加工业中，原料的保质期是一定的，不能将不同时间采购的原料放在一起进行加工生产。使用批次管理策略，一般在采购到货、入库、委外加工和产成品完工入库时创建批次，创建批次的物料比其他物料增加了更多的属性，如批次编码、批次说明、生产日期等。

3. 序列号管理策略

在序列号管理策略中，对每一个物料进行编号，该序列号将贯穿于物料的采购、库存、生产和销售的各个环节，这些环节的信息都与该序列号关联。序列号的设计应该满足唯一性，类似于大学生的学号，只要学生在大学期间，无论是升级、降级还是转专业，其学号都应保持不变，学号是学生在大学里面的唯一标识。另外，序列号的设计还应便于被计算机自动处理和识别。使用序列号管理策略有着重要的作用，如汽车加工中，某个零部件在进行汽车综合调试过程中出现了质量问题，由于对其进行了编号，可以非常容易地找出该零部件的生产单位（或是生产厂商），便于处理。因此，当某件物料的价值较大时，采用序列号管理策略非常有效。

4. 控制库存的管理策略

库存管理的最终目标是实现企业的零库存，控制库存就是将库存降到最低。以库存类型为例，控制库存的管理策略如表 4-2 所示。

表 4-2　控制库存的管理策略

库存类型	采取策略	具体措施
安全库存 储备库存	预测与控制库存产生的原因	改善需求预测工作； 准确分析需求量与需求时间； 加强过程控制； 增加设备与人员的柔性； 采取供应链管理模式
正常周转库存	在需要的时候供应与生产	与供应商和客户建立合作关系； 降低订货费用； 生产采取准时制生产管理方式
在途库存	缩短运输时间	加强运输过程控制； 加大运输能力
相关需求库存	用物料需求计划理论解决相关需求库存问题	运行物料需求计划提高物料清单的准确率； 提高库存记录的准确率

4.3　销售管理

销售是企业生产经营的实现过程，是服务于客户的一种活动。销售部门在企业供应链中处于市场与企业接口的位置，其主要职能是为客户提供产品及服务，实现企业的资金周转并获取利润。

4.3.1　销售管理概述

销售管理是企业经营管理中的重要环节，从市场营销计划的制订开始，销售管理工作就是市场营销战略计划中的一个组成部分，其目的是执行企业的市场营销战略计划，其工作的重点是制定和执行企业的销售策略，对销售活动进行管理。

销售管理一般由市场营销部门和销售部门共同完成，市场营销部门负责产品推广，销售部门负责销售的具体业务处理。销售部门是企业最直接的效益实现者。在传统销售管理中，销售部门的主要职能如下。

（1）进行市场一线信息收集、市场调研工作。

（2）提报年度销售预测给营销主管。

（3）制订年度销售计划，进行目标分解，并实施。

（4）管理、督导营销中心正常工作和正常业务运作。

（5）设立、管理、监督区域分支机构正常运作。

（6）营销网络的开拓与合理布局。

（7）建立各级客户资料档案，保持与客户之间的双向沟通。

（8）合理进行销售部门的预算控制。

（9）研究把握销售人员的需求，充分调动其积极性。

（10）制订业务人员行动计划，并予以检查控制。

（11）配合本系统内相关部门做好推广促销活动。

（12）预测渠道危机，呈报并处理。

（13）检查渠道阻碍，呈报并处理。

（14）按推广计划的要求进行货物陈列、宣传品的张贴及发放。

（15）按企业回款制度，催收或结算货款。

在传统的销售管理中，由于没有使用集成的计算机软件处理相关数据，企业销售过程中存在许多失误，如销售订单定价不合理、订单处理延误、错过发货日期等。在日常业务操作过程中，每个子系统的信息都需要定期进行文件传送和纸制打印，但是手工处理交易数据容易使数据输入错误，而且不能及时提供信息，导致不正确的定价和信用信息的产生，对企业的销售管理工作产生重大的影响。

ERP系统能够解决上述各种问题，在ERP系统中，销售部门与企业的其他各个部门紧密联系在一起，实现企业内外最大程度的信息资源共享，销售管理的主要作用有以下几点。

1. 预测

预测是运用科学的方法和模型，根据历史数据对未来的需求做出定性和定量的估计。在传统的销售管理中，企业对销售情况进行经验上的预测，经常出现预测的结果与实际不相符的情况。当预测过高时，生产的产品不能被完全销售出去；当预测过低时，产品出现供不应求的情况，对企业的影响非常大。

在ERP系统中，生产和销售是有计划的，有多少生产就有多少销售；有多少销售，就有多少生产。预测模块与其他模块进行集成，预测能产生销售订单，将预测作为计划和进度的输入，它为所有物料清单的层次计算物料需求，与资源需求计划、主生产计划、物料需求计划、分销计划有关。

预测既要考虑销售趋势和订单历史的定量分析，又要考虑贸易法律和竞争变化的定性分析，允许根据定性的数据，通过检查和修正，调整物料清单的任一层次的预测值，同时系统也会自动地修改其他层次的数据。

根据企业产品的实际情况和销售的背景，企业可以采取不同的预测方法，预测方法有四种基本的类型，即定性预测、时间序列分析、因果联系法和模拟模型。

（1）定性预测。定性预测属于主观判断，它是对产品销售情况的估计和评价。常见的定性预测方法包括一般预测、市场调研法、小组讨论法、历史类比法、德尔菲法等。

（2）时间序列分析。时间序列分析是建立在这样一个设定基础上的，即与过去需求相关的历史数据可用于预测未来的需求。历史数据可能包含趋势、季节、周期等因素。

常见的时间序列分析方法主要有简单移动平均法、加权移动平均法、指数平滑法、回归分析法、博克斯-詹金斯法等。

（3）因果联系法。因果联系法假定需求与某些内在因素或周围环境的外部因素有关。常见的因果联系法主要有回归分析、经济模型、投入产出模型、行指标等。

（4）模拟模型。模拟模型允许预测人员对预测的条件做一定程度的假设。

预测的处理流程分为确定预测目标，收集、分析预测数据，选择预测方法，进行预测，以及分析预测结果等环节。

（1）确定预测目标：需要了解解决什么问题、有哪些需求、时间期限等，从而确定预测目标。确定预测目标一般由企业的主管人员在听从各部门的意见以后完成。

（2）收集、分析预测数据：收集预测数据可由 ERP 系统来完成，根据预测目标进行数据收集，收集的预测数据必须准确，以使预测的结果具有实际意义。在对预测数据进行分析时，要将收集的预测数据进行时间上的统一、度量单位的统一、核算方法的统一。

（3）选择预测方法：根据数据的特点选择预测方法。

（4）进行预测：根据选定的方法，导入分析数据完成预测，并生成预测结果。

（5）分析预测结果：将预测结果与预测目标进行比较，如果预测的误差在规定的范围内，则认为该预测值符合要求，可以做出预测报告。

2. 订单管理

销售订单（图 4-6）是企业与客户之间签订的一种销售协议，销售订单实现了企业与客户之间的沟通，同时也是企业对客户的一种销售承诺。订单管理是销售管理系统实质性功能的第一步，它上接销售合同，并向下传递至销售发货。通过订单信息的维护与管理，企业实现对销售的计划性控制，使企业的销售活动、生产活动、采购活动处于有序、流畅、高效的状态。

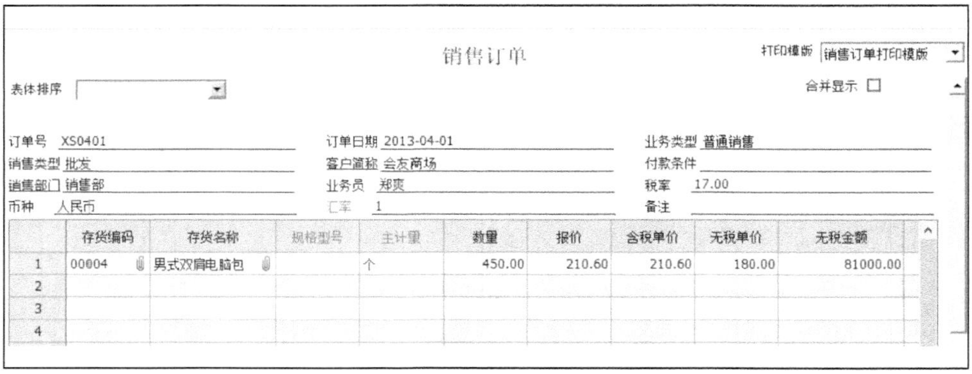

图 4-6　销售管理子系统中的销售订单

订单管理具有输入、修改和跟踪订单信息，以及自动进行产品报价、库存查询、管理客户资料、客户的信用状况评估、开具发货单及发票、进行货物的发运等功能。

3. 销售分析

销售分析是指对销售计划、销售产品、销售地区、销售客户的各种信息进行统计，进一步对销售数量、金额、利润、绩效做出全面的分析。销售分析可以监督销售人员的销售效果、提高产品销售的透明度，便于分析完成或没有完成销售目标的原因。销售分析还可以了解销售业绩、各种资源的利用状况，找出与现实最大利润目标之间的差距，从而进一步通过提高企业管理水平来提高经济效益。

销售分析可以按照以下流程进行。

（1）建立销售分析计划：为了确定分析的内容、范围、目的和要求、时间进度等，便于分析工作的顺利进行，必须先建立一份销售分析计划。

（2）收集分析数据：数据是分析工作的重要依据，与销售分析相关的数据一般包括计划数据、核算数据、历史数据、同类企业数据等。

（3）整理分析数据：在正式进行销售分析之前，还需要对分析数据进行正确与否的检查与核实，然后结合具体的分析方法对数据进行整理。

（4）选取销售分析方法：销售分析方法有很多种，一般可以分为应用比较法、比率分析法、差额分析法和平衡分析法等。

（5）做出分析结论：在选取了销售分析方法后，可以根据已有的数据进行销售分析，并根据销售分析的结果编制销售分析报告。

4.3.2 销售管理业务流程

传统的销售管理业务流程主要包括产品报价、签订销售合同、产品生产、发货、付款和销售结算等，销售管理业务简易流程如图 4-7 所示。

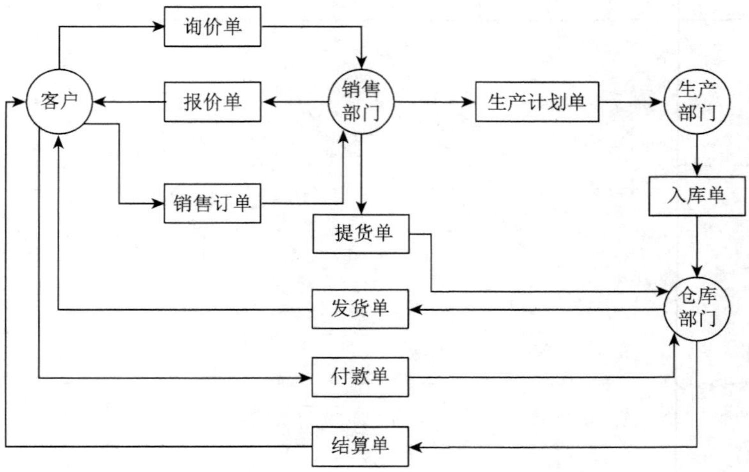

图 4-7 销售管理业务简易流程

在销售管理业务中，主要的业务流程如下。

（1）产品报价：客户向企业的营销或销售部门咨询产品的性能、价位等信息，营销部门或销售部门为客户提供反馈信息，并提供产品的报价。

（2）签订销售合同：客户同意购买后，根据产品的相关信息填写销售订单，并将销售订单提供给销售部门。

（3）产品生产：ERP 系统管理下，是先有订单，后有生产。销售部门向生产部门提交销售订单，并由销售订单转化为生产计划单，由生产部门完成产品的生产，产品生产完成以后入库。当然，如果库存中有该产品的存货，可以略过该过程。

（4）发货：销售部门向仓库部门提交提货单，仓库部门根据提货单向客户发货。

（5）付款：当客户收到货以后，向企业付款。付款也可能在订货时完成，这由买卖双方自行商定。

（6）销售结算：企业财务部门收到客户提交的货款后进行财务核算，并向客户提交发票等相关票据。

4.4　客户关系管理

供应链管理的产生与发展及供应链的不断延伸，使供应链管理对客户的管理要求越来越精准和细化，由此产生了一个新的概念，即客户关系管理。目前，国外许多软件厂商推出了客户关系管理软件（如 Oracle 公司、SAP 公司等），国内的许多软件公司也在研发自身的客户关系管理软件系统，现在客户关系管理软件系统已经成为 ERP 系统中一项非常重要的组成部分。

客户关系管理软件系统通过使用专用工具、工艺和技术来帮助管理部门实现业务功能运作和管理效率提高，旨在优化客户关系，使其产生更大的价值。当客户与一个企业建立业务关系时，他们期望获得特定的价值回报。当这些期望得到满足时，他们才会保持并发展这种关系。企业不但要提供足够的价值来吸引客户，而且为了能留住客户，企业要比竞争对手更加彻底地满足客户的要求，以达到客户的期望。

4.4.1　客户关系管理系统的产生

客户关系管理理念是随着现代市场营销思想的发展而形成并得到发展的。现代市场营销的主要思想是识别客户的具体要求，然后优化利用各种资源，为客户提供需求，并达到最大的客户满意度，最终得到客户的回报。客户关系管理系统为识别客户的需求提供了直接与间接的手段，而客户关系作为一种可以利用的资源，为客户关系管理系统的发展提供了巨大的发展动力。

客户关系管理系统的产生是信息技术与市场营销的科学理念相结合的产物，在企业经营管理的生命周期里，销售是企业实现最终利润转化的手段，销售的参与者包括企业（卖家）和客户（买家），企业为了实现市场的稳定性和可发展性，把经营管理的重心由生产向客户转移，这是企业和客户的共同需求。因此，客户关系管理系统的产生主要与下面的因素有直接的关系。

1. 供需双方的要求

在人类生产能力有限的时期，由于企业生产的产品不能过多地满足客户的需求，这个时期产品供小于求，企业完全可以按照自己的理念去生产产品，不用过多地担心产品的销售问题。而现在的一个普遍现象是，在很多企业中，销售、营销和服务部门的信息化程度越来越不能适应企业发展的需要，产品供大于求，越来越多的企业必须提高销售、营销和服务部门日常业务的自动化和科学化程度，这是客户关系管理系统适用于企业的原因，具体如下。

（1）企业的销售人员很难从市场部提供的客户线索中找到真正的客户，当销售人员出差在外的时候，不能看到企业内部的信息资料，要花费大量的时间和精力收集和整理更多有效的客户信息。

（2）营销人员花费了大量的时间和精力去发展新客户，但营销人员并不清楚这些客户有多少与企业进行了联系或业务往来，他们要不断地研究每个客户的需求，要发展新客户，办事效率明显低下。

（3）客户在购买某些产品时，会经常从同一个企业得到两份甚至更多份的产品报价，产品相同，报价却不同，或者是相同的报价出现多份，给客户带来了极大的困惑：到底哪一份报价是真的？哪一份更值得相信？客户是在和几个企业打交道？

在充满竞争的市场上，如何抓住客户、留住客户、维持客户的忠诚度、保持市场竞争力，是所有企业关心的问题。能赢得和留住客户的唯一方法就是更加关注客户的需求。企业需要建立完善的客户管理体系，保持客户对企业的高度信任。完善的客户关系管理系统对客户也具有极大的吸引力。

2. 先进的信息管理技术

随着计算机技术、通信技术和网络应用的不断发展，企业通过计算机管理企业信息成为可能。从20世纪中后期开始，人们将计算机技术应用于企业的信息化处理上，人类进入了信息化时代。

1）信息技术的发展

信息技术是客户关系管理系统的基础，只有将信息技术与客户关系管理系统结合起来，才能发挥信息技术的作用。信息技术一般包括计算机硬件技术、计算机软件技术和数据通信技术。

自1946年第一台电子计算机诞生以来，计算机的发展经历了从20世纪50年代的真空电子管计算机、60年代中期的晶体管计算机、60年代中期至70年代末的集成电路计算机、70年代末至今的大规模和超大规模集成电路计算机等几个时代。计算机硬件技术的快速发展使其应用领域不断扩大，包括绘图、通信、工程、教育、决策支持等。

计算机软件技术包括系统软件技术和应用软件技术。系统软件中最基本的是操作系统，其能够提供稳定、高效的计算机应用；应用软件在企业管理中的应用主要是管理信息系统，其能为企业提供一体化的企业解决方案，满足企业的管理要求。

数据通信技术是信息技术的另外一个重要组成部分。数据通信是 20 世纪 50 年代后期随着计算机的广泛应用而发展起来的。数据通信系统是以计算机为中心，结合分散在远程的终端装置或其他计算机，通过通信线路彼此连接起来，进行数据的传输、交换、存储和处理的设备总称。数据通信系统主要由中央处理装置、终端设备、通信线路及相关设备等部分组成。

2）数据处理技术的提高

数据处理指把来自科学研究、生产实践和社会经济活动等领域的原始数据，用一定的设备和手段，按一定的使用要求，加工成另一种形式的数据。数据处理技术的发展从早期的磁带存储到后来的计算机文件处理，有了很大的改变。现代的数据仓库技术基本成熟，其将复杂的算法应用于企业管理中，能够从大量的数据中得到有用的信息，为企业的管理决策提供了有力的技术保障。

3）数据库技术的成熟

数据库是以一定的组织方式存储在一起的相关数据的集合，它能以最佳的方式、最少的数据冗余为多种应用服务，程序与数据具有较高的独立性。比较常用的数据库管理系统有 DB2、Oracle、SQL Server、MySQL 等。数据库技术的稳定与成熟，为使用计算机软件管理企业提供了数据的稳定性、可移植性、高效性、智能性，为客户关系管理系统甚至是 ERP 系统的发展奠定了坚实的基础。

在信息管理技术高速发展的同时，企业的通信成本下降，互联网的广泛使用使企业以一个集成平台去面对所有的客户，实现对客户信息的管理。

客户关系管理系统的产生与信息技术的发展是密不可分的。

3. 管理理念的更新

如前所述，随着市场经济的不断发展，一些先进的企业已经将工作重点从以产品为中心向以客户为中心转移，“顾客就是上帝”不再是一句空话。客户关系管理系统的产生，使企业需要更新管理理念、改变原有的管理方式、重新设计业务流程，企业原有的销售架构、部门、分公司、办事处岗位的职能都需要重新设计，还有可能涉及销售体系与物流体系的分离、第三方物流的引入、供应链上分布库存的控制策略调整等。企业应增强对数据的管理和多渠道的客户互动，更好、更快地满足客户需求，提高客户满意度。

4.4.2　客户关系管理系统的基本功能

客户关系管理系统在企业中的应用使企业在采购、销售等环节的管理方式和管理过程发生了较大的改变。客户关系管理系统主要涉及企业的市场、销售和服务等管理部门。以加工制造业企业为例，客户关系管理系统的基本功能可以归纳为三个方面：对采购、销售、营销和客户服务等业务流程的信息化；与客户进行沟通所需手段的集成和自动化处理；对客户的相关信息进行加工处理，为企业的战略决策提供支持。

下面以加工制造业为例，说明客户关系管理系统一般包括的基本功能，并进行简单的文字说明。

（1）客户管理。客户管理是客户关系管理系统最基本的功能，主要包括对客户基本信息的维护、对与客户相关的基本活动和活动历史的管理、订单的输入与跟踪、建议书和销售合同的生成等。

（2）联系人管理。联系人管理的主要功能包括：联系人概况的记录、存储和检索；跟踪和客户的联系，如时间、类型、简单的描述、任务等；客户的内部设置概况的查询；等等。

（3）时间管理。时间管理的主要功能包括：对工作日历的维护；活动的计划和实现；对冲突的提示；团队事件的计划和查询；活动备忘录管理。

（4）潜在客户管理。潜在客户管理的主要功能包括：业务线索的记录、升级和分配；销售机会的升级和分配；潜在客户的跟踪；等等。

（5）销售管理。销售管理的主要功能包括：组织和查询销售信息；生成销售业务的阶段报告，并给出业务所处的阶段、成功的可能性、历史销售状况评价等信息；对销售业务给出战术、策略上的支持；维护地域信息；把销售员归入某一地域并授权；销售区域的重新设置；根据利润、领域、优先级别、时间和状态等标准，制定关于将要进行的活动、业务、客户、联系人和约会等方面的报告；提供类似公告板的功能，可张贴、查询和更新销售经验与销售技能；销售费用管理；销售佣金管理；等等。

（6）电话营销和电话销售。电话营销和电话销售的主要功能包括：电话本信息维护；生成电话列表，并把它们与客户、联系人和业务建立关联；把电话号码分配给销售员；记录电话细节，并安排回电；电话营销内容草稿维护；电话录音，同时给出书写器，用户可进行记录；电话统计和报告；自动拨号。

（7）营销管理。营销管理的主要功能包括：产品和价格配置；在进行营销活动（如广告、邮件、研讨会、网站、展览会等）时，能获得预先定制的信息支持；将营销活动与业务、客户、联系人建立关联；显示任务完成进度；提供类似公告板的功能，可张贴、查找、更新营销资料，从而实现营销文件、分析报告等的共享；跟踪特定事件；安排新事件，如研讨会、会议等，并加入合同、客户和销售代表等信息；信函书写、发送批量邮件，并与合同、客户、联系人、业务等建立关联；邮件合并；生成标签和信封。

（8）客户服务。客户服务的主要功能包括：服务项目的快速录入；服务项目的安排、调度和重新分配；事件的升级；搜索和跟踪与某一业务相关的事件；生成事件报告；服务协议和合同维护；订单管理和跟踪；问题及其解决方法的数据库维护。

（9）呼叫中心。呼叫中心的主要功能包括：呼入和呼出电话处理；互联网回呼；呼叫中心运行管理；软电话维护；电话转移；路由选择；报表统计分析；管理分析工具；通过传真、电话、电子邮件、打印机等自动进行资料发送；呼入和呼出调度管理。

（10）合作伙伴关系管理。合作伙伴关系管理的主要功能包括：对公司数据库信息设置存取权限，合作伙伴通过标准的Web浏览器以密码登录的方式对客户信息、公司数据库、与渠道活动相关的文档进行存取和更新；合作伙伴可以方便地存取与销售渠道有关的销售机会信息；合作伙伴通过浏览器使用销售管理工具和销售机会管理工具，如销售方法、销售流程等，并使用预定义的和自定义的报告；产品和价格配置。

（11）知识管理。知识管理的主要功能包括：在站点上显示个性化信息；把一些文件作为附件贴到联系人、客户、事件概况等文件上；文档管理；对竞争对手的 Web 站点进行监测，如果发现变化，会向用户报告；根据用户定义的关键词对 Web 站点的变化进行监视。

（12）商务智能。商务智能的主要功能包括：预定义查询和报告；用户定制查询和报告；可看到查询和报告的结构化查询语言（structured query language，SQL）代码；以报告或图表形式查看潜在客户和业务可能带来的收入；通过预定义的图表工具进行潜在客户和业务的传递途径分析；将数据转移到第三方的预测和计划工具；生成柱状图和饼图工具；系统运行状态显示器设置；能力预警。

（13）电子商务。电子商务的主要功能包括：个性化界面、服务设置；网站内容管理；店面维护；订单和业务处理；销售空间拓展；客户自助服务；网站运行情况的分析和报告。

4.4.3　客户关系管理系统与 ERP 系统的集成

客户关系管理系统是一种新型的企业战略和管理手段，客户关系管理系统提供了从识别客户、生成有需求的客户，到销售结束、订单产生及售后服务的完整的信息，使企业销售、服务与支持的非自动化的业务流程实现了自动化，使各个环节中离散的流程变为汇总和协调的流程。客户关系管理系统与 ERP 系统的无缝集成，将会产生良好的效果，客户关系管理系统在开拓市场、吸引客户、减少销售环节、降低销售成本、提高企业运行效率等方面比单纯的 ERP 系统的运用能带来更大的效益。

计算机软件系统之间的集成要充分考虑到各个软件系统的特点、功能、相同点和不同点，ERP 系统与客户关系管理系统都是为企业经营管理服务的，这是它们的相同点，不同点是 ERP 系统重视企业的所有管理流程，而客户关系管理系统的专长是营销、销售、服务与支持功能，为了成功地实现集成，并发挥各自软件系统的功能，集成主要从数据和流程两个方面完成。

1. 数据的同步更新

管理系统软件在应用中，最重要的不是程序的功能强大与否，而是数据，数据记录了企业经营管理的全部。为了保证两个系统的数据的一致性，当在客户关系管理系统前端数据库中录入相关数据时，其数据一定要在 ERP 系统的后台数据库中得到更新，数据的变化必须是同步进行的，这种情况一般发生在客户关系管理系统的销售订单、客户服务功能与 ERP 系统的销售、财务等功能之间的数据交换中，还发生在与供应链系列模块的数据交换中。

一般来说，两个系统不可能共享同一个数据库，因此，在一个系统的数据库中更新数据的同时，一定要更新另外一个系统的数据库，这种更新必须及时、准确。在企业进行数据处理时，一旦两个系统的数据不一致，就会导致管理混乱，也就失去了两个系统集成的意义。

实现客户关系管理系统与ERP系统的集成、保持数据的同步更新，需要在两个系统之间创建中间件，使用统一的接口将二者集成起来。现代计算机软件技术已经能够解决该方面的问题。

2. 业务流程的集成

从理论上讲，ERP 系统和客户关系管理系统之间存在一定的依赖关系，并且互相支持。ERP 系统在生产管理方面降低了产品成本、提高了利润，而客户关系管理系统在客户关系管理方面有所突破，将客户放在企业生产经营的中心位置，最大限度地利用客户的资源，增加了销售额，降低了销售和采购成本，提高了企业效益。

在技术上，ERP 系统和客户关系管理系统可以分享共同的组件、工具和商业规则，简化系统存储和协作，如在财务管理、销售订单管理、采购管理和库存管理等模块上进行集成，使企业能够在不同系统之间进行数据分析工作，实现商务智能的目标。

需要指出的是，两个或者更多的系统软件实现无缝集成是相当困难的，随着人们对客户关系管理系统的重视，一些大型软件公司在自己的ERP系统中内嵌了客户关系管理系统组件，由于在软件设计之初已经充分考虑了客户关系管理系统的应用，在使用时，可以实现数据的同步更新、业务流程保持一致，出现错误的可能性也大大降低了。

【复习思考题】

1. 采购管理的作用是什么？
2. 采购管理的业务流程是什么？
3. 库存管理的业务流程是什么？
4. 销售管理的业务流程是什么？
5. 客户关系管理系统的基本功能是什么？

中篇　ERP 系统篇

第5章 信息系统概述

| 学习目标 |

- 掌握数据、信息和知识的基本概念及三者之间的关系。
- 掌握信息系统的定义、系统的特征、信息系统的分类。
- 掌握信息系统的层次结构、功能结构、物理结构和软件结构。
- 掌握信息系统与伦理的关系。
- 掌握信息系统的安全威胁及保障措施。

| 思政目标 | 科学素养 学科交叉 底线思维 遵章守纪

导引启示

XX等非法获取计算机信息系统数据案①

XX曾于2012～2014年在北京某大型网络公司工作，YY供职于该大型网络公司运营规划管理部，两人原系同事。被告人MM系XX的商业合作伙伴。

因工作需要，YY拥有登录该大型网络公司内部管理开发系统的账号、密码、Token令牌（计算机身份认证令牌），具有查看工作范围内相关数据信息的权限。但该大型网络公司禁止员工私自在内部管理开发系统查看、下载非工作范围内的电子数据信息。

2016年6月至9月，经事先合谋，YY向XX提供自己所掌握的该大型网络公司内部管理开发系统的账号、密码、Token令牌。XX利用YY提供的账号、密码、Token令牌，违反规定多次在异地登录该大型网络公司内部管理开发系统，查询、下载该计算机信息系统中存储的电子数据。后XX将非法获取的电子数据交由MM通过互联网出售牟利，违法所得共计37 000元。

超出授权范围使用账号、密码登录计算机信息系统，属于侵入计算机信息系统的行为；侵入计算机信息系统后下载其存储的数据，可以认定为非法获取计算机信息系统数据。

ERP系统作为涵盖企业主要经营管理业务数据的信息系统，其中的数据是进行管理、控制和决策的重要依据，应具有保密性和安全性，数据的获取应在相应的权限范围之内，更不允许通过非法手段获取数据并从事违法犯罪活动。作为从事信息管理工作的人员，应当遵章守纪、掌握信息伦理，防范意外或人为地破坏信息系统的运行，维护正当的信息活动，保障信息系统安全运行。

---

① 资料来源：www.163.com/dy/article/HUBONEC80553S8MX.html。

本章关键词

数据、信息和知识　　信息系统　　信息伦理　　信息安全

5.1 数据、信息和知识

信息化是当今经济发展和社会生活的重要特征，借助于信息技术和信息系统，可以优化管理决策，提高企业生产与经营的效率和效益，改造传统产业，以信息化带动工业化，最终达到推动经济增长的目的。

现代化的管理需要借助信息系统支持日常的工作，企业自身也需要不断变革管理方式以满足信息时代的新需求。企业需要信息系统（如 ERP 系统）来处理经营中的一些基本运作，如数据收集、交易处理以及创建报表等，需要网络共享数据、支持协同工作以及建立与客户和供应商的联系，以支持新的商业模式，还需要改变企业自身的管理方式来适应信息时代的要求。数据、信息和知识是信息系统的最基本术语。

5.1.1 数据

数据是信息系统处理的基本对象，是指那些未经加工的事实，用于描述客观事物的属性。数据是人们为了反映客观世界而记录下来的可以鉴别的符号，它没有特定的背景和意义，不提供对事件的判断和解释。例如，甲企业向乙企业以每吨 711 元的价格采购铁矿石 100 吨，采购业务涉及产品名称、采购单价、采购数量、供应商信息、交货时间等，这些都是描述这笔业务的数据。又如，“110”是一个数字，在没有特定背景的情况下，可以将其理解为公安报警电话号码，也可以将其理解为一个二进制数（转换成十进制为 6）、110 米跨栏的直道距离等。

数据按照类型可以分为数值数据、字符数据、图表数据、音频数据和视频数据等，甚至可以是高、矮、胖、瘦等特性数据的模糊数据。数据需要用具体的载体来记录和描述，用于记录数据的媒体具有多样性，如纸张和现代技术中多采用的存储媒体（硬盘、光盘等）。只有通过一定的媒体加载后，才能对数据进行存取、加工、传递和处理。当前，数据已经渗透到所有行业和领域，成为重要的生产因素。

近年来，大数据已成为信息领域一项颠覆性的技术，只有对海量数据进行深入挖掘和利用，将其转变成能够帮助管理者进行科学决策的信息，才能实现其真正价值。管理并利用好重要的数据资产，使其为个人生活、企业决策乃至国家治理提供辅助，是现阶段信息行业面临的重要挑战。麦肯锡全球研究所将大数据（big data）定义为一种规模大到在获取、存储、管理和分析方面大大超出传统数据库软件工具能力范围的数据集合。维基百科对大数据的定义突出地强调，大数据的数据量规模巨大，通过人工在合理时间内无法截取、管理、处理并整理成为人类所能解读的信息。IBM 将大数据的特征归纳为 4 个“V”：大量（volume）、多样（variety）、高速（velocity）和真实（veracity）。

5.1.2　信息

信息是信息系统处理的核心内容，如果将信息系统比喻为组织的神经系统，信息则是神经系统所传递的具体内容。信息是数据加工后的结果，对特定的使用者而言具有意义和价值，能够对使用者的行为和决策产生影响。在经济管理学中，信息泛指提供决策的有效数据。

为了更好地理解信息，我们需要深入地了解信息的特征，信息具有以下特征。

（1）客观性：信息客观地反映了事物的状态和特征，由于事物的运动、发展和变化是不以人的意志为转移的，因此反映这种客观存在的信息，同样带有客观性。信息必须是符合现实的，客观性是信息的第一和最基本的属性。

（2）时效性：信息是对事物运动状态和变化的历史记录，总是先有事实后有信息。一般而言，信息的使用价值与时间成反比，时间越久，信息的使用价值越小，直到信息的使用价值衰减至完全消失。

（3）共享性：信息可以多次被多方共享，信息本身可以扩散、传递，可以从一个信息源传递至多个接收者，并被多个接收者共享，通过信息交流能够使信息价值倍增。共享性是信息独有的特性，信息不会因为共享而消失，这是信息与物质和能量的本质区别。

（4）传递性：信息可以通过各种通信方式进行传递，其传输成本远远低于传输物质和能源。尤其是互联网的迅速发展和普及，使信息的传递不受时间和空间的限制，传递形式不断完善，传递更加及时和便捷。信息的传递性加速了资源的交流与共享。

（5）层次性：管理是分等级的，不同等级的管理活动需要使用不同类型的信息，因此信息也是分层次的。一般将管理活动分为战略级、管理级和作业级，不同等级管理活动的信息来源、信息性质、信息频率、信息精度均存在明显的差异，需要区别处理。

（6）价值性：信息是重要的资源，是价值与使用价值的统一。信息的使用价值是指信息能够满足人们特定的需求，例如，信息能够帮助人们决策、学习、研究等。信息的价值体现了信息的社会属性，可以根据获得信息所需要的劳动量及使用效果来计算。信息的使用价值必须经过转换才能获得。

数据与信息的区别在于：数据是信息的表达形式，而信息是数据表达的内容，数据有向信息转化的实际需求。例如，将企业的历年销售数据进行处理，按照客户名称对销售数量进行分类汇总，然后进行排序，对排序结果进行分类，即可筛选出排名在前十位的客户作为企业的重要客户，排名居中的为中等客户，其余的为小客户。针对不同客户类别实行不同的销售策略，这样就实现了数据向信息的转化。

5.1.3　知识

知识是一种包含结构化经验、价值观念、关联信息及专家见识等要素的动态混合体，是在信息基础上经过进一步提炼的“有价值”的东西。知识产生于人们对客观世界的认知过程，并被应用于人们改造客观世界的活动。知识是对客观世界更高层次的理解，能够预测和指导未来的活动，其价值在使用过程中得以体现。合理的知识利用可以转化为生产力。

按照知识的存在形态可以将知识分为显性知识和隐性知识。显性知识（已定型信息）是指用语言能明确表达出来的可编码化、可结构化的知识，如各种规章制度、业务手册、设计图纸等。隐性知识（非定型信息）是指存在于人们头脑中的个人经验、观念等隐含化知识。由于隐性知识难以用较为简单的方式表达出来，难以传递与交流，因此其内涵比显性知识复杂，个性化程度高，包括主观的理解、直觉、预感和经验等。

调查显示，企业中不同种类的显性知识总和大于存在于员工头脑中的隐性知识。过去，人们重视对文字资料、图纸等显性知识的管理，而忽略了对隐性知识的管理。然而，随着知识经济的到来，信息和知识取代了资本和能源，成为创造财富的主要因素。深入挖掘和有效地存储、利用隐性知识，具有重要的意义。

数据、信息和知识这三个概念之间存在何种关系？事实上，当事件发生时便产生了数据，数据经过加工处理后才能转化为信息，决策者会依赖获得的信息做出决策，这就是数据变成信息并提供决策依据的过程。而知识则侧重于使信息之间建立因果联系或获得规律，是对大量的信息进行理解、认识并经过重新组织和系列化而形成的。以车间生产为例，100 件废品只是一个数据，但如果将其折算成废品率，与规定废品率水平进行比较，发现废品率超过规定值，从而引起质量管理部门的重视，查找原因并采取改进措施，这一信息对质量主管的决策产生了影响，这时废品率数据便转化为信息。质量主管经过调查分析发现，当某类设备使用年限超过 3 年或工人连续加班时，废品率就会上升，进而找到废品形成的主要原因并总结出规律，这时信息就转化为知识。

可见，数据、信息和知识之间是依次递进的关系，分别从语法、语义、语用三个层面反映了人们认知深化的过程。同时，数据、信息和知识之间是相互作用的。此外，情报是信息的特殊子集，是具有机密性质的特殊信息。数据、信息和知识之间的关系如图 5-1 所示。

图 5-1 数据、信息和知识之间的关系

5.2 信息系统和管理

信息系统满足系统的基本要求，具有系统的基本特征，我们首先对系统的概念及特征进行准确的界定。

5.2.1 系统概述

“系统”一词源于古希腊语，用以表示“群体”和“集合”等抽象概念。古希腊哲学家德谟克利特在其所著的《宇宙大系统》中最早采用“系统”一词。我国学者钱学森认为，系统是由处于一定环境中的相互联系和相互作用的若干部分结合而成，并为达到整体目的，具有特定功能的有机整体。我们可以从以下三个方面理解系统的概念。

（1）系统由若干要素组成。这些要素可能是一些个体、元件、零件，也可能其本身就是一个系统（或称为子系统）。例如，运算器、控制器、存储器、输入/输出设备组成了计算机的硬件系统，而硬件系统又是计算机系统的一个子系统。

（2）系统的要素之间具有结构。一个系统是其构成要素的集合，这些要素相互联系、相互制约。系统内部各要素之间相对稳定的联系方式、组织秩序及失控关系的内在表现形式，就是系统的结构。例如，钟表是由齿轮、发条、指针等零部件按一定的方式装配而成的，但一堆齿轮、发条、指针随意放在一起不能构成钟表；人体由各个器官组成，但各个器官简单拼凑在一起则不能构成一个有行为能力的人。

（3）系统具备一定的功能，或者说系统具有一定的目的性。系统的功能是指系统在与外部环境相互联系和相互作用中表现出来的性质、能力与功能。例如，信息系统的功能是进行信息的收集、传递、存储、加工、维护和使用，辅助决策者进行决策，帮助企业实现目标。

系统在实际应用中总是以特定系统出现的，如消化系统、生物系统、教育系统等，其前面的修饰词描述了研究对象的物质特点，即“物性”，而“系统”一词则表征所述对象的整体性。对某一具体对象的研究，既离不开对其物性的描述，也离不开对其系统性的描述。

这样的系统（又被称为动态系统）包含三个相互关联的基本要素或功能。

（1）输入（input）：是指获取和收集要输入系统并加以处理的元素。例如，为了便于系统处理，原材料、能源、数据和人的努力等要素必须是固定的和有组织的。

（2）处理（processing）：是将输入转换为输出的过程，如生产过程、人的呼吸过程和数学计算过程。

（3）输出（output）：是指将系统转化过程所产生的元素传递给特定的接收者。例如，产成品、人类服务与管理信息等必须传递给系统用户。

如果再增加反馈与控制这两个要素，系统的概念将变得更加有用。带有反馈与控制要素的系统称为控制系统，即可以实现自我控制与自我调整的系统。

反馈（feedback）是关于系统行为特征的数据。例如，销售业绩数据对销售主管而言就是反馈信息。

控制（control）是对反馈数据进行监控和评价，以确定系统是否向着目标前进。控制功能可以对系统的输入和处理要素做出必要的调整，以确保系统产生正确的输出。例如，销售主管在评价销售业绩等反馈信息后，可以将销售人员派往新的销售地区，从而实施销售控制。

5.2.2　系统的特征

系统的特征可以归纳为以下几点。

（1）目标性：一个系统有一个总目标，组成这个系统的各个要素都为实现这个系统的目标而服务。可以根据系统的可分性，对系统目标进行分解，各个子系统只要确保相关子系统功能的实现，就能保证系统总目标的实现。

（2）整体性：系统整体功能不是各个组成要素功能的简单叠加，而是呈现出各个组成要素所没有的新功能，作为集合的整体的功能比所有子系统的功能之和要大。

（3）层次性：系统组织表现出等级性，系统要素中存在子系统，子系统的要素中包含更低一层的子系统，由上至下组成金字塔结构，逐层具体化。结构化方法就是考虑到系统的层次性，采取从抽象到具体的逐步求精的方法对系统进行研究。

（4）可分性：复杂系统可以分成较小的系统，较小的系统又可以再分解，直到分解的子系统易于求解为止。

（5）相关性：系统内部各要素是相互作用、相互联系的。如果某一要素发生了变化，则对应的与之相关联的要素也应进行相应的改变和调整，以保持系统整体的最佳状态。

（6）稳定性：在外界作用下的开放系统具有一定的自我稳定功能。系统能够在一定范围内自我调节，从而保持和恢复原来的有序状态、结构和功能。稳定不是绝对的，而是在发展中求稳定。

（7）突变性：系统状态的变化，也称为"相变"，是指系统通过失稳，从一种状态进入另一种状态的过程，它是系统质变的一种基本形式。系统中要素的平衡是相对的，不平衡才是绝对的，因此突变经常发生，也成为推动系统发展的非平衡性因素。

（8）环境适应性：一个开放的系统要生存下去，必须适应环境的变化。可以通过调整或改变内部的要素组成比例、要素之间的关系甚至要素的组成等，使系统克服"刚性"以适应环境。

5.2.3 信息系统的概念

我们可以从不同的角度去定义和解释信息系统这一概念。从应用的角度出发，由于信息系统所处理的信息内容不同，因此具有不同的内涵。例如，电子类专业定义的信息系统是指对电子信息进行处理的系统，除此以外，还有气象预报信息系统、地理信息系统、新闻信息系统、管理信息系统等。

在管理领域，信息系统是指对经营、管理方面的信息进行加工和处理的系统，这种用于经营管理方面的信息系统也称为管理信息系统：近年来，随着管理信息系统概念的不断拓展，管理信息系统有了广义和狭义之分。国外有关管理信息系统的近期著作大多用信息系统一词代替早期的管理信息系统，信息系统成为广义的管理信息系统的代名词。广义的管理信息系统包括各种形态、各种模式的用于经济和管理领域的计算机信息系统。而在另外一些场合中，例如，在描述信息系统结构时，管理信息系统又被赋予了狭义的含义。狭义的管理信息系统常常指为组织内部管理层服务的计算机信息系统，是信息系统的一种。

5.2.4　信息系统的分类

管理领域的信息系统按照服务对象分类，可分为国家经济管理系统、ERP 系统、事务型管理信息系统、行政机关办公型管理信息系统、专业型管理信息系统、综合型信息系统等。

（1）国家经济信息系统：是一个包含各综合统计部门在内的国家级信息系统，如国家统计局的经济信息统计系统，可进行各种数据查询，包括地区数据查询、年度数据查询。

（2）ERP 系统：ERP 系统面向工厂、企业，主要进行管理信息的加工处理，是一类最复杂的管理信息系统，一般应具有对工厂生产监控、预测和决策支持的功能，如金蝶系统、用友系统等。

（3）事务型管理信息系统：面向事业单位，主要进行日常事务的处理，如医院信息系统（hospital information system，HIS）、饭店管理信息系统（hotel management information system，HMIS）、学校管理信息系统（school management information system，SMIS）等。

（4）行政机关办公型管理信息系统：是国家各级行政机关办公自动化系统，是实现机关内部各级部门之间，以及机关内外部之间办公信息的收集与处理、流动与共享，最终实现科学决策的信息系统，如教育部、财政部官网。

（5）专业型管理信息系统：指从事特定行业或领域的管理信息系统，如人口管理信息系统、材料管理信息系统、科技人才管理信息系统等。

（6）综合型信息系统：包括运输管理信息系统、电力建设管理信息系统、银行信息系统、民航信息系统、邮电信息系统等。

5.3　信息系统结构

5.3.1　层次结构

企业管理研究专家安东尼（Anthony）认为，经营管理活动可以分成三个层次：战略层、管理层和作业层。由于管理层次的构成和目的不同，每个层次的信息需求也不同。战略层信息系统支持高级管理层进行长期的计划活动，如企业发展目标、市场战略、产品品种等，一般属于非结构化问题，包括经理信息系统（executive information system，EIS）；管理层信息系统支持中层管理人员进行监督、控制、决策和行政活动，受战略管理层所做的目标和策略的限制，对组织的人、财、物等资源进行合理配置，制订具体的实施计划，指导作业层按计划完成工作任务，一般属于半结构化或结构化的决策，包括管理信息系统、ERP 系统和决策支持系统；作业层信息系统负责组织的基本活动和交易，信息量大，数据变动频繁，数据收集汇总的任务比较繁重，工作模式较为固定，一般属于结构化决策，包括知识工作系统、办公自动化系统和事务处理系统，信息系统层次结构如图 5-2 所示。

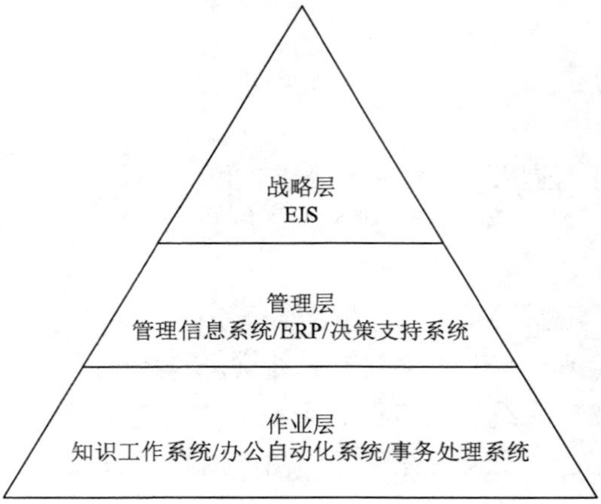

图 5-2　信息系统层次结构

5.3.2　功能结构

任何信息系统都有一个确定的管理目标，管理目标是通过若干功能来实现的，每项管理功能又可以有相对独立的子目标，因此需要设计相应的功能子系统支持其管理决策活动。同时，借助于不同类型的信息交互和联系，各个功能子系统构成一个有机结合的整体，管理信息系统正是完成信息处理的各功能子系统的综合。图 5-3 为信息系统的功能结构，每个子系统分别完成各自的信息处理工作。

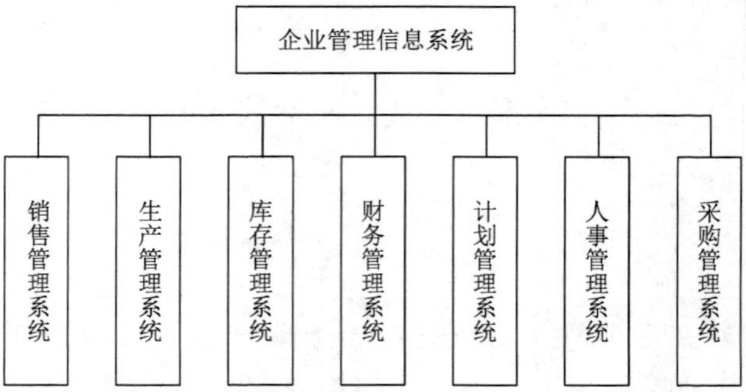

图 5-3　信息系统的功能结构

目前，信息系统的功能子系统通常被设计为悬挂式，每个子系统既可以单独使用，又可以组合成多功能的综合系统。这种悬挂式结构不仅方便用户组合，也极大地方便了系统开发与系统维护。当功能子系统的规模较大时，其可以分解为几个下级子系统。

信息系统是一个密切联系、信息共享、具有反馈能力的闭环系统。因此，信息系统的不同功能子系统之间必须保持内在联系，不要使子系统成为一个个“孤岛”，人为地切断功能子系统之间的信息联系，否则，无法实现资源共享，不能反映系统全貌，管理人员也难以做出正确决策与实施有效控制。

5.3.3　软件结构

管理信息系统的软件由两部分构成，即系统软件和用户软件。目前支持管理信息系统运行的系统软件主要是数据库管理系统。用户软件主要是以数据库管理系统为平台，根据用户的管理需求，由用户或委托软件开发公司设计开发，或直接购买商品化管理软件。图 5-4 展示了一个具有多种职能、信息资源共享、能为不同层次管理者提供信息服务的管理信息系统的软件结构模型。

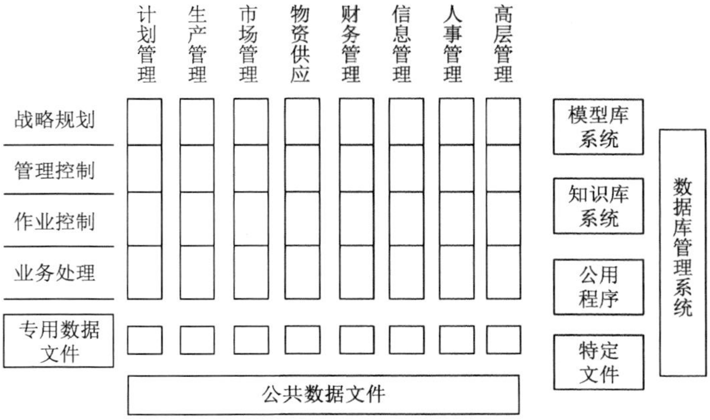

图 5-4　管理信息系统软件结构

图 5-4 中的每一项管理职能均可以构成一个软件子系统，每个软件子系统又可以分为战略规划、管理控制、作业控制和业务处理四个下级子系统。子系统一般通过多种功能来实现其管理目标，复杂的功能通常需要分解为多个简单的功能，每个简单的功能设计成用户系统的一个模块。子系统可以有自己的专用数据文件，由本子系统产生、供其他子系统使用的数据可以存入公用数据文件或特定文件。子系统之间通过公用数据文件或特定接口文件交换数据，实现数据共享。在信息系统中，数据的存储方式分为两大类：分散式和集中式。以银行存款管理系统为例，储户数据分散存储在存款储蓄点的计算机中，中心银行计算机并不直接管理每个储户的具体数据；又如，飞机票、火车票订票系统，数据集中于中央计算机而不是分散存储在订票工作站，以实时控制方式实现旅客订票。若将飞机票和火车票数据分散存储在各工作站，势必会出现两种情况：①不同旅客都预订同一班次的飞机票和火车票；②有的工作站客票剩余，有的工作站客票紧缺。各子系统均可以调用模型库、知识库和公用程序资源为自己服务。

5.3.4　物理结构

管理信息系统的物理结构主要是指系统的硬件组成、连接方式、物理分布以及每个设备所担负的功能等。简单的信息系统为单机系统，通常主要由一个职能部门用于数据处理及事务管理。单机系统的硬件组成主要是计算机及其有关的输入/输出设备，这种系统无法实现不同组织间的信息共享。大中型企业可以构建局域网或广域网，使用通信设备与通信线路将分布在不同地域的计算机系统连接起来，在网络操作系统的控制下实现资源共享。

（1）集中式系统与分布式系统。根据信息系统的硬件、软件、数据等信息资源在空间的分布情况，系统的结构可以分为集中式和分布式两大类型。

信息资源在空间上集中配置的系统称为集中式系统。以配有相应外围设备的单台计算机为基础的系统，通常称为单机系统，是典型的集中式系统。面向终端的多用户系统也是将系统的硬件、软件、数据和主要外围设备集中于一套计算机系统之中，分布在不同地点的多个用户通过设在当地的分时终端享用这些资源。距离较远的用户可以通过通信线路实现与主机的通信。

分布式系统是利用计算机网络将分布在不同地点的计算机硬件、软件、数据等信息资源联系在一起，服务于一个共同的目标，实现相互通信和资源共享，从而形成信息系统的分布式结构。这种具有分布式结构的系统称为分布式系统。

分布式系统的特征为：①可实现不同地点的硬件、软件和数据等信息资源的共享；②各地与计算机网络系统相连的计算机系统既可以在计算机网络系统的统一管理下工作，又可以脱离网络环境利用本地信息资源独立开展工作。

（2）客户机/服务器（client/server，C/S）模式。网络系统上的计算机系统分为客户机与服务器两类。服务器包括文件服务器、数据库服务器、打印服务器、专用服务器等。网络系统节点上的其他计算机系统称为客户机。用户通过客户机在网络系统上向服务器提出服务请求，服务器根据请求向有关方面提供经过加工的信息。客户机本身也承担本地信息管理工作。C/S 模式将信息处理工作分解为两部分，一部分由服务器来实现，另一部分由客户机本身来完成，如图 5-5 所示。

图 5-5　C/S 模式

（3）浏览器/服务器（browser/server，B/S）模式。B/S 模式是广域网兴起后的一种网络结构模式，Web 浏览器是客户端最主要的应用软件。这种模式统一了客户端，将系统功能实现的核心部分集中到服务器上，简化了系统的开发、维护和使用。客户机上只需要安装一个浏览器，如 Netscape Navigator 浏览器或 Internet Explorer 浏览器；服务器安装 Oracle、Sybase、Informix 或 SQL Server 等数据库。浏览器通过 Web 服务器和数据库服务器进行数据交互。B/S 模式如图 5-6 所示。

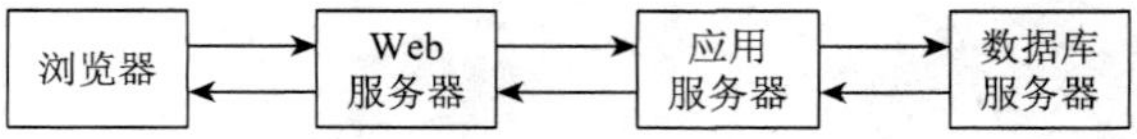

图 5-6　B/S 模式

B/S 模式具有维护和升级方式简单、成本低、配置选择多等优势。目前，软件系统的改进和升级越来越频繁，B/S 模式的产品明显体现出更为便捷的特性。对于一个大中型组织而言，系统管理人员如果需要在几百甚至上千台计算机之间来回奔跑，效率和工作量是可想而知的，但 B/S 模式的软件只需要管理服务器即可，所有的客户端只是浏览器，根本不需要进行任何的维护。无论用户的规模有多大、有多少分支机构，都不会增加任何维护升级的工作量，所有的操作只需要针对服务器进行。如果是异地，只需要服务器连接专网，就可以实现远程维护、升级和共享。客户机越来越"瘦"，而服务器越来越"胖"是信息化发展的主流趋势。今后，软件升级和维护会越来越容易，客户使用起来会越来越简单，这对客户人力、物力、时间、费用的节省是显而易见的。因此，维护和升级"革命"的方式是"瘦"客户机，"胖"服务器。

伴随信息的爆炸式增长，信息筛选的重要性也日渐凸显，"云计算"的概念和应用正在兴起。云计算的主要服务模式有三种，它们分别是基础设施即服务（infrastructure as a service，IaaS）、平台即服务（platform as a service，PaaS）和软件即服务（software as a service，SaaS）。SaaS 是云计算服务模式的一种。SaaS 提供商为企业搭建信息化所需要的所有网络基础设施及软件、硬件运作平台，并负责所有前期的实施、后期的维护等一系列服务，企业无须购买软硬件、建设机房，即可通过互联网使用信息系统。企业根据实际需要，向 SaaS 提供商租赁软件服务。

从最终用户感知的角度，SaaS 模式软件和 B/S 架构软件没有差异，都是通过浏览器访问某个地址进行软件操作来完成业务流程化管理的过程。但从企业感知和技术的角度，SaaS 模式和 B/S 架构完全是两个维度的概念，前者是在 B/S 架构技术的基础上，在线为企业提供按需获取软件服务的全新商务服务模式，SaaS 软件一定是 B/S 架构的，而 B/S 架构的软件却不一定是 SaaS 软件。

5.4　信息系统与伦理

5.4.1　伦理的定义

定义 5-1　美国《韦氏大词典》对于伦理的定义是：一门探讨什么是好、什么是坏，以及讨论道德、责任和义务的学科。"伦理"一词在中国最早见于《乐记》：乐者，通伦理者也。

定义 5-2　伦理一般是指一系列指导行为的观念，是从概念角度上对道德现象的哲学思考。它不仅包含着对人与人、人与社会和人与自然之间关系处理的行为规范，而且也深刻地蕴含着依照一定原则来规范行为的深刻道理。

定义 5-3　伦理是指人类社会中人与人之间，人们与社会、国家的关系和行为的秩序规范。任何持续影响全社会的团体行为或专业行为都有其内在特殊的伦理的要求。企业作为独立法人有其特定的生产经营行为，也有企业伦理的要求。

定义 5-4　伦理是指人们心目中认可的社会行为规范。伦理也用于对人与人之间的关系进行调整，只是它调整的范围包括整个社会的范畴。管理与伦理有很强的内在联系和相关性。管理活动是人类社会活动的一种形式，当然离不开伦理的规范作用。

定义 5-5 伦理是指人与人相处的各种道德准则。生态伦理是伦理道德体系的一个分支，是人们在对一种环境价值观念认同的基础上维护生态环境的道德观念和行为要求。

定义 5-6 伦理是指人与人相处的各种道德标准；伦理学是关于道德的起源、发展，人的行为准则和人与人之间的义务的学说。

信息技术与信息系统会产生个人或社会的伦理问题是因为它们带来了强烈的社会变革，且威胁现存的权力、财富、人权以及义务的分配。就像其他科技，如蒸汽机、电力、电话与收音机等一样，信息技术可以促进社会的进步，但它也可用来犯罪并影响社会价值观。信息技术的发展使许多人获益，同时也使许多人受害。

互联网与电子商务已唤起人们对于信息系统在伦理与社会影响方面的关注。互联网与数字化公司技术让我们更容易搜集、整合并传播信息，也让我们产生对妥善使用客户信息、保护个人隐私权与保护知识产权等方面新的关注。

5.4.2 伦理、社会与政治的关系

伦理、社会与政治三者之间的关系相当密切。信息管理者所面临的伦理难题，通常可由社会与政治的议题反映出来。图 5-7 可供我们思考这三者之间的关系。想象社会是夏天中一个平静无波的池塘，人、社会体制与政治体制在池塘中构成微妙的生态平衡。池塘中的每个人都应知道如何做才是对的，因为社会体制（家庭、教育及组织）已提供了行为规范，并且通过政治的运作制定成法律来规范人们的行为，并严惩违反社会制度的人。现在向池中央掷入一块大石头，想象新的信息技术与系统就是那块巨石，掷向平静无波的社会，会发生什么呢？毫无疑问，是一串串的涟漪。

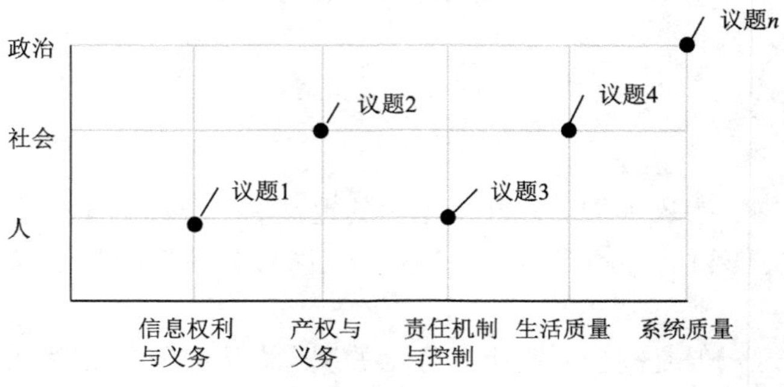

图 5-7 信息技术与系统引起信息社会中伦理、社会与政治的关系议题

信息技术发明以后，个人会面对一些新情况，而社会规则并未涵盖这些情况。而且社会规范也未能迅速地反映信息技术产生的新需求。通常需要数年之后，社会才会慢慢地发展出一套符合人类期望，并足以规范新科技使用的相关礼仪、共同期望、社会责任、“政治正确”态度或可接受准则。政治的制度在法律条文形成前也需要时间，其作用通

常发生于许多实质性伤害造成之后。这时，必须采取行动或去处理这些法律上的“灰色地带”。

信息系统会让利益团体之间彼此对立，造成伦理困境。企业宣称它们有权利使用信息系统来提高生产率、减少人力、降低成本以求生存。被信息系统取代的员工宣称企业有责任照顾他们的生活。企业负责人也许感到他们有监督员工电子邮件与互联网使用的义务，以减少对于生产率的消耗，但员工相信他们可以在上班时使用互联网来代替电话，处理短暂的个人事务。

利用此模式描述伦理、社会、政治三者之间的动态关系，这个模式对于如何确认“信息社会”的伦理维度相当有用，因为它横跨了三个不同层级的行为：人、社会、政治。

5.4.3　信息时代的五个伦理维度

信息系统引发的主要的伦理、社会与政治议题包括下面几个伦理维度。

信息的权利与义务：个人或组织对与其相关的信息具有何种信息权利？这些权利该如何保护？对于这些信息，个人或组织有何义务？

产权与义务：在数字化社会中，追溯和确定所有权有困难且常被忽视，应该如何保护传统的知识产权？

责任机制与控制：如果个人或团体的信息隐私权或产权遭受侵犯，是否可以证实谁可以或应该负责任？

系统质量：数据及系统需要何种质量标准，以保护个人权利与社会安全？

生活质量：在一个以信息与知识为主轴的社会中，应该维护何种价值观？应该维护何种制度免于受到破坏？信息技术又可以为文化价值观与实践提供怎样的帮助？

5.4.4　产生伦理议题的关键技术趋势

在信息技术发明以前，许多伦理议题就已存在于我们的社会中，它们是自由社会中无处不在的关注点，而信息技术的发展趋势尤其为现行社会秩序带来了很大的压力，并使现存法律过时或严重残缺。到底是哪些主要的技术趋势造成这些伦理压力呢？表 5-1 归纳如下。

表 5-1　技术趋势所导致的伦理问题

趋势	影响
计算能力每 18 个月提升一倍； 数据存储成本快速下降； 数据分析技术的进步； 网络技术进步与互联网发展	越来越多的组织依赖计算机系统来处理关键任务； 组织易于维护个人详细的数据库； 公司分析搜集到的大量个人数据来概括出详细的个人行为表现； 从他处复制数据及从远程存取个人数据变得非常容易

计算机的计算能力以每 18 个月提升一倍的速度发展，使大部分的组织纷纷在核心生

产流程中采用信息系统，造成对计算机系统的依赖性增加，而粗劣数据质量造成系统的脆弱性也相对增加。社会规范与法律尚未对此依赖性有所调整，对于确保系统的可靠度与正确性的标准，并未被普遍地接受或执行（参阅第8章）。

数据存储技术快速发展，而存储成本快速下跌，因此不论私人企业还是公共部门都大量地使用数据库以存储个体（如员工、客户和潜在客户）的资料。借助数据存储技术，侵犯个人隐私变得既快捷又便宜。海量数据存储系统非常便宜，连区域或地方性的零售商都可以用它们来记录客户的详细数据。

大型数据库的数据分析技术的发展是引起伦理关注的又一种科技趋势，让公司和政府机构可以找出更详细的个人信息。利用现代数据管理工具，公司可以比以前更容易地搜集和整合个人的大量数据。

人的种种活动都可以在计算机中产生相关的信息，如信用卡消费、杂志订阅、交通行程、网购记录、银行记录等。将这些数据放在一起并且适当地挖掘，除了可得到用户的信用信息外，还可得到驾驶习惯、兴趣、社交行为与政治倾向等信息。

有些想要出售产品的公司会从以上的来源购买相关的消费信息，使它们可以更准确地制订营销计划。厂商在大量不同来源的数据中，利用数据挖掘技术快速地找出客户的购物风格并提出建议。使用计算机整合多处来源的数据，并将之结合及产生个人详细的电子档案，一般称为人物数据画像。

个人与企业广泛使用全球性的数字化高速通信网络，引发了更多的伦理与社会议题。谁必须对网络信息流通负责？个人能否查出自己的哪些资料被搜集？网络对传统的家庭关系、工作或休闲方式造成什么影响？当数百万名员工因为采用移动办公而成为自付薪水的“次级承包商”时，传统的工作流程设计要如何应对？

5.5 信息系统安全

建立在计算机、通信和网络等信息技术基础上的现代信息系统的安全目标是系统的有效运行及信息的安全，这也是信息系统安全管理的目标。随着信息系统应用在企业的生产经营与管理中变得越来越普及，信息系统作为企业实现信息化的基本载体，其安全问题正逐渐成为人们日趋关注的热点。信息系统安全管理是通过对信息的机密性、完整性和可用性等进行管理和保护来组织所有信息资产的一系列活动。

5.5.1 信息系统的安全威胁

1. 信息系统安全的定义

1994年，国务院发布了关于计算机信息系统安全保护的第一部专门法规——《中华人民共和国信息系统安全保护条例》，该条例阐述的信息系统安全是指：“保障计算机及其相关的和配套的设备、设施（含网络）的安全，运行环境的安全，保障信息的安全，保障计算机功能的正常发挥，以维护计算机信息系统的安全运行。”可见，信息系统的安全性就是防范意外或人为地破坏信息系统的运行，维护正当的信息活动，保障信息系统安全运行而采取的一系列安全保护措施。

信息系统安全性可分为实体安全性、技术安全性、信息资源安全性和网络安全性。

（1）实体安全性是指为保障信息系统的各种设备及环境设施的安全而采取的措施，主要包括场地环境、设备设施、供电设施、空气调节与净化设施、电磁屏蔽设施、信息存储介质等的安全。计算机信息系统的实体安全是整个计算机信息系统安全的前提。因此，保证实体的安全是十分重要的。

（2）技术安全性是指在信息系统内部采用技术手段，防止对系统资源的非法使用和对信息资源的非法存取操作。

（3）信息资源安全性是指防止信息资源被故意或偶然泄露、破坏、更改，保证信息使用的完整性、有效性和合法性。它又分为动态和静态两类。动态安全性是指对数据信息进行存取操作过程中的控制措施；静态安全性是指对信息的传输、存储过程中的加密措施。

（4）网络安全性包括两个部分：一是资源子网中各计算机系统的安全性；二是通信子网中的通信设备和通信线路的安全性。

2. 信息系统安全的主要威胁

从目前对信息系统使用的情况来看，计算机信息系统本身存在很多不完善的地方，如应用软件以及系统软件的设计存在不足、软硬件配置不合理、硬件系统存在缺陷、安全管理制度不够完善、对人员的管理不当等。存在的这些不足将给信息系统的安全带来很大的威胁。

威胁信息系统安全的因素很多，具体可以概括为以下几个方面。

（1）自然力及不可抗拒因素。这主要指自然力造成的地震、火灾、水灾、风暴、雷击等以及不可抗拒的社会暴力活动或战争等，这些因素将直接危害信息系统实体的安全。

（2）硬件及物理因素。这主要指系统硬件及环境的安全可靠性，包括机房设施、计算机主体、存储系统、辅助设备、数据通信设施以及信息存储介质的安全性。

（3）电磁波因素。计算机系统及其控制的信息和数据传输通道，在工作中都会产生电磁波辐射，在一定地理范围内用无线电接收机很容易检测并接收到，这就有可能造成信息通过电磁辐射而泄露。另外，空间电磁波也可能对系统产生电磁干扰，影响系统的正常运行。

（4）软件设计及数据因素。软件的非法删改、复制与窃取将使系统软件受到损失，并可能造成泄密。数据信息的存储及传递过程中的安全性是计算机犯罪的主攻核心，是必须加以保护的重点。

（5）计算机病毒。随着计算机技术的发展和计算机应用的普及，计算机病毒目前已成为威胁信息系统安全的最危险因素之一。它通过运行一段有破坏作用的程序来干扰和破坏系统的正常工作，既可以破坏信息系统运行所需的软件和硬件环境，也可以破坏信息系统中的数据资源。由于目前很多新型计算机病毒通常利用系统漏洞和网络来迅速传播，因此对其绝不可掉以轻心。

（6）人为及管理因素。人为因素主要包括以操作失误为代表的无意威胁，如工作人员的误操作使信息被破坏或造成机密信息泄露等，以及以计算机犯罪为代表的有意威胁（恶意攻击）。管理因素主要指是否有严密的行政管理制度和法律法规，以防范人为因素对系统安全所造成的威胁。

5.5.2 信息系统安全保障措施

1. 物理安全技术

物理安全技术是保护计算机设备、设施（含网络）免遭自然灾害（如地震、火灾、水灾、有害气体等）及其他环境事故（如电磁污染等）破坏的措施和过程。物理安全的内容包括：环境安全条件、灾害安全防范与硬件防护、设备安全管理、防电磁辐射。抑制和防止电磁泄漏是物理安全技术的一个重要问题。目前主要的防护措施有两类：一类是对传导发射的防护，主要采取对电源线和信号线加装性能良好的滤波器，减少传输阻抗和导线间的交叉耦合的方式；另一类是对辐射的防护，可采用各种电磁屏蔽措施或干扰的防护措施。

2. 身份认证与鉴别技术

身份认证与鉴别技术是信息系统安全中的第一道防线，是防止非法使用系统资源的重要方法，对信息系统的安全具有十分重要的作用。通过身份认证与鉴别技术，可以防止未经许可的人员进入系统，防止未经许可的人员通过各种违法操作获取不正当利益、非法访问受控信息、恶意破坏系统数据的完整性的情况发生。这是目前各种规范的信息系统普遍采用的安全保护措施。

身份认证与鉴别的方法是，先由系统管理员根据用户的申请和约定，在系统内的用户注册表上登记合法用户的标识符、注册账号、密码以及系统内各种资源的使用权限和优先级等信息，经加密后存入系统。当用户需要进入系统时，输入账号、密码等信息。系统就会将注册表调入内存，与用户输入的内容进行比较、检验，只有全部符合才会确认为合法用户。用户的注册表，系统管理员和用户都有权更改。随着科学技术的进步，鉴别用户合法身份的方法越来越多，除了输入密码的方式外，还有使用动态口令、智能卡、USB Key 等方式，甚至使用指纹、掌形、语言、签名等生物特征进行鉴别。将这些方法组合起来，能更有效地防止大部分的非法用户的入侵。

3. 数据访问控制

合法的用户进入系统后，对资源的使用程度是需要受到一定限制的，只有被授予不同权限的用户，才有资格访问特定的资源、程序或数据，从而确保在资源共享条件下信息的安全性与可靠性。信息系统主要是通过数据访问控制机制来确定什么用户能在什么条件下，可以对什么范围内的系统资源进行什么样的操作。这样一方面使用户在共享系统资源的同时不会因为误操作而对职权以外的数据产生干扰；另一方面可以防范人为的非法越权行为。

数据访问控制的基本方法是对特定用户授予一定的操作权限，即对用户授权。

4. 数据加密技术

数据加密技术是保障信息系统安全的重要方法。非法用户和黑客通过搭线窃听，截取有线线路上的信息，或采用电磁窃听，截取无线传输的信息等。因此采用数据加密技术可以防止存储介质的非法复制、窃取，以及信息传输线路被窃听造成机要数据的泄露，从而实现系统内信息的安全、保密、真实和完整。

数据加密是将信息（明文）经过密钥及加密函数转换，变成无意义的密文，而接收者将此密文经过解密函数、解密密钥还原成原始数据的过程。它通过对信息的重新组合，使得只有收发双方才能解码还原信息，因此，加密实质上是对信息进行一组可逆的数学变换。比较明确的数据加密的概念是：数据加密是将明文信息采用数学方法进行函数转换，变成无意义的密文，只有特定的接收方才能将其解密还原成明文的过程。

5. 防火墙技术

防火墙是设置在两个或多个网络之间的安全隔离，用于保证本地网络资源的安全，通常由包含软件部分和硬件部分的多个系统组成。系统内所有的内外链接都强制性地经过这一保护层，接受检查过滤，只有被授权的通信才允许通过。防火墙作为一道隔离系统网络内外的屏障，其特点是既不妨碍正常信息的流通，同时又对那些不外流的信息进行严格把关，属于一种控制性质的技术。

防火墙是一种被动防卫技术，由于它假设了网络的边界和服务，因此对内部的非法访问很难进行有效的控制。防火墙的局限性也有很多，如不能防范不经由防火墙的攻击、不能防范人为因素的攻击、不能防范防火墙内部受病毒感染的软件和文件传输。

6. 入侵检测技术

随着网络安全风险系数的不断提高，防火墙技术已经不能满足人们对网络安全的需求，入侵检测技术成为防火墙技术的一种补充。入侵检测广义上的定义为“对计算机或网络资源的恶意企图和动作进行识别，并对识别结果做出相应反应的过程”。入侵检测系统通过多种渠道对信息系统和网络环境上的信息进行搜集、整理，据此检测系统或网络环境中是否有违反安全策略规则和被攻击的现象，一旦发现攻击便会自动发出报警信号并采取有效措施，同时将被攻击的过程记录下来，为系统或网络环境的恢复和追踪攻击的源头提供基本的数据依据。

7. 防计算机病毒

《中华人民共和国计算机信息系统安全保护条例》明确定义，计算机病毒是指“编制或者在计算机程序中插入的破坏计算机功能或者破坏数据，影响计算机使用，并能自我复制的一组计算机指令或者程序代码”。其具有可执行性、传染性、隐蔽性、潜伏性、破坏性等特征。目前计算机病毒的防治工作主要以技术手段为主，即研制功能各异的防范计算机病毒的产品，包括软件、硬件和软硬件相结合的产品，为用户提供必要的预防和消除病毒的工具。技术手段主要包括软件预防和硬件预防两种方式。软件预防是指采用病毒预防软件来预防病毒的入侵，如安装病毒预防软件，防止感染病毒。硬件预防是指采用防毒卡等硬件来防御病毒的入侵。

8. VPN 技术

VPN（virtual private network）即虚拟专用网络，是指采用了 TCP/IP 安全技术，借助现有的互联网网络环境，在公开网络环境下建立的逻辑上的组织专用网络。为了保障信息在互联网上传输的安全性，VPN 技术采用了认证、存取控制、机密性、数据完整性等措施，以保证信息在传输中不被偷看、篡改和复制。由于使用国际互联网进行传输相对于租用专线来说，费用极为低廉，所以 VPN 的出现使企业通过互联网既安全又经济地传输私有的机密信息成为可能。可以认为 VPN 是防火墙功能的延续和拓展。

【复习思考题】

1. 简述数据、信息和知识的概念及三者之间的关系。
2. 简述系统的概念及基本要素。
3. 简述系统的特征有哪些。
4. 简述信息系统的分类。
5. 简述信息系统结构有几种。
6. 简述信息时代的五个伦理维度。
7. 简述信息系统安全的主要威胁及保障措施有哪些。

第6章 典型 ERP 系统及选型

|学习目标|

- ➢ 了解 ERP 系统的发展状况。
- ➢ 掌握成熟 ERP 系统的特征。
- ➢ 掌握 ERP 系统选型的基本原则。
- ➢ 掌握典型 ERP 系统的功能及特征。

|思政目标|

家国情怀　　严谨规范　　科学素养　　学以致用

导引启示

乌鸦学老鹰①

鹰从高岩上飞下来，以非常优美的姿势俯冲而下，把一只羊羔抓走了。一只乌鸦看见了，非常羡慕，心想：要是我也能这样去抓一只羊，就不用天天吃腐烂的食物了，那该多好呀。于是乌鸦凭借着对鹰的记忆，反复练习俯冲的姿势，也希望像鹰一样去抓一只羊。

一天，它觉得练习得差不多了，呼啦啦地从山崖上俯冲而下，猛扑到一只公羊身上，狠命地想把它带走，然而它的爪子却被羊毛缠住了，拔也拔不出来。尽管它不断地使劲拍打翅膀，但仍飞不起来。牧羊人看到后，跑过去将它一把抓住，剪去了它翅膀上的羽毛。傍晚，他带着乌鸦回家，交给了他的孩子们。孩子们问这是什么鸟，牧羊人回答说："这确确实实是一只乌鸦，可是自己却要充当老鹰。"

乌鸦想学老鹰，其精神是值得钦佩的，但是乌鸦要认清自己，如果想要蜕变成一只鹰，需要付出异常艰苦的努力，而不只是简单地学习老鹰俯冲下山崖的姿势。它也许要锻炼自己的力量、反复地磨砺自己的爪子、练习自己的眼力，只有这样，乌鸦才有可能抓到羊羔；只有这样，乌鸦才有可能像一只老鹰。

企业在 ERP 选型时，也是同样的道理，不能看到其他企业花费巨资实施 ERP 带来了巨大的经济效益与社会效益，就认为自己这样做也可以成功。由于每个企业在经济、管理、制度、人力等方面存在很大的差异，企业的实力与所处的环境也千差万别，因此企业一定要结合自身的实力和其他因素综合考虑选择适合自己的 ERP 产品。如果企业实施完整 ERP 的条件还不成熟，也可以选择 ERP 的一部分功能先做试点，如先

---

① 资料来源：https://www.peixunla.com/ask/1115124.html。

实施制造资源计划，千万不可盲目照搬别人的实施方案与产品选择。同时企业也要像乌鸦一样，要明白自己为什么不是一只鹰，自己怎样才能变成一只鹰，只有正确地认识自我，最终才可以变成一只翱翔在天空的老鹰，实现企业 ERP 选型与实施的成功，并在企业的竞争中立于不败之地。

本章关键词

ERP 系统选型　　典型 ERP 系统　　金蝶软件　　用友软件

6.1 ERP 系统发展状况

ERP 系统是在企业管理理念与实践的基础上，根据企业生产经营管理的需要，伴随计算机信息技术的兴盛而产生和逐渐发展起来的。20 世纪 90 年代，美国高德纳咨询公司首先提出了 ERP 的概念。简单地说，ERP 系统就是将企业的物流、资金流、信息流进行全面一体化管理的管理信息系统。

6.1.1 ERP 企业介绍

在欧美等发达国家，ERP 系统普及率非常高，已经成为企业生存和发展必不可缺的工具。在发展中国家，很大比例的中大型企业也在应用 ERP 系统。据不完全统计，全球 500 强企业中，有 80%的企业采用 ERP 系统作为管理日常工作流程以及辅助决策的工具。

随着信息化成为企业商业模式的关键手段，在旺盛的市场需求推动下，全球 ERP 软件系统行业呈现出快速发展的势头。与此同时，企业员工工资水平不断上涨，劳动力成本优势逐渐消失，提高管理水平和生产效率成为企业增强竞争力的重要手段之一，这极大地扩大了 ERP 软件的需求。目前，ERP 软件市场保持着持续向前发展的趋势。

我国 ERP 系统行业参与者主要分为跨国 ERP 巨头、民族 ERP 软件领导层、国内 ERP 中产阶层、国内中小型 ERP 软件厂商 4 个层次，主要企业有 SAP、Oracle、用友、金蝶国际软件集团有限公司（以下简称金蝶）等。

国内外主要 ERP 软件厂商及其简介如表 6-1 所示。

表 6-1　国内外主要 ERP 软件厂商及其简介

国家	企业	简介
中国	用友	中国最大的管理软件、ERP 软件、集团管理软件、人力资源管理软件、客户关系管理软件及小型企业管理软件提供商。目前致力于云 ERP
中国	金蝶	金蝶是亚太地区依靠的企业管理软件及电子商务应用解决方案供应商，是全球软件市场中成长最快的独立软件厂商之一，是我国软件产业的领导厂商。目前致力于云 ERP

续表

国家	企业	简介
德国	SAP	全球最大的企业级 ERP 软件供应商，SAP 在 ERP 领域有近 50 年的丰富经验。1992 年进入中国，1995 年子公司在北京成立
美国	Oracle	Oracle 是一个数据库公司，但很早就开始做企业程序。目前，Oracle 开发基于云的 ERP，致力于实现真正的混合作业。1989 年正式进入中国

目前，中国 ERP 软件市场竞争激烈，市场的参与者主要有两大派系，分别是以用友和金蝶为代表的国内本土品牌，以及以 SAP、Oracle 为代表的国际品牌。

本土品牌的逐渐崛起正在成为中国 ERP 市场的主要发展趋势。用友和金蝶拥有在财务软件领域的深厚积累，神州数码具有强大的 IT 分销网络，浪潮软件在烟草、军工等行业占有绝对市场占有率，国产 ERP 软件已经占据中国整体 ERP 软件市场的主要份额。

国际品牌主要占据着中国高端 ERP 软件市场，除 SAP、Oracle 这些传统的 ERP 巨头之外，Infor、微软、Sage、Epicor、QAD、Exact 等国外中等规模的 ERP 厂商在中高端市场也有着较为稳固的市场份额。

从中国 ERP 软件供应商 ERP 业务占比来看，用友、金蝶、致远互联、普联软件等多数企业 ERP 相关业务占比均在 90%以上，而浪潮国际、鼎捷软件虽占比略低，但也在 80%左右的份额，行业多数企业业务较为集中。从区域占比来看，绝大多数企业业务主要布局在中国境内，鼎捷软件在中国境内业务占比仅 47.59%，其主要市场在中国台湾、东南亚地区，聚焦半导体行业，如中国台湾 64%的芯片设计上市公司采用了鼎捷软件的产品。

6.1.2　我国 ERP 的发展

从不同企业的 ERP 业务布局来看，龙头企业用友、金蝶、浪潮国际等针对不同层次的企业，推出了专业级产品满足大、中、小层次企业的特定需求；而部分中小企业专注于集中某个层次的市场或某个特定行业的市场，如畅捷通专注于中小企业市场，普联软件专注于化工、建筑企业市场，远光软件专注于电力能源市场。综合来看，用友、金蝶、浪潮国际综合竞争力较强。

首先，经过多年的普及，ERP 已成为大型企业的标配。在我国，中小企业居多，而 ERP 实施成本过高，技术支撑要求更高，中小企业很难从 ERP 软件中受益。未来，ERP 系统将走向微小型、低成本、简操作，更多地为中小企业服务。随着 ERP 在提升企业管理水平和竞争力方面的重要作用被人们逐渐认识到，越来越多的中小企业将借助 ERP 提升竞争力，这必然导致中小企业 ERP 软件市场的空前繁荣。

其次，云计算的飞速发展，使 ERP 市场开始出现新局面。从全球范围来看，传统 ERP 将被云 ERP 逐渐替代。相比传统 ERP，云 ERP 基本克服了传统 ERP 的缺点。云 ERP 减少了企业的实现成本，这对于中小企业来说尤其重要，而且企业不需要对 ERP 的基础设施进行投入，不需要运营 IT 部门对 ERP 进行维护。这意味着 ERP 软件的价格将会大幅走低，而 ERP 软件价格的走低，又可进一步提升渗透率，从而打开更大的市场空间。近年来，全球云 ERP 占比正迅速提升。

最后，在工业 4.0 时代，企业面对弹性需求和柔性制造的要求，未来 ERP 连接价值链纵向、横向、端到端的所有信息，全面集成企业内部的生产资源，实现智慧化生产，成为智慧化工厂的核心要素。在这些大背景下，未来 ERP 的设计思路会充分借助网络便捷性，将人员沟通互联与企业间的业务行为无缝连接以达到实现企业管理流程自动化与智能化的目的。

6.1.3 ERP 软件类型

在 ERP 理论逐步完善的同时，ERP 系统也逐步成熟、完善。到目前为止，全世界较有名气的 ERP 软件供应商中，国外的有 SAP 公司、Oracle 公司等，国内的有用友、金蝶等，ERP 软件按照应用行业、企业规模、产品应用范围不同的分类标准，可以进行不同的分类，如表 6-2 所示。

表 6-2 ERP 软件类型

划分标准	具体类别
按照应用行业划分	制造业 ERP、流通业 ERP、电力行业 ERP、能源业 ERP、金融业 ERP、建筑业 ERP、媒体业 ERP
按照企业规模划分	大型企业 ERP、中型企业 ERP、小型企业 ERP
按照产品应用范围划分	专用型 ERP、通用型 ERP、行业型 ERP

中国 ERP 软件行业产业链可以分为上、中、下游，如图 6-1 所示，其中上游包括通用软件的开发和相关硬件的制造，软件开发主要包括操作系统、数据库、中间件以及开发工具等的开发，硬件设备主要为服务器、存储系统等；ERP 软件产业链的中游是 ERP 软件供应商，主要提供系统咨询及试用、软件安装、日常运维、售后服务等环节业务；ERP 软件产业链的下游覆盖的行业涵盖各个领域，主要以工业制造业为主。

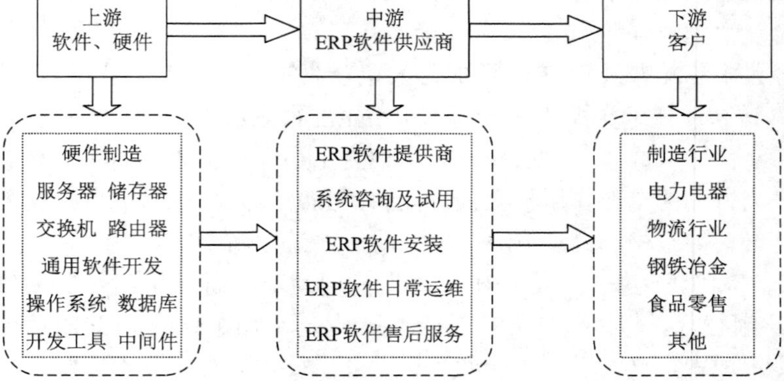

图 6-1 中国 ERP 软件行业产业链结构分析

中国 ERP 软件行业产业链上游硬件设备供应商主要包括华为、戴尔、小米集团、联想、方正科技等提供 IT 设备的企业，软件类企业包括微软、IBM、Oracle、中国软件等提供操作系统、数据库、开发工具、中间件的科技企业；中游 ERP 厂商可以分为外资企业、中资企业，外资企业主要有 SAP、Oracle、Infor、赛捷集团，中资企业包括用友、金蝶、浪潮国际、鼎捷软件等企业；下游客户包括各类行业，如用友的客户包括机械制造的三一重工、民用建材领域的东方雨虹、白酒企业泸州老窖等知名企业。

行业经历过起步阶段、发展阶段、成熟阶段，目前处于转折新起点阶段。从一开始 ERP 仅仅被少部分用户接受，到后来企业主动接纳 ERP 软件，再到 ERP 软件行业化趋势走强，现如今 ERP 软件已经不仅仅局限于企业内部，主流厂商开始提供以 ERP 为核心的套装软件，完整的 ERP 套件已超出了企业范畴，涉及企业、供应商、客户和合作伙伴等领域；而如今的服务方式，不再像以往需购买软件、安装硬件才能使用，云计算让付费更加灵活，服务更加便捷，节约了用户成本，使行业整体经济效益有所提高。

目前，我国 ERP 软件的应用主要集中在制造业中，其他依次为流通行业、建筑行业、电力行业、交通行业、石化行业等。目前，制造行业是 ERP 软件市场的主要贡献行业，其市场份额达到 41%。

然而，尽管餐饮、贸易零售、数码、快销等行业都有企业应用了 ERP，但行业内大面积推广应用还相对较少。而在银行、证券等重要行业中，ERP 应用才刚刚开始。从总体上来说，与欧美发达国家相比，我国 ERP 的应用空间还极为广阔。

6.2　成熟 ERP 系统的特征

大多数用户在 ERP 系统选型中都隐约或笼统地持有这样一个信条：要选择成熟的产品。真正对“成熟”有一个全面的描述却比较困难。对于想选择 ERP 系统的用户而言，成熟产品应具有四个方面的含义。

6.2.1　系统功能成熟

第一个方面的成熟是系统功能的成熟。例如，ERP 系统之类的大型综合管理软件，其功能的成熟需要一个过程。因为在软件研发过程中，研发人员对用户的实际管理需求进行了归纳和建模，但其归纳和建模的过程有一定的片面性，既不能代表用户需求的全部，又很难囊括不同类别的应用模型，甚至很多功能是根据研发人员假设的用户需求做出的开发。因此，刚刚发版的软件拿到企业中实际应用时，必然会有很多不适应的情况出现。因此，好的应用软件不是研发人员开发出来的，而是用户用出来的。应用软件只有在应用过程中结合用户的实际需求反复修改和完善，才能日臻成熟。因此，一款软件从发版到真正成熟需要一段时间。这个与用户切磋和琢磨的过程不能短，越是复杂的应用软件越是如此。从这个意义上讲，打造好的应用软件如同酿酒，窖藏时间越长，酿出来的酒越好。像 SAP 公司这样的 ERP 系统提供商，其最大的核心竞争力正是在不同行业、不同业务领域中经过几十年积累的经验。

功能成熟是用户的基本需求，也最容易被用户感知到。遗憾的是，在 ERP 系统选型过程中，用户往往把功能需求泛化。例如，用户通常会问：系统是否支持多种库存计价方式？几家供应商都回答：支持。于是，用户就想当然地认为：在这个功能点上几家供应商都能给予满足。把需求笼统到这种程度进行功能比较是没有什么意义的，因为这种比较方式不能比较功能的成熟与否。在应用软件这个特殊的领域，不同供应商的产品并没有完全的可比性。但现实生活中，因采购的制度、习惯等原因，企业不得不把大相径庭的两个产品放在一起对比，而对比的过程又极其笼统、粗糙，最后得出“千里马和一般马都是马，都能用”的结论。不同的是，千里马贵，一般马便宜，于是企业可能会选择便宜的产品。因此，对功能深入考察、坚持理性的合理投资是 ERP 系统选型过程中头等重要的事情。一旦选型不慎造成项目失败，用户的损失将会很大，购买软件和系统实施的损失仅仅是冰山一角，用户配套的软硬件投资、人员的投入损失要大得多。如果算上项目失败给用户方相关人员带来的心理阴影和机会成本，那么损失就会更大。

6.2.2 系统性能成熟

第二个方面的成熟是系统性能的成熟。性能问题是容易被人忽视的问题，用户最先关注并且重点关注的是功能，供应商往往花费很大的力气来解决功能问题，但始料未及的是，随着用户使用时间的推移，数据积累越来越多；随着用户业务的开展，并发用户越来越多；随着应用的逐步深入，用户对应用系统的依赖性越来越高；随着用户业务的对外扩张，他们对系统的开放性有了新的要求。这时候，用户会发现性能问题悄悄地从幕后走向前台，并上升为主要矛盾，成为困扰用户的主要问题，系统的开放性、可靠性、效率、易用性等方面的问题纷至沓来。

因此，在开始选型时就要考虑这些问题。以开放性为例，现在的应用软件供应商都非常注重统一平台的打造。例如，用友花费大量力气打造了一些应用平台，如用友 U9、用友 NC 等，平台上定义了统一的接口标准，其作用就像兼容机的主板，不同的应用模块遵循接口标准开发，能够像兼容机的网卡、显卡等板卡一样随时插拔，把各个应用模块作为插件集成到同一个平台上，就实现了应用的集成。这样的软件在开放性上有了明显的改进，企业可以用同一个平台实现整个企业的应用集成。平台也提供了一些接口功能，以方便与那些先期的应用及其他专业的应用对接。

可靠性也是一个会随着时间的推移越来越凸显的问题，包括系统健壮运行的可靠性和数据的可靠性。用户对系统健壮性的要求随用户业务的发展而越来越高，如原来要求知道每周的库存数据，但随着业务的发展，可能需要随时知道库存数据，这一业务要求对系统的健壮性就提出了新的要求。数据的可靠性更是如此，功能再好，数据不可靠仍是致命的问题。

随着用户的业务发展和用户数据的积累，效率问题日益突出。例如，在成百个任务并发的情况下，个人计算机（personal computer，PC）服务器、SQL Server 数据库还能提供稳定的支持，但是如果客户业务发展到上千个并发，数据库和服务器就应升级，这时原有的应用软件能否支持小型机和大型数据库就会是一个很大的问题。另外，在应用不复杂的时候，中间件服务器的效率问题是隐性的，若应用复杂、访问量大，中间件服务器就成为应用瓶颈。

6.2.3　实施顾问成熟

选择功能全面、性能良好的应用软件并不是ERP系统选型的全部，因为购买ERP系统并不像我们购买电视、沙发，取回来就能用，更像是购买了一架钢琴、一辆汽车，只有学会弹琴、学会开车才能有效使用。ERP系统的实施顾问犹如驾校的教练或钢琴课的老师，他的职责是帮助企业顺利导入ERP系统。因此，第三个方面的成熟是指供应商或实施方有成熟的实施顾问。我们经常看到，同样的软件，类似的企业，不同实施顾问的实施效果会有很大的差别，因此，ERP系统实施成功的关键要素很多，实施顾问无疑是较重要的一个因素。

成熟的实施顾问应该体现在三个方面。一是对用户业务的深入理解。如果缺乏对业务的理解，和用户沟通起来会比较困难，难免会拿现成的软件将用户的业务生搬硬套，很难灵活变通，效果自然打折。二是对产品及产品相关技术的熟悉程度。所谓熟能生巧，只有熟悉产品才能巧妙变通，熟悉技术就敢于在现有软件的基础上做一些改造，以适应用户的个性化需求。用户的个性化需求是客观存在的，拿一套软件覆盖很多用户的时代已经一去不复返了，实施顾问需要在实施过程中充分考虑用户的个性化需求，能够在应用上实现变通或者适当地进行用户化开发。三是在项目推进控制上的成熟，也就是项目管理能力。实施顾问要有能力指挥和指导大家工作，要能合理安排好各方面的工作，有效协调资源，及时梳理问题，做好与高层领导者的沟通，营造团队氛围，推进项目顺利进行。

这三个方面的成熟需要在项目实践中不断锻炼，项目管理是实践性较强的学科，实施顾问只有在项目中反复摸索，才能少走弯路，越做越好。就算产品功能成熟、性能可靠，没有成熟的实施顾问，实施效果仍然具有很大的不确定性。

6.2.4　实施过程成熟

第四个方面的成熟是指实施过程的成熟。现在每家ERP系统供应商都有自己的实施方法论，实施方法论是项目管理理论在ERP系统实施中的具体应用、扩展和丰富。好的实施方法论严格地定义了实施的目标、阶段、组织、活动，对每个活动的输入条件、主要工作、工作责任主体、时间、输出成果、风险等都做了全面的定义，就像一本实施“地图册”，照着“地图册”规定的路线走，就会少走弯路。因此，实施过程的成熟至关重要，科学的实施过程编排蕴含了运筹学、管理科学、数字技术等多方面的理论。好的实施过程能有效地控制返工、防范工作遗漏，甚至还会考虑到节奏变化、团队心理等方面的因素，以提高工作效率。

6.3　ERP系统选型的基本原则

ERP系统选型就是选择最适合企业的ERP系统。工欲善其事，必先利其器。选型好比战略，实施则是战术，战略永远高于战术，而选型则是 ERP 系统实施成功的重要基础。企业的业务与市场环境、企业文化、管理方法等诸多方面存在差异，因此无论一个软件系统多么成熟，它的业务覆盖范围多么广泛，企业一定要注意自身的业务与管理特色，不可听信软件供应商的一面之词，必须从务实角度考虑所需要的 ERP 系统。在 ERP 系统选型时，企业一定要非常慎重。

随着软件系统在管理上越来越被企业认可，应用于企业管理的 ERP 系统也越来越多。一些大的软件厂商开始兼并、联合其他厂商，使其规模不断扩大，实力越来越强。国内市场竞争和国外市场竞争也相当激烈，能够真正进入企业视野、被企业选择的供应商能力都比较强。企业在选择 ERP 系统时，也面临着非常多的困惑。本书结合国内外 ERP 系统研究专家的建议，列出几条 ERP 系统选型时的基本原则（排序越靠前的越重要）。

6.3.1 实用性和适用性

实用性指 ERP 系统的功能。ERP 理念起源于西方国家，市场上一些知名的 ERP 系统大都是从一些西方的先进管理模式、大型企业的业务应用发展而来的，因此，对于国内的诸多企业存在一个消化与吸收的问题。企业将 ERP 系统应用于企业的生产经营和日常管理中，就是希望通过 ERP 系统解决传统企业手工作业、分散管理的问题，以使企业快速发展，并能够在当今激烈的市场竞争中立于不败之地。企业的管理者不是采用 ERP 系统对外炫耀自己企业的管理方法，而是依靠 ERP 系统来推动企业的发展，因此 ERP 系统必须实用。功能不在于多，而在于对企业有用；界面不在于美，而在于简单、可操作性强；报表不在于内容丰富，而在于符合业务需求；等等。

适用性指 ERP 系统的规模。不同软件供应商研发的 ERP 系统具有较强的针对性，一般分为高、中、低三级，企业应根据自己的经营规模和未来的发展趋势，选择符合自己企业规模的 ERP 系统。“小马拉大车”或“大马拉小车”都是不合适的，前者是 ERP 系统根本不能满足企业的生产经营和日常管理的需求，后者是企业花费了更多的人力、物力和财力，导致企业负担加重和资源浪费。现在较多的 ERP 系统可以分模块购买和使用，这样在界定规模时，企业就应根据实际需求来定，如果预测企业未来的规模将会扩大，就应选择规模较大的 ERP 系统，待将来企业壮大时，再使用相应的模块，这是一项战略决策，需要企业高层领导者综合考虑，否则对企业的影响是不言而喻的。

实用性和适用性是 ERP 系统选型的根本，回答了企业为什么要应用 ERP 系统、应用什么样的 ERP 系统这样的根本性问题。

6.3.2 符合 ERP 系统标准模式

符合 ERP 系统标准模式表现在软件要符合美国生产与库存控制协会对标准模式的要求，并且要判断软件系统是不是合格的 ERP 系统，有些软件只是停留在物料需求计划级别上。另外，软件的帮助信息、说明文档等也应齐全、符合标准。

6.3.3　技术先进

软件的技术就像建筑楼房时的基础材料，如果基础材料质量不好，就一定不会建造出质量上乘的楼房。现在的软件技术（如.NET、Java 等）都能够满足 ERP 系统的基本要求。但早期的 ERP 系统使用的技术相对落后，如果软件供应商在原有的基础上进行修改，可能会导致系统不稳定，或者在系统升级时出现各种各样的问题。另外，技术的不同可能对企业使用的操作系统平台、客户端、服务器端和网络配置都会产生影响。

6.3.4　服务质量高

软件供应商提供的服务不仅包括在系统实施时提供的服务，更重要的是在系统运行一段时期后，能否提供软件的升级服务、定期巡检服务、应急快速响应服务，以及是否具有经验丰富的服务队伍。有些软件供应商的产品优秀、价格低廉，但企业应用以后，使用一些额外服务就要被收费，企业的成本会随之增加，这对企业的影响是非常大的。

6.3.5　集成度高

系统的集成度是对 ERP 系统的最主要要求，具体表现在以下三个方面。

（1）财务系统与其他系统的集成。例如，应收账款系统、应付账款系统与总账系统的集成；销售订单、发票与应收账款系统的集成；采购订单、发票与应付账款系统的集成等。

（2）ERP 系统应允许数据从某处输入，同时能更新数据库中所有直接或间接依赖该数据的项目。

（3）软件供应商能与其他软件供应商建立伙伴关系，以便具备集成不同产品的技术，提高软件集成度，从而降低系统接口的复杂性。企业在进行选型时，也要考虑到企业本身的现有子系统能不能和 ERP 系统有机集成。一般来说，使用相同技术制作的软件集成起来相对比较容易。

6.3.6　较高性价比

不同的 ERP 系统产品往往有不同的功能、性能和可选特征。价格不能作为 ERP 系统选型的决定因素，在前面几种原则符合的情况下，可以将价格作为一项主要的参考因素。一般实施 ERP 系统的费用的公式为

$$\text{实施 ERP 系统的费用} = \text{软件费用} + \text{二次开发费用} + \text{服务支持费用} + \text{硬件费用} \tag{6-1}$$

企业应正确评估 ERP 系统的价格及使用系统对企业收益情况的影响，力求将企业实施和应用 ERP 系统的成本降至最低。

6.4 典型 ERP 系统

目前，国外影响力最大的 ERP 系统是 SAP、Oracle，国内市场占有率最高的 ERP 系统为用友产品和金蝶产品。

6.4.1 SAP

SAP 公司成立于 1972 年，总部位于德国瓦尔多夫市。目前，SAP 公司是全球最大的企业管理和协同化商务解决方案供应商，是全球第三大独立软件供应商，是全球领先的协同电子商务解决方案供应商。SAP 全称为 Systems Applications and Products in Data Processing，它既是公司的名称，又是企业管理解决方案的软件名称。SAP 是由 5 位系统分析师在德国曼海姆创立的，这 5 位系统分析师均来自于原来的供职公司 IBM。

截至 2010 年，SAP 公司的员工数接近 3 万人，分布于 50 多个国家，目前，全球有 120 多个国家的超过 41 200 家用户正在运行 SAP 软件，并且数量每年都在增长，近十年，不论是销售额还是净利润，SAP 都保持着 40%的增长率。

SAP 在各行各业都有广泛的应用，在每个行业都有解决方案图，能很好地满足每个行业的特殊业务处理要求，并将其制成 SAP 解决方案和合作补充方案，完成网络中端到高端的业务流程。因为 SAP 系统的中心思想就是提供各个行业的应用模块，这些应用都具有很强的灵活性和可制定性。

SAP 系统作为整体稳定性最好的系统，其中最主要的两个产品分别为 R/2 和 R/3，R/2 系统是在 1978 年推出的历史上首个企业解决方案，主要运行在大型机上。1993 年 SAP 与 Microsoft 合作推出 R/3。与 R/2 不同，R/3 主要运行在 PC 端，是一个基于 C/S 结构和开放系统的、集成的企业资源计划系统，其功能覆盖企业的财务/物流（计划、采购、库存、生产、销售和质量管理）和人力资源管理等各个方面。

SAP 由三层体系结构构成，顶层是用户的界面逻辑演示层，中间层是应用程序层，底层是网络层。顶层的用户界面演示层也称表现层（presentation layer），此层作为 SAP 系统用户和 R/3 系统交流的接口，用户可在这一层对系统进行操作，该层将用户的命令或者操作传送给 R/3 系统，系统根据用户的命令或者操作进行相应的处理，然后把数据返还给用户。第二层的应用程序层俗称应用层（application layer），其中包括一个或者多个应用服务器和一个消息服务器。为了能够更好地应用程序，每个应用服务器能够提供一系列服务。所有的服务在不同的服务器中，用户仅需要向一个服务器发出命令或者操作，多个服务器之间相互传递信息，寻找到与用户相对应的服务器并为之服务。底层的网络层也称数据库层（database layer），作为 SAP 系统的核心，它存放了所有 SAP 系统的数据，是体系结构中至关重要的。

SAP 系统是企业管理解决方案的先驱，它可以为各种行业、不同规模的企业提供全面的解决方案。自 1972 年起，其软件的有效性和可靠性已经被数十个国家的上万家客户所验证，并通过这些客户不断地推广使用。

SAP R/3 可分为九个子系统，这些子系统分别是生产计划与控制系统、销售与分销系统、物料管理系统、财务会计系统、管理会计系统、资产管理系统、质量管理系统、人力资源管理系统和系统技术基础系统，如图 6-2 所示。其中，每一个子系统又可以分为多个功能模块。

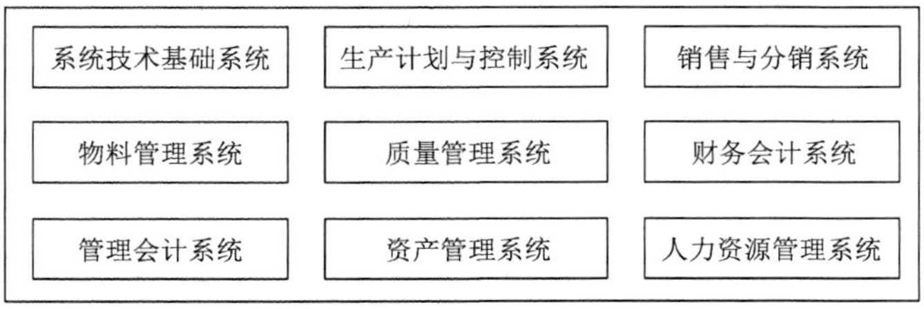

图 6-2　SAP R/3 的系统功能框架

SAP R/3 具备的功能和主要特点如下。

（1）功能性。SAP R/3 以模块化的形式提供了一整套业务措施，其中的模块囊括了所需要的全部业务功能，并把用户与技术性应用软件相关联从而形成一个总括的系统，用于企业战略上和业务上的管理。

（2）集成化。SAP R/3 把逻辑上相关联的部分连接在一起。重复工作和多余数据被完全取消，规程被优化，集成化的业务处理取代了传统的人工操作。

（3）灵活性。SAP R/3 方便的裁剪方法使之具有灵活的适应性，从而能满足各种用户的需要和特定行业的要求。SAP R/3 还配备了适当的界面来集成用户自己的软件或外来的软件。

（4）开放性。SAP R/3 的体系结构符合国际公认的标准，使用户得以突破专用硬件平台及专用系统技术的局限。同时，SAP 提供的开放性接口，可以方便地将第三方软件产品有效地集成到 SAP R/3 系统中。

（5）用户界面友好。图标与图形符号简化了人机交互时的操作。统一设计的用户界面确保了工作人员能够运用同样熟悉的技术从事不同的工作。

（6）模块化。SAP R/3 的模块结构使用户既可以一个一个地选用新的实用程序，也可以完全转入一个新的组织结构体系。

（7）可靠。作为用户的商业伙伴，SAP 公司始终不断地为集成化软件的质量设立越来越多的国际标准，使其性能和质量更加可靠。

（8）低成本、高效益。信息处理是取得竞争优势的要点之一。当竞争加剧时，企业必须更加努力地获取市场占有率。这就需要使用高度集成化的数据处理软件，而 SAP R/3 正是这种软件的优秀典范。

（9）国际适用。SAP R/3 支持多种语言，而且是为跨国界操作设计的，SAP R/3 可以灵活地适应各国的货币及税务要求。

（10）服务。在 SAP R/3 系统实施过程中，用户将得到 SAP 公司技术专家的全面支持与服务，包括组织结构方面与技术方面的咨询、项目计划与实施方面的协助，以及培训课程。

6.4.2 Oracle ERP

Oracle 公司是全球最大的数据库产品供应商，成立于 1977 年，总部位于美国加利福尼亚州。Oracle 公司的应用产品包括财务、供应链、制造、项目管理、人力资源、市场与销售等 150 多个模块，荣获多项世界大奖，现已被全球 7600 多家企业采用。Oracle 公司现有员工超过 36 000 人，服务遍及全球 145 个国家和地区。

Oracle 公司需要一个“控制中心”，为了最好地利用企业的资源，需要综合的 ERP 软件解决方案作为整个企业的控制中心。这一“控制中心”将收集不同部门的状态信息和进度报表，然后提供给其他部门。信息由用户实时更新，且有需要的用户可在任意时间进行访问。模块化方法使许多企业并不需要典型 ERP 系统套件中提供的所有功能。因此，这些套件通常以模块化形式提供，允许企业仅实施其所需的模块，以后需要的话再添加更多模块。Oracle 公司还提供一系列行业特定的模块，这些模块纳入了用于特定行业的最佳实践功能和流程。

Oracle E-Business Suite（Oracle 电子商务套件）是第一套，也是唯一搭配单一全球资料库作业的应用软件，连接前后端的整个业务处理流程并进行自动化处理，是为用户提供完善、统一且关键资料的基础，如各业务、产品和地区的销售业绩、库存量与营业收入。而且，通过独立的资料汇聚与分析系统，企业高层主管可取得日常商业情报，了解企业过去、现在与未来的经营绩效，进而每天都可以提升获利能力，而不必等待一个月或一季度的漫长时间了。

Oracle ERP 系统模块包括以下几个方面，系统模块如图 6-3 所示。

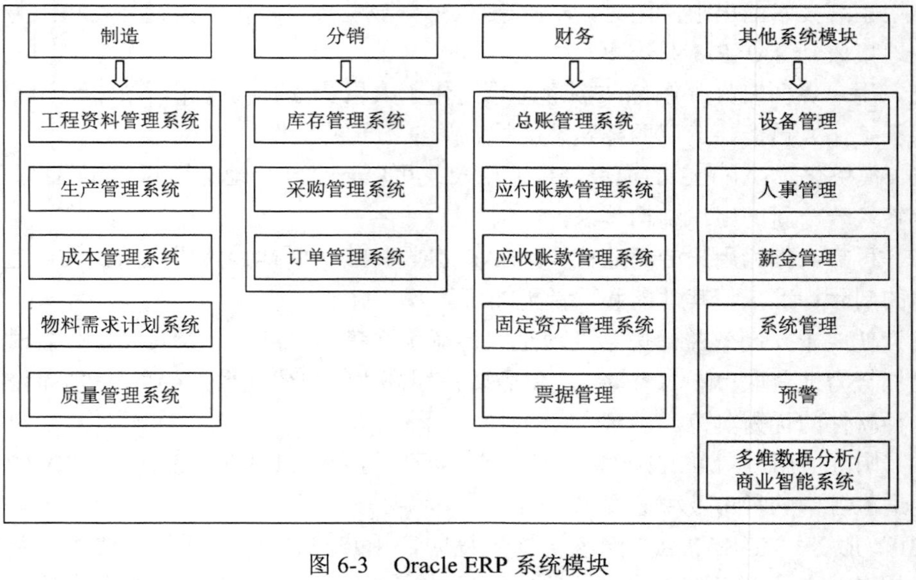

图 6-3 Oracle ERP 系统模块

1. Oracle 制造系统模块

1）工程资料管理系统

工程资料管理系统允许工程设计人员使用其工具迅速将新产品的设计数据转变成生产产品所用数据，并可方便地定义产品技术说明，同时，它还是一个完整的工程改变控制系统，以此管理产品设计的改变。

2）生产管理系统

生产管理系统针对中小型制造企业的生产应用而开发，能够帮助企业建立一个规范、准确、即时的生产数据库，同时实现轻松、规范、细致的生产业务、库存业务一体化管理工作，提高管理效率，掌握及时、准确、全面的生产动态，有效控制生产过程，适用于所有从事产品制造及有库存管理需求的企业。

3）成本管理系统

该系统专门处理采用计划成本法核算的材料成本，计划成本法的物料通过该系统录入计划调价单，以调整计划单价，可查询、修改、审核计划调价单，并查询计划成本法物料的历史计划价格。成本管理信息化需要建立奖惩机制，更需要执行监督。

4）物料需求计划系统

该系统根据产品结构各层次物品的从属和数量关系，以每个物品为计划对象，以完工时期为时间基准倒排计划，按提前期长短区别各个物品下达计划时间的先后顺序，是一种工业制造企业采用的物资计划管理模式。物料需求计划是根据市场需求预测和顾客订单制订产品的生产计划，然后基于产品生产进度计划、组成产品的材料结构表和库存状况，通过计算机计算所需物料的需求量和需求时间，从而确定材料的加工进度和订货日程的一种实用技术。

5）质量管理系统

质量管理系统是基于国际标准化组织/技术规范体系管理要求展开设计和开发的，其核心价值为实现企业质量管理的持续改进机制的固化，实现在现有科技高速发展背景下的质量管理模式的跨越发展，是旨在提升企业产品质量保证能力的一套管理系统。

2. Oracle 分销系统模块

1）库存管理系统

库存管理系统是一个完整的库存管理解决方案，它帮助控制库存，保证生产中有足够的数量，同时提高仓库的产出效率。

2）采购管理系统

采购管理系统是一个现代化的、功能齐全的采购方法，它可以帮助处理采购申请、采购订单的快速接收，使管理人员可以集中精力处理货源之间的关系并管理获取的过程。

3）订单管理系统

订单管理系统能提高销售订单管理及分销率，并通过精简销售订单录入及管理流程来提高客户服务水平。

3. Oracle 财务系统模块

该模块的 4 个主要系统介绍如下。

1）总账管理系统

总账管理系统为管理与简化会计处理提供了极大的灵活性，可以定义多个会计年度及科目表结构，根据已定义的会计科目生成规则账务管理系统，自动增加新的科目。

2）应付账款管理系统

应付账款管理系统是高效率的付款会计业务解决方案，它可加强财务控制，尽可能获得最大的折扣；防止重复付款；对订购的、已接收的商品和服务及时付款。

3）应收账款管理系统

应收账款管理系统能改善企业的现金流，并处理和发票有关的所有业务。

4）固定资产管理系统

固定资产管理系统是一套完整的固定资产管理方案，它帮助准确地维护资产和设备，保证选用最好的会计管理策略和纳税策略。

4. 其他系统模块

其他系统模块由设备管理、人事管理、薪金管理、系统管理、预警、多维数据分析/商业智能系统等产品组成，包含一套完整的人事及工资管理的电算化方案，为管理企业的人力资源提供了实用的电子化工具。其中预警系统是一个灵活的、自动化的意外事件报告工具，从而使管理者随时了解关键业务，进行自动化作业流程，并更好、更快地做出决策。

6.4.3 用友 ERP

1. U8 系列

用友 U8 以企业终端应用为主，是适应我国快速发展的企业的管理软件。它以精确管理为基础，以规范业务为先导，以改善经营为目标，提出“分步实施，应用为先”的实施策略，帮助企业优化资源、提升管理水平。用友 U8 为企业提供了一套企业基础信息管理平台解决方案，满足各级管理者对不同信息的需求：为高层经营管理者提供决策信息，以衡量收益与风险的关系，制定企业长远发展战略；为中层管理人员提供详细的管理信息，以实现投入与产出的最优配比；为基层管理人员提供及时、准确的成本费用信息，以实现预算管理，控制成本费用。

用友 U8 帮助企业融合资源，使企业拥有从容应对市场变化的快速反应能力及适应能力，保持企业连续的竞争优势。产品通过对及时发现问题、正确做出决策、严密制订计划、有效执行监控、快速分析评估五个关键要素的把握，以整合企业的人、财、物等内外部资源，整合企业的物流、资金流和信息流，整合企业的信息系统为基础，形成了用友 U8“整合应用、驾驭变化”的产品理念，为企业带来了较好的业务实践、较好的应用体验、较好的投资回报等三大应用价值。

用友 U8 根据业务范围和应用对象的不同，划分为财务管理、供应链、生产制造、人力资源、决策支持、集团财务、企业门户、行业插件等系列产品，由 40 多个系统构成，各系统之间的信息高度共享。用友提供的 ERP 产品线主要包括 NC、U9、U8 和 T 系列等。NC 是为集团与行业企业提供的管理软件产品。U9 面向快速发展与成长的中大型制造企业的复杂应用，适应多组织供应链协同、多工厂制造协同、产业链协同等。U8 All-in-One 以 U8 为核心，融合了用友产品生命周期管理、客户关系管理、商务智能、人力资源、分销零售、协同办公等产品。T6/T3/T1 针对中小企业的管理和理财。用友 U8 是由用友推出的 ERP 系统，该系统面向中小企业，采用用友 U8 有助于整合企业资源。用友 U8 系统的主要功能框架如图 6-4 所示。

成本管理	总账管理	工程变更	开户管理
资金管理	质量管理	车间管理	培训管理
预算营销	库存管理	生产订单管理	人事管理
项目管理	委外管理	需求规划	绩效管理
固定资产管理	采购管理	产能管理	薪酬管理
存货核算	销售管理	主生产计划	合并报表管理
应付管理	合同管理	物料清单管理	集团账务
应收管理	设备管理	市场管理	分销管理

图 6-4　用友 U8 系统的主要功能框架

2. U8 Cloud

随着数字经济时代的到来，以及商业生态逐步开源、开放，企业的需求发生了巨大的变化，2017 年 7 月，用友推出第一款云 ERP——U8 Cloud，主要聚焦成长型、创新型企业，提供企业级云 ERP 整体解决方案，全面支持多组织业务协同、营销创新、智能财务、人力服务，构建产业链制造平台，融合用友云服务，实现企业互联网资源互联、共享、协同，赋能中国成长型企业高速发展、云化创新。

U8 Cloud 是用友推出的基于互联网技术的新一代云 ERP。企业上云主要以硬件、软件、数据等基础要素迁入云端为先导，以此快速获取数字化能力，并逐步实现核心业务系统云端集成。U8 Cloud 为企业上云起到基础设施的作用，把企业核心的管理系统上云，实现云端连接，连接人员、连接设备等，以此更快地实现数字化转型。

不同于传统的 ERP，U8 Cloud 是融合交易、服务、管理于一体的整体解决方案。U8

Cloud 集中于企业内部的管控，管理规范、高效、协同、透明。通过云模式，低成本、快速部署，即租即用帮助企业免除软硬件投入，快速搭建企业管理架构；通过对接互联网 SaaS 云服务，助力企业业务模式、服务模式的经营创新。

U8 Cloud 集成了用友云的众多云服务，如营销云、采购云、人力云、财务云、协同云等云服务。通过连接、协同、共享的原则实现互联网交易连接、互联网服务协同方案，共享互联网资源。

U8 Cloud 也是开放的系统，所有内核、基础档案、财务、供应链等核心数据，全部封装成一个 APILink，第三方的系统、第三方的移动应用厂商都可以对接 U8 Cloud，以此构建完整的生态体系。

用友 U8 Cloud 具有以下核心功能。

（1）智能财务，精细管控：U8 Cloud 财务管理应用满足智能财务新模式需求，通过用友云与客户、供应商、服务商等产业链伙伴进行实时交易和财务信息共享与传递，使多组织企业的智能化财务核算、财务管理与财务分析更高效。

（2）集团购销，业务协同：U8 Cloud 支持灵活设置购销组织（企业）间的关系，轻松实现扁平化和平台化，因此能够保证供应链上下游组织（企业）之间的供应和需求信息精准传递、快速对接，以提高物资和信息的周转速度，逐步消除物资冗余，最终实现供应链上的零库存。

（3）U8 Cloud 人力服务：共享社会化服务平台，提供一站式员工服务体验，改善员工福利；智能化运营提升服务效率；集中化人力服务让员工更方便；移动化、自助化提供高品质服务；灵活应变，满足个性化需求及爱好。

（4）OpenAPI 融合创新：U8 Cloud OpenAPI 是基于用友 U8 Cloud 企业用户和 U8 Cloud 的开放接口，接入外部合作伙伴，为企业用户提供丰富应用和完善服务的开放平台。平台采用“云端 + 客户端”的形式满足企业用户实现云 ERP 和云服务对接的要求。

（5）全面支持云部署：公有云部署——云应用和 ERP 业务均部署在公有云上，这种模式使用成本较低，数据保护方面也比较有保证，且方便扩展云服务；混合云部署——云应用部署在云端，企业 ERP 部署在企业内部，相互独立，但在云的内部又相互连通，可以发挥出各自的优势。

（6）全面云安全架构：与安全领域领先的厂商强强联合，共同维护云应用的安全，保障用户在 U8 Cloud 上的数据安全、业务安全。

6.4.4 金蝶 ERP

1. 金蝶 K/3

金蝶是亚太地区依靠的企业管理软件及电子商务应用解决方案供应商，是全球软件市场中成长最快的独立软件厂商之一，是我国软件产业的领导厂商。金蝶创立于 1993 年 8 月，其附属公司有专注于我国（不包括港、澳、台地区）市场的金蝶（中国）有限公司，专注于除我国（不包括港、澳、台地区）以外的亚太市场的金蝶国际软件集团（香港）有限公司、专注于全球客户化开发和软件外包业务的金蝶软件技术（上海）有限公司，以及专注于中间件业务的深圳金蝶中间件有限公司等。

金蝶 K/3 财务管理系统面向企业财务核算及管理人员，对企业的财务进行全面管理，在完全满足财务基础核算的基础上，实现集团层面的财务集中、全面预算、资金管理、财务报告的全面统一，帮助企业财务管理从会计核算型向经营决策型转变，最终实现企业价值最大化。金蝶 K/3 财务管理系统各模块可独立使用，同时可与业务系统无缝集成，构成财务与业务集成化的企业应用解决方案。金蝶 K/3 财务管理系统主要有以下模块子系统：财务会计、财务管理、供应链管理、生产制造管理、销售与分销管理、人力资源管理、办公自动化、客户关系管理及商务智能。金蝶 K/3 系统功能框架如图 6-5 所示。

图 6-5　金蝶 K/3 系统功能框架

2. 金蝶云星空

从 2010 年开始，国内掀起巨大的云潮，软件企业纷纷布局云战略。云的出现不仅带来了一种技术，更加速了国内软件企业的内部变革。云计算也使企业管理软件厂商的商业模式发生了根本变化。和过去的 ERP 产品相比，基于云计算的企业服务产品价格门槛更低，众多中小企业可以以很低的价格享受服务。

金蝶在国内最早推动 ERP 云端转型，云 ERP 业务规模最大。如今，金蝶云已成为中国企业云服务市场的“领头羊”。华为、三星、腾讯、海尔、可口可乐、云南白药等世界知名企业都已成为金蝶云星空客户，互联网创新型企业和集团型企业快速成长的业务板块成为金蝶云的主要客户来源。

金蝶云星空是金蝶 K/3 Cloud 线上租赁的授权模式，不需要购买服务器，也不需要企业安装，企业可以根据需求扩大或者缩小应用规模，租赁费用按年收取。金蝶云星空适用于一些中大及成长型创新企业，可以帮助客户实现多组织异地协同、财务精益化集中管控、全渠道营销平台供应链高效管理、生产制造智能化，同时，其线上部署模式可让客户随时随地轻松办公，相比传统线下模式有效降低 70%的成本，助力客户快速向云端转型。

金蝶云星空作为金蝶旗下核心的企业管理云服务，面向中大型企业市场，拥有以财务云为核心的制造云、供应链云、移动办公云、全渠道云等多种不同领域的模块云，未来将丰富更多领域的模块云。金蝶云适用于多组织、多核算、多样化生产，以及精细化业务、集中管控，具有部署快、成本低、更安全、弹性扩容、快速迭代、7×24 小时技术支持等特点，能够帮助企业顺利地管理好公司各个方面的问题。

金蝶 K/3 Cloud 采用面向服务的体系架构（service-oriented architecture，SOA），完全基于业务操作系统（business operating system，BOS）平台组建而成，在业务架构上贯穿流程驱动与角色驱动思想，结合中国管理模式与中国管理实践，精细化支持企业财务管理、全面预算管理（费用预算、资金预算、自定义业务预算）、供应链管理、条码管理［条形码、二维码、射频识别（radio frequency identification，RFID）］、生产管理、人力资源（human resources，HR）管理、供应链协同管理等核心应用。在技术架构上该产品采用平台化构建，支持跨数据应用，支持本地部署、私有云部署与公有云部署三种部署方式，同时还在公有云上开放中国第一款基于 ERP 的云协同开发平台。

金蝶 K/3 Cloud 除具备纯 Web 应用、跨数据库应用、云应用等新兴特性外，在多组织协同应用、多核算体系应用、多账簿应用、多会计政策应用、多组织结算应用、业务流程设计、弹性域与辅助属性应用等多个当代制造业管理焦点与难点应用上都做出了高价值创新，可深度且超预期支撑企业管理创新、技术创新、服务转型、内外部协同、核心竞争力再造等核心需求。

金蝶 K/3 Cloud 以其独特的“标准、开放、社交”三大特性为企业提供开放的 ERP 云平台，聚焦多组织、多利润中心的大中型企业，全面支持多组织财务管理、业务协同、精细管控，借助平台实现全网资源聚合，通过云平台实现敏捷协同，最终成就敏捷企业的“随需而制”。

（1）开放性管理平台，实现全网资源整合：开放的云平台架构支持全渠道资源的接入，实现多渠道、组织业务间协同方案的销售；云服务及移动应用、产业链的供应与生产协同平台，为客户伙伴提供完整的 ERP 服务生态圈。

（2）随需而制，敏捷协同：基于大数据，通过精准业务分析，帮助企业设立精准营销方案、智能补货等；敏捷响应市场需求，为消费者提供个性化的产品与服务。

（3）从业务建模、业务架构到管理模式全面标准化：标准的管理模式——100 万家客户管理最佳实践；标准的业务架构——多会计准则、多币种、多地点、多组织、多税制应用框架；标准的业务建模——通过 90%标准配置 + 10%开发即可实现快速开发应用。

（4）企业用户高效、协同的社交门户：接入金蝶企业社交软件“云之家”，为企业员工提供高效、扁平化的社交平台；面向不同角色的用户，提供个性化应用，实现移动办公；富有流程化的应用特性，大幅提高流程中各责任人的办公效率。

【复习思考题】

1. 简述 ERP 软件的类型有哪些。
2. 简述成熟 ERP 系统的特征。
3. 简述 ERP 系统选型的基本原则。
4. 简述典型 ERP 系统有哪些及主要适用领域。

第7章 ERP 系统的新发展

学习目标

- 掌握 ERP 系统与云计算。
- 掌握 ERP 系统与物联网。
- 掌握 ERP 系统与商务智能。
- 掌握 ERP 系统数据分析和可视化工具。

思政目标

学科交叉　批判思维　知识迁移　创新务实　终身学习

导引启示

福特福克斯电动车运用工业大数据加速产品创新[①]

工业数据是指在工业领域信息化应用中产生的数据。工业大数据是基于工业数据，运用先进大数据技术，贯穿于工业的设计、工艺、生产、管理、服务等各个环节，使工业系统具备描述、诊断、预测、决策、控制等智能化功能的模式和结果。工业数据从来源上主要分为信息管理系统数据、机器设备数据和外部数据。信息管理系统数据是指传统工业自动化控制与信息化系统中产生的数据，如 ERP、MES 等。机器设备数据是来源于工业生产线设备、机器、产品等方面的数据，多由传感器、设备仪器仪表进行采集产生。外部数据是指来源于工厂外部的数据，主要包括来自互联网的市场、环境、政府、供应链等外部环境的信息和数据。

工业大数据具有五大特征：一是数据体量大，主要表现在随着设备数据和互联网数据的涌入，工业数据的存储量将达到 EB 级别；二是数据分布广泛，分布于机器设备、工业产品、管理系统、互联网等；三是结构复杂，有结构化、半结构化和非结构化等不同类型；四是数据速度需求多样化，有要求实时、半实时和离线三种，生产层级要求实时性，需要达到级别，管理层级实时性要求不高；五是数据价值不均匀，20%的数据具有80%的价值密度（如产品图纸、试验分析、加工工艺），80%的数据只有 20%的价值密度，需要分析挖掘（如工况、图片数据）。

工业大数据应用将带来工业企业创新和变革的新时代。通过互联网、移动物联网等带来的低成本感知、高速移动连接、分布式计算和高级分析，信息技术和全球工业系统

① 资料来源：https://www.163.com/dy/article/DIBROIE70511A191.html。

正在深入融合，给全球工业带来深刻的变革，对企业的研发、生产、运营、营销和管理方式进行了创新。这些创新给不同行业的工业企业带来了更快的速度、更高的效率和更强的洞察力。

客户与工业企业之间的交互和交易行为将产生大量数据，挖掘和分析这些客户动态数据，能够帮助客户参与到产品的需求分析和产品设计等创新活动中，为产品创新做出贡献。福特公司是这方面的表率，它将大数据技术应用到了福特福克斯电动车的产品创新和优化中，这款车成为一款名副其实的“大数据电动车”。第一代福特福克斯电动车在驾驶和停车时会产生大量数据。在行驶中，驾驶员持续地更新车辆的加速度、刹车状态信息、电池充电和位置信息。这对于驾驶员很有用，但数据也会传回福特工程师那里，以了解客户的驾驶习惯，包括如何、何时以及何处充电。即使车辆处于静止状态，它也会持续将车辆胎压和电池系统的数据传送给最近的智能电话。这种以客户为中心的大数据应用场景具有多方面的好处，因为大数据实现了宝贵的新型产品创新和协作方式。驾驶员获得有用的最新信息，而位于底特律的工程师汇总关于驾驶行为的信息，以了解客户，制订产品改进计划，并实施新产品创新。而且，电力公司和其他第三方供应商也可以分析数百万千米的驾驶数据，以决定在何处建立新的充电站，以及如何防止脆弱的电网超负荷运转。

本章关键词

云计算　物联网　商务智能　数据分析　数据可视化

7.1 ERP 系统与云计算

7.1.1 云计算概念及特点

1. 云计算的概念

美国国家标准与技术研究院（National Institute of Standards and Technology，NIST）定义：云计算是一种按使用量付费的模式，这种模式提供可用的、便捷的、按需的网络访问，这些访问进入可配置的计算资源共享池（资源包括网络、服务器、存储、应用软件、服务），能够快速获取这些资源。客户只需投入很少的管理工作，或与服务供应商进行很少的交互。

云计算是使计算分布在大量的分布式计算机上，而非本地计算机或远程服务器中，企业数据中心的运行将与互联网更相似。这使得企业能够将资源切换到需要的应用上，根据需求访问计算机和存储系统。这就像从古老的单台发电机模式转向了电厂集中供电的模式。它意味着计算能力也可以作为一种商品进行流通，就像煤气、水、电一样，取用方便，费用低廉。

2. 云计算的特点

1）超大规模

"云"具有相当大的规模，谷歌云计算已经拥有 100 多万台服务器，亚马逊、IBM、微软、雅虎等的"云"均拥有几十万台服务器。企业私有云一般拥有数百至上千台服务器。"云"能赋予用户前所未有的计算能力。

2）虚拟化

云计算支持用户在任意位置、使用各种终端获取应用服务。所请求的资源来自"云"，而不是固定有形的实体。应用在"云"中某处运行，但实际上用户无须了解，也不用担心应用运行的具体位置。我们只需要一台笔记本电脑或者一部手机，就可以通过网络服务实现我们需要的一切，甚至包括超级计算这样的任务。

3）高可靠性

"云"使用数据多副本容错、计算节点同构可互换等措施保障服务的高可靠性，使用云计算比使用本地计算机可靠。

4）通用性

云计算不针对特定的应用，在"云"的支撑下可以构造出千变万化的应用，同一个"云"可以同时支持不同的应用运行。

5）高可扩展性

"云"的规模可以动态伸缩，以满足应用和用户规模增长的需要。

6）按需服务

"云"是一个庞大的资源池，可按需购买；"云"可以像自来水、电、煤气那样计费。

7）价格低廉

"云"的特殊容错措施使得可以采用极其廉价的节点来构成"云"，"云"的自动化集中式管理使大量企业无须负担日益高昂的数据中心管理成本，"云"的通用性使资源的利用率较传统系统大幅提升，因此用户可以充分享受"云"的低成本优势，只需要花费几百美元、几天时间就能完成以前需要数万美元、数月时间才能完成的任务。

7.1.2 云 ERP 系统的概念、功能及特点

1. 云 ERP 系统的概念

云 ERP 系统，就是基于云计算技术开发的 ERP 系统，系统部署于云服务器端，用户可通过 PC、平板电脑、智能手机等终端设备接入互联网访问云服务器获得 ERP 系统应用服务。

随着电子商务技术的发展，企业各种对外的业务活动已经延伸到互联网上。新一代的 ERP 系统应当支持互联网上的信息获取及网上交易的实现。作为 ERP 系统在互联网技术阶段的产物，云 ERP 系统具有应用层面上的双重作用，一方面，云 ERP 系统为电子商务的运行提供了即时传递信息的平台。它为企业建立了所有产品的信息库，包括产品的库存和价格信息等，使企业可以迅速查找和提供产品情况。另一方面，云 ERP 系统又具

有外部沟通、交互能力。它把从网上获得的信息和企业内部信息很好地结合，共享数据，减少资源的浪费。因此，云 ERP 系统是开拓企业市场的有效渠道及管理核心。

2. 云 ERP 系统的功能

1）不受平台限制

不受平台限制就是实现真正意义上的多平台运行，即云 ERP 系统可以不受任何操作系统的限制，以便企业可以根据业务需要和投资能力选择最佳平台，并且帮助企业顺利地实现不同应用水平阶段的平滑过渡。企业在建设管理系统初期，可以选择普通的 PC 网络，投资相对较低。但随着应用规模的扩大，企业需要具有更强大的处理能力的硬件环境，但企业并不希望更改应用软件系统。这样一来，B/S ERP 形式的跨平台商务软件系统就显示出优势，也能充分保护企业在 ERP 系统方面的投资。

2）多种应用集成

多种应用集成就是围绕核心企业，通过电子商务、进销存供应链、CRM、国际贸易、生产制造、财务等应用模块整合企业信息流、物流、资金流等，将供应商、制造商、分销商、零售商直到最终用户连成一个整体的功能网链结构模式。提升企业间（特别是企业与供应商之间、企业与客户之间）的数据交换能力，帮助企业提高整个供应链的竞争力。

3）数据高度整合

进入系统的数据能根据业务流程、管理工作的内在规律和内在联系，以及各应用功能之间的相互关系，经过转换、整合再传递到相关的功能模块中，使数据和信息能够在应用系统之间畅通地流动，使各应用系统能协同运作，达到数据高度共享和系统的高度集成，完成对企业的整个业务流程的管控。

4）高度模块化

电子商务 ERP 系统在设计和开发过程中保证各模块、模块中的各项功能高度模块化，实现对系统的自由增减与配置。对系统的增减不仅是对各模块的取舍，还包括对各模块内部各项功能的增减，这样可以达到根据企业规模和需求配置系统的目的。

5）电子商务化

电子商务化大大缩短了供应链上采购信息从下游传递到上游的时间，信息流动时间的缩短提高了物流和资金流的流动速度，而第三方物流和电子支付方式又保证了物流和资金流按照预定的速度流动。物流、资金流、信息流流动速度的加快使供应链能够在更短的时间内实现价值的增值。

3. 云 ERP 系统的特点

1）安全

将应用程序和数据部署在高安全等级的云主机和云数据库上，可以保证数据的独立性，有效防止网络恶意攻击。统一管控员工在系统后台和第三方应用中的角色和权限，做到员工与系统的双重安全保障，解决由员工和系统风险带来的数据泄露和系统瘫痪的难题。

2）简单高效

即开即用，一看就会，无须培训。用户不用安装硬件服务器、软件，不用建立数据中心机房，不用设置专职的信息技术维护队伍，不用支付升级费用。

3）先进实用

基于云计算应用的 SaaS 模式 ERP 软件是实现多平台数据互通、精细化运营的全方位企业信息化平台，其各功能模块的插件式应用、多系统集成及信息技术资源支持弹性伸缩特点保证了大流量时的系统质量、数据的及时和完整性及后台的处理速度和稳定性，使数据在量大时能以最快的速度被处理。

7.1.3 云 ERP 系统与传统 ERP 系统的区别

与传统 ERP 系统相比，云 ERP 系统有以下几个明显的特点。

1. 提供的是服务而非仅仅是产品

云 ERP 系统提供了系统运行所需的服务器、操作系统、数据库、带宽、数据备份及网络信息安全环境，而对于这些，传统 ERP 系统需要用户购置和部署；对于系统的维护，云 ERP 系统服务供应商则提供 7×24 小时不间断的服务器及系统运行和维护服务，无须用户再通过自己的信息技术进行专业维护，因此可以节约不少的信息技术硬件投入和人力投入，同时让用户专注于自身的业务运营，把没有核心优势的信息系统应用服务交给专业的 ERP 系统厂商。

2. 变一次性购买应用为按年（季或月）付费租赁应用

云 ERP 系统在避免用户一次性投入过高信息技术成本的同时，也避免了更换 ERP 系统的昂贵成本，将主动权交给用户，用户即使不满意，更换系统的代价也相对较小，并且用户不需要支付版本升级的费用。

3. 数据信息更加安全

云 ERP 系统厂商往往都将服务器托管于几个较为可靠的云平台，同时将应用程序和数据部署于金融安全级别的云主机和云数据库上，配备技术过硬的防火墙系统，可以有效防止网络的恶意攻击。例如，管家婆云 ERP 系统入驻阿里巴巴的聚石塔平台。即使遇到服务器临时故障，云 ERP 系统也会迅速自动切换到备份的服务器，保证系统运营高效、安全和稳定。

4. 云 ERP 系统的升级和完善更快、更高效

由于系统是集中部署的，若用户在应用过程中反馈出一些共性需求或 bug（漏洞），那么只需要在云服务器端升级系统，云 ERP 系统厂商很快就可以做出修改或升级，比下载升级程序或打补丁的传统的分散部署方式要快捷和方便得多。

5. 云 ERP 系统的服务响应速度更快

传统的 ERP 系统用户遇到系统问题或应用问题，往往要通过电话、电子邮件等方式

发送正版验证信息甚至发送数据或远程登录等，才能得到厂商的服务响应，这个过程相对烦琐、缓慢，而云 ERP 系统则通过在线沟通的方式，客服人员很快可以根据用户名确认用户反馈的问题，并及时给予解决。

7.1.4　云 ERP 系统的优势

云 ERP 系统目前不仅应用于电商用户群体当中，还应用于快速成长型的企业中，如金蝶云 ERP、商派 ERP、管家婆云 ERP、宏巍 ERP、万里牛 ERP 等都是云 ERP 系统。用户群体覆盖了信息技术、通信、服装、视频、医药、五金建材、汽车配件等各个行业，为各种规模和处于各种不同成长阶段的企业提供了全方位的信息化解决方案。

1. 云 ERP 系统减少了实现成本

如果实现成本占软件购买成本的很大一部分，那么将会导致用户增加大量的初始投资。虽然每个实现成本有所不同，但它大多数由四部分组成，即安装、系统配置、员工培训和数据迁移。在这些组成中，数据迁移成本最高，因为它的数据形式复杂，且从一个系统迁移数据到另一个系统可能已有很多年。然而，初创企业的数据通常都很少，需要转换的历史数据将会降低整体的实现成本。

2. 云 ERP 系统将基础设施成本推给了供应商

有了云 ERP 软件，厂商可以在自己的服务器上安装、托管软件，而且只负责购买和组织所有硬件所需的费用。用户不必投入大量资金购买昂贵、复杂的硬件设施以及准备庞大的物理空间用于运行 ERP 系统，只需要准备最基本的可以上网的计算机设备即可。

3. 无须信息技术部门

选择托管 ERP 软件时的关键因素是，对于熟练的信息技术部门来说，把所有信息技术问题转移到云厂商中是没有必要的。正如上面提到的，云厂商负责处理和维护所有必要的硬件和服务器需求，也包括处理常规的备份。用户不必担心雇用员工的问题，因为用户已经得到了来自厂商的信息技术团队的鼎力支持。

4. 可预测的月成本

一个 SaaS 应用和本地软件系统之间的最大区别在于成本结构。使用本地解决方案时，用户购买软件许可时会为前期投资支付大量的费用，并且还要一次性支付实现成本。而使用 SaaS 应用，用户只需支付相同的实现成本，但软件许可费用可以按月支付，其实用户是从厂商那里租赁软件，而不是直接购买软件许可。这意味着用户只需要支付所使用的、可预测的月费用，这使预算成本流程更简单，有效地改善了现金流。

5. 云 ERP 系统能够快速添加新的个人用户

初创企业需要现成的软件系统帮助它们快速成长。在云 ERP 系统应用的帮助下，企业可以慢慢地添加个人用户到系统中，一次添加一个用户更简单。每当有新进雇员被添加进来时，“一个用户一个成本”集将会添加到月费用中。这个成本集使得新进雇员的添加过程更加简单。

7.2 ERP 系统与物联网

7.2.1 物联网的概念及特点

1. 物联网的概念

物联网是新一代信息技术的重要组成部分，其英文名称是 the internet of things。顾名思义，物联网就是物物相连的互联网，这里有两层意思。

（1）物联网的核心和基础仍然是互联网，是在互联网基础上延伸和扩展的网络。

（2）其用户端延伸和扩展到任何物品与物品之间进行信息交换和通信，也就是物物相息。

2. 物联网的特点

（1）由于通信技术的发展，人们在业务实现方式上可以用多种技术手段，可以有多种类似的产品。

（2）现代通信网络的不断普及，特别是移动通信网络的普及和广域覆盖为物联网的应用提供了网络支撑基础，到了第四代移动通信技术（the 4th generation mobile communication technology，4G）甚至第五代移动通信技术（the 5th generation mobile communication technology，5G）时代，多业务、大容量的移动通信网络又为物联网的业务实现奠定了基础，而物联网作为信息网络连接的载体也可以是多样的。

（3）在一个网络内的物联网业务需要进行一定的管理。

（4）物联网业务应用有可能需要通过多个基础网络连接，这些基础有可能是有线、无线、移动或是专网，物联网的业务应用网络就是由这些网络组建成新的网络组合，多个网络、终端、传感器组成业务应用。

（5）物联网的“物”需要满足以下条件才能够被纳入“物联网”的范围：①要有数据传输通路；②要有一定的存储功能；③要有中央处理器（central processing unit/processor，CPU）；④要有操作系统；⑤要有专门的应用程序；⑥遵循物联网的通信协议；⑦在网络世界中有可被识别的唯一编号。

7.2.2 物联网关键技术

1. 物联网应用中的关键技术

（1）传感器技术：这也是计算机应用中的关键技术。大家知道，到目前为止，绝大部分计算机处理的都是数字信号。自从有计算机以来，传感器就需要把模拟信号转换成数字信号以供计算机处理。

（2）射频识别标签：这也是一种传感器技术。射频识别技术是融合了无线射频技术和嵌入式技术于一体的综合技术，射频识别技术在自动识别、物品物流管理方面有广阔的应用前景（图 7-1）。

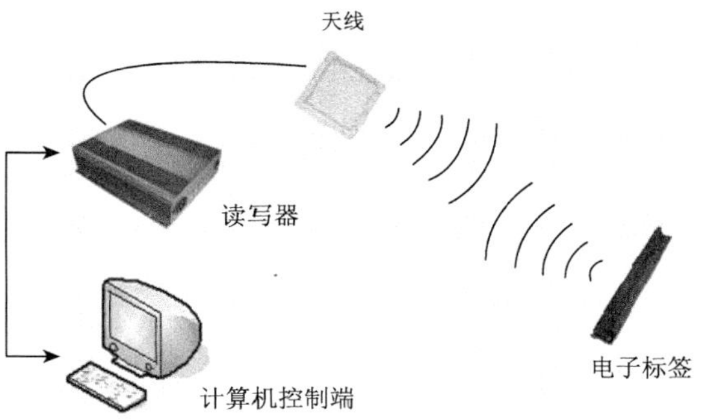

图 7-1 射频识别技术简图

（3）嵌入式系统技术：这是集计算机软硬件、传感器技术、集成电路技术、电子应用技术于一体的复杂技术。经过几十年的演变，以嵌入式系统为特征的智能终端产品随处可见，小到人们身边的 MP3，大到航天、航空的卫星系统。嵌入式系统正在改变着人们的生活，推动着工业生产及国防工业的发展。如果把物联网用人体做一个简单的比喻，传感器相当于人的眼睛、鼻子、皮肤等，网络相当于神经系统，用来传递信息，嵌入式系统则是人的大脑，在接收信息后要进行分类处理。这个例子很形象地描述了传感器、嵌入式系统在物联网中的位置与作用。

2. 物联网的特征

物联网的三个关键特征是：各类终端实现“全面感知”；电信网、互联网等融合实现“可靠传输”；云计算等技术对海量数据“智能处理”，如图 7-2 所示。

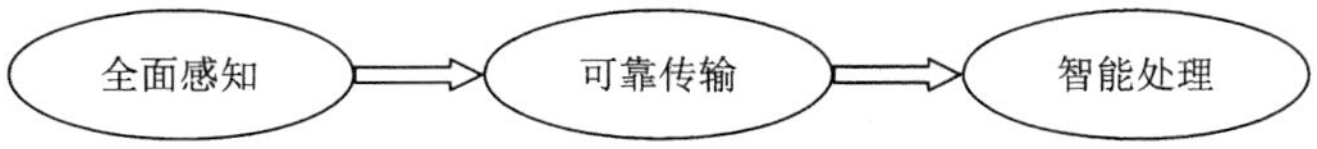

图 7-2 物联网特征

（1）全面感知是指利用射频识别、传感器、定位器和二维码等手段随时随地对物体进行信息采集和获取，感知包括传感器的信息采集、协同处理、智能组网，甚至信息服务，以达到控制、指挥信息传递的目的。

（2）可靠传输是指通过各种电信网络和互联网融合，对接收到的感知信息进行实时远程传送，实现信息的交互和共享，并进行各种有效的处理。这一过程通常需要用到现有的电信运行网络，包括无线网络和有线网络。传感器网络是一个局部的无线网，因而无线移动通信网、4G 网络是承载物联网的一个有力的支撑。

（3）智能处理是指利用云计算、模糊识别等各种智能计算技术，对随时接收到的跨地域、跨行业、跨部门的海量数据和信息进行分析和处理，提升对物理世界、经济社会各种活动和变化的洞察力，实现智能化的决策和控制。

7.2.3 物联网 ERP 系统

物联网 ERP 系统是指将物联网技术应用于传统 ERP 系统中，将传统 ERP 系统的功能扩展为具有物联网特征，ERP 系统的管理范围也由企业内部扩展到与企业经营活动相关的物联网能感知的整个社会。物联网 ERP 系统将成为企业智能体，扮演企业在智能社会中的综合管理的角色。

1. 射频识别供应链

物联网通过智能获取数据、自动分类等实现管理的自动化，促使供应链环节的整合更加紧密。射频识别技术在供应链管理中得到了广泛应用。目前许多著名制造商和零售商普遍在物流管理系统中引入了射频识别技术。条码因简单易用、成本效益高，成为应用最广、最久的为企业生产和应用提供精确数据的有力工具。在精益生产中，对原材料、在制品、零件和最终产品等所有物料的跟踪和控制是关键，而射频识别技术应用是实现对物料的跟踪和控制的基础。

采用条码等自动识别和数据采集手段，是信息识别和采集问题的有效方法。条码等先进自动识别技术与 ERP 系统的集成，可实现 ERP 系统真正的物流、信息流的集成，新一代的 ERP 系统将集成物联网架构，在企业采购、生产、物流、分销等领域体现出快速响应能力。例如，德国宝马汽车公司在装配流水线上使用射频卡，以尽可能大量地生产用户定制的汽车。宝马汽车的生产基于用户提出的个性化需求，用户可以从上万种内部和外部选项中选定自己所需汽车的颜色、引擎型号及轮胎样式等，汽车装配流水线上必须装配上百种样式的宝马汽车，没有一个高度组织的、复杂的控制系统是很难完成这样的复杂任务的。德国宝马汽车公司就在其装配流水线上配有射频识别系统，使用可重复使用的射频卡，该射频卡上带有汽车所需的所有详细的要求，每个工作点处都有读写器，可以保证汽车在各个流水线位置处准确地完成装配任务。射频识别系统消除了人工操作，能准确、快速、可靠地提供实时数据，对大批量、高速的制造企业特别重要。制造业与物流业联动化，如 ERP 系统将信息通过 Web Service 平台发布可扩展标记语言（extensible markup language，XML）文件给供应链管理系统，或者将供应链管理系统中的数据解析后传给射频识别系统，实现制造业的商流、物流、信息流、资金流的全球协同。射频识别系统使企业能够实时、精确、高效地掌握整个供应链上信息的流向和变化，提升企业信息化程度和竞争能力，中小型物流企业将是物联网的最大受益者。

供应链是制约国际贸易效率整体提升的关键环节，如在集装箱上使用共同标准的电子标签，装卸时可以自动收集货物的信息，从而缩短作业时间，并能时时掌握货物位置，提高运营效率，最终减少货物装卸、仓储等物流成本。基于感知的货物数据可建立全球范围内的货物状态监控系统，提供全面的跨境贸易信息、货物信息和物流信息跟踪，帮助制造商、进出口商等贸易参与方随时随地掌握货物信息，提高对国际贸易的控制能力。

2. 出入库管理

自动识别环节可包括进出厂区、仓库、通道及各车间的自动识别环节，也包括出厂、经销商销售的入库或出库环节。通过出入库自动识别流程，客户能够获知标签物体目前存在于物流的哪个环节，以及在厂区的哪个部分。

供货商确认发货后，射频识别标签包含的信息就确定了。带有电子标签的产品经运输到达厂区，安装在厂区、仓库进出门禁处的射频识别标签唤醒周转电子标签，使其进入与门禁读写器通信的状态，射频识别标签发射自身的身份标识（identification，ID）号及标签内存储的零部件信息至读写器，经中央数据采集器进入数据库，射频识别标签重新进入睡眠状态。供应链管理系统便可调出供货商发货清单进行比对。在进入各车间及区域间通道时，安装在门口的射频识别标签和读写器就可以以同样的方式获取信息，并更新该处的位置及携带的零件信息。

3. 盘点管理

射频识别盘点方法使用手持读写器对集装箱、货柜、货品条码或者电子标签进行依次盘点。盘点仓库库区定点安装多个读写器，读写器可用无线或有线连接方式与中心控制计算机进行通信。中心控制计算机向射频识别系统发出盘库指令，射频识别系统按该指令的需要唤醒物料上的电子标签，电子标签向读写器发送 ID 信息，确认该货品在盘点库区的范围内，也可发送电子标签内存储的货品清单，经数据库库位信息传送至管理信息系统进行比对。

4. 物料管理

物料射频识别标签和读写器能让客户获知物料目前存在于车间或仓库的哪个库位。物料精细查找可不再依赖数据库查询和库管人员的查找，能实现精确定位的功能。在查找库位提取零件时，射频识别系统向目标标签发出唤醒信号，标签监听时收到指令，其自带的射频识别系统开始工作，提示位置，在制造车间内，射频识别系统命令标签进入定位模式，标签与读写器协同工作，实时上传物料所在的位置。

5. 采购管理

在采购环节，供应商用厂区专用的射频识别标签来识别装运零件，零件清点完毕时，通过计算机直连的无线读写器或手持读写器将零件清单写入射频识别标签，清单信息经网络供应链管理系统发往厂区。在入库清点中，工作人员采用与计算机直连的无线读写器或手持读写器读取零件清单，用射频识别系统信息清点完毕后，更新射频识别标签信息，确认收货。在零件分拣中，工作人员根据车间需要的零件清单进行零件拣选和分放，并采用射频识别标签运送，分拣处可用库门处的无线读写器或手持读写器，对新的单位标签进行写入，注明接收车间、负责人等信息。在零件送达时，新写入信息的射频识别标签随零件被运送至各个车间，通道内、车间门口处安装的无线读写器可实时追踪射频识别标签的位置和更新信息。

7.3 ERP 系统与商务智能

7.3.1 ERP 系统与商务智能结合的必要性

ERP 系统的应用给企业带来了信息的共享、效率的提升，在此基础上基于 ERP 系统仍有很多新的需求任务有待实现。

1. 报表分析方面需要优化

ERP 系统是一个事务处理系统，它的侧重点在于进行业务的过程记录与控制，在报表分析处理方面有着先天的缺陷。

（1）无法实现不同管理角色的分析要求：ERP 系统中虽然有大量的报表，但无法按不同管理角色来个性化地设置分析平台，同时，烦琐的查询操作也使管理者望而却步。

（2）报表计算速度慢：在 ERP 系统中，报表需要在查询过程中重新计算，当数据量较大时，报表的计算速度非常慢，并且会严重影响网络中其他用户的使用效率。

（3）需要大量的手工处理：因为 ERP 系统中的报表过于死板，所以，当管理者需要某一个特定报表时，需要通过手工在 Excel 电子表格中进行处理才能得到，这也就失去了及时为决策提供科学、准确的数据的意义。

（4）无法实现多维度分析：因为 ERP 系统的报表是静态报表，如果需要统计一张产品在各个区域的销售报表，或者是各个区域所有产品的销售报表，就需要通过多张报表经过多次的手工组合才能做到。

（5）无法灵活地实现跨年度分析：当需要分析某一产品的本期销售额与上年同期对比及本年累计销售额时，ERP 系统也同样面临重重困难。

（6）报表二次开发难度大：如果管理者需要的报表需要通过二次开发来实现，就会投入较大的时间与货币成本，同时，一旦报表要求稍有变化，就需要重新设计。

（7）无法按照决策思维方式去了解信息：当管理者通过报表发现某一项事实存在异常或疑问时，通常希望立刻得到相关答案。例如，为什么会出现这种问题？与之关联的数据有哪些？又如，发现某一类产品销售额同期为负增长时，到底是哪几种产品出现了大的负增长呢？这些产品又主要是因为哪些客户造成了负增长呢？这些客户是哪些业务员经手的？是不是退货率很高？……此时，ERP 系统根本无法按照这样的思维模式得到数据，这需要通过大量的手工处理才能在最后得到数据，并且，当某一个条件发生变化时，又需要通过重复的工作量来获得信息。

（8）无法直观地以图表方式呈现：虽然 ERP 系统有一定的图表分析功能，但其功能是非常弱的，对于管理者来说，对一些关键信息，其通常更愿意通过图表的形式进行分析，如销售的走势、库存的构成、同一产品对于不同客户的销售对比等。如果想在一个分析报告中综合各项数据实现图文并茂，更需要进行大量的手工处理。

2. 管理应用方面需要补充

目前国内主流的 ERP 系统基本上都是从财务软件演化而来的，并且因为实施的众多因素，ERP 系统在许多企业变成了一个简单的电子记账工具，而在真正帮助管理者提高决策水平方面，却显得非常无力。可是，越来越多的企业管理者，不但希望信息化能夯实基础管理，同时还希望提高管理决策水平。

（1）哪些客户为潜在流失客户？这些客户是核心客户吗？为什么会出现客户流失？

（2）哪些产品为潜在淘汰产品？哪些员工的销售业绩持续下降？

（3）哪些物料有呆滞的风险？库龄分布情况是怎么样的？这些物料是何时、因何事、何人经手入库的？

（4）主要物料的价格波动情况是怎样的？有哪些物料的价格波动较大？

（5）如何在现有财务软件的基础上快速部署预算管理与分析？

（6）如何有效监控每个分支机构的盈利情况及费用明细？

（7）如何进行常用财务指标的分析？如何利用杜邦分析模型进行模拟决策？

（8）如何进行资金占用的分析？如何快速预测未来资金的流入与流出情况？

（9）今年的收入同比增长 10%，销量与价格哪个因素影响更大？如果分解到不同的产品线呢？

（10）未来成本预计上涨 10%，如果要保证利润仍然增长 10%，销量需要上升多少呢？

此时，管理者就会感觉到，ERP 系统虽然为企业带来了规范化的基础管理、提高了各部门的运行效率，但需要有一种解决办法，直接利用 ERP 系统的现有数据，及时、准确、简单、灵活地提供关键信息，以辅助企业管理者的日常决策，这个解决办法就是商务智能。

7.3.2　商务智能的概念

商务智能是一套完整的解决方案，用来将企业中现有的数据进行有效的整合，快速、准确地提供报表并提出决策依据，帮助企业做出明智的业务经营决策。

商务智能的概念最早是在 1996 年提出的。当时商务智能被定义为一类由数据仓库（或数据集市）、查询报表、数据分析、数据挖掘、数据备份和恢复等部分组成的，以帮助企业进行决策为目的的技术及其应用。这些数据可能来自企业的客户关系管理、供应链管理等业务系统。

商务智能一般由数据仓库、数据分析、数据挖掘、在线分析、数据备份和恢复等部分组成。商务智能的工作原理主要包括两大部分。

（1）对源数据进行抽取、转化、集合，并将分布在财务、物流、生产等各个部分的数据进行集中存储。

（2）依据管理模型对存储以后的数据进行多维、多点的分析，以找到各数据之间的关联，提出管理的决策依据。

商务智能能够辅助的业务经营决策，既可以是操作层的，也可以是战术层和战略层的。将数据转化为知识，需要利用数据仓库、联机分析处理（online analytical processing，OLAP）工具和数据挖掘等技术。因此，从技术层面上讲，商务智能不是什么新技术，它只是数据仓库、联机分析处理工具和数据挖掘等技术的综合运用。

把商务智能看成一种解决方案应该比较恰当。商务智能的关键是从许多来自不同企业运作系统的数据中提取出有用的数据并进行清理，以保证数据的正确性，然后经过抽取、转换和装载（extraction，transformation，load，ETL）过程，合并到一个企业级的数据仓库里，从而得到企业数据的一个全局视图，在此基础上利用合适的查询和分析工具、数据挖掘工具、联机分析处理工具等对其进行分析和处理（这时信息变为辅助决策的知识），最后将知识呈现给管理者，为管理者的决策过程提供数据支持。

商务智能产品及解决方案大致可分为数据仓库产品、数据抽取产品、联机分析处理产品、展示产品，以及集成以上几种产品的针对某个应用的整体解决方案等。

7.3.3 商务智能在 ERP 系统中的应用

1. ERP 系统中商务智能技术实现的路径

商务智能是指通过各种技术和工具，将企业的数据转化为有价值的信息，以支持企业决策和战略制定的过程，如图 7-3 所示。

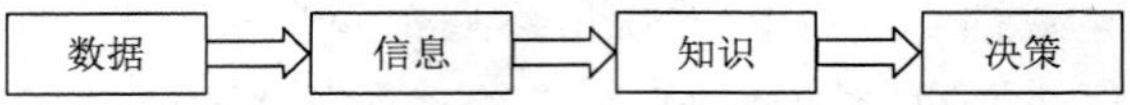

图 7-3　从数据到决策的过程

数据是起点，也是基础。ERP 系统中已经积累了大量数据，这些数据却是按照单据与流程的需要存储的，对于管理者来说，就显得有些杂乱，他们期望看到的数据是简单而直观的，如图 7-4 所示。

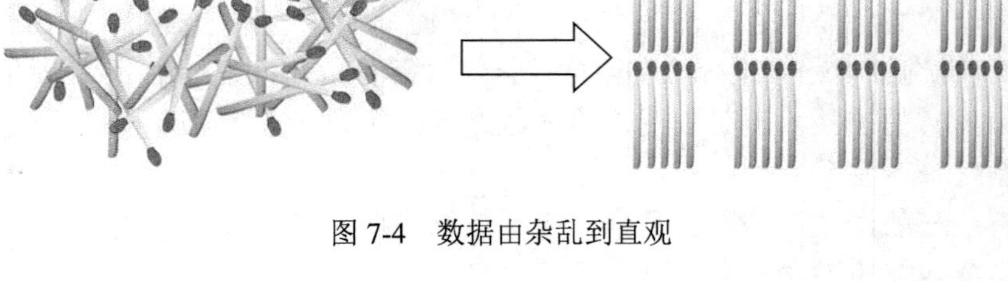

图 7-4　数据由杂乱到直观

因此，我们需要对数据进行抽取与清洗，将它转换为有价值的信息，这个过程就是 ETL。

信息如何转变为知识呢？知识管理的一个重要工作就是将某个特定人脑中的经验变得可复制。信息转变为知识的过程就是建模过程，也就是将不同分析主题的分析视角（维度）与分析内容（度量）固化下来，不管谁来用，都知道原来可以从这些角度来分析这么多的指标。

最后一条路径，就是决策。通过建立一个数据分析平台，所有的管理者都能看到统一的数据（当然是有权限控制的），都能基于数据进行决策与执行，这样，才能真正提升企业的整体决策水平。因此，从数据到决策的过程实际上就是商务智能的技术实现路径，总结下来就三点，即 ETL、建模与平台化展现（图 7-5）。这三项技术，一个都不能少。

图 7-5 商务智能的技术实现路径

2. 商务智能在企业 ERP 系统中的应用范围

商务智能在企业 ERP 系统中的应用主要包括以下几方面：①客户分类和特点分析；②产品销售管理；③产品创新和推广；④市场营销策略分析；⑤经营成本与收入分析；⑥欺诈行为分析和预防；⑦企业内部更为广泛的应用；⑧企业外部的应用也将得到快速发展。

对于管理决策者来说，可以通过商务智能技术来快速发现企业当下存在的问题与未来的发展趋势。

7.4 ERP 系统数据分析和可视化工具

企业业务数据包括企业的内部数据和外部数据两种。企业的内部数据主要来自 ERP 系统。例如，SAP、U8、金蝶 K/3 等系统中的数据，以及存储在 Access、SQL Server、Oracle 等数据库中的数据。在做数据分析时需要将这些数据从系统中导出。企业外部数据主要包括政策法规文件、行业数据、客户（供应商）数据、国家统计数据以及互联网站上与企业相关的数据。

ERP 系统可以为企业提供大量必要的、多样处理和可查询的账、表数据，但是随着企业业务的变化，特别是对于企业决策提供的支持，ERP 原有的数据处理和查询功能不能满足新的需求，需要运用数据分析和可视化工具对 ERP 系统中的数据进行深入的分析和展示，进而增强业务洞察能力、优化企业营销策略、提高市场响应能力。目前的数据分析和可视化工具均可以连接 ERP 系统甚至云 ERP 的数据源，为数据分析和数据展示提供支持。

7.4.1 微软 Power BI

Power BI 是微软官方推出的可视化数据探索和交互式报告工具，能让静态数据转化为动态报表，是一个让非专业数据分析人员也可以有效整合企业数据，并快速、准确地提供商务智能分析的数据可视化工具。无论用户的数据是基于云 ERP 和本地 ERP 混合数据仓库的集合还是简单的 Excel 电子表格，Power BI 都可让用户轻松地连接到数据源，直观地看到（或发现）重要内容，与任何所希望的人进行共享。

Power BI 简单且快速，能够从 Excel 电子表格或本地数据库创建快速见解。同时 Power BI 也可以进行丰富的建模和实时分析及自定义开发。因此它既是用户的个人报表和可视化工具，还可用作项目组、部门或整个企业背后的分析和决策引擎。

Power BI 是基于云的商业数据分析和共享工具，可连接数百个数据源、能简化数据准备并提供即时分析功能。生成报表并进行发布，供组织在 Web 和移动设备上使用。用户可以创建个性化仪表板，获取针对其业务的全方位独特见解。在企业内实现扩展、内置管理和安全性管理。

若在本地计算机已安装用友 U8 10.1 版 ERP 系统，使用 SQL Server 2008 数据库管理系统，并且已经建立了企业账套，包含企业的采购、销售、库存、财务等所有的运营数据，可以应用 Power BI 调用账套数据库中的已有数据进行进一步的分析和可视化处理，有效弥补了原有系统中提供的固化的账、表等数据，为企业业务的变化和运营决策提供支持。如图 7-6 所示，用 SQL Server 可查看 U8 下的数据库里面的数据，服务器名为本机计算机名，图 7-7 中的用友账套的账套号为 001，建账年份为 2013 年，默认数据库名为 UFDATA_001_2013，图 7-8 用 Power BI 选择获取 SQL Server 数据资源，图 7-9 输入用友账套所在的服务器名和数据库名，图 7-10 展开数据库中的所有数据库表，选择需要分析的数据库表加载，根据需求和表中字段建立分析模型，图 7-11 选择所需要的可视化图表进行展示。由于篇幅所限，这里无法展示详细的操作步骤和案例，可参照所提供的数字化资源和相关 Power BI 专业教材进行进一步拓展学习。

图 7-6 SQL Server 数据库管理系统

图 7-7　SQL Server 查看 U8 账套数据库

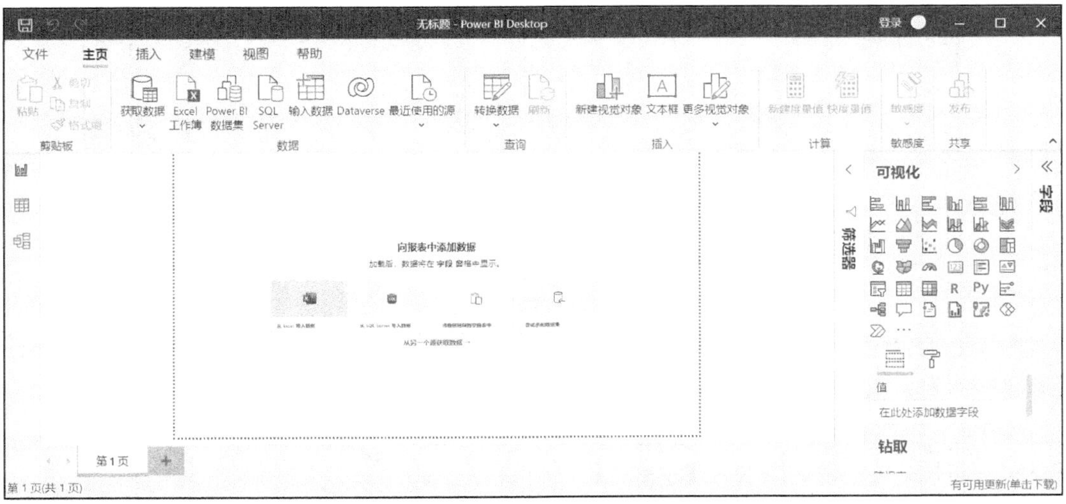

图 7-8　用 Power BI 进行数据分析和展示

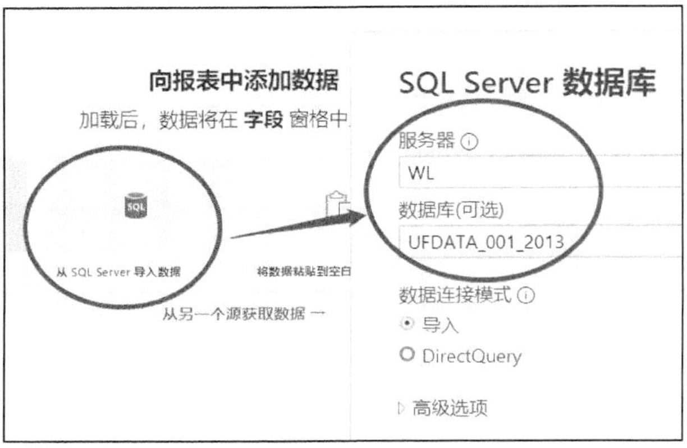

图 7-9　用 Power BI 输入用友账套所在的服务器名和数据库名

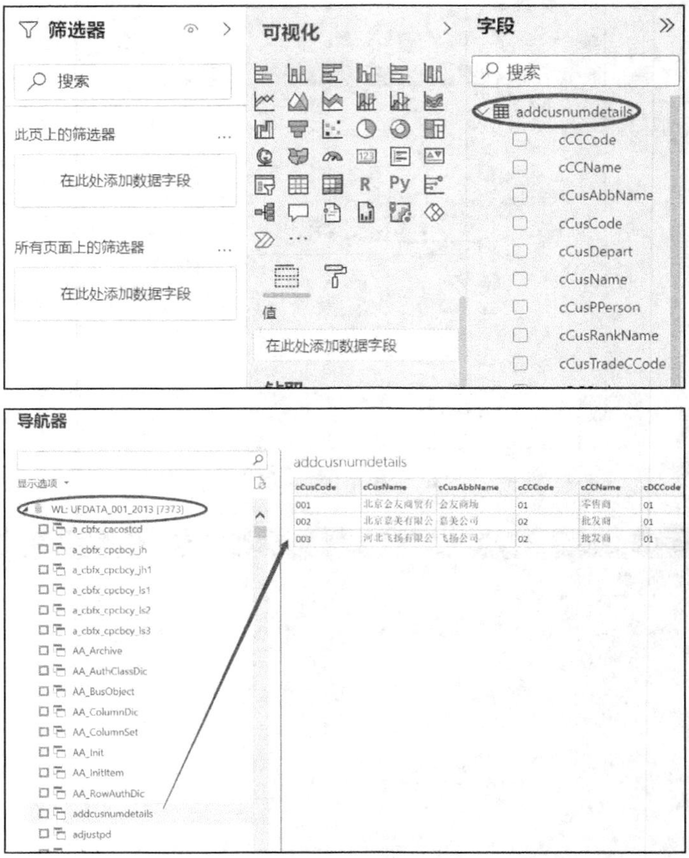

图 7-10　用 Power BI 展开用友 U8 账套数据库表

图 7-11　用 Power BI 分析展开用友 U8 账套数据库表

7.4.2　百度 Sugar BI

Sugar BI 是百度智能云推出的敏捷 BI 和数据可视化平台，目标是解决报表和大屏的数据 BI 分析与可视化问题，解放数据可视化系统的开发人力。Sugar BI 提供的界面优美、体验良好的交互设计，通过拖拽图表组件可实现 5 分钟搭建数据可视化页面，并对数据进行快速分析。通过可视化图表及强大的交互分析能力，企业可使用 Sugar BI 有效助力自己的业务决策。

平台支持直连多种数据源（Excel/CSV、MySQL、SQL Server、PostgreSQL、Oracle、Greenplum、Kylin、Hive、Spark SQL、Impala、Presto、Vertic 等），还可以通过应用程序编程接口（application programming interface，API）、静态 JavaScript 对象表示法（JavaScript object notation，JSON）绑定可视化图表的数据，简单灵活。大屏与报表的图表数据源可以复用，用户可以方便地为同一套数据搭建不同的展示形式。

Sugar BI 可完成数据可视化页面的搭建，在降低开发成本的同时，提高业务对数据的使用效率，助力企业精准、快速地做决策。

Sugar BI 上开发的报表可以公开发布，方便嵌入已有系统中，并且支持私有部署，可以将 Sugar BI 整体部署到企业局域网中，并与企业的内部账号打通，极大地提高了分析数据的效率。

7.4.3　帆软 FineBI

FineBI 来源于帆软公司，早期于 2006 年创立，目前已经发展为国内最大的 BI 分析平台提供商。FineBI 主要面向企业客户（个人用户免费全功能使用，但是限制两个并发用户），在国内各行业有着众多的成功应用案例。

FineBI 支撑多数据源，支持超过 30 种的大数据平台和 SQL 数据源，支持 Excel 文件数据集，并可以通过 FineReport 设计器支持多维数据库、程序数据集等更丰富的数据源。

FineBI 以业务包的形式进行数据管理，让用户可以根据不同的业务包主题进行数据分类，提供了数据相关的各种信息，让用户更好地了解自己所拥有的数据。

FineBI 提供的关联建模功能，让管理员能够在选择需要的数据之后，自动根据数据仓库的关联关系进行建模，同时也提供了手动的关联关系配置，支持组合主键的关联关系配置。基于这样的基础模型，用户在使用自助数据集进行自助取数时，可以直接对有关联的数据进行联合分析，不需要用户再去梳理和配置关联关系。

FineBI 提供多种添加数据的方式，例如，数据库表、SQL 数据集、Excel 数据集等。FineBI 提供数据处理、提供可视化的数据分析，能够快速、直观地了解数据，发现数据问题。以用户思维为主导的可视化分析模式能够根据用户选择的数据自动推荐可视化效果，使数据分析更高效。FineBI 进行多维度探索分析，可视化图表还可以实现日历图、颜色表格、关键绩效指标（key performance indicators，KPI）卡等多种图表，并具有强大的地图功能。仪表板功能让用户将多个分析内容、分组组件组合成一个仪表板，在仪表板中用户可以通过筛选器对数据进行筛选、联动等，实现关联分析。

FineBI 是国内的 BI 软件，拥有非常丰富的基础学习文档和教学视频资料，另外还有着非常活跃的帆软中文社区供所有用户进行学习交流。

7.4.4 思迈特 Smartbi

思迈特软件是知名国产 BI 品牌，专注于 BI 与大数据 BI 分析平台软件产业的研发及服务。满足数据挖掘、AI 智能分析等方面的需求，通过 BI 大数据分析工具，实现企业大数据 BI 系统的快速搭建，助力企业实现智慧化数据运营，产品广泛应用于金融、制造、零售、地产等众多行业。

Smartbi 主要包括以下四大平台。

大数据分析平台：大数据分析平台对接各种业务数据库、数据仓库和大数据分析平台，进行加工处理、分析挖掘和可视化展现；满足所有用户的各种数据分析应用需求，如大数据分析、可视化分析、探索式分析、复杂报表、应用分享等。

数据化运营平台：围绕业务人员提供企业级数据分析工具和服务，满足不同类型的业务用户，在 Excel 或者浏览器中都可实现全自助的数据提取、数据处理、数据分析和数据共享，具有无与伦比的适用性。

大数据挖掘平台：通过深度数据建模，为企业提供预测能力，支持文本分析、五大类算法和数据预处理，并为用户提供一站式的流程式建模、拖拽式操作和可视化配置体验。

SaaS 分析云平台：SaaS 分析云平台是全新一代云端数据分析平台，可以提供快速搭建数据分析应用的自助式服务，还可以分享深刻见解，提升团队的决策能力。

【复习思考题】

1. 简述云 ERP 系统与传统 ERP 系统的区别。
2. 简述物联网应用在 ERP 系统的哪些方面体现。
3. 简述商务智能在企业 ERP 系统中的应用范围。
4. 用 Power BI 调用用友 U8 账套数据库表的数据并进行可视化分析和展示。

下篇　ERP 应用篇

第8章 ERP项目管理

| 学习目标 |

- 掌握项目的概念。
- 掌握ERP项目管理的内涵。
- 掌握ERP项目的立项。

| 思政目标 | 契约精神　严谨规范　团队协作　创新务实

导引启示

项目管理小故事——这是为什么？①

曾有人做过一个实验：组织三组人，让他们分别沿着10千米以外的三个村子步行。第一组人不知道村庄的名字，也不知道路程有多远，只告诉他们跟着向导走就是。刚走了两三千米就有人叫苦，走了一半时有人几乎愤怒了，他们抱怨为什么要走这么远，何时才能走到。还剩下不到一半路程时，有人甚至坐在路边不愿走了。越往后走，他们情绪越低。第二组的人知道村庄的名字和路段，但路边没有里程碑，他们只能凭经验估计行程时间和距离。走到一半的时候大多数人就想知道他们已经走了多远，比较有经验的人说："大概走了一半的路程。"于是大家又簇拥着向前走，当走到全程的四分之三时，大家情绪低落，觉得疲惫不堪，而路程似乎还很长，当有人说"快到了"时，大家又振作起来加快了步伐。第三组人不仅知道村子的名字、路程，而且公路上每一千米就有一块里程碑，人们边走边看里程碑，每缩短一千米大家便有一小阵的快乐。行程中他们用歌声和笑声来消除疲劳，情绪一直很高涨，所以很快就到达了目的地。这三组人马为什么会出现这样完全不同的结果？

启示一：在项目进行中，确定里程碑进度表对完成项目目标非常重要。

启示二：确定项目的生命周期，并进行阶段性验收十分重要。

启示三：项目目标的确定和细分，决定项目的绩效甚至成败。

本章关键词

项目立项　项目生命周期　ERP项目管理

---

① 资料来源：https://blog.csdn.net/wan4u/article/details/7027157。

8.1 项目的概念

8.1.1 项目的定义

项目由一系列相互协调和受控的活动组成，具有独特的过程，有开始和结束日期。过程的实施是为了达成规定的目标，满足时间、费用和资源等约束条件。通俗地说，项目就是在有限的资源和要求的限制下完成既定的目标的一次性任务。这个定义包含三层意思：一是有限的资源；二是既定的目标；三是一次性任务。这里所说的资源包括时间资源、经费资源、人力资源和物质资源。其中，除了时间资源，其他资源都可以通过采购获得，因而表现为费用或成本。对于时间资源，可以将其称为进度，这样一来，也可以将项目定义为“在一定的进度和成本约束下，为了实现既定的目标，并达到一定的质量所进行的一次性工作任务”。项目满足以下四个特征。

（1）完成既定的目标。

（2）具有开头和结尾。

（3）具有资金限额。

（4）消耗资源（如人力资源、设备资源）。

从工程技术角度来说，项目是为创建某一独特产品、服务或成果而临时进行的一次性努力。例如，某企业的财务信息系统平台的升级项目、某医院的智慧药房开发项目等。

项目是在一定的时间范围内，利用有限的资源为特定客户完成特定目标的一次性工作任务。时间范围是指项目有明确的开始时间和结束时间。这里所说的资源包括完成 ERP 项目管理与实施项目所需要的人、财、物。客户是指提供资金、确定需求，并拥有项目成果的组织或个人。目标是满足要求的产品和服务，并且有时它们是不可见的，也就是说，完成项目任务需要特定的资源环境和目标要求。资源环境是指一个组织机构内的人力、财力、物力。目标要求是指在规定的时间内完成且满足性能、质量、数量和技术指标等要求。

项目的价值在于项目能满足利益相关者明示和潜在的需要，组织和个人的业绩及工作能力也是通过项目来展现的，这一点在企业中表现得尤为突出。在我国，大部分 IT 企业是通过项目的实施与推广来生存和发展的。IT 企业已完成的项目对用户的影响和用户对软件的评价直接影响潜在客户的价值取向。成功的项目是企业形象的主要来源，经典项目和样板工程的价值越来越受到人们的认可与重视。

8.1.2 项目的特征

无论项目的规模、复杂程度和性质有何不同，都会存在一些相同之处。了解项目的特征有利于项目成功和达到既定目标的要求。项目通常是作为实现组织战略计划的手段而实现的。与企业的运作不同，项目具有非常明显的特征：临时性、独特性和渐进明细性。项目的特征是项目内在属性的综合反映。

1. 临时性

临时性是指每个项目都有一个明确的开始时间和结束时间。项目是一次性的活动。当项目目标实现时，就意味着项目结束了。但是，也可能由于项目目标明显无法实现或项目需求已经不复存在而需要终止项目，此时便意味着项目结束。临时性并不意味着项目历时短，有些项目由于规模大、业务复杂等原因也会历时很长。但是，不管在何种情况下，项目历时总是有限的，项目不是一项持续的工作。

2. 独特性

独特性是指每个项目都是独一无二的，没有完全一样的项目。项目所涉及的某些内容或全部内容都是以前没有做过的。项目的独特性在 IT 领域表现得尤为突出，厂商不仅为客户提供产品，更重要的是根据客户的要求为其提供不同的解决方案。即使有现成的解决方案，厂商也要根据客户的要求进行一定的客户化工作，因此每个项目都有所不同。例如，开发一个新的办公自动化系统，由于使用系统的用户不同，必然会有很强的独特性，虽然以前可能开发过类似的系统，但是每个系统都是根据用户的需求来设计的，因此是唯一的。

3. 渐进明细性

渐进明细即逐渐细化，是指在项目进程中，随着信息越来越详细，估算结果越来越准确，需要持续改进和细化计划。渐进明细反映了项目整体特性。因为项目的产品或服务事先不可见，在项目前期只能粗略地进行项目定义，随着项目的进行才能逐渐完善和精确。这意味着在项目逐渐细化的过程中，一定会进行很多次修改，产生很多变更。因此，在项目执行过程中，要注意对变更的控制，特别是要确保在细化过程中尽量不要改变工作范围，否则会对项目的进度和成本造成巨大的影响。

项目的渐进明细性使很多项目可能不会在规定的时间内、按规定的预算由规定的人员完成。这是因为项目计划在本质上是基于对未来的估计和假设进行预测的，在执行过程中与实际情况难免有所差异，甚至还会因各种风险和意外导致项目不能按计划进行。

8.1.3　项目的属性

项目的属性是指项目本身所固有的特性，可以归纳为以下六个方面。

1. 一次性

一次性是项目与其他重复性运行或操作工作最大的区别。项目有明确的起点和终点，没有可以完全照搬的先例，也不会进行完全相同的复制。项目的其他属性也是从这一主要属性衍生出来的。

2. 独特性

独特性是指每个项目都是独特的。或者其提供的产品或服务有自身的特点；或者其提供的产品或服务与其他项目类似，但是时间和地点、内外部环境、自然和社会条件有别于其他项目，因此项目的过程总是独一无二的。

3. 目标的明确性

目标的明确性是指人类有组织的活动都有其目的性，项目作为一类特别设立的活动，也有其明确的目标，项目目标一般包括以下三个方面。

（1）时间性目标：又称时间约束，即在规定的时间段内或在规定的时间点之前完成。

（2）成果性目标：即项目的来源，也是项目的最终目标。例如，提供某种规定的产品或服务。

（3）约束性目标：又称限制条件，是实现成果性目标的客观条件和人为约束，是项目实施过程中必须遵循的条件，是项目管理的主要目标。

目标的明确性允许有一个变动的幅度，也就是可以调整。但是，当项目目标发生实质性变化时，它就不再是原来的项目了，而是产生了一个新的项目。

4. 活动的整体性

活动的整体性是指项目中的一切活动都是相互关联的，从而形成一个整体。强调活动的整体性，也就是强调项目的过程性和系统性。在计划项目时，要注意多余的活动是不必要的，但缺少某些活动必将影响项目目标的实现。

5. 组织的临时性和开放性

项目组织是为了实现一个项目而临时组建的组织机构。在项目的全过程中，项目组织的人数、成员和人员职责会不断地发生变化。在项目组织中，参与项目的相关单位往往有很多个，它们通过协议或合同及其他社会关系聚集到一起，在项目的不同时间段不同程度地介入项目活动。可以说，项目组织没有严格的边界，是临时性和开放性的。这一点与一般企事业单位和政府机构组织很不一样。

6. 项目成果的不可挽回性

项目成果即项目所取得的成果。例如，设计出的新产品取得了专利权或软件著作权。项目不同于其他事情可以试做，做坏了可以重来。项目在一定条件下启动，一旦失败，就永远失去了重新进行原项目的机会，这是由项目的一次性属性决定的。项目运作有较大的不确定性和风险。

8.1.4 项目的生命周期

每个项目都会经历需求识别、提出解决方案、项目实施和项目结束这样一个过程。

人们通常将这一过程称为“项目的生命周期”。

为了便于管理，人们将项目的生命周期划分为若干阶段，每个阶段都有一个或数个可交付的成果作为完成标志。其中，可交付成果是指某种有形的、可验证的工作成果。由于不同类型的项目的可交付成果一般都不相同，因此对项目的生命周期各阶段的具体划分也会有所不同。本书综合多种观点，将项目的生命周期划分为启动阶段、规划阶段、实施阶段和收尾阶段，每个阶段都有明确的任务，见图 8-1。项目的生命周期的特性表现为，在项目运行过程中，具有启动阶段较缓慢、规划阶段和实施阶段较快速、收尾阶段较缓慢的规律。另外，在一般情况下，在项目的生命周期的不同阶段，其成本和人力资源投入的水平也是不同的。

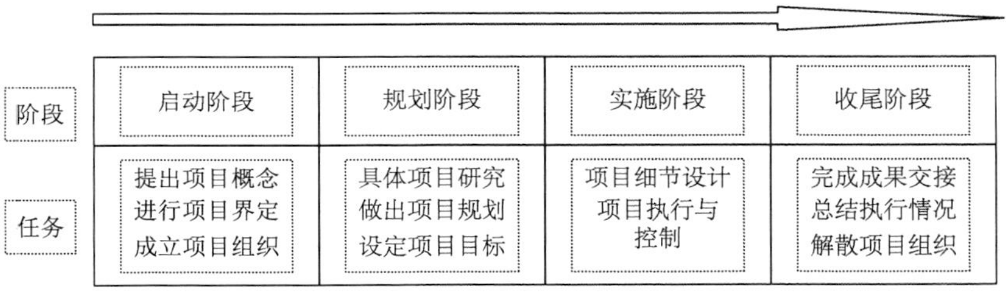

图 8-1　项目的生命周期

8.1.5　项目干系人

项目干系人是指受到项目实施过程和实施结果影响，或能够影响到项目实施的个人或组织，可以称为项目利害关系者。项目干系人主要包括以下这些人。

（1）项目的业主：项目的投资者或所有者，既可以是项目的最终决策者，也可以是项目的用户或直接实施者。

（2）项目的客户：使用项目成果的组织或个人。

（3）项目经理：项目团队的领导者、组织者和管理者，项目管理的决策者，项目重大决策的执行者。

（4）项目的实施组织：完成一个项目主要工作的企业或组织，是项目产出物的生产者。

（5）项目团队：从事项目全部或部分工作，为实现项目的一个或多个目标而协同工作的组织或群体。

（6）项目其他相关利益主体：项目的供应商、贷款银行和政府主管部门，项目直接或间接涉及的市民、社区和公共社团等。

项目干系人的要求和期望有时是不统一的，他们之间有时会发生冲突。例如，业主也许十分在意时间进度，设计师往往更注重项目本身的工作，政府部门可能关心税收，附近社区的公众则希望尽量减少不利的环境影响等。弄清楚哪些是项目干系人，他们各自的需求和期望是什么，这一点对项目管理者来说非常重要。只有这样，才能对项目干系人的需求和期望进行管理并施加影响，调动其积极因素，化解其消极影响，以确保项目获得成功，以保证项目目标的实现。

8.1.6 项目分类

项目分类是为了方便对项目进行管理。基于各类项目的特点，常见的项目分类如下。

（1）按行业划分，可以将项目分为建筑类项目、制造类项目、农业类项目、金融类项目和软件实施类项目等。

（2）按层次划分，可以将项目分为宏观类项目、中观类项目和微观类项目。

（3）按产品划分，可以将项目分为新产品开发项目、新技术开发项目和产品改建项目等。

在进行项目管理活动时，人们通常把项目划分到同一个项目类别中，然后根据这个类型的项目特点对项目进行管理。例如，某企业的 ERP 实施项目可以划分到 ERP 软件实施项目类别中，然后按照 ERP 软件实施项目的特点对 ERP 实施项目进行管理。

8.2 ERP 项目特点及管理

8.2.1 ERP 项目定义

ERP 系统实施项目简称 ERP 项目，是指构建基于 ERP 系统的企业管理运行体系和流程。ERP 项目的目标是提高企业的管理水平，实现企业的战略目标。

企业的 ERP 项目一般由 ERP 软件公司的专业化的实施人员（包括项目经理、实施顾问等）来支持完成。对实施人员来说，ERP 项目的实施就是为企业提供有助于实现其管理目标的一整套有价值的解决方案，并指导用户完成管理软件的客户化工作，帮助企业实现科学管理、降低成本、提高效率。ERP 项目实施的本质就是一种服务过程，即在企业的 ERP 系统建设过程中，由相关人员组成项目组，按照客户的要求，为企业提供个性化、专业化的服务。

8.2.2 ERP 项目的特点

1. 目标柔韧

信息技术项目最大的特点就是其需求规格不容易被完整、确切地表述。不像盖高楼，所有的东西事先都有确切的设计图纸；也不像机械加工，螺钉、螺母的规格都有很好的约定，并符合国家标准，事先还会有非常具体的设计，完工后又有非常高的验收标准，甲方和乙方还需遵循共同的约定。信息技术项目则不同，其目标的柔性很大，项目的范围不容易界定，客户所理解的 ERP 系统实施成功的标准和供应商所理解的标准往往有很大的出入。这是因为：第一，客户经常受到经验和专业能力的限制，很难确切地、完整地表达自己的需求，客户往往不知道自己想要什么；第二，ERP 项目实施过程本质上是一种服务过程，实施顾问为客户提供的是服务，而客户得到的则是一种体验，客户体验的感受成为对供应商的实施顾问所提供服务的一种客观评价，这个评价中掺杂了很大的感性成分和个性成分。例如，关于产品易用性的评价，客户学会了，操作熟练了，可能会说好用；客户没学会，操作别扭，可能就会说不好用。因此，软件的易用性在很大程度上存在感性成分，但扎实的客户培训能够有效地弥补软件设计方面的不足。

目标柔韧对所有项目管理者来说都是很令人头疼的事情。因此，这类项目要实施成功，项目经理就要更加关注除满足软件固有功能的其他影响因素，即客户评价的因素，这个因素有时候会起到决定性的作用。业内有一个不争的事实：软件产品很难做到无懈可击，总会有一些令人遗憾的部分。可见，目标柔韧这个固有的特性本身是造成很多软件项目失败的原因。

2. 综合性强

软件产品和信息技术都是推动企业管理进步或者技术改进的工具。因此，这个工作必须和其所服务的对象紧密结合，脱离了具体业务的信息系统只能被当作一种游戏。也就是说，信息技术项目需要的人才一般要有一定的行业背景，对项目经理和业务骨干的综合素质要求很高，优秀的项目经理必须是既有计算机专业知识又有行业知识的复合型人才。如果 ERP 系统项目经理对所服务企业的行业背景不甚了解，对企业商业模式的理解不够深刻，是很难帮助企业提升管理水平的。

3. 跨组织性

ERP 系统项目组最大的特点是由两个甚至更多的组织组成。项目组中既有供应商的实施顾问和项目经理，又有客户自己的各级领导、应用人员和项目经理，有时还会有项目监理等第三方。这类项目中，项目经理是临时性的，团队成员是兼职参与项目的，如果没有这个项目的实施，所有的团队成员都有他们本职的工作，ERP 项目实施的工作任务是临时添加的，这就给项目组的协调和项目任务的落实带来一定的困难。

在跨组织项目组中，要顺利地推进项目，严格的工作分工和责任指派、严肃的纪律保障和团队成员间的相互信任非常重要。

4. 过程不易监控

ERP 项目实施和传统的项目实施最大的不同是中间结果的质量很难鉴定，而且中间结果和最终结果之间的联系不直接。传统的项目实施，如盖房，从打地基起到盖完五层，人人都能看见和看懂它的进度。ERP 项目实施则不同，如调研阶段的结果就是一个几十页的 Word 文档，这些文档的优劣只有专家才能评价。因此，软件开发和实施的过程只有具备专业知识的人才能够真正看懂，这就使 ERP 项目实施的过程监控和过程评审有一定难度，因为外行是看不懂的，甚至客户也是看不懂的。

正因为 ERP 系统项目实施过程不易监控，过程管理就显得至关重要，稍有不慎，就会造成大量返工或工作遗漏，从而影响整个项目的进度、质量和投资。

5. 伴随着管理变革

ERP 系统项目实施失败率很高的另外一个原因在项目之外，即 ERP 项目实施常常伴随着企业的管理变革。相当一部分失败项目，与其说是 ERP 系统项目实施的失败，不如说是企业内部管理变革的失败。

因为 ERP 项目本身是一个新的信息化管理手段，使用这种管理手段和办公方式必然会冲击企业固有的管理模式。信息化的管理手段和传统的管理手段之间的冲突通常是很剧烈的，会触动一部分人的既得利益。从这个意义上讲，ERP 系统实施过程就是企业内部的管理模式变更过程。

6. 受文化影响大

每个项目都是在一种或多种企业文化形式的背景下运行的，因此，企业文化会影响 ERP 项目实施的成败。最为明显的就是企业的执行力文化，企业良好的执行力会对 ERP 项目顺利实施起到推动作用，而在执行力不好的企业实施 ERP 项目，则如逆水行舟。有时候，企业文化对项目成败的影响甚至可以是决定性的，在保守的企业文化下，中层干部和基层人员缺乏创新能力，几十年如一日地做同样的事情，从来没有改变过，也从来没有怀疑过它的合理性，更不打算优化现有的流程和制度。遇到这种情况，ERP 项目要想落地生根，阻力就会较大，失败的风险也会大一些。

8.2.3 ERP 项目管理

项目管理就是合理地组织、调配和利用材料、设备、人力和资金等各种资源，保质、保量地在既定的时间内完成预期的项目目标。ERP 项目管理就是采用项目管理的方法对 ERP 项目实施过程进行管理。对企业来说，ERP 项目管理的实质是识别企业的真实管理需求，然后建立一套基于 ERP 应用系统的管理体系来满足企业的这些管理需求。在 ERP 项目实施过程中，最重要的是确保业务需求合理，符合企业战略。对软件实施人员来说，ERP 项目管理就是以最低的成本、最短的时间实施 ERP 项目，保证 ERP 系统能够满足企业的业务需求，最终通过企业的验收。在管理一个项目时，需要平衡相互竞争的项目约束因素，包括项目范围、项目质量、项目进度、项目成本、客户满意度和团队满意度等。

有效的项目管理可以避免 ERP 项目实施失败。有的企业不了解 ERP 项目管理的内涵，没有采用科学的项目管理方法，而是按照自己的思路实施 ERP 项目。最后，由于内部人员冲突、选型错误、功能无法扩展、用户因流程问题不愿意使用 ERP 系统等多种原因导致 ERP 项目实施失败。一个完整的 ERP 项目通常包括三个阶段：系统立项阶段、系统选型阶段和系统实施阶段。ERP 项目管理从企业的需求分析出发，始终指导着 ERP 的发展，ERP 的提升和优化都要运用 ERP 项目管理。

判断 ERP 项目是否成功，不能只基于项目是否通过了企业的验收，还应进一步考察 ERP 系统在企业中是否得到了很好的应用。很多情况下，ERP 系统成功上线，项目通过了企业的验收，但由于种种原因，企业在 ERP 软件供应商的实施人员撤离后，其 ERP 系统就处于半运行状态或根本不被使用。这种情况短期内对 ERP 软件供应商来说可能影响不大，但却会造成市场对其产品及软件供应商的不信任，对其长远发展非常不利。因此，对 ERP 软件供应商来说，在 ERP 项目实施过程中应尽量追求完全成功，即项目通过企业的验收，并且 ERP 系统在企业中得到了很好的应用。这就要求在 ERP 项目实施过程中，ERP 软件供应商站在企业的角度为企业提供管理咨询服务，帮助企业了解自己真正的管理需求，建立一套基于 ERP 系统的管理体系，以满足企业管理的需要。

企业发展的重要标志是资源的合理调整和利用。传统的组织结构是金字塔形的，各部门之间的协作与沟通薄弱，资源状况相对模糊，资源的运行难以比较、把握和调整。ERP 系统可以通过系统的计划和控制功能，结合企业的流程优化，有效地配置各种资源，从而加快对市场的响应速度、降低成本、提高效率和效益、提升企业的竞争力。它是企业内部各部门之间、内外部合作伙伴之间的一种信息交换与共享系统。它的复杂性决定了 ERP 项目实施过程中充满了风险。

目前，国内外主流的 ERP 产品供应商都通过项目实践提出了自己的实施方法。

8.3 ERP 项目的立项

8.3.1 项目立项的意义

1. 项目立项

项目立项主要完成项目启动前的准备工作，主要包括立项分析，项目前期文档分析，客户背景研究，制订项目实施策略、项目实施方案和项目实施整体计划，与客户交流项目组织要求和项目公约。

为了保证项目启动及首次实施的成功进行，科学的项目分析和充分的项目准备工作必须扎扎实实地完成。只有项目立项阶段做好了准备工作，在首次实施中确立的项目实施目标、策略、计划才有可能在与客户高层交流时顺利通过，为未来的项目实施奠定良好的基础。

项目立项是整个 ERP 项目实施的第一步，也是项目由销售转入实施的交付阶段。在项目立项环节中需要输入、输出和借用的工具/模板资料主要包括以下内容。

（1）输入：前期各项售前资料、合同、客户企业相关背景、客户方主要人员、企业环境因素、组织过程资产。

（2）输出：项目背景分析、项目实施策略（粗略）、项目整体计划（粗略）、主要困难及所需资源。

（3）工具/模板：项目销售转实施交接表、项目立项报告。

2. 目标与策略

1）项目准备的主要目标

（1）选择合格的项目经理，针对项目的特点选派顾问，建立顾问方项目小组。

（2）通知客户按项目公约和项目组织要求的内容进行项目组织准备工作。

（3）收集项目信息，进行项目分析。

（4）制定总体实施方法、策略。

2）项目准备的策略

（1）根据项目的特点组建项目实施小组。

（2）在立项完成后的第一时间进行客户高层拜访，提交项目准备的要求，在顾问方项目小组进行项目准备的同时安排客户进行项目准备。

（3）项目实施小组与售前顾问收集项目资料，进行项目分析。主要应该关注项目的企业期望目标、合同对项目实施的要求、企业高层对项目的态度、企业内部各关键方对项目的态度、反对势力的情况、项目实施的难点等。

（4）项目小组要对客户信息资料进行全面分析，做出项目风险分析。

（5）不打无准备之仗，在全面收集和分析项目资料的前提下，制定出项目实施的策略和方法。

3）一般实施策略需要考虑的问题

（1）项目实施范围的界定和控制。顾问方要充分考虑实施范围的界定和控制，确保项目在可控的范围内进行。

（2）项目实施目标及验收标准的控制。尤其是验收标准，顾问必须有一个清晰、可达到、可衡量的标准。

（3）项目进度的安排策略。尤其是在多公司、多系统、多模块实施时，相互之间的顺序、关系的安排策略。

（4）在进行项目分析时，要随时关注客户项目准备的情况，以确保与客户在项目前期的互动，逐渐培养客户作为实施主体的意识。

3. 工作内容

1）工作目标

了解前期项目销售过程，对项目各项文档（包括拜访记录、招投标文件、销售合同等）进行分析，承诺客户的实施目标、范围、计划、人员、付款方式等因素，分析项目存在的风险（如过度承诺等），为制定正确的实施策略和方案做准备。

2）主要工作事项

（1）交接项目所有的相关文档。例如，项目建议书/实施规划书、许可合同、实施合同、服务合同等。

（2）介绍客户相关重要人员，并分析他们的特点，了解他们的关注点。例如，项目决策者是谁、决策者较为信任的人是谁、本项目的负责部门和可能的负责人有哪些、有利于推进项目的人有哪些、对项目持反对或怀疑态度的人有哪些，以及相关的对策。

（3）对客户企业自身进行了解。例如，客户所处的行业、客户的主要产品、重要的客户及供应商、客户的重要且特殊的业务流程、客户现在的管理水平、信息化的主要目的等。

（4）对实施工作进行初步规划，制定实施策略，落实相关资源，初步形成意向性的项目实施小组名单。

（5）项目经理初步制定《项目实施方案书》（初稿）、《项目实施计划》（初稿）。

3）参与人员

（1）客户方：无。

（2）顾问方：销售员、售前支持顾问、实施项目经理、实施顾问。

4）准备事项

（1）客户方：无。

（2）顾问方：填写如表 8-1 所示的销售与实施交接单（需要双方签字），准备好销售员拜访记录、招投标文件、销售合同。

表 8-1 销售与实施交接单

<table>
<tr><td colspan="8">xxx 销售与实施交接单
填表日期：_______/____/____　　　　编号：</td></tr>
<tr><td colspan="8">客户概况</td></tr>
<tr><td>客户名称</td><td></td><td>行业</td><td></td><td>行业管理特点</td><td></td><td>主营产品及服务</td><td></td></tr>
<tr><td>地址</td><td></td><td>客户方负责人</td><td></td><td>职务</td><td></td><td>联系方式</td><td></td></tr>
<tr><td colspan="8">客户重要人员</td></tr>
<tr><td colspan="8">（说明：角色分四种。E：决策者；U：应用选型；T：技术选型；C：内线）</td></tr>
<tr><td>姓名</td><td>部门及职务</td><td>性别</td><td>年龄</td><td>角色</td><td>关系打分</td><td>联系方式</td><td>背景及关注内容</td></tr>
<tr><td></td><td></td><td></td><td></td><td></td><td></td><td></td><td></td></tr>
<tr><td colspan="8">客户信息化现状</td></tr>
<tr><td>硬件系统</td><td colspan="7"></td></tr>
<tr><td>软件系统</td><td colspan="7"></td></tr>
<tr><td colspan="8">客户应用规划建议书</td></tr>
<tr><td colspan="2">项目目标或主要需求</td><td colspan="6"></td></tr>
<tr><td colspan="2">实施模块</td><td colspan="6"></td></tr>
<tr><td colspan="2">实施组织范围</td><td colspan="6"></td></tr>
<tr><td colspan="2">实施开发人员</td><td colspan="6"></td></tr>
<tr><td colspan="2">各项具体业务的特点、应用目标或需求、业务模式、业务流程、现存问题及重点关注内容简述</td><td colspan="6"></td></tr>
<tr><td colspan="2">项目风险分析</td><td colspan="6"></td></tr>
<tr><td colspan="2">其他口头承诺/遗留问题</td><td colspan="6"></td></tr>
<tr><td colspan="2">交接附件</td><td colspan="2">有</td><td colspan="2">无</td><td colspan="2">备注</td></tr>
<tr><td>1</td><td>项目建议书/实施规划书</td><td colspan="2"></td><td colspan="2"></td><td colspan="2" rowspan="5"></td></tr>
<tr><td>2</td><td>许可合同</td><td colspan="2"></td><td colspan="2"></td></tr>
<tr><td>3</td><td>实施合同</td><td colspan="2"></td><td colspan="2"></td></tr>
<tr><td>4</td><td>服务合同</td><td colspan="2"></td><td colspan="2"></td></tr>
<tr><td>5</td><td>其他</td><td colspan="2"></td><td colspan="2"></td></tr>
<tr><td colspan="8">交接签字</td></tr>
<tr><td>交接人</td><td colspan="3"></td><td colspan="2">接收人</td><td colspan="2"></td></tr>
</table>

5）操作时机

销售合同签订后，公司将首先指定一名项目经理，进行销售与实施工作的交接。

分析前期合同文档，重点了解以下几方面。

（1）了解合同收款计划，实施计划应与之配合。实施计划要有利于收款计划，例如，软件安装的时间、培训的时间、调研报告提交的时间、实施方案制订的时间等。

（2）是否有过度承诺？如果有（如研发投入计划、二次开发等），应及时向领导汇报，并采取必要的措施，确保承诺的可交付性。

（3）不能交付的承诺，在开始确定实施目标时，要采取规避风险的措施。

6）注意事项（本阶段工作可能存在的风险、应采取的对策）

多了解客户的相关信息，进驻客户企业开始实施时就会多一分把握。

7）后续工作安排

根据对项目的初步分析，开始着手项目组织的落实。

8）可供参考的工具和模板

可供参考的工具和模板有《销售转实施交接表》《项目实施方案书》《项目实施计划》。

9）成果清单（用于实施工作检查）

成果清单包括客户方招标文件、顾问方投标文件、顾问提供的项目方案建议书、销售合同（包括软件使用许可合同、实施合同、服务合同）、项目实施建议书及其他相关资料。

8.3.2 成立项目筹备组

1. 成立项目组织的意义

好的项目组织是项目成功的关键因素之一。因此，组建的双方项目组织要与项目要求相匹配，必须由企业高层信赖的人员参与，并且能够与顾问方建立良好的关系，具备相应的协调能力，熟悉企业管理运作实务。团队成员必须通过正式沟通和非正式沟通明确如何参与项目实施。

项目成员来自各个不同的工作岗位，需使小组成员都有足够的时间参与项目实施，避免由于选择人员不当，使项目小组不能有效地转变管理工作方式，接受新的管理思想与方法。因此，应当了解备选项目小组成员的背景资料和工作表现，选择合格的人员参加项目小组，同时建立和完善项目运作管理方式以及顾问方与企业方的沟通机制。

成立项目组织是项目定义阶段人力资源的准备过程，在该阶段必须完成甲乙双方项目组人员的配备、人员职责的划分等。在成立项目组织环节中需要输入、输出和借用的工具/模板资料主要包括以下内容。

（1）输入：企业环境因素、组织过程资产、合同、前期售前资料。

（2）输出：项目组织架构图、项目角色与职责、团队绩效评估。

（3）工具/模板：项目章程（甲方）、实施团队任命书（乙方）、项目实施管理（奖惩）制度、项目实施办公室准备事项说明。

2. 项目组织角色

1）成立项目组织

实质上 ERP 项目应该作为管理上的变革来看待，其所引发的企业管理各方面的变化应作为企业对于业务流程再造或重组的一个切入或实践。确定和调整 ERP 项目组成员的标准应以欲实施的 ERP 模块内容为基准。一般应包括：IT 部门人员（负责软、硬件的安装、测试、调整）、财务人员、计划人员、仓储管理人员、生产管理人员、技术人员等，为了确保项目的系统性和实施的执行力度，还应有公司级领导挂帅。大多数企业实施 ERP 习惯上将 IT 人员定位于项目组组长，由其负责制定相关的管理规程、流程，因此，项目组组长应由对企业各方面管理工作比较了解或熟悉的人来担任，且这个人要有魄力敢于去优化和改善原先庸冗的流程，使其更加完美。

2）成立项目指导委员会

项目指导委员会由甲、乙双方高层领导以及双方项目经理共同组成，如图 8-2 所示。其目的是审查项目的进展状况，并解决可能对项目产生不利影响的管理问题。经甲方、乙方项目经理提议，每月召开一次项目指导委员会会议。会议上，双方项目经理将和项目指导委员会一起审阅项目进展状况。

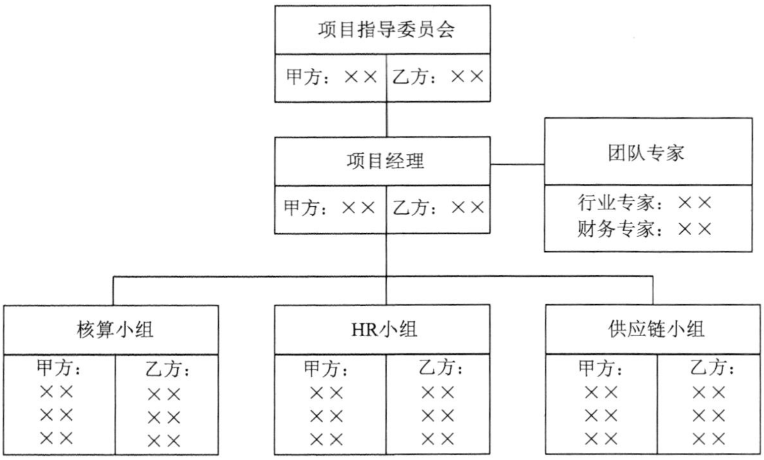

图 8-2 成立项目指导委员会

项目指导委员会的职责包括以下几个方面。

（1）决策项目总体目标和计划安排，并定期参与项目里程碑目标的制定。

（2）监督项目实施进度和质量。

（3）解决项目实施过程中的意见分歧，确定重大事项与做出决策。

（4）组织双方高层领导的沟通与协调。

（5）按项目实施需要负责有关资源的分配和工作授权。

信息化项目是个“一把手”工程，甲方高层要给予充分的支持和强有力的推动，尤其在项目实施遇到障碍、人员调整、部门之间的协调时，应迅速出面帮助解决问题。同时，应给予项目组成员充分授权和相应的激励措施。

3）双方项目任务及职责

甲方项目组包括项目经理、关键用户、技术人员等，配合乙方完成工作任务书中约定的各阶段任务；乙方项目组负责按照工作任务书确定的实施范围，提供项目管理和总体协调，组织项目实施工作。双方按工作任务书中约定的分工保证各自工作任务的质量和进度。

双方项目组的责任也可以用图表的方式明确下来，以规划双方项目的工作，建立良好的合作关系，如表 8-2、表 8-3 所示。

表 8-2　乙方项目成员职责和任务

项目角色	职责和任务	基本标准
乙方项目经理	1. 建议项目的阶段审核点； 2. 制订项目实施主计划； 3. 规定培训内容及过程，制订培训及后勤计划； 4. 指导、建议、管理项目日常活动； 5. 定期向项目领导及项目指导委员会汇报项目的进展状况，并提出问题改进措施的建议； 6. 合理分配项目内资源； 7. 确认任务的完成，实施质量控制； 8. 发现、协调相互沟通/变更控制/组织方面等问题； 9. 管理项目的各种风险和争议； 10. 组织讨论、编写《业务解决方案》； 11. 负责项目阶段成果确认和整个项目的验收工作，并获得用户签字； 12. 管理客户关系； 13. 负责向客户催收应收账款； 14. 负责项目组成员项目期间的绩效考核，向项目总监提出项目奖惩方案	1. 非常熟悉自己的产品； 2. 具有很强的项目管理和控制的能力； 3. 具有很强的组织协调能力； 4. 通过集团组织的项目经理资格认证； 5. 参加过项目管理培训、实施方法论的培训； 6. 应该具有相关行业项目的实施经验和实施组织经验
咨询实施顾问	1. 主持需求调研和讨论会，负责项目实施中客户需求的调研，以及文档的编制； 2. 指导培训计划的制订与培训后勤工作的展开，对客户高层进行培训； 3. 指导用户进行数据整理和导入； 4. 支持系统运行中的排错处理； 5. 分析现有业务流程，负责项目整体框架的规划，并指导项目实施方案的编写； 6. 确定用户功能需求并协助制作文档； 7. 设计未来业务流程； 8. 根据功能需求确定用友 ERP 产品的功能和流程选择； 9. 根据双方确定的业务需求，定义和配置系统参数； 10. 计划集成测试，并预估集成测试所需的资源； 11. 制订集成测试方案； 12. 协助制定系统测试过程和测试所需的业务案例； 13. 协助监控、评估集成测试的执行； 14. 为最终用户培训提供指导和建议； 15. 定义基础数据转换步骤和策略	1. 必须非常熟悉产品； 2. 能够与客户进行良好的沟通； 3. 通过集团组织的咨询实施顾问资格认证； 4. 能够单独承担培训任务； 5. 有相关行业项目的实施和咨询经验； 6. 精通相关行业的业务，并对 ERP/MRP 理论非常熟悉； 7. 可以实施对客户高层的管理培训
技术顾问	1. 提供系统运行环境配置建议和优化措施； 2. 负责数据库及软件的安装、调试，以及系统管理人员的培训； 3. 负责指导和培训客户系统管理员报表的开发和安装、调试； 4. 负责指导客户系统管理员的软硬件及网络问题的排错处理； 5. 负责提交项目实施中技术方面的状态报告； 6. 负责项目的客户化开发的相关工作； 7. 对系统的数据整理和数据的转换导入的流程熟悉； 8. 提供用友 ERP 产品与外部系统接口的分析工作； 9. 可以进行报表开发和程序包的安装、测试	1. 必须非常熟悉与产品有关的技术问题； 2. 能够独自处理技术问题； 3. 熟悉数据库、网络的相关知识； 4. 有相关系统的技术实施经验
客户化开发人员	1. 负责项目中的报表开发和设计； 2. 负责项目中开发需求的调研； 3. 负责项目中客户化程序的开发、测试； 4. 负责客户化开发的提交	1. 有相关系统的开发经验； 2. 熟悉开发工具； 3. 熟悉企业的业务流程

表 8-3 甲方项目成员职责和任务

项目角色	职责和任务	基本标准
甲方项目高层领导	1. 定期或在项目经理请求下会见项目领导和项目经理； 2. 向本公司高层领导汇报项目的进展状况； 3. 在需要时与本公司高层领导沟通项目有关情况； 4. 对项目实施所涉及的政策问题做出决定； 5. 解决项目实施过程中所涉及的重大问题； 6. 按项目实施需求负责有关资源分配和工作授权	1. 相关部门的主管经理； 2. 熟悉企业的产品； 3. 熟悉企业的管理流程
甲方项目经理	1. 负责布置客户项目组所有成员的日常实施工作； 2. 负责项目组所有资源（人员、设备）的调配； 3. 负责客户方项目进度、质量的控制； 4. 定期对项目组成员进行绩效评估； 5. 负责配合实施方项目经理开展项目实施的具体工作； 6. 负责企业内部部门间的沟通和协调； 7. 确认乙方提交的各项成果和阶段项目实施的计划； 8. 对项目实施的最终结果负主要的责任； 9. 负责领导客户项目组的所有成员，开展项目相关的工作； 10. 对于项目实施过程中的问题，与用友方面的项目经理进行沟通协调； 11. 协助乙方项目经理开展企业实施的相关工作； 12. 定期组织项目进度汇报的例会； 13. 负责向项目负责人提交项目各“业务解决方案”和“项目实施目标及考核指标”； 14. 负责实施项目形成的管理制度、规程的制定； 15. 决定项目组成员的奖惩； 16. 负责项目验收和监督系统切换运行； 17. 组织项目阶段的实施鉴定； 18. 负责每月召开一次实施专题会议，协调解决实施问题	1. 对客户自身的业务流程相当熟悉； 2. 对各业务单位的业务熟悉； 3. 对 MRP 理念有相当程度的认识； 4. 对计算机技术和相关的系统有相当的了解
内部顾问	1. 协助项目经理，完成日常项目管理工作； 2. 负责指导和参与企业基本资料的准备工作； 3. 参加 ERP 理论、软件操作的培训，并且必须掌握软件的具体操作； 4. 负责指导关键用户软件培训及运作指导； 5. 负责业务流程和岗位手册的编写； 6. 负责企业内部支持体系的建立	1. 内部顾问必须有 $\frac{2}{3}$ 工作时间投入项目； 2. 内部顾问必须积极向上，善于沟通； 3. 内部顾问熟悉企业业务流程； 4. 可以自行编写手册和进行最终用户培训
客户中的关键用户	1. 协助项目经理，完成客户方的实施工作； 2. 负责指导和参与企业基本资料的准备工作； 3. 参加 ERP 理论、软件操作的培训，并且必须掌握软件的具体操作； 4. 参与企业业务流程的调研、方案评定、系统测试等关键环节的工作； 5. 负责数据的整理和导入过程； 6. 负责最终用户的培训； 7. 负责业务流程和岗位手册的编写； 8. 负责企业内部支持体系的建立	1. 关键用户需要是职能部门的领导和业务骨干； 2. 需要对本部门的职能非常熟悉； 3. 可以进行手册的编制和最终用户培训
甲方系统管理员	1. 负责企业内部网络、操作系统、数据库系统等方面的维护； 2. 负责处理系统运行方面的技术问题； 3. 负责软件中关于系统管理方面的工作，例如，权限的设定和修改、系统的安装和调试等工作； 4. 负责系统数据的备份和恢复工作； 5. 负责保障企业内部网络安全的工作； 6. 参与关键用户的培训，负责部分软件操作的培训	1. 必须非常熟悉与产品有关的技术问题； 2. 能够独自处理技术问题； 3. 熟悉数据库、网络的相关知识
客户化开发人员	1. 负责企业客户化开发报表设计需求的定义； 2. 负责与用友方的客户化开发人员讨论开发事项； 3. 负责向客户方项目组定期呈报开发进度报告、成果	1. 有相关系统的开发经验； 2. 熟悉开发工具； 3. 熟悉企业的业务流程

3. 目标与策略

1）建立项目组织的主要目标

（1）使企业高层充分重视项目实施，明确参与实施的工作方式。

（2）选择合格的项目经理。

（3）组建符合项目实施需要的项目实施小组。

（4）建立项目沟通机制和项目运作管理制度与规范。

2）建立项目组织的策略

（1）强调合作关系和以企业为主体实施的观念。

（2）建立与企业高层（项目指导委员会负责人或主要成员）的沟通渠道。

（3）帮助项目经理和项目实施小组建立成功实施的决心和信心。

（4）明确实施责任、角色和沟通方式。

3）制定项目公约应当考虑的问题

（1）项目的总体实施目标。

（2）项目在实施周期内的应用实施范围。

（3）项目的实施推进策略和概要阶段计划。

（4）项目实施组织的结构和成员。

（5）项目实施组织和成员的责任与义务。

（6）项目运作与管理方式。

（7）项目沟通方式。

（8）项目实施工作奖惩考核管理办法。

4. 工作内容

1）工作目标

（1）顾问方组建一支合格的项目实施团队，并建立与客户的联系。

（2）指导客户方成立一个恰当的、有利于项目推进的项目实施小组。

（3）明确项目的负责人和责任人，有效地推进后期工作的开展，避免出现无人决策、无人承担责任的混乱局面。

2）主要工作事项（角色、任务、工具/模板）

（1）顾问方的主要工作事项。

①由项目经理提出实施团队人员建议，并定义各角色的主要职责。

②由主管领导及相关部门沟通后，确定项目组成员。

③由公司正式发文形成实施团队任命书，并明确相关人员及主要责任。

④到客户现场由销售人员负责将实施团队介绍给客户。

⑤项目经理向客户方的主管领导详细解释《项目实施公约》的意义和要求，指导客户成立项目实施小组。

⑥建议客户明确项目小组成员名单后，签署《项目实施公约》，让项目组成员满怀荣誉感和责任感。

⑦开会宣布《项目实施公约》，并签署。以项目小组成员联系表的格式记录项目小组成员的联系方式。

⑧请客户制定奖惩制度，可提供《项目实施管理（奖惩）制度》作为参考。

（2）客户方的主要工作事项。

①认真了解《项目实施公约》的意义，并按照顾问方的建议成立项目实施小组。

②组织项目组成员开会并签署《项目实施公约》。

③制定奖惩制度并报送高层领导签署后作为公司制度发文，人事部门按其制度进行考核。

3）参与人员

（1）顾问方：项目经理、主管领导、销售人员、项目实施团队成员。

（2）客户方：项目联系人、客户方主管领导、客户方项目重要角色。

4）准备事项

（1）顾问方：初步确认实施小组的成员名单，项目经理与小组成员谈话并进行分工。

（2）客户方：仔细阅读《项目实施公约》，按照项目组职责要求有针对性地物色相关人选。

5）操作时机

项目经理经过对项目的初步了解和分析后，提出实施方项目组织的建议，并经由相关领导批准。同时，实施方项目经理指导客户方成立项目实施小组。

6）建议工作时间

建议工作时间为 3 个工作日。

7）关键业务指导

对于客户方项目经理的人选，可以参考以下建议。

（1）受到项目决策者（一般是“一把手”）的信任，能够直接向项目决策者汇报工作。在一定程度上，其观点和项目决策者的观点高度一致，其意见一般能代表项目决策者的意见。一般以总裁助理、部长、处长等职位的人居多。

（2）有一定的业务、技术能力，对 ERP 及项目实施有一定的了解，能够和顾问方进行有效沟通。务实、客观，不好大喜功，不吹嘘，有自己的独立见解，不随波逐流。

（3）工作积极主动，有强烈的责任心，不推诿，不骄傲自大。

（4）人际关系好，能够有效推进各项实施工作。

8）注意事项

（1）客户方项目经理的选择非常重要，对项目实施的成败将起到非常重要的影响。在向客户提交相关建议时，需要倾向于选择有利于项目实施的人员担任项目经理。

（2）对于一些企业，在客户方项目经理等相关人员的选择上，可能会存在一些由于内部利益关系而产生的问题，实施小组最好不要太多地参与其中。但可以通过高层，向客户的高层传达相关信息，以达到协调解决的目的。

（3）由于受到权利、利益的影响，客户方内部如果出现纷争，甲方最好不要直接参与，以免给后期实施人员制造麻烦。

9）后续工作安排

应使实施组成员与对口的客户项目组成员多联系，以维护客户关系。

10）可以参考的工具和模板

可以参考的工具和模板有《实施团队任命书》（主要用于顾问方）、《项目实施公约》（主要用于客户方）、《项目实施管理（奖惩）制度》和《项目实施办公室准备事项说明》。

11）成果清单

主要成果清单有《实施团队任命书》《项目实施管理（奖惩）制度》《项目实施公约》《项目实施成员联系表》。

5. 本阶段的价值点

（1）引进项目人力资源管理理论，充分履行人力资源规划、项目团队组建、项目团队建设及管理工作。

（2）为企业建立一套项目式运作的方式和方法，提供宝贵的管理财富。

（3）通过 ERP 的实施，帮助企业培养高素质的项目经理人才。

（4）培养一批对企业业务精通的管理人员。

（5）培养一批既懂业务又懂 ERP 系统的优秀的内部讲师。

8.3.3 可行性分析

1. 可行性分析的意义

全球化、市场化的竞争环境要求企业能够应用先进的管理信息化技术手段，更快地掌握信息和整合企业资源，实施 ERP 系统是现今企业发展的一个趋势，也是信息技术发展的必然结果。但是目前对 ERP 投资的盲目性较大，甚至在有些案例中，投资是为了领导工程或面子工程，迫于行政或舆论压力或炒作以期在资本市场中获利。

投资盲目性大的另外一个表现就是领导对 ERP 的实施思想内涵和实施过程理解不全面、不准确。

一方面，企业不了解 ERP 系统并非万能的系统，而误认为 ERP 系统可以解决企业管理、运作中出现的任何问题；另一方面，由于 ERP 系统的集成度高，数据、业务之间相互关联，对企业的基础数据、人员操作方面提出了相当高的要求，若企业的管理基础弱，企业人员素质差，运行 ERP 系统所需的各种基础数据不准确、录入不及时，则整个系统将无法使用，系统运行完全不能达到期望的目标。

ERP 实施前的可行性分析，可以使企业在对自身的需求进行深入分析、对 ERP 系统了解的基础上，对投资所需的人力、物力资源的满足程度，企业管理基础程度及预期的效益目标，做出综合的分析判断，以免在系统实施一段时间之后，才发现具体业务及管理需求并没有或无法得到满足，导致资金、人力及时间的浪费。

2. 可行性分析的内容及范围确定

（1）可行性分析研究现状。分别于 1987 年和 1992 年发布的第一版和第二版《建设项目经济评价方法与参数》，系统体现了我国项目可行性研究的理论和方法。主要分为以下 4 个部分：市场分析、技术分析、财务分析和经济分析。

目前可行性研究通常是针对固定资产投资或工程项目的评估，一般列出以下评价指标：投资必要性、财务可行性、组织可行性、社会可行性、风险因素及对策、技术可行性、经济可行性等。

（2）明确 ERP 可行性研究的评价内容。由于 ERP 实施并非建设性工程项目和固定资产的投资，对目前可行性研究的内容进行分析，不需要进行是否有市场需求的市场分析；技术可行性的分析主要从企业本身的技术基础是否满足实施的需要出发进行分析，并不是对 ERP 软件本身的技术可行性分析；至于财务方面，由于情况比较复杂，可简化为判断企业是否可以满足财务方面费用的需求，若财力有限，可根据软件产品的价格，进行实施业务范围、模块的调整，即进行二次评估，使财务上满足实施的可行性要求；一般的工程投资项目，均列出投资利润率、净现值、投资回收期等经济效益评价指标，但是这些并不是 ERP 项目可以直接管控的指标，ERP 项目带来的更多是无形效益、间接效益、长期效益，不能直接比较投入和产出。在经济可行性的分析方面，可以从管理、经济效益等 ERP 项目的效益目标方面进行分析。

ERP 项目实施的可行性研究的目的是：判断企业是否具备条件和真正的需求来引进 ERP 系统，而非对整个项目方案（包括选择的 ERP 系统）进行判断。可行性分析的结论是确定企业是否进行下一步的 ERP 选型和 ERP 系统实施，这是目前实施 ERP 的企业的常规做法，也是与其他建设工程项目的不同之处。可行性分析是项目风险管理的关键阶段，要注意到项目实施中可能发生的风险因素，如人员、实施、转变风险，以及 ERP 实施给企业变革带来的影响，在评价内容中要体现对这些方面的评价。

综上所述，ERP 可行性分析从管理基础、技术、物（财务）、人员基础及效益目标五个方面进行评价研究。

（3）可行性分析方法。项目评估选择决策时的常用方法有：经济和财务分析、多因素技术、数学编程及专家系统。例如，采用基于完全独立性的多级递阶结构的多指标的专家评分法，先确定多属性（指标），然后通过专家评分，进行可行性分析判断。

3. 评价指标体系及评价模型的建立

实施方选择关键指标进行评价，采取分层分析的思想，运用具有完全独立性的多级递阶结构来进行可行性分析评价的层次建立。完全独立性结构的特点是：在评价要素或属性中，上一级属性都有各自独立的、完全不同的下级属性；而通常的层次分析方法中，评价要素之间普遍采用完全相关性结构或者混合结构。完全相关性结构的结构特点是上一级的每一个属性与下一级的全部属性相关，即上一级的每一个属性都作为下一级的评价项目起作用；而混合结构是完全相关性结构与完全独立性结构的结合。构筑可行性分析评价的完全独立性多级递阶结构，即 ERP 可行性分析评价的指标体系模型见表 8-4，其中在评价层 C，运用专家评分法，对各个评价指标进行打分，再加权评分。另外，A、B、C 三级的递阶结构中，在每一层均有相应的评价指标权重。权重的确定一般采用判断矩阵法或专家评分法。表 8-4 为 ERP 可行性分析评价的指标体系模型。

表 8-4　ERP 可行性分析评价的指标体系模型

<table>
<tr><th>目标层</th><th>一级属性层 A</th><th>二级属性层 B</th><th>评价层 C</th></tr>
<tr><td rowspan="20">ERP 项目
可行性研究</td><td rowspan="7">管理基础 A1</td><td rowspan="3">基础数据 B1</td><td>BOM 准确率 C1</td></tr>
<tr><td>工艺路线准确率 C2</td></tr>
<tr><td>库存准确率 C3</td></tr>
<tr><td rowspan="2">管理制度 B2</td><td>制度规范性 C4</td></tr>
<tr><td>决策执行水平 C5</td></tr>
<tr><td rowspan="2">组织结构 B3</td><td>组织架构规范性 C6</td></tr>
<tr><td>对组织变革的承受水平 C7</td></tr>
<tr><td rowspan="2">技术基础 A2</td><td rowspan="2">相关技术水平 B4</td><td>企业内部网络运行水平 C8</td></tr>
<tr><td>计算机应用水平 C9</td></tr>
<tr><td>财务基础 A3</td><td>预算财务水平 B5</td><td>项目经费需求满足度 C10</td></tr>
<tr><td rowspan="4">人员基础 A4</td><td rowspan="2">领导支持水平 B6</td><td>项目认同程度 C11</td></tr>
<tr><td>项目支持程度 C12</td></tr>
<tr><td rowspan="2">员工参与水平 B7</td><td>项目人员可获得性 C13</td></tr>
<tr><td>预期项目人员稳定性 C14</td></tr>
<tr><td rowspan="6">效益目标 A5</td><td rowspan="2">管理效益 B8</td><td>人力资源改进水平 C15</td></tr>
<tr><td>管理决策水平 C16</td></tr>
<tr><td rowspan="2">经济效益 B9</td><td>盈利能力 C17</td></tr>
<tr><td>资产运营能力 C18</td></tr>
<tr><td rowspan="2">战略发展 B10</td><td>当前存在的主要问题可解决程度 C19</td></tr>
<tr><td>企业未来发展需求的匹配度 C20</td></tr>
</table>

根据现有的研究情况及企业实际应用现状，实施方选择了 5 个层面的总的一级评价属性 A，并在每个一级属性下面定义了二级属性 B，具体评价时是针对各个二级属性下的评价层 C 的指标进行的。评价指标的选择强调实用性及综合性，尽量避免指标过多、过于繁杂。

ERP 项目的立项是一项投资决策，ERP 项目可行性研究报告的撰写可参照如下提纲，如图 8-3 所示。

第 1 章 项目总论
1.1 项目背景
1.1.1 项目名称
1.1.2 项目承办单位
1.1.3 项目主管部门
1.1.4 项目范围
1.1.5 承担可行性研究工作的单位和法人代表
1.1.6 研究工作依据
1.1.7 研究工作概况
1.2 可行性研究的主要内容
1.3 主要技术经济指标
1.4 存在问题及建议
第 2 章 项目背景和发展概况
2.1 项目提出的背景
2.1.1 国家或行业发展规划
2.1.2 项目发起人和发起缘由
2.2 项目发展概况
2.3 项目的意义与投资的必要性
第 3 章 国内外现状、技术发展趋势
3.1 行业信息化建设现状
3.2 技术发展现状与趋势
第 4 章 项目的技术基础
第 5 章 项目建设方案及技术路线
5.1 项目组成
5.2 技术方案
5.3 技术路线
第 6 章 环境保护
第 7 章 企业组织和劳动定员
7.1 企业组织
7.2 劳动定员和人员培训
第 8 章 项目实施进度安排
8.1 项目实施进度安排要求
8.2 项目实施进度表
8.2.1 甘特图
8.2.2 网络图
8.3 项目实施费用
第 9 章 投资估算与资金筹措
9.1 项目总投资估算
9.1.1 固定资产投资总额
9.1.2 流动资金估算
9.2 资金筹措
9.2.1 资金来源
9.2.2 项目筹资方案
9.3 投资使用计划
9.4 借款偿还计划
第 10 章 财务评价与分析
10.1 生产成本和销售收入估算
10.2 财务评价
10.3 国民经济评价
10.4 不确定性分析
10.5 社会效益和社会影响分析
10.6 项目风险分析
第 11 章 可行性研究结论与建议
11.1 拟建方案的结论性意见
11.2 对主要的对比方案进行说明
11.3 对可行性研究中尚未解决的主要问题提出解决办法和建议
11.4 对应修改的主要问题进行说明，提出修改意见
11.5 对不可行的项目，提出不可行的主要问题及处理意见
11.6 可行性研究主要争议问题的结论
第 12 章 财务报表
第 13 章 附件

图 8-3 ERP 项目可行性研究报告撰写提纲

【复习思考题】

1. 简述项目的概念、项目的特征及属性。
2. 简述成立项目组织的意义及项目组织的角色。
3. 简述项目可行性分析的内容有哪些。

第 9 章 ERP 系统实施

| 学习目标 |

➢ 掌握 ERP 系统实施原则。
➢ 掌握 ERP 系统实施规划。
➢ 掌握 ERP 系统实施步骤。
➢ 掌握 ERP 系统实施评价。
➢ 掌握 ERP 项目成功实施的关键因素。

| 思政目标 | 责任担当　团队协作　沟通表达　诚实守信

导引启示

Spring book 草原的羊群[①]

澳大利亚有一个名叫 Spring book 的草原，那里的草儿都长得特别好，所以生长在那里的羊群规模越来越大。

随着羊群不断发展壮大，出现了一个非常奇怪的现象：走在前面的羊群总能够吃到草，而走在后面的羊群总是只能吃剩下的，于是后面的羊群在前面羊群吃草的时候就会跑到队伍前面，就这样，羊群为了争夺食物，都不愿意落在后面。

羊群开始不断地向前奔跑。刚开始的时候，跑在前面的羊群还会知道停下来吃草，但到最后，所有的羊都知道：只要想吃到草就要拼命跑在最前面。

这样，在 Spring book 草原上就形成了一个非常壮观的场面，羊群都朝一个方向不停地奔跑。

Spring book 草原的尽头是一个悬崖，羊群跑到悬崖边缘也全然不去理会，于是整群的羊就往悬崖下跳……

这个故事说明了什么道理呢？每只羊本来的目的是吃上好的草，而奔跑到前面是它们达到这个目的所采取的手段，但是，在整个群体疯狂奔跑的情境下，羊群中的所有成员都顾不上思考它们奔跑的真正目的，盲目跟随别人的行为成了一种自我强制的行为，于是手段就异化成目的，羊群一直都在奔跑，甚至是跳崖也全然不顾，因为它们已经完全忘记了它们的真正目的——吃草。

---

① 资料来源：http://www.360doc.com/content/23/0216/07/18005502_1067861233.shtml。

这个故事对企业信息化项目又有什么启示呢？其实企业实施信息化项目只是企业提升自身管理和控制水平的手段，绝对不是目的本身。企业为了在全球化、网络化竞争环境下提升整体管理控制、适应市场的能力是目的，而实施 ERP 系统只是实现这一目的的手段。就如同吃到草是目的，而奔跑是手段，一定不要为了手段忘记目的，信息化绝对不能为了选型而选型，ERP 项目也不能为了实施而实施，因为奔跑不是羊吃到好草的唯一手段，实施 ERP 也只是企业提升自身管控水平诸多关键的成功要素之一，而不是全部。

本章关键词

ERP 系统实施原则　　实施规划　　实施步骤　　实施评价

9.1 ERP 系统实施原则

现在，ERP 管理思想已经成熟，ERP 系统也得到了许多企业的认可，越来越多的企业开始使用 ERP 系统来提升企业的管理水平，努力使企业在当今更加激烈的市场竞争中立于不败之地。当企业购买了一套 ERP 软件后，如何能将 ERP 系统与企业的管理有效结合，发挥 ERP 系统管理企业的优势，是企业面临的重要难题，即如何让 ERP 系统在企业的经营管理中发挥优势。由于 ERP 系统不同于普通的桌面办公系统，ERP 系统代表着一种先进的管理思想，ERP 系统的应用会改变企业原有的业务流程，如企业的部门可能由原来的 20 个缩减到现在的 15 个，这样会产生人员的变动。另外，员工的思维方式也要进行相应的改变，从而更加符合 ERP 管理思想。ERP 系统在我国企业的实施中出现了许多不成功的案例，很多企业开始怀疑 ERP 系统的能力，怀疑其不适合自己的企业。综合来看，这是管理水平和 ERP 系统的应用出现了问题。

ERP 系统实施耗时长，牵涉面广，会造成企业的全面变革。因此，为了提高 ERP 系统的成功率、最大限度地降低实施成本，在 ERP 系统实施过程中应遵循以下相关原则。

9.1.1 时效原则

ERP 系统实施过程中难以控制的因素之一是时间。墨菲定律告诉我们，信息系统项目往往实施时间会比预计时间长得多。有效地控制好实施时间是成功实施 ERP 系统项目的重要指标之一。实施时间的长短事实上与项目预定的目标、企业原有的基础、实施组织的领导、对实施难易程度的估计和准备等因素有直接关系。项目实施时间不能太长，也不能太短。实施过程中有许多工作要做，而且对主体企业而言往往是第一次，没有经验可言。若时间太短，则项目无法按期完工，影响系统实施质量；若时间太长，会使人感到气馁和失望，成功的概率将会降低。

实施时间必须根据项目预定的效率和效益目标，以及企业原有的人员、数据和装备等基础条件来制定。项目的效率和效益是项目实施已经确定了的，并得到了专家的审核通过和领导者的批准同意，在实施时已经明确，目标不能随意更改。但是，由于主体企业是第一次实施信息化过程，存在许多尝试性的工作，需要在实施过程中探索、积累经验，未知的情况经常发生。项目目标的稳定性和时间的稳定性、预见性都是相对的，实施过程中要有计划、有控制、有分析、有提高和改进，同时还要有处理突发事件的能力、方案和思想准备。

9.1.2 关键因素原则

抓好 ERP 系统实施的关键因素，可以达到事半功倍的效果。因此，在 ERP 系统实施过程中的每个阶段、每个环节都必须搞清楚影响系统实施成败的关键因素，ERP 系统实施的每一个项目成败的关键因素都会涉及人、财、物。但是，ERP 系统实施过程中对人、财、物有着特定的要求。

人是 ERP 系统实施过程中最重要的因素。ERP 系统的服务对象是人，ERP 系统采集的数据大部分是由人提供的，ERP 系统的运行管理还需要人的管理、控制、维护，ERP 系统产生的信息仍然需要人利用，通过利用信息才能使 ERP 系统发挥作用，信息才能成为资源。ERP 系统是一个人机系统，人在这个系统中起主导作用。实施 ERP 系统是对人所处的工作环境、所执行工作方式的一场革命，企业各级人员必须对 ERP 系统实施有充分的理解。企业应当通过学习不断提高业务工作能力，适应快速发展的需要。ERP 系统实施过程中，在人的因素中，高层领导者的参与程度、中层领导者的积极配合程度是 ERP 系统实施成败的关键。高层领导者不参与或不支持，中层领导者不配合，其结果必然失败。高层领导者必须亲自抓 ERP 系统实施项目的建设。

财是 ERP 系统实施成功的保障，量力（财力）而行是 ERP 系统在规划时首先要考虑的重要问题。经济性、高效性往往与实用性密切相关，在进行 ERP 系统实施方案可行性研究时，从经济方面来测评系统是否可行是一个重要指标。在整个项目实施过程中要加强资金管理，其中包括资金使用的计划、记录、控制和分析等工作。

物是 ERP 系统实施成功的基础。在 ERP 系统实施过程中，对物的理解不能局限于有形的物质，支撑 ERP 系统运行的软件数据、管理技术所包括的体制、思想、方法、模型等都是保证 ERP 系统正常运行的基础设施。技术的先进性不仅体现在有形的物质装备（如生产设备、生产线）中，更体现在人们对技术的理解、掌握和运用中。在 ERP 系统实施过程中要抓好制度建设，以及数据标准化、规范化、通用化建设。

9.1.3 分段实施原则

ERP 系统实施是一个持久的过程，企业需要不断提升信息化的程度，ERP 系统在企业不同的阶段发挥着不同的作用，产生不同的效果。ERP 系统实施往往涉及企业的各个方面。企业采用分段实施方式，既能稳步实现系统总体目标，又能明确现阶段的工作重点，还能降低 ERP 系统实施的复杂性。因此，针对企业信息化发展的动态需求要做好分阶段实施的计划，并具体地贯彻到实施过程中。ERP 系统的实施由点到面、由底向上，不断发展、不断提高，从企业的业务层向决策层发展，由节点企业的信息化向供应链上的企业信息化发展，以实现网络制造、网格制造、异地制造、世界级制造，不断提高信息的共享性，增加信息资源的经济价值。

9.1.4　前瞻性原则

信息技术、制造技术和管理技术都在动态地向前发展，ERP 系统实施要坚持发展的观念，要具有前瞻性。在 ERP 系统计划的实施和执行过程中要坚持“发展是永恒的，不变是暂时的”道理。企业的环境和内部机制都在变化之中，因此，ERP 系统必须适应这种变化，尤其是我国企业管理体制、人文思想、文化习俗更加体现出多变的特点和需求。把管理模式、管理体制、管理方法、管理思想融入 ERP 系统，信息系统的结构、体系功能、各种流程都要满足动态发展的需要。ERP 系统实施方法要充分体现求同存异的理念，要具有可扩充性、可适应性，使 ERP 系统与企业具有相同的生命力。

9.2　ERP 系统实施规划

ERP 系统实施规划是企业确定实施信息化管理项目的宗旨、目标，以及实现方法、步骤的计划活动。在 ERP 系统实施中，企业高层领导者起着决策和推动作用。企业高层领导者必须转变陈旧的管理理念，支持和重视 ERP 系统实施规划，并考虑企业在信息化管理、决策管理、战略管理、成本管理、资金管理、技术管理、质量管理、营销管理和人才管理等方面的改进。ERP 系统的应用对企业未来的发展有着战略意义，对企业的发展有着决定性的影响。对企业来说，实施 ERP 系统是一项庞大的工程，因此需要在实施前做好充分的研究和论证，要做好整体规划，从而在实施 ERP 系统时，可以按照整体规划逐一实现。

9.2.1　ERP 系统实施规划的内容

ERP 系统实施规划包含的内容较多，根据 ERP 系统实施的时间顺序将整体规划分为前期任务、目标规划、实施过程管理和实施后期管理四大部分。

1. 前期任务

在 ERP 系统实施规划的前期任务中，要对企业的现有资源做出评估，如企业原有的管理信息系统（或者是各部门使用的独立软件）能否按 ERP 系统的要求进行切换，企业的人力资源能否满足要求，企业的各层管理人员和业务人员的文化素质是否满足要求，或者在培训的基础上是否能较好地掌握计算机技能和操作 ERP 系统；要对企业的财务情况做出评估，要能够满足 ERP 系统实施过程中的财务需求，使企业的人力、财力、实施范围、需求与 ERP 系统供应商达成一致；要确保对今后 ERP 系统实施过程中产生的困难和阻力有良好的对策。

2. 目标规划

目标规划指企业在实施 ERP 系统时应达到的基本目标。企业在 ERP 系统实施的过程中，应建立实施小组，并由实施小组来负责目标规划。

企业应制定 ERP 系统实施的进度表。对于一个大型企业，ERP 系统实施时间为 1～2 年。由于周期较长，企业应制定详细的实施周期表，如在系统投入使用之前，要制定企业员工培训、ERP 系统软件选型、评估 ERP 系统、项目计划、业务流程与管理重组、系统配置及最后投入使用的时间等。实施中应以灵活的策略为准则，既要以软件的模块为依据，又要以企业部门的重要性为主导。在制定实施周期时，要充分考虑可能出现的困难及解决困难所用的时间。

企业应完成 ERP 系统实施的成本效益分析。成本效益分析的目标是：为 ERP 系统实施提供一系列数据，通过分析 ERP 系统实施对企业成本及效益的影响来求证其合理性及可行性。ERP 系统实施的成本一般分为人工费用、必要耗费的成本，以及与系统有关的开支。

（1）人工费用主要包括项目小组费用、培训费用、咨询顾问专业指导费用、员工工资增长费用等。企业由手工管理或者分散系统管理到 ERP 系统管理，对员工的素质要求有较大的差别，员工的素质变高，工资也会随之增加。

（2）必要耗费的成本主要包括准确的存货记录、准确且结构完整的原料清单、生产线上的数据、物料项目数据、工作中心数据、预测和订单数据等。

（3）与系统有关的开支主要包括系统所需的硬件（如计算机、打印机、扫描仪）、企业信息系统人员（主要是信息系统的管理和维护人员）的工资、办公用品、软件维护成本、可预见的软件供应商的各种收费（如系统的非免费升级）。

ERP 系统实施后的基本效益范围包括增加销售收入、提高直接劳动和间接劳动的效率、减少购买成本、减少存货、减少折旧、减少质量检验过程中的成本、减少运费、避免季节性存货堆积、改善现金流等。

3. 实施过程管理

ERP 系统实施是一项长期而又细致的工作。在实施过程中，企业应根据自己的特点，选择适当的实施方法，并依据企业的需求分析将整个大项目拆分成阶段性的小任务，体现整体规划、分步实施的原则。每个小阶段的需求和解决方案都应该用文字描述清楚。实施过程中要经常召开阶段性的会议，保持必要的信息沟通，注重实施文档的建立和保存。

4. 实施后期管理

实施方案在这一阶段要详尽描述规划目标与实施工作安排的吻合程度，说明系统实施后所达到的效果。将需求分解成三部分，首先是软件能够直接实现的；其次是用户化的，即需要用户适当进行流程修改来变通解决的；最后是需要结合企业特殊情况和实际问题进行二次开发的，二次开发时间最好不要过长，否则实施周期会过长而且不易控制。

9.2.2　系统实施规划应注意的问题

企业为了实施 ERP 系统，并保证系统实施的成功率，在系统实施规划阶段一般要注意以下几个问题。

1. 管理人员观念的更新

既然 ERP 系统是管理信息系统，实施过程一定要结合企业管理改造来进行，通过实施一套先进的管理系统来改善管理。管理人员的观念更新是最重要的，包括企业的主管人员和中层领导者。以往许多企业实施 ERP 系统失败的关键原因就在于此，如以往的传统管理往往是部门职责不清，采购部门没有起到控制采购成本的作用，财务部门没有起到监控资金流向和为高层领导者及时提供资金使用情况的作用，人力资源部门仅仅忙于行政事务，等等。

2. 明确需求分析

现在拥有高端技术的软件开发公司开发研制的 ERP 系统之所以不能被直接应用于企业管理，是因为每个企业在经营管理上都有许多差异。企业在应用 ERP 系统之前，必须根据企业的实际需求，进行用户化和一定比例的二次开发，如采购管理，虽然采购的流程基本上不变，但采购中的费用分摊、成本核算、财务处理都会有所差异。更重要的是，ERP 系统能够为企业的管理带来新的“革命”，即 ERP 系统的上线，在某些业务处理上会改变企业现有的流程［业务流程重组（business process reengineering，BPR）］，所以在 ERP 系统实施过程中，企业的需求不是一成不变的，是会经常变化的，是动态的，因此实施小组应经常开会讨论，明确企业的业务需求特点，使系统软件能够满足管理上的需求。为此，实施小组人员应经常深入仓库、车间等企业的基层组织，获得第一手材料，了解问题的真正原因，并耐心听取基层操作人员的疑惑、困难和要求，建立彼此间的信任与合作关系，系统实施才能成功。在对企业不断提出的新需求进行分析整理时，要注意不能一味追求满足新的需求而忽视原来制定的实施范围，要注意 ERP 系统实施必须是循序渐进的过程。否则，企业的新需求不断提出，项目范围会无限制扩大，项目将会完工无期、收效难料，造成 ERP 系统实施出现被动局面，最终导致企业 ERP 系统实施失败。

3. 准确的基础数据

对企业来讲，没有准确的数据，就得不到有价值的信息，数据准确的重要性不言而喻。企业在 ERP 系统实施的过程中，需要录入大量的基础数据，基础数据的管理是非常重要的。基础数据的整理和录入应突出考虑物料档案主数据、库存基础数据、财务基础数据、采购业务基础数据、固定资产档案、销售业务基础数据、生产管理数据、工艺路线及设备数据、供应商和客户档案、产品价格和采购报价、机构与人力资源、系统维护及其他相关基础数据等。在系统实施规划中应明确基础数据的管理责任和方法。

4. 企业业务流程的优化

大型企业的业务较多，原始的生产管理较为复杂，ERP 系统上线以后对原有的业务流程会产生较大的影响。企业在进行系统实施规划的过程中，会充分考虑业务流程的优化和重组。但随着实施工作的进行，企业可能需要对业务流程进行进一步优化，包括战略管理、决策管理、成本管理、质量管理、销售管理等，因此，在规划过程中应充分考虑业务流程的优化。

5. 对 ERP 系统的实施和应用有持久性的认识和准备

一般来说，ERP 系统的实施时间是 1～2 年，在以后的应用过程中，企业还要对系统进行维护，系统的应用也可能会带来意想不到的问题，对于这方面，企业应有充分的认识。在实施系统规划过程中，企业应掌握 ERP 系统实施不同阶段的一般规律，遇到困难应保持正确的心态和方法，并最终完成系统实施任务。

如图 9-1 所示，企业开始时对 ERP 系统非常感兴趣，但是在实施了一段时间之后遇到了挫折，如利益上的或者操作上的种种挫折，企业信心指数开始降低，项目进入了攻坚阶段。这个时候必须要有一股强制力使信心提升，让项目组成员重新鼓起勇气、找回感觉，这个过程是强制的，是需要外界来推动的，甚至需要企业的“一把手”、资深的实施顾问亲自上阵来推动才有可能跨过这道坎。如果跨不过这道坎，项目很可能就会中途夭折，很多企业 ERP 系统实施失败就是出现在这个阶段。如果度过了这个阶段，成功的把握就已经有了一半以上。

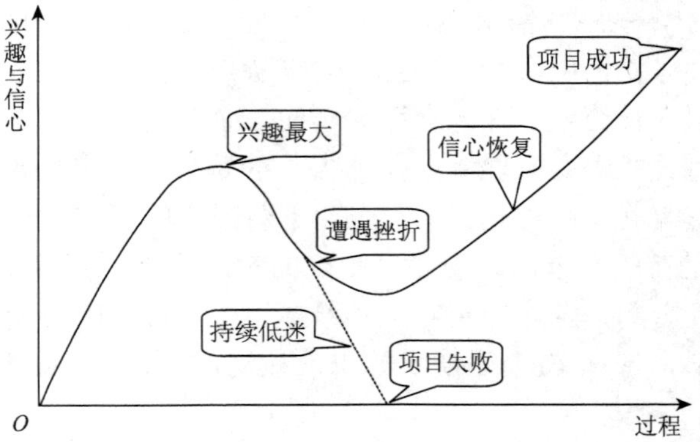

图 9-1　ERP 系统实施过程曲线图

9.3　ERP 系统实施步骤

ERP 系统实施是指企业在 ERP 系统应用过程中，由相关人员组成项目实施小组，基于企业的基本需求和 ERP 系统的特点，按照实施计划，将手工管理模式及手工业务流程、商品软件提供的管理模式及计算机业务处理流程与流程标准化相结合，从而产生符合自身业务特点的先进管理模式和人机合一的流程，使 ERP 系统能够应用于企业的生产经营和日常管理实践，为企业提供一体化的 ERP 解决方案。

在 ERP 系统实施过程中可能会遇到各种各样的困难，如企业的管理水平低下、需求不清晰、基础数据混乱、管理方式改变和业务流程重组导致企业工作人员的迷茫等。因此，ERP 系统实施要有目标、有组织、有计划地进行，不可急于求成，要按部就班地展开实施工作。

9.3.1 实施的需求分析

ERP 系统实施的前期工作是关系到 ERP 系统能否取得预期效益的重要阶段。在决定是否采用 ERP 系统时，企业的高层决策者应该有一个明确的认识，这是 ERP 业界普遍认同的一种观点。对于是不是应该实施 ERP 系统、目前是不是实施 ERP 系统的合适时机，企业需要进行均衡考虑。一般来说，企业在进行 ERP 系统实施时，前期工作包括项目组织、人员培训、需求分析等。

1. 项目组织

ERP 系统实施对企业来说是一项庞大的工程，需要企业主管人员全力组织、积极协调，使各个部门能够互相配合、努力工作。项目组织一般由三层组成，包括领导小组、实施小组和业务小组。每一层的组长都是上层的成员，形成金字塔式的项目组织团队。

1）领导小组

企业的“一把手”牵头，并与系统相关的副总经理一起组成领导小组。领导小组拥有对 ERP 系统实施的绝对控制权，是项目组织的最高层。领导小组成员应明确 ERP 系统实施要达到的总体目标，积极推进业务流程重组，以及企业应用 ERP 系统导致的组织变动和相关负责人的工作安排，这也是领导小组最难做的工作之一。人员的变动对企业的管理是极大的考验，需要领导小组开会研究解决。为了保证项目的进度，领导小组应经常咨询项目的进展情况，解决实施过程中的问题。

2）实施小组

ERP 系统实施中的主要工作都是由实施小组成员完成的。一般由项目经理负责实施小组组织工作。项目经理的工作非常关键，一般来说，项目经理应全脱产投入系统实施工作。项目经理一般应满足以下条件：①熟悉企业的基本情况；②有较强的管理能力和沟通能力；③具备一定的创新能力。

实施小组的其他成员应当由企业主要业务部门的领导者、业务骨干、计算机系统维护人员组成。实施小组的职责如下：①制订系统实施计划并监督执行；②安排系统实施的日常工作；③参与并针对业务改革提出意见；④参加原型测试，模拟运行系统；⑤负责内部培训工作；⑥负责安全与保密工作；⑦向领导小组上报系统实施进度。

3）业务小组

业务小组由完成 ERP 系统实施具体业务的所有人员组成。ERP 系统实施过程中的基本工作都是由业务小组成员完成的，要求成员对基层业务非常熟悉，并能够按时完成实施小组布置的各项基本任务。任务完成后，业务小组要向实施小组反馈业务完成情况，对业务流程的改变可提出意见和建议。各个部门的业务小组应紧密协作，并由实施小组负责调度。

2. 人员培训

人员培训是 ERP 系统实施过程中始终如一的工作，培训是必需的。人员培训应根据人员的层次进行，企业的领导小组成员要充分了解 ERP 系统的基本概念，了解系统能为企业做什么、如何去做、预期的收益如何；实施小组成员应了解系统实施的基本过程，以及遇到困难的解决办法等；业务小组成员应学习在新的管理平台下，业务的处理原理、过程、方法、职责、结果等。

在人员培训过程中，企业还要针对不同人员的类型进行细分，为不同类型的人员培训不同的内容。

人员培训可以分批次进行，在系统实施前可以派人去进行专门学习，也可以请专门的机构到企业授课。一般来说，第二种方法对企业更有利，可以使更多的企业人员接受培训，对企业正常的生产经营影响也较小。

3. 需求分析

每个企业都有自身的特点，数据的处理方法、业务的基本流程都会有所差异。在 ERP 系统实施之前，实施顾问应该着手对企业进行需求分析，需求分析是 ERP 系统实施的主要依据。需求分析的主要任务是企业如何应用好 ERP 系统，这与软件开发过程中的需求分析有较大的差异。做好需求分析不仅需要较高的专业性和技术性，而且可能会花费较长的时间。需求分析一般需要专家指导或者是软件供应商相关人员的全程参与，需求分析完成以后要撰写需求分析报告。需求分析报告的主要内容包括以下几方面。

（1）各个部门所要处理的业务需求。这是需求分析中最基础的工作，如采购订单的处理过程、数据的输入与输出等。

（2）软件使用权限的管理。要充分分析每个部门、人员的角色，以及其在 ERP 系统中应具有的权限、权限的授权和管理。

（3）业务报表需求。业务报表是各个部门向上级部门汇报工作情况的主要工具，业务报表的形式多样，ERP 系统上线以后，业务报表的格式、内容与传统工艺相比会产生较大的差异，应充分做好需求分析。

（4）数据接口的开放性。数据接口是各个部门之间子系统集成的统一标准，接口越灵活，集成越容易，出现错误的可能性越低，数据接口是开放的。ERP 系统与企业先前的信息系统之间要预留出数据接口，使新系统具有较强的可扩展性。

9.3.2 实施的准备工作

1. 准备测试数据

在运行 ERP 系统之前，需要准备一系列基础数据供系统测试使用。各个业务部门要认真填写数据收集报表，在数据收集报表中一般需要标明数据的作用、输入部门、处理过程、输出部门等，测试时根据报表中数据的作用，输入 ERP 系统相应的模块，进行系统检测，判断输出结果，以此来检测系统。

2. 系统安装调试

在正式使用 ERP 系统之前，可以选择一些典型的部门做示范，运行 ERP 系统。系统安装调试包括软件、硬件的设计与安装，尤其是硬件的设计方案可以与调研同步进行。系统安装应具有很大的灵活性，当系统安装出现错误时，一定要谨慎小心，有时需要对系统进行适当的改造。在系统安装时，不仅要发挥系统的优势，还要符合企业的需求。在系统安装调试过程中，一般以安装服务器系统软件为主，然后根据工作点再进行扩充。

3. 软件原型测试

软件原型测试就是对软件的功能进行测试，也称为计算机模拟。将先前收集的测试数据录入 ERP 系统中，对系统进行软件原型测试。在这一阶段，企业测试人员应在实施顾问的指导下，系统地进行测试，即根据录入的数据，由系统进行处理，然后判断输出的结果是否符合企业的要求。此时，各个部门的人员应该同时参与，这样才能理解各个数据、功能和流程之间相互的集成关系，必要时，可以对功能进行增加、修改或者对数据流进行改变。

9.3.3 实施的具体过程

前期准备工作完成以后，就可以开始 ERP 系统的具体实施工作了。经过多年发展，一套比较成熟的 ERP 系统实施方法论已经形成了。但是，国内外的管理环境不同，软件供应商的 ERP 产品适用的行业、管理思路也有所不同，因此在实施时应根据企业的实际情况来定，如某企业员工的能力较差，在人员培训上就要花费更多的时间。对于大中型企业来说，本书给出一套 ERP 系统实施的具体流程。

1. 制订具体的实施计划

实施计划一般在实施专家、软件供应商的指导下完成。企业的项目实施小组应根据企业的实际情况开会讨论，在企业总体规划的指引下，完成具体的 ERP 系统实施计划。实施计划一般包括两部分：一部分是项目进行计划；另一部分是业务改革计划。企业还应制订出各个模块分模块、分步骤的详细实施计划，上交项目领导小组审批。

2. 软件的安装与调试

企业在系统实施的准备阶段已经完成了部分系统、部分模块的安装，在实施阶段企业应根据硬件系统建设总体方案进行软件的安装与调试。软件的安装包括计算机系统软件的安装、ERP 系统应用模块的安装和日常办公应用软件的安装。软件的安装出现错误的可能性较小，安装完成以后要进行调试，调试一般由实施小组人员完成，待调试成功以后，再对各个部分的使用人员进行专业化培训。

3. 相关人员的培训

培训工作应贯穿 ERP 系统实施及运行的整个过程，企业不能因为时间和费用等问题免去或减少对相关人员的培训工作。培训的目的是使 ERP 系统操作人员理解新系统的业务流程、操作规范、注意事项及经常出现的错误或异常的处理方法，并能熟练操作 ERP 系统，能够独立使用 ERP 系统完成日常工作。ERP 系统几乎应用于企业全部的生产经营与日常管理活动中，每个员工不可能了解系统的全部和拥有系统所有的操作管理权限，因此应根据不同对象制订不同的培训计划。

企业对员工进行培训的过程也是企业领导与员工，以及员工与员工之间进行交流的过程。企业应该采纳员工有建设性的意见，对系统的业务流程进行进一步的优化处理，使 ERP 系统更能符合企业自身的需求，使业务处理更加流畅。

4. 基础数据准备

基础数据可以分为两类，即静态数据和动态数据。静态数据是指在一段时间内相对稳定、一般不随时间变化而改变的数据，如物料主数据、物料清单、工艺路线、会计科目、供应商数据、客户数据等；动态数据一般随时间变化而改变，如库存余额、总账余额等。静态数据的准备涉及面广，工作量比较大，花费的时间比较长，可以安排专人负责管理。动态数据可以在系统切换点之间开始准备，准备时间较短。

5. 系统测试

系统测试是综合检测系统准确性、可靠性、稳定性、实用性的一项重要工作。在系统测试过程中，企业应根据自身的业务逻辑要求，将测试用的基础数据在业务流程开始的时候逐一录入，如在录入采购单时，要先录入原材料的基础数据等。测试数据应该覆盖业务解决方案中的所有业务流程，测试过程也应循序渐进、由易到难、由简到繁。

系统测试方法可分为单模块测试和多模块测试。单模块测试是指在一个模块中进行数据测试，如总账模块测试，应该从制单开始测试，然后依次为审核、记账、转账、结账等测试。多模块测试是指在多个模块中进行数据测试，如采购模块与库存模块的测试。

ERP 系统是一个逻辑上的整体，系统测试要求各个部门通力协作。系统测试如同软件开发测试一样，要对每个子模块进行系统错误检验，即录入错误数据，检测 ERP 系统对错误数据的处理能力。当系统测试出现问题时，应由测试人员及时向上级部门报告，由实施小组人员解决相关的问题。有时候查找一项错误出现的原因是很困难的，特别是逻辑错误，因此系统测试应非常精细，不可急于求成，也不能想当然地认为系统会按照自己的想法处理数据。否则，系统将来正式上线以后，一旦出现错误，对企业的影响是非常大的，很多企业 ERP 系统实施不成功，原因多出现在这个环节。

6. 用户化及二次开发

用户化一般不涉及程序的改动，如修改报表格式。软件如果有报表生成功能，或采用第四代语言，任何业务人员不需要有很多的计算机知识就可以自行设置。用户化过程需经过项目实施小组的批准。

二次开发通常是指对 ERP 系统的程序进行改动的工作。要增加或修改软件的功能，需要 ERP 系统提供支持二次开发的工具，还可能需要软件的源程序。二次开发的工作是在软件功能模拟运行的基础上进行的，一般工作量比较大，需要一定的时间，会延长 ERP 系统实施的进程。二次开发会增加企业 ERP 系统实施的费用，企业应在签订合同前考虑到二次开发。二次开发应非常慎重，需要企业的领导小组和供应商共同认可。

任何 ERP 系统，不论是国产的还是进口的，都或多或少地有用户化的工作，有时还要进行二次开发，这是 ERP 系统实施过程中的必然结果。这主要是由于企业的生产规模、生产类型、人员素质、管理机制与管理体制、内外部环境不同，ERP 系统需要做更多灵活性的设置与配置，若在此基础上不能完全满足企业的需求，就需要进行二次开发。

7. 建立工作点

通过系统测试及用户化以后，ERP 系统可以在企业各个车间、各个部门进行应用。工作点就是 ERP 系统的业务处理点，也是终端。现行的 ERP 系统一般为 C/S 和 B/S 混合模式。若是 C/S 模式，需要安装相应的 ERP 系统或者系统指定的模块；若是 B/S 模式，需要对网络进行综合调试。有些 ERP 系统还需要在终端安装插件。

建立工作点以后，要对人员的使用权限进行分配，并对作业规范做出明确的规定，保证业务处理的正确性。

8. 系统并行

在前面的工作结束以后，系统并行进入运行阶段。并行是指现行的 ERP 系统与企业原有系统一起运行，通过两套系统运行产生的结果，进一步检测 ERP 系统。并行是为了保证企业业务工作的连续性和稳定性。

系统并行的时间一般为三个月，可根据企业自身情况来定。并行时间越长，企业的实施成本越高。企业在系统并行期间，应充分做好资源调配工作，及时发现和解决出现的各种问题。

9. 系统切换

系统切换也称为正式运行。在系统并行一段时间以后，如果新系统能够正确处理相关的业务，企业的操作人员也能够熟练地掌握系统的操作方法，这时 ERP 系统就达到了企业的使用标准，企业就可以放弃原有的操作系统，使用新系统。

系统切换要有计划、有步骤、分模块、分部门地逐步进行。在系统并行时，不能达到要求的模块一定不能正式运行。

系统切换表示 ERP 系统实施的阶段性成功。系统实施的完全成功，还要等系统运行一段时间后，从易用性、安全性、稳定性等方面来综合衡量。

9.4 ERP 系统实施评价

实施评价也称业绩评价或绩效评价，是指对企业实施 ERP 系统后的工作成绩及效益进行评议和考核。ERP 系统实施评价是在项目完成的基础上进行的，是对项目的目的、效益、影响和执行等情况进行全面又系统的分析与评价，有助于企业改进投资效益，提高宏观决策和管理的水平。对 ERP 系统的投资就是对企业信息化的投资，这种投资的特殊性，使企业在实施和应用 ERP 系统的过程中，很难说会对企业的发展起多大作用，因此需要建立一套评价 ERP 系统实施的标准，完善 ERP 系统评审和验收规范，正确理解 ERP 系统的特点与作用，以及有效地提高 ERP 系统的应用水平。

ERP 系统实施评价一般可以分为两大类，即定性评价和定量评价。

9.4.1 定性评价

定性评价是指评价者根据自己的主观经验与观察，对 ERP 系统实施效果的各个方面通过语言描述来进行评价的一种方法。定性评价是对企业的管理水平、员工的素质和企业效益的评价，可以从以下几个方面展开。

（1）企业各职能部门的整体观念、协同工作、职权界限、人员素质是否有所提高。

（2）管理人员是否真正从烦琐的事务中解脱出来，并把主要精力放在提高管理水平分析和研究管理中的实质性问题上。

（3）企业高层领导者是否提高了决策水平和管理效率，是否能够及时掌握各部门的情况。

（4）企业的市场竞争力、应变能力和对客户的服务质量是否有所提高。

（5）均衡生产率、资源利用率、资金周转率、产品合格率是否有所提高。

9.4.2 定量评价

定量评价是采用数学的方法收集和处理数据资料，对 ERP 系统实施效果做出定量结果的价值判断的一种方法。定性评价具有较强的主观性，而定量评价强调数量计算，以评价指标体系为基础。定量评价具有客观化、标准化、精确化、量化、简便化等鲜明特征。

我国在 ERP 系统实施评价方面的研究较少，国外在这方面已经有了较好的评价工具，普遍使用的是 ABCD 检测表。定期使用 ABCD 检测表检测企业的运营状况，可以使企业提前发现问题、及时解决问题；可以使企业员工目标明确，以更有效的方式进行工作；可以使企业变得更有竞争力；可以使企业朝着世界级的水平不断前进。

第一版的 ABCD 检测表由制造资源计划的先驱者奥列弗・怀特（Oliver Wight）于 1977 年给出，共有 20 个问题。这 20 个问题按技术、数据准确性和系统使用情况分成三组。每个问题均以“是”或“否”的形式来回答。第二版的 ABCD 检测表扩充为 25 个问题，且增加了一个分组内容：教育和培训。第二版的 ABCD 检测表流传甚广，使用也很方便。

1980 年，ABCD 检测表得到进一步的改进和扩充，第三版的 ABCD 检测表被推出。其覆盖范围已不限于制造资源计划，还包括企业的战略规划和不断改进的过程。但第三版的 ABCD 检测表流传不广。第四版的 ABCD 检测表于 1993 年由 Oliver Wight 的公司推出。这已经不是一个人甚至几个人的工作了，而是集中了十几年来数百家公司的研究和实施应用人员的经验。第四版 ABCD 检测表也已不再是几十个问题的检测表，而是按基本的企业功能划分为战略规划、人的因素和协作精神、全面质量管理和持续不断地改进、新产品开发、计划和控制过程五部分内容。其中，只有第五部分内容是关于 MRP/ERP 系统实施和应用的。ABCD 检测表的这种变化，反映了各种管理思想相互融合的趋势。

下面以第二版 ABCD 检测表为例，说明其原理和使用方法。

ABCD 检测表将 ERP 系统的实施效果划分为 A、B、C、D 四个类别，每个类别有一个分值区间。

D 类：信息不准确，用户了解不深，只能对经营管理起到很小的帮助。D 类得分为 50 分以下。

C 类：订购材料的方法较好并被使用，企业已经减少库存，在某些方面甚至减少很多，从而有可能更好地应对工程管理方面的变化。C 级的 ERP 投资回报率（return on investment，ROI）应该说是很好的。可是，企业并没有真正改变它的经营管理方式。C 类得分为 50～70 分（不包括 70 分）。

B 类：由高层管理人员支持，在中层管理人员中使用，企业在交货能力上获得很大改进，可以及时将产品发往客户，尽量减少工厂库存，避免非计划的加班加点，并且还能应对制造业经常碰到的许多变化情况。B 类得分为 70～90 分（不包括 90 分）。

A 类：在全企业范围内有效使用，能产生 B 类具有的所有效益，甚至还要多一些，可以为客户服务，提高生产率，在降低库存和制造成本方面获得很大的改进。从高层管理部门的销售和生产计划，一直到工厂车间和供应商的详细作业计划都能有效管理。用于管理的财务计划和报告是根据每天的经营活动精确编制出来的。A 类得分为 90 分及以上。

第二版的 ABCD 检测表的主要内容如表 9-1 所示。

表 9-1　第二版的 ABCD 检测表的主要内容

组别	名称	内容
一	技术	1. 主生产计划和物料需求计划编制的周期为周或更小
		2. 每周或更频繁地进行主生产计划与物料需求计划的编制
		3. 系统包含确认计划订单和反查的功能
		4. 主生产计划以可见的方式管理
		5. 系统包括能力需求计划
		6. 系统包括日常派工单
		7. 系统包括投入和产出控制

续表

组别	名称	内容
二	数据完整性	8. 库存准确性达 95%以上
		9. 物料清单准确性达 98%以上
		10. 工艺路线准确性达 95%以上
三	教育和培训	11. 至少全体雇员的 80%接受了初步教育
		12. 有一个长期连续的教育规划
四	系统的使用	13. 已经取消了缺件单
		14. 供应商的发货执行，完成率达 95%以上
		15. 供应商的计划编制在规定的提前期之前就完成了
		16. 车间交货执行情况，完成率达 95%以上
		17. 主生产计划的执行，完成率达 95%以上
		18. 由总经理和制造人员、生产和库存管理人员、工程设计人员、市场和财务人员定期（至少每月）召开生产计划会议
		19. 有必须遵循的成文的主生产计划编制政策
		20. 系统用于制定排产计划和制定订单
		21. 制造、市场、工程设计、财务和上层管理部门的关键人员很好地理解 ERP 系统
		22. 管理人员确实用 ERP 系统进行管理
		23. 有效地控制和实施工程改变
		24. 至少在库存、生产率、客户服务水平三个领域中的两个领域同时得到改进
		25. 生产系统用于财务计划的编制

按照上述四类标准设定的分值区间进行量化分析，评价总成绩＝求和（各个评价子项的得分×各个评价子项的权重)，其中子项的得分是企业根据自身 ERP 应用情况进行的评分，项目下面可细分小项目。企业可以根据自身的实际情况设定各个子项的权重。

ABCD 检测表是一个很好的工具，它可以帮助企业明了自己当前的情况，确定未来的改善目标。应当强调的是，即使是 A 类企业，也有可继续改进之处。因此，正确地使用 ABCD 检测表的过程构成了企业不断改善的过程。

9.5 ERP 项目成功实施的关键因素

项目失控就如同风筝断线、火车出轨，完全不可预知发展的趋势，这是非常可怕的事情。项目失控是项目管理者永远的痛。然而，究竟是哪些原因导致项目失控呢？以下因素虽然不是造成项目失控的全部，但绝对是项目经理需要高度警惕的、最有可能造成项目失控的危险因素，也是 ERP 项目实施的关键因素。

9.5.1 正确的实施策略

1. 目标明确

ERP 项目要想实施成功就要做到目标明确、范围清晰。项目开始就应界定清楚目标和范围，否则就不宜开始实施。如果不知道项目要达成什么目标，最好不要盲目实施，要等目标明确后再实施。例如，实施的软件到底包括哪些功能模块？覆盖哪些部门和用户？管理层需要哪些报表和信息？这些问题都是范围界定的问题。

目标不明、范围不清是信息化项目比较突出的问题，因为信息化项目是无形的，很多时候客户的需求是模糊的。例如，客户看到或听说某企业的信息化很好，自己也心向往之，想借助信息化达到某种目的，这就是客户的业务需求。但这个目标太大、太不确定，要让客户把需求表达得更具体一点也很困难，客户甚至说不出具体需要哪些功能模块。客户不能明确表达需求往往是信息化项目最大的特点和难点，因此供应商要不断探索、引导、激发客户需求。

客户在项目刚开始的时候是有目标和范围的，只不过这时目标和范围因为客户对 ERP 项目的理解不到位而具有不确定性和局限性。有时候，实施方的实施顾问试图修正客户理解的这种具有不确定性和局限性的需求，却因为客户防范供应商投机取巧的心理而拒绝接受实施顾问的建议。但随着项目的进行，客户在实施过程中有了对 ERP 项目的全面体验和直接的感受，他的需求才真正得到激发。于是，客户就强烈要求范围变更和目标再定义，要求在原来范围的基础上增加很多功能，范围不断扩大。而且，客户往往以“客户就是上帝”的有利地位逼迫供应商无条件答应或满足这些需求，甚至还不能拖延工期。这就造成了一个很大的矛盾，范围扩大，甚至目标改变，而投资不能追加、工期不能拖延，陷入这样的需求怪圈的项目很可能会失败。解决这个问题应从三个方面入手。

（1）客户在签约前要尽可能深入了解供应商及软件的功能，甚至多考察一些案例，遵循项目选型的“五实”（实力、实例、实际、实践和实施）模型。事前了解越多，定位就越精准。

（2）实施方的实施顾问应做出努力，尽量引导客户需求，甚至激发客户需求，尤其是核心需求。这就像盖房子必须要有洗手间一样，不管客户有没有明确提出，有洗手间都是核心需求，客户没有提出，实施顾问就要引导。实施顾问不能为了减少工作，对客户没有明确提出的核心需求有所忽视。殊不知，这种需求迟早是要实现的，等到客户醒悟过来再去实现，就会变得很被动。

（3）双方都应做出努力，范围是项目的自变量，投资和工期是因变量。范围改变、投资和工期不改变是违反客观规律的自欺欺人的做法。因此，范围和目标的小范围变更是难免的，和这种变更相配套的投资追加、工期延长也需要跟上，这需要双方都做出让步，共同实现目标。客户不能以为强压供应商实现额外的需求是一种胜利，使用这种手段的结果往往会是项目失败并造成巨大损失，ISO9000 标准中提出的八大质量管理原则的很重要的一条就是与供应商互利的原则。在某种程度上，可以说把 ERP 项目卖贵了是欺骗客户，把 ERP 项目卖便宜了是更阴险、更潜在地欺骗客户。因为当供应商的收益不足以支撑其实施好该项目应有的投入时，就会加大项目失败的风险。

2. 统筹规划

正确的实施策略是 ERP 项目实施成功的关键。错误的实施策略会导致项目实施的失败，应注意以下几点。

1）循序渐进

实施工作应采用先易后难、循序渐进的原则，不能贪大求全而最初就从最困难的工作开始。例如，如果先实施物料清单，企业认为这是最关键的，但实施物料清单所需要的基础数据要从其他模块中得来，这些基础模块不到位，实施物料清单就很困难。因此，还要遵循先易后难的原则，退回到基础的进、销、存管理。如果一开始就试图解决难题难免会碰钉子、受打击，进而丧失信心，没积累得到经验反而得到教训，这种惨痛的教训会让企业害怕实施 ERP 项目，并远离 ERP 项目。

2）工作衔接

实施工作安排要统筹规划，注意前后衔接。有的项目做到一半进行不下去的原因是前一道更紧急的工序没做完，后面只能停工等待。对项目工作量估算不足，没有留有余地，某一环节耽误时间引起的连锁反应会延误整个工期。这种缺乏统筹安排的策略失误也经常会导致一个项目失控，至少也会导致工期拖延。

3）井然有序

项目实施要做到有条不紊、井然有序。快并不总是比慢好，盲目赶项目进度，一定要赶到某天验收，一味地追求速度，难免会因为速度而忽视质量。然而，欲速则不达，等发现质量问题的时候再返工，就会造成项目失控。

9.5.2 完整的过程监控

1. 进度控制

编制进度计划的目的，就是指导项目的实施，以保证实现项目的工期目标。但在进度计划实施过程中，由于主客观条件的不断变化，计划也需要随之改变。凭借一个所谓的最优计划来实现永久不变的工作效果是不可能的。因此，在项目实施过程中，项目经理必须不断地监控项目的进程以确保每项工作都能按进度计划进行，同时必须不断掌握计划的实施状况，并将实际情况与计划进行对比分析，必要时应采取有效的对策，使项目按预定的进度进行，避免拖延工期。我们通常将这一过程称为进度控制。

有效进行项目进度控制的关键是监控实际进度，及时、定期地将实际进度与进度计划进行比较，并及时采取纠正措施。项目管理人员不能简单地认为问题会在不采取任何措施的情况下自动消失，项目的进度控制就是在既定工期内，编制出最优的进度计划，在执行计划的过程中，经常检查项目的实际进度情况，并将其与进度计划进行比较，若出现偏差，便分析偏差产生的原因及对工期的影响程度，确定必要的调整措施，以更新原计划。这个过程不断循环，直至项目完成。项目进度控制的目标就是确保项目按既定工期实现目标，或是在保证项目质量且不增加项目实际成本的条件下，适当缩短项目工期。

2. 过程监控

从项目开始到结果产生有一个很长的中间过程，这个过程中有太多的岔道和歧路，因此，过程监控的作用就是及时把项目从岔道和歧路上拽回来，使其重新走向正轨。如果缺乏这个环节，那么当企业高层领导者发现项目走向歧途的时候就为时已晚、无能为力了，此时项目已经陷入失控状态。

因此，企业高层领导者对项目阶段性的评审非常重要。企业高层领导者要经常过问 ERP 项目的实施进程。同样，项目组也要阶段性地主动向企业高层领导者汇报项目进展状况，让他们了解每一步，知其然，也知其所以然。如果企业高层领导者不知其所以然，就可能会埋下一颗不定时炸弹，从而导致项目结果与其所预期的结果产生强烈反差，进而无法挽救。

过程评审是最常见的过程监控手段，目的是阶段性地检查项目是不是偏离了目标、过程的中间结果和预期的结果有什么差异、如果出现差异需要通过什么样的手段来纠正和弥补，因为信息化项目的中间结果是无形的，所以只有具备专业知识的专家才能对中间结果给予恰当的评价，这就给阶段评审带来一定的难度。

阶段评审不力的后遗症就是容易把错误的东西作为正确的结果进行复制应用。一旦错误的方案被实施发布，再修复的代价就会很高。一个有潜在问题的产品，复制得越多，潜在的危险就越多，纠正或修复的成本就越大。例如，微软的 Windows 设计缺陷导致出现冲击波病毒，为了修复这个缺陷，微软要付出很大的代价。我们经常看到某款汽车因设计缺陷被厂家召回，这个召回的成本也高得惊人。因此，把有缺陷的方案进行复制应用，会导致项目的运行处于不可控的发散状态，这是非常危险的。

过程监控也能在实施过程中及时发现问题、及时解决问题。如果错过解决问题的最好时机，会造成不可挽回的损失，严重时会导致项目失控。例如，项目进行的关键时刻需要企业高层领导者出面推动或做出决策，如果项目经理总是找不到企业高层领导者，或者害怕耽误企业高层领导者更重要的工作，而把事情一拖再拖，使整个项目组处于低效率的待命状态，会使项目推动不力。因此，有问题及时处理，有矛盾及时化解，敢于直面困难、迎难而上是项目经理必备的品质。

3. 数据正确

数据正确是 ERP 项目实施的基本。在项目前期是不易察觉数据错误对项目的影响的，等到问题爆发的时候又常常使项目团队措手不及。信息系统就是把快捷网络技术和现代化的管理手段结合起来实现企业内部管控和各块业务数据的共享，从而提高企业业务的运转效率。但是有一点绝对不能忽视，就是这种网络技术同时也能够使错误的信息被迅速传播，如果企业以错误的信息为依据，其做出的决策必然也是错误的。有专家曾说过：垃圾数据得出的结论也是垃圾，数据错误可能使企业因实施 ERP 项目而犯更大的错误，蒙受更大的损失。

在 ERP 项目中，一旦出现账实不符的情况，ERP 项目就变成了数字游戏，一点应用的价值也没有。而且，一旦发现数据错误，要找原因就像大海捞针一样困难，往往找错误数据的时间比整理基础数据的时间还要长、投入的精力还要大。如果项目陷入不断整理与核对基础数据的漩涡中，正常的进度安排就会受到很大的影响。因此，数据正确非常重要。

数据错误造成的返工与核查在项目实施中是一项在预料之外的工作。因此，项目组一定要严密组织、严格要求，争取一次性把数据整理好。

4. 外部风险

外部风险有时候是不可抗力，影响项目的因素有政治的、社会的、经济的、技术的等诸多方面，有些情况的发生甚至意味着项目会被叫停。例如，在项目实施过程中，有时会出现企业被另外一个财团收购的情形。又如，在新的形势下，控股的财团在管理上可能有新的要求，或者迫使企业实施另外一套软件。再如，因为政策等外界因素的影响，一些原本支持的项目资金不能到位，导致项目难以为继。因此，做项目还要时刻关注外部情况发生了哪些变化，并时刻分析这些变化对项目有什么影响及这些影响意味着什么。

9.5.3 成熟的实施团队

1. 项目实施团队的特点

项目实施团队管理是要把来自不同单位和从事不同工作的人员组织起来，为实现项目目标而共同奋斗。成为高效能的项目实施团队是项目经理和项目团队成员共同的职责。

如同项目本身的独特性一样，没有哪两个项目实施团队会是一模一样的。但是，项目实施团队能否高效地开展项目工作，主要体现在以下五个方面。

1）共同的目标

每个组织都有自己的目标，项目实施团队也不例外，正是在这一目标的感召下，团队成员凝聚在一起，并为之共同奋斗。为了使项目实施团队工作富有成效，就必须明确目标，并且对于要实现的项目目标，每个团队成员必须对此及其带来的收益有共同的思考。因为团队成员在项目里扮演多种角色，做多种工作，还要完成多项任务，而任务的确定要以明确目标和了解相互关系为基础。这就像一个交响乐队，团队中有拉小提琴的演员，有吹萨克斯的演员，还有敲打击乐器的演员，他们虽然分工不同，但演奏的是同一首曲子。因此，项目目标就是项目实施团队成员要协作演奏的曲子，这个曲子的节奏一致是演奏成功的基本保障。

项目实施团队必须有一个明确的共同目标，这一目标是共同憧憬在客观环境中的具体化，并随着环境的变化而进行相应的调整，但每个团队成员都了解它、认同它，都认为共同目标包容了个人目标，充分体现了个人的意志与利益，并且具有足够的吸引力，能够引发团队成员的激情。

2）合理分工与协作

与第一个方面相对应的就是在共同目标的前提下，每个团队成员都应该明确自己的角色、权利、任务和职责，就像乐队中拉小提琴的演员必须明确自己的角色定位和演奏环节。在目标明确之后，还必须明确各个团队成员之间的相互关系。如果每个人彼此隔绝，大家都埋头做自己的事情，就不会形成一个真正的团队。因为每个人的行动都会影响到其他人的工作，所以团队成员都需要了解为实现项目目标而必须做的工作与其他人所承担的工作之间的关系。在建立期，项目实施团队在团队成员的全体参与下，花费一定的时间明确项目目标和团队成员间的相互关系，可以在以后的项目执行过程中减少各种误解。这就像交响乐队或合唱团的彩排一样。

3）高度的凝聚力

凝聚力是指团队成员在项目内的团结与吸引力、向心力，也是维持项目实施团队正常运转的所有团队成员之间的相互吸引力。团队对成员的吸引力越强，成员坚守规范的可能性越大。一个有成效的项目实施团队，必定是一个具有高度凝聚力的团队，它能使团队成员积极、热情地为项目成功付出必要的时间和努力。而影响项目实施团队凝聚力的因素有：团队成员的共同利益、共同目标，团队的大小，团队成员的相互合作默契度等。如果团队规模越小，那么彼此交往与作用的机会越多，就越容易产生凝聚力；经常沟通可以提高团队的凝聚力；项目目标的压力越大，越可以增强团队的凝聚力。因此，作为项目实施团队带头人的项目经理应当带领团队加强团结，增强向心力，以获得高度的凝聚力。

4）团队成员之间相互信任

高效团队的另一个重要特征就是团队成员之间相互信任。在一个高效团队中，团队成员会相互关心，承认彼此存在的差异，信任其他人所做和所要做的事情。任何团队在工作中，都会有不同意见出现，要鼓励团队成员将其自由地表达出来，提出一些可能产生争议或冲突的问题。项目经理应认识到这一点，并努力实现这一点，在困难出现之初就应树立信任。公开交流、自由交换意见能促进彼此之间的信任。

5）有效沟通

高效的项目实施团队还需要具有高效沟通的能力，项目实施团队必须装备先进的信息技术系统与通信网络，以满足团队的高效沟通需求。团队拥有全方位的、各种各样的、正式的和非正式的信息沟通渠道，能保证沟通直接、高效、层次少、基本无滞延。团队适合运用会议、座谈这种直接的沟通形式。沟通不仅是信息的沟通，更重要的是情感上的沟通。每个团队成员不仅应具有很好的交际能力，而且应拥有很高的情商，团队内要充满同情心和融洽的情感。项目实施团队应具有开放、坦诚的沟通气氛，团队成员如果在团队会议中能充分沟通意见，并倾听、接纳其他成员的意见，就能得到有效的反馈。

实践证明，团队成员之间相互了解越深入，团队建设就越出色。项目经理要确保团队成员能经常相互交流沟通，并为促进团队成员间的社会化创造条件，团队成员也要努力创造出这样的条件。

一般的 ERP 实施项目都会在项目实施期间安排团队成员在同一个办公环境下工作。当来自不同单位的团队成员被安排到一起工作时，他们就会有许多机会走到彼此的工作区进行交谈，也会在公共场所经常碰面，从而有机会在一起交流。另外，团队成员有必要在不引起反感的情况下，多了解彼此的个人情况，在项目实施过程中就会建立起许多个人友谊。安排整个团队成员在一起工作，就不会出现因为团队一部分成员在大楼或工厂的不同地方工作而产生“我们对他们”的想法。这种想法会导致项目团队分散为一些小组，而非一个实际的团队。

要尽量避免在团队内部形成由几个人组成的小团体。参加社会活动不仅有助于培养起忠诚、友好的情感，也能使团队成员在项目合作中更容易进行开放、坦诚的交流沟通。除了组织社交活动外，还可以定期召开团队会议——相对项目会议而言，团队会议的目的是广泛讨论下面这些类似的问题：作为一个团队，我们该怎样工作？有哪些因素妨碍了团队工作（如工作规程、资源利用的先后次序或沟通）？我们如何克服这些障碍？我们怎样改进团队工作？如果项目经理参加团队会议，对他应一视同仁。团队成员不应向项目经理寻求解答，项目经理也不能利用职权否决团队成员的共识。因为这是团队会议，而不是项目会议，只讨论与团队相关的问题而与项目无关。

2. 团队表现的规律

一个项目实施团队从开始到终止，是一个不断成长和变化的过程，这个发展过程可以描述为四个时期，即形成期、振荡期、正规期、表现期。几乎所有的项目都经历过大家被召集到一起的形成期，这是一个较为短暂的时期。项目很快会进入振荡期，这时团队成员之间互相还不了解，会时常感到困惑，有时团队成员间甚至会产生敌对心理。接下来，在项目经理强有力的领导下，团队的工作方式在正规期得以统一，随后团队可以在表现期最大成效地开展工作，直至项目结束，项目团队解散。过程如图 9-2 所示。

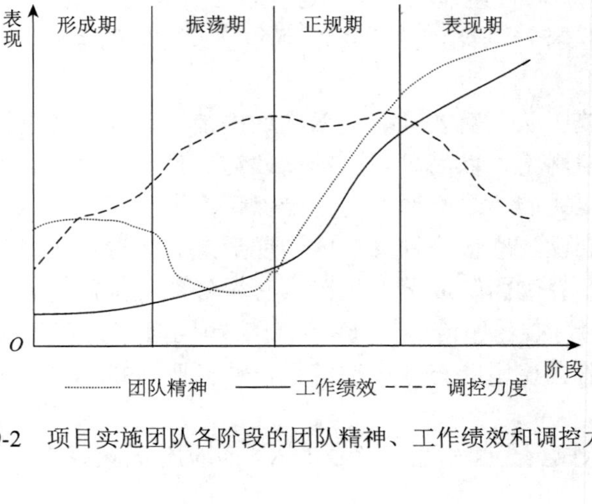

图 9-2 项目实施团队各阶段的团队精神、工作绩效和调控力度

1）形成期

任何项目在形成期时都带有一点试验性质，因而团队环境就成为新思想、新方案最佳的试验场。应当对每个方案都加以仔细检验，给予它们争取成功的公平机会。大量的团队工作在形成期会锻炼出尽早发现错误和改正错误的能力。如何对待失败的方案是团队在“组建期到形成期”的发展过程中应当学习的内容。在团队发展的不同阶段，需要有不同的方案。

在形成期，团队成员从原来不同的组织聚集在一起，大家从陌生到相识、相知，这一时期的特征是团队成员既兴奋又焦虑，而且还有一种主人翁感，他们必须在承担风险前相互熟悉。一方面，团队成员收集有关项目的信息，试图弄清项目是干什么的和自己应该做些什么；另一方面，团队成员谨慎地研究和学习适宜的举止行为。他们从项目经理处相互了解，以期为自己找到合适的定位。

当团队成员了解并认识到有关团队的基本情况后，就为自己找到了合适的角色，并且有了自己作为团队不可缺少的一部分意识，当团队成员在项目中找到归属感时，他们就会承担起团队的任务，并确定自己在完成这一任务过程中的参与程度。解决了定位问题后，团队成员就不会感到茫然和不知所措，从而有助于其他各种关系的建立。

2）振荡期

团队发展的第二个阶段是振荡期。团队形成之后，团队成员已经明确了项目的工作及各自的职责，开始执行分配到的任务。在实际工作中，各方面的问题逐渐显露出来，这预示着振荡期的来临。但现实很可能与当初的期望发生较大的偏离，于是团队成员可能会消极地对待项目工作和项目经理。在该阶段，工作气氛趋于紧张，问题逐渐暴露，团队精神较形成期明显下降。

团队的冲突与不和谐是该阶段的一个显著特点。团队成员之间由于立场、观念、方法、行为等方面的差异产生各种冲突，人际关系陷入紧张局面，甚至出现敌视情绪及向领导者挑战的情形。冲突可能发生在领导者与个别团队队员之间、领导者与整个团队之间，以及团队成员之间。这些冲突可能是情感上的，或是与事实有关的，或是建设性的，或是破坏性的，或是争辩性的，或是隐瞒的。不管怎样，应当采用理性的、无偏见的态度来解决团队成员之间的争端，而不应当采用情感化的态度。

在这一时期，团队成员与周围的环境之间也会产生不和谐，如团队成员与项目信息技术系统之间的不协调，团队成员可能对项目实施团队采用的信息技术系统不熟悉，经常出差错。另外，项目在运行过程中，团队成员与项目外其他部门要发生各种各样的关系，也会产生各种各样的矛盾冲突，这需要进行很好的协调。

3）正规期

经受了振荡期的考验，团队成员之间、团队与项目经理之间的关系已确立好，绝大部分个人矛盾已得到解决。总的来说，这一阶段的矛盾程度要低于振荡期。同时，随着个人期望与现实情形，即要做的工作、可用的资源、限制条件、其他参与的人员相统一，团队成员的不满情绪也相应减少。项目实施团队接受了这个工作环境，项目规程得以改进和规范化。控制及决策权从项目经理移交给项目实施团队，凝聚力开始形成，有了团队的感觉，每个人都觉得自己是团队的一员，也会接受其他成员作为团队的一部分。每个团队成员为取得项目目标所做的贡献都得到认同和赞赏。

在这一阶段，随着团队成员之间开始相互信任，团队成员的信任得以发展，他们大量地交流信息、观点和感情，合作意识增强、互相交换看法，他们感觉到可以自由地、建设性地表达他们的情绪及评论意见。团队经过这个社会化的过程后，建立了信任和友谊，也有可能建立超出工作范围的友谊。

4）表现期

经过正规期阶段，团队确立了行为规范和工作方式。项目实施团队积极工作，急于实现项目目标。这一阶段的工作绩效很高，团队成员有集体感和荣誉感，信心十足。项目实施团队能开放、坦诚、及时地进行沟通。在这一阶段，团队根据实际需要，以团队、个人或临时小组的方式进行工作，团队相互依赖度高。团队成员经常合作，并在自己的工作任务外尽力相互帮助。团队成员能感觉到被高度授权，如果出现问题，就由合适的团队成员组成临时小组，解决问题，并决定如何实施项目方案。随着工作的进展得到认可，团队获得满足感。个体成员会意识到为项目工作会使他们获得职业上的发展。

相互理解、高效地沟通、密切地配合、充分授权，这些相对宽松的环境加上团队成员的工作激情使这一阶段容易取得较大的成绩，实现项目的创新。

9.5.4 按期且保质交付

项目交付过程同时也是合同乙方向合同甲方兑现承诺的过程。甲、乙方在合同上约束的条款都要在项目交付过程中实现，项目实施过程是复杂的、漫长的、多变的过程，因此，即使是一个中等规模的 ERP 实施项目，实施周期可能也需要半年时间。在这个过程中，伴随着客户认识的提高或客户业务本身的变化，客户需求可能会变更；伴随着项目的不断深入和扩展，参与的人可能会变多；伴随着供应商产品的不断升级，应用的产品和方案也可能会改变。在动态变化的环境下，在甲、乙方都能接受的条件下，如何更好地履约呢？IBM 在其经典课程 MOT（moment of truth，关键时刻）中提出了实现承诺的 5C（customer，contingency，communicate，coordinate，complete，为客户着想、防患于未然、沟通、协调、完成）法则，非常有助于实现对客户的承诺，在项目实施中有很大的借鉴作用。

1. 为客户着想

第一个“C”是 customer，也就是为客户着想。为客户着想是一种基本的态度，在当今社会，随着全社会服务意识和客户维权意识的不断提高，真正为客户着想的态度是非常必要且一定会有超值回报的。为客户着想，首先要为客户的企业利益着想。就 ERP 项目而言，项目要满足客户的企业利益需求，如降低生产成本、减少库存资金占有、进行经济采购、提高生产效率、加强质量控制等，这些都是客户的企业利益需求。企业利益是企业决定实施 ERP 项目的绝大部分理由，满足这些需求是企业实施 ERP 项目的最大预期，是这些预期驱使企业决策层下决心投资 ERP 项目的。因此，在实施阶段，项目组会面临很多困难和选择，但一条基本的原则不应该改变，就是真正为客户着想，以实现客户最初决定实施 ERP 项目的预期为最高目标。如果确实因种种原因，有部分功能暂时不具备条件，需要重新选择，也应该秉承为客户着想的原则妥善处理。

其次是为客户方主要经办人的个人利益着想。就客户方的项目经理而言，他的个人利益可能包括：获取 ERP 项目专业知识、改变个人在企业的地位甚至提高收入、改善与企业其他部门的协作关系等。

为客户着想不仅要想到客户明示的、显性的需求，更有价值和意义的是为客户那些潜在的需求着想。在 ERP 实施项目中，客户由于缺乏专业经验，往往并不完全知道他们真正想要的东西，就算是客户对他们的需求心中有数，也未必能正确地表达这些需求。因此，这些客户没有准确表达的需求或客户并不是很清楚的需求就成为潜在需求，当客户有节约时间、操作方便的潜在需求时，实施顾问要充分考虑并实现这些需求。实现客户的潜在需求，才能够超越客户的期望。

2. 防患于未然

第二个“C”是 contingency，也就是防患于未然。意思是说，凡事都要留有必要的余地，以应对那些预先没有想到的风险，如四周时间能完成的工作，最好估计五周时间，留一周时间的余量以预防其他风险的发生。在跨组织的项目实施团队中，最大的财富是相互信任，最高的效率来自相互配合的默契。因此，每个在项目中承担任务的团队成员都要信守承诺，如期、保质、按量完成分配给自己的那一份工作，任何一个不能兑现自己承诺的团队成员都会成为整个项目“木桶”上的最短板，一个人的工作拖延可能导致整个项目的拖延。每个参与者都要有防患于未然的意识，承诺前为自己留下足够的回旋余地，确保自己在绝大多数情况下能够信守诺言。

不能做到防患于未然的团队成员经常会受到来自团队的明显或无声的指责，更重要的是会受到自己良心的谴责，时间一长，会造成团队士气的下降，因此，做不到防患于未然的团队成员，便可能把自己置身于出尔反尔的风险之中，导致四处应急、身心俱疲、人事两误。

3. 沟通

第三个“C”是 communicate，也就是沟通。保持沟通在任何团队合作的项目中都非常重要。在项目实施过程中，沟通是一个软指标，所起的作用不易量化，而沟通对项目的影响往往也是隐性的，因此很多人看不到沟通给项目带来的好处。成功的项目很难衡量沟通所起的作用，但失败的项目无一例外都存在着沟通不畅的问题。

甲乙双方签署的合同是充分沟通的结果，合同的履约过程中当然也离不开沟通。最基本的沟通是双方要就项目实施过程中的每个阶段所达成的中间结果、下一阶段的工作计划和工作内容、对项目状态的评价等达成共识，达成共识的沟通才是有效的沟通。

沟通中最常见的问题就是实施顾问为了维系项目中的一团和气，担心受到客户的指责，不愿意把一些对项目推进不利的坏消息及时公布出来，而是选择隐藏消息，粉饰太平，直到不得不公布的时候才被迫将消息公之于众，反而贻误了解决问题的最好时机，使解决问题的难度和成本陡增。这种得过且过、逃避责任的鸵鸟战术，只能使问题像滚雪球一样越来越大。甚至有时候，哪怕是最糟糕的情景发生，也要第一时间让客户知道，让双方直面问题，共同想出补救的办法，并且把最大的选择权留给客户。

4. 协调

第四个“C”是 coordinate，也就是协调。一个 ERP 项目中，签约者未必是实施者，参与实施者又不全是最终使用者，合同验收时的参与者和签约时的参与者的想法可能有很大的出入。因此，做出承诺的人、兑现承诺的人、辅助支持的人应该及时沟通协调，高效的资源协调是项目顺利进行的保证，兑现承诺离不开协调。

实际上，协调资源在项目实施过程中是双方面的，甲乙双方项目负责人各自负责本方资源的协调，并保证必要和及时的资源投入。

5. 完成

最后一个“C”是 complete，也就是完成。完成是双方就项目的最后结果进行确认、达成共识的过程。当一项工作结束时，双方应该有一个里程碑式的正式确认过程，即双方对所取得结果的评价有基本一致的认同。有时候，当实施顾问认为项目应该结束的时候，客户却认为还有很多工作没有做到位，还要投入更多资源。项目的完成和开始一样隆重，需要有庄严的宣告，善始善终。

以上 5C 法则虽然是从他处借鉴而来的，但是仍具有普遍的适用性，概括了有效实现承诺的五个方面，应该作为项目实施过程中被普遍遵守的法则。

【复习思考题】

1. 简述 ERP 系统实施的原则有哪些。
2. 简述 ERP 系统实施规划的内容。
3. 简述 ERP 系统实施的步骤。
4. 简述 ERP 项目成功实施的关键因素。

第 10 章 ERP 系统运行管理和价值评估

| 学习目标 |

- 了解对 ERP 系统运行进行管理的原因。
- 掌握系统运行管理的主要内容。
- 掌握价值评估的主要方法与内容。
- 掌握 ERP 系统的价值表现。
- 了解 ERP 系统对企业经营管理的促进作用。

| 思政目标 | 责任担当 底线思维 知识迁移 沟通表达 终身学习

导引启示

华为如何实施数字化转型①

华为的发展除了文化、价值观和组织活力，还有一条主线就是整个管理体系的构建。

1. 数字化转型的概念

数字化转型大概有四点共性。

（1）引入数字技术，数字化转型本身就是一场技术革命，必须要引入先进的数字技术。

（2）优化流程或创建新的业务模式，数字化转型要么是优化企业当前的业务流程，要么是创造一个新的机会或者商业模式。

（3）改善客户体验，数字化转型是体验驱动的，过去更多强调的是功能，而数字化转型特别强调客户的体验，客户的体验是第一生产力。

（4）提升企业的运营效率和组织绩效。

2. 企业数字化转型的价值目标

（1）提升客户体验：关注客户满意度和营收增长。过去我们强调产品的质量、性能，但现在强调体验，客户体验对一个企业的竞争力至关重要。仅仅是交易的体验，就让淘宝、京东这些电商成为千亿元规模的公司。

过去华为是一个以产品为中心的公司，把产品卖给客户，由客户来运营整个网络。3G

① 资料来源：https://zhuanlan.zhihu.com/p/554354551。

卖给客户之后再去开发下一代，研究 4G。华为内部经常开玩笑说自己就是个卖盒子的公司。

数字化转型之后华为将更加理解客户，不断丰富与客户的连接，帮助客户进行再次价值创造。运营商买了华为的设备建立基站和网络，是为了给最终用户使用的，他必然要考虑投资回报。那么就面临一个问题：在这个地方建基站以后，到底能否挣钱？过去没有数据支撑，只能靠猜，经常建好了以后发现利用率很低。现在通过网络数据、客户群信息，还有各种流量预测的模型，基本上可以判断在某个地方建一个基站，未来三年的投资回报如何。这对客户的决策和网络建设会起到非常好的指引作用。

任何一个产品，通过数字化都可以极大地提升客户体验，而客户体验将是企业和企业之间差异化竞争的关键。

（2）效率提升：关注海量、高成本的作业环节。有一些观点认为数字化转型如果只是谈效率就太片面了，更极端一些的认为降本增效还算不上数字化转型。这里我们介绍几个数据。

华为 2021 年的研发投入规模是 1300 多亿美金，有 9 万研发人员做产品设计与开发，在全球每年要交付几十万个站点，还要采购很多种物料，并对这些物料进行生产、加工和运输，全是海量的规模和成本。如果能够通过数字化技术来提升海量、高成本环节的效率，能带来很大的价值。

对于一个公司而言，效率当然是数字化转型的目标之一，因为这是一项关键的竞争优势。但只有找到业务中海量、高成本的作业环节，通过数字化来改造并提升它，才能取得预期的规模收益。

（3）模式创新：开放、创新、生态。在数字化转型的过程中，能否培育出一个数字化的平台，打造出一个数字化的产品，为企业找到一条新的赛道？

模式创新，主要是商业模式和运营模式的创新。前者帮助企业形成数字产品与服务，找到新的增长赛道，后者帮助企业提升认知水平、构建生态，让企业更敏捷、更准确地应对未来的变化。

3. 数字化与信息化的四点差异

数字化转型改变了企业的生产力和生产关系，是一场真正的变革，与传统信息化有四点差异。

（1）功能优先还是体验优先。信息化很大程度上是为了提升企业的管理水平，如果实施一个 ERP 系统是为了让企业的业务活动可记录、可管理，能够得出准确的财报，能够有序地运营，其中强调更多的是功能的完备性。数字化转型强调的是体验驱动，是由外而内的，是以客户为中心的直接体现，关注的是如何能为客户创造更多的价值、带来更好的体验。

（2）IT 固化流程还是技术驱动创新。信息化建设中，流程是业务最佳实践的总结，IT 是为了固化业务流程。流程跟着业务跑，IT 跟着流程跑，因此永远赶不上业务的变化。数字化转型除了固化最佳实践，更重要的是技术驱动和数据驱动。华为先有海量数据，再反过来思考这些数据对客户和企业的运营管理能发挥什么价值。技术一方面承接业务的诉求，另一方面又在反向驱动业务创新。

（3）烟囱式数据割裂还是云化数据底座。华为 30 多年的历史中，有 3000 多个应用系统模块，每个 IT 系统模块都会割裂形成一个数据的烟囱，想围绕着用户做一个画像，围绕产品做一个分析，却发现拿不到可分析的数据。数据全在系统中分散着，而这些系统背后可能是各个业务部门和管理权限。数字化时代，华为希望应用是服务化的，平台是云化的，更重要的是，企业应有统一的数据底座来承载所有的数据，并将数据变成企业的战略资产。

（4）层层汇报还是察打一体。华为从基层的项目组到公司集团大概要经过七层的汇报关系，才能到达最高决策机构。再加上每个部门使用的系统不同，层层汇报所需要的数据经常要靠众人在各个系统中去查询和汇总。数字化可以让不同层级、不同部门的主管在同一时间看到同样的数据，这样原来的层层汇报、加工传递就不需要了，组织可以扁平化，让指挥到作战之间只有一跳，实现对问题的实时感知和察打一体。

本章关键词

ERP 系统运行管理　ERP 系统应用评估及价值分析　ERP 系统对企业管理的促进

10.1　ERP 系统运行管理

ERP 系统的实施不是一蹴而就的，新的系统建立后，经过调试与必要的修改即可在一个恰当的时候进行新旧系统的切换，进入新系统的运行阶段。信息系统在运行阶段将发挥作用，产生效益。但系统建成后，预定的目标并不是肯定能实现的，开发与运行是影响系统质量与效果的两个同等重要的方面。开发的系统再好，如果运行不好，就无法体现新系统的优越性。因此，ERP 系统在运行中仍然需要持续维护和经常进行信息反馈，只有当企业成功融合并高效运行该系统时，所有的投入才会有大的产出。

10.1.1　ERP 系统持续规划

企业信息化建设是一个不断完善的过程，需要按照 ERP 系统实施方法论按部就班地实施，在这个过程中，基本上会保证最大限度地实现知识的转移，企业在此基础上就可以驾驭 ERP 系统来为企业服务。对于企业来讲，ERP 系统实施阶段性结束后，仍然有很多优化工作要做，如由于企业经营特点的调整，需要 ERP 系统的业务流程进行相应的调整，各业务部门会提出更高的业务管理需求，这些工作大部分都可以靠企业自身的力量来完成，因为这是一项不会结束的工作。

ERP 系统的实施通常要经过五个阶段。第一个阶段是项目准备。主要工作是组建实施队伍，进行人员配备，建立组织架构，制定项目实施大纲与建立实施环境等项目准备工作。第二个阶段是业务蓝图。软件供应商要整理客户现有的业务流程，并形成新的业务流程。第三个阶段是系统实现。该阶段通过参数配置、报表开发等方法将业务蓝图反映到软件系统中。第四个阶段是上线准备。该阶段主要进行系统测试，将客户的数据导入系统，并进行人员培训等。第五个阶段是上线，即系统投入运行。开发任务虽然结束，但对于系统来说才刚刚开始，企业在实施完 ERP 系统之后，需要考虑的是 ERP 系统的长远性，需要做好持续的规划准备。ERP 系统的实施无疑对业务流程、效率乃至组织结构等方面都会产生相当大的影响，那么，随着市场的不断变化，企业往往会对系统功能提出新的需求，要进行持续优化和改进，ERP 系统实施企业呈现螺旋发展的状态。

10.1.2 ERP 系统运行管理的内容

ERP 系统是一个复杂的人机系统，它是不能自行维护的，稍有松懈其应用水平就会降低，要把 ERP 系统运行得越来越好，人是关键的因素。系统的日常运行管理不仅是基础设施的管理，更主要的是对系统运行状况、数据输入和输出情况，以及系统的安全性与完备性进行及时、准确的记录和处理。下面将从四个方面对这些问题进行叙述。

1. 系统维护

随着 ERP 系统的运行，一些隐含的错误逐渐暴露出来，另外，企业在应用过程中可能提出新的要求，这就需要对程序进行修改与完善。因此，系统维护的主要任务就是保证系统的正常运行，并使系统的信息资源得到有效利用，使系统的功能在运行中不断得到完善和扩充，以提高系统的效率和延长系统的生命周期。系统维护是系统可靠运行的重要技术保障，企业必须给予足够的重视。

系统维护面向系统中的各个构成因素，按照维护对象的不同，系统维护的内容可分为以下几类。

（1）应用程序维护。应用程序维护是指修改一部分或全部程序。企业根据运行情况发现应用程序中的错误，或随着对系统的熟悉，企业对系统提出更高的要求，或由于环境的改变等需要对应用程序进行改动。

（2）数据文件的维护。数据是系统中最重要的资源，系统能否提供全面、准确、及时数据的规范流程是评价系统优劣的决定性指标。因此，企业要对系统中的数据进行不断更新和补充，如业务发生了变化要建立新文件，或者对现有文件的结构进行修改等。此外，数据的备份与恢复等，都是数据维护的工作内容。

（3）代码的维护。系统应用范围的扩大及应用环境的变化，使系统中旧的代码不能适应新的要求，需要制定新的代码或修改旧的代码体系。代码维护的困难并不在于代码本身的修改，而在于新代码的贯彻使用。

（4）硬件设施的维护。系统的硬件设施是 ERP 系统正常运行的物质基础，保证计算机及外部设备等硬件设施的良好运行状态是系统正常工作的前提。机器、设备的维护包括机器、设备的日常维护与管理，一旦设备发生故障要由专业人员进行修理，保证系统能正常运行。有时，根据业务需要还需要对硬件设备进行改进、升级等，并且要做好相关检修记录和故障登记等工作。

（5）机构和人员的变动。ERP 系统是复杂的人机系统，不能设想仅由系统自身就能正确地对信息进行有效处理。如果出现人为错误输入，那么不论系统多么先进，也不会得到我们预期的正确输出结果。因此，人工处理也占有重要地位，人的作用在系统中占据主导地位。为了使系统的流程更加合理，有时涉及机构和人员的变动。这种变化往往也会影响对设备和程序的维护工作，必须进行有效管理。

2. 企业信息化中的管理变革

企业信息化中的管理变革是指企业在信息化过程中，为了与企业使用的信息技术相匹配，在管理目标、管理观念、管理模式、管理体制、运行机制、作业流程、规章制度等方面进行的相应变革与调整。具体来说，包括以下几方面内容。

（1）管理观念的变革。在企业信息化过程中，企业普遍存在的管理理念是“重技术、轻管理”。具有这种理念的人，在管理中往往注重局部而忽视整体，不利于企业信息化的发展。因为在企业信息化过程中，企业的内外部之间、企业内部各方面都需要进行合作与协调，近期发展与长远规划、信息系统之间及与其他系统之间，都需要在管理中加强沟通、相互配合，达到协调的目的。若这些管理工作不到位，企业信息化就无法得到满意的结果。

（2）管理体制的变革。企业信息管理的管理体制，指的是推动企业信息管理发展的管理机制、运行管理机制的各级信息管理机构，以及保证管理机制和管理机构发挥作用的信息管理制度等诸方面的集合体。实施企业信息化，企业必须进行管理体制的变革，这是搞好企业信息化管理的中心环节。因为它涉及信息化管理与企业的整体管理和全部业务的关系，对企业内部控制能力和外部竞争能力会产生重大的影响。在管理体制的变革中需要注意三个方面。

首先，在管理体制上，实施新的精神激励和物质激励相结合的激励机制，加大推进信息化的动力，广泛调动全体员工积极参与企业信息化的主动性和创造性。对全体人员都要注意责、权、利的统一。

其次，在管理机构上，改变过去金字塔式结构的组织机构模式，设置精干、高效的信息化管理机构，企业高层领导者必须直接参与信息化及其管理过程，并由专职领导者从事跨部门、跨单位的协调工作。要坚持集中统一的原则，防止各职能部门、业务单位各自为政，重复建设及信息孤岛等现象发生。

最后，在管理制度上，一方面继续完善信息化管理制度，另一方面改变过去制度执行不力的现象，强化和完善信息化管理制度与标准，规范员工的信息化行为。秩序要稳定，流程要通畅，方方面面要交流和沟通，约束监督和奖惩办法要严格、完善。

（3）管理队伍的变革。在企业信息化进程中，要改变企业信息化队伍的素质结构，要充分发挥企业信息化管理队伍的作用。企业信息化管理队伍的素质、能力与水平，对企业信息化的成效起决定性作用。管理队伍应由既懂信息技术又熟悉企业业务的复合型管理人才组成。

3. 规章制度的建立

规章制度是 ERP 系统运行管理与维护的保证。为了使管理人员明确职责、遵守纪律，不断提高自己的思想素质和技术水平，企业有必要建立完善的系统管理制度、系统操作制度和工作人员纪律与业务学习制度。

（1）系统管理制度包括：①系统管理与维护人员的组成及分工；②系统管理规程（管理程序、工作内容与管理措施、突发事故的处理或恢复等）；③系统的使用环境及其保护措施（机房守则、防火与防盗措施等）。

（2）系统操作制度包括：①操作员守则；②系统操作规范（各级操作员的责任和工作组日程表）。

（3）工作人员纪律与业务学习制度包括：①纪律条例（保密、防病毒及资源占有权限的规定）；②业务学习与考核制度。

4. 继续教育与培训

要使 ERP 系统持续运行与不断完善，企业就需要制订关于系统的继续教育的详细计划。ERP 系统的继续教育过程是一个随着企业不断成长而不断深入的过程，在系统运行与维护中，相关人员需要不断地维护应用工具，适应新的形势、迎接新的挑战。因此，ERP 系统的继续教育应与企业的运行机制紧密结合，对应企业中的每个岗位建立相应的基本 ERP 系统教育标准，并将其纳入岗位工作规范。

10.2 ERP 系统应用评估及价值分析

很多实施过 ERP 系统的企业面临着同样的问题：系统到底有没有对企业的发展发挥实质性的作用？投入的财力与物力是不是得到了相应的回报？由于对这些问题的答案存在疑惑，企业管理者不能客观地评价 ERP 系统的作用，对 ERP 系统产生了种种误解，也对实施 ERP 系统的效果表示不满。同时，由于看不到 ERP 系统的实际价值，很多待实施 ERP 系统的企业犹豫不决，止步不前。因此，如何量化 ERP 系统的价值、如何科学和客观地对 ERP 系统的实施效果进行评价，成为大多数企业在系统实施前后关心的问题。

10.2.1 评估概述

如果想要准确地评估 ERP 系统的实施效果，一套科学的评价方法必不可少。利用这种方法可以对企业实施 ERP 系统的效果进行较为客观的评价，也可以对企业的信息系统建设情况进行评价，同时对 ERP 系统的成本和效益进行分析，为企业的 ERP 发展战略提供客观的决策依据，使企业的信息资源与其战略相适应，消除企业对系统实施效果不确定性的疑虑，从而推进企业信息化进程。

ERP 系统是一个功能复杂、结构庞大的信息系统，投资巨大、实施周期长，涉及企业的方方面面。对于这样一个综合性项目，很难有一个绝对化的指标体系来评价企业 ERP 系统带来的综合效益。对于 ERP 系统的实施效果，国内外从不同角度出发做出了很多有益的探索，有从软件的角度出发进行研究的，也有从 ERP 系统的实施战略出发进行研究的，这些研究都对企业成功应用 ERP 系统做出了一定贡献。

10.2.2　评估标准与方法

目前评估的标准和方法尚没有统一的国际标准，除了 Oliver Wight 的 ABCD 检测表之外，下面简单介绍 Benchmarking Partners 咨询公司的 SAP ERP 项目评价体系。

1. Benchmarking Partners 咨询公司的 SAP ERP 项目评价体系

1996 年，美国著名的标准化研究机构 Benchmarking Partners 咨询公司受 SAP 公司之邀，对企业项目的投资回报情况进行了全面调研，同时提出了一套 ERP 项目评价体系。这套评价体系中包括项目驱动因素、事务处理指标和关键成功因素三个方面的内容。

1）项目驱动因素

对不同行业项目的研究表明，实施 ERP 项目主要有三个驱动因素。

（1）对于那些市场较为成熟、产品变化相对稳定的行业，如化工、半成品加工业等，驱动它们实施 ERP 项目的原因在于业务成本的降低。

（2）对于那些产品急剧变化、市场高速增长的行业，如高新技术行业、电子行业等，它们关注的是扩大相应的市场范围和提高技术能力。

（3）对于那些综合性的集团型企业，它们关注的是全面、高速和标准化的管理流程。对项目驱动因素的评估，实际上就是为整个项目寻找到一个基点和一个总体目标。

2）事务处理指标

对于事务处理的评估，可以分为战略性收益评估和经济性收益评估。战略性收益是指从企业战略的角度来考虑项目的收益，如业务处理的集成性、信息利用度、对客户的响应度和灵活度、成本和业务活动，以及新应用的基础架构等。经济性收益是指用价值来评估项目引起的业务流程变化从而产生的效益，包括财务管理、人员管理、信息技术成本、库存管理、订单管理和供应链管理等。

3）关键成功因素

根据 ERP 项目实施的过程，对关键成功因素的评估是从项目管理、高层支持、人员培训、管理改革、合作伙伴管理和流程重组等方面进行的，其中又包含对每个因素具体化的衡量，如项目管理的衡量指标有资源、团队、技能管理等；高层支持的衡量指标有目标、活动等参与度指标；人员培训的衡量指标有费用、内容和时间等；管理改革的衡量指标有交流度、期望度、阻力和可见度等；合作伙伴管理的衡量指标有角色、价格和经验等；流程重组的衡量指标则有费用和时间等。

一般的评估体系由三个层面构成，即评估目标、关键要素、关键绩效指标。例如，销售和分销是评估的目标，销售周期管理、订单履行、仓库管理和运输管理是在行业中实现这一目标的关键要素，而对这些关键要素必须有可量化的绩效指标来进行明确的衡量，如订单输入时间、及时交付率、最佳销售时间和询价周期等，这些关键绩效指标又有相关的行业基准和实施经验作为参考，以帮助企业在实施过程中把握方向，保证项目的成功。

2. 国内对ERP系统应用绩效评价的一些研究和方法

国内比较有代表性的评价方案有以下几种。

（1）西安交通大学的曹玉俊认为，ERP 系统的基本功能或期望功能是提高效率或降低成本、更好地支持决策、更快地响应客户需求。市场竞争压力是企业应用 ERP 系统的直接动机，降低运营成本、提高应变能力是企业提高竞争能力的两个基本手段。计划控制水平表现为企业的内部监控能力，监控能力是应变能力的基本保障。信息质量的提高使得决策支持和信息系统功能更好。因此，曹玉俊认为应将运营成本、信息质量、监控能力、应变能力四个方面作为一级指标进行评价，并以应达结果和应做事项并重的原则设计二级指标，三级指标则应结合行业特征另行确定。指标表述形式采用直接陈述句形式，指标得分由评分人员判断评分，采用 5 级评分（0～4 分）。各指标权重可采用层次分析法或德尔菲法确定。整个评价指标体系如表 10-1 所示（三级指标以制造业为例）。

表 10-1　曹玉俊提出的 ERP 系统应用水平评价指标体系

一级指标	二级指标	三级指标	权重	得分
运营成本	存货周转率			
	销售毛利增长率			
	期间费用降低率			
信息质量	基础数据的准确性	库存记录的准确率		
		物料清单的准确率		
		工艺路线的准确率		
	业务与财务数据的集成	成本核算与车间成本管理的数据集成		
		应收账款与销售管理的数据集成		
		应付账款与采购管理的数据集成		
		客户订单履行情况可实时跟踪		
	管理人员对 ERP 数据的依赖性	高层管理人员使用 ERP 系统的数据辅助决策		
		中层管理人员使用 ERP 系统的数据编写分析报告		
监控能力	管理人员数量	人员数量比例		
		管理层次多少		
	计划编制能力	车间作业计划依靠 ERP 系统编制		
		能力需求计划依靠 ERP 系统编制		
	预防控制能力	营销费用、管理费用等费用性开支实行事前控制		
		客户订单的确认受客户或销售机构信用控制		
		采购订单的确认受供应商信用控制		
	预防控制水平	主生产计划完成率		
		产品合格率		
		费用开支计划执行率		

续表

一级指标	二级指标	三级指标	权重	得分
应变能力	计划编制周期	物料需求计划编制周期（每周、每旬、每月）		
		能力需求计划编制周期		
	报告编制周期	内部报告编制周期		
		会计报表编制天数		
	准时交货率	客户准时交货率		
		车间准时交货率		
		供应商准时交货率		
	运营协调水平	停工待料次数		
		资金到位率		
总分				

（2）中山大学的陈志祥和吴俊峰认为，应从系统的观点出发综合评价 ERP 系统的应用水平。他们提出了一个综合评价指标体系，该指标体系分为三级，其中两个一级指标是应用能力水平与应用效果水平。应用能力水平指标下设两个二级指标，即战略地位与硬件支持度；应用效果水平指标下设两个二级指标，即计划效果和执行效果。二级指标下又分别设立了多个三级指标，最终的三级指标有 26 个。整个综合评价指标体系如表 10-2 所示。

表 10-2 陈志祥和吴俊峰提出的 ERP 项目综合评价指标体系

一级指标（权重）	二级指标（权重）	三级指标	权重	得分	加权分
应用能力水平（W_1）	战略地位（W_{21}）	ERP 系统重视度			
	硬件支持度（W_{22}）	系统投资比重			
		计算机普及率			
		网络性能水平			
		计算机联网率			
应用效果水平（W_2）	计划效果（W_{23}）	利润计划实现率			
		销售计划准确率			
		生产计划准确率			
		计划完成率			
		订单执行率			
		工作中心能力准确率			
		物料清单准确率			
		库存记录准确率			
		工艺路线准确率			
		ERP 系统技能普及率			

续表

一级指标（权重）	二级指标（权重）	三级指标	权重	得分	加权分
应用效果水平（W_2）	执行效果（W_{24}）	供应商按时到货订单比率			
		物料验收合格率			
		完成计划按时率			
		按时发货履约率			
		销售订单可执行率			
		产品不合格率			
		生产速率水平			
		生产费用百分比			
		库存资金占用率			
		企业财务结算速度			
		效益综合增长指数			
总分					

ERP 系统评估工作是一个长期的过程，不是一次性的工作。定期利用评价体系进行工作检查，可以帮助企业管理者更好地利用信息化工具改善管理，及时了解和掌握企业的运营状况；可以加快决策过程，提高企业执行力；可以提高信息传递速度，提高工作效率。

10.2.3 ERP 系统投资价值

从商业的全局立场看，ERP 系统实现了许多重要的目标，如信息利用价值的最大化、对客户和供应商响应时间的最小化、把决策权下放到最适当的基层、能够为决策者提供最新信息等。最重要的是，ERP 系统把供应链从头至尾的相关信息全都集成在一起。从某个具体企业的立场看，这意味着成本减少、库存减少，运营水平却得到提高（表 10-3）。

表 10-3 实施 ERP 系统前后的对比：企业层面

项目	实施 ERP 系统之前	实施 ERP 系统之后
生产周期	成本高昂的瓶颈	业务流程的时间和成本都减少了
交易处理	每笔业务要进行多次交易处理，要用到多个数据文件	更快速地进行交易处理，使用共享数据，节约了更新有关信息的时间和成本
财务管理	不必要的库存加大了成本，逾期的应收账款也加大了成本	运营情况得到改善（如减少了不必要的库存、降低了应收账款）
业务流程	支离破碎的业务流程，事倍功半	按某种符合“最佳实践”要求的业务模型再造业务流程，事半功倍

续表

项目	实施 ERP 系统之前	实施 ERP 系统之后
工作效率	难以对客户和供应商做出及时响应	财务管理和客户服务都得到了改善
供应链管理	缺乏集成度	与供应商和客户相连接
电子商务	基于 Web 的接口支持独立系统及其组件	基于 Web 的接口是集成化系统的前端
信息	缺乏完整、全面的信息，难以对企业资源进行有效的监管和控制	允许在制订计划和进行调控时跨部门访问同样的数据；有用信息可以被更多人访问
沟通	与供应商和客户沟通不力、无序	为供应商和客户提供了一个有序的沟通平台

ERP 系统的商业投资价值体现在市场营销、生产制造、成本控制、现场服务、财务会计等许多方面。有关对美国和瑞典两国的制造业企业进行的调查表明，ERP 系统带来的好处包括能够及时提供准确的信息，能够加强企业各部门之间的交流，能够改善订单管理工作等（表 10-4）。

表 10-4　ERP 系统的商业投资价值（一）

商业投资价值点	瑞典平均值*	美国平均值*
缩短了信息响应时间	3.81	3.51
加强了企业内部交流	3.55	3.49
改善了订单管理工作 / 订单周期	3.37	3.25
缩短了财务结算周期	3.36	3.17
改善了与客户的交流	2.87	2.92
发货更为准时	2.82	2.83
改善了与供应商的交流	2.78	2.81
减少了直接运营成本	2.74	2.32
降低了库存水平	2.60	2.70

资料来源：Mabert V A，Soni A，Venkataraman M. Enterprise resource planning survey of U.S. manufacturing firms[J]. Production and Inventory Management Journal，2000，41（2）：52-58.

Olhager J，Selldin E. Enterprise resource planning survey of Swedish manufacturing firms[J]. European Journal of Operational Research，2003，146（2）：365-373.

*表示评分办法的平均值：取值为 1（不重要）～5（非常重要）。

在销售方面，效率的提高使企业有能力给出更低的报价、缩短谈判预热时间和从整体上对客户需求做出更迅速的响应。在生产制造方面，多种工序相互配合意味着产品设计和生产更快速。在现场服务方面，客户的服务历史数据和零件的保修记录随时可查，服务收费准确可信。供应商可以更早地拿到物料货款，因为应付账款系统准时且精确。总之，从客户订单到销售和服务，企业的整体运营水平得到了优化。表 10-5 中提到的商业优点是对一些正在实施 ERP 系统的企业做过案例分析之后总结出来的。

表 10-5　ERP 系统的商业投资价值（二）

商业投资价值点	案例
缩短了信息响应时间	IBM 存储产品部门：对客户收费查询的响应时间从原来的 15～20 分钟缩短为立刻知道结果
加强了企业内部的交流	波音航空航天公司：简化了业务流程 欧文斯-科宁（Owens Corning）公司：内部协调程度得到了提高 迪堡（Diebold）公司：企业上下可以实时访问有关数据
改善了订单管理工作/订单周期	日本富士（Fijitsu）公司：报价准备周期从原来的 20 天缩短到 2 天，缩短了 90%的时间 万耐特（Valenite）公司：订单处理更快、更准确 IBM 存储产品部门：从收到订单开始算起的信用核查时间从原来的 15～20 分钟缩短为立刻知道结果
缩短了财务结算周期	日本富士公司：财务结算周期从原来的 10 天缩短到 5 天，缩短了 50%的时间
改善了与客户的交流	Par Industries 公司：与客户的谈判时间从 6 周缩短到 2 周
发货更为准时	Earthgrains 公司：产品正点发货率提高到 90%
改善了与供应商的交流	Par Industries 公司：产品正点发货率从 80%提高到 90%以上
减少了直接运营成本	Earthgrains 公司：运营毛利润率从 2.4%提高到 3.9%
降低了库存水平	欧文斯-科宁公司：库存水平显著减少 万耐特公司：库存水平降低 Par Industries 公司：配件库存几乎降低了 60%

表 10-5 列出了 ERP 系统几个显而易见的商业投资价值点，如降低了库存水平、发货更为准时和缩短了财务结算周期等。除了可以用数字计算出来的收益，如采购成本的降低和产量的提高以外，ERP 系统还能给企业带来一些不那么容易精确计算出来的收益，如销售量和利润的增加、利润率的提高、生产效率的提高等。ERP 系统能够加快业务流程、缩短生产周期、减少业务流程中信用核查之类的成本开支。

从系统层面的立场看，ERP 系统可以带来很多优势。它们消除了陈旧系统数据不兼容导致的信息支离破碎的弊病。集成化系统使信息可以被整个企业共享，这些信息可以用来监控企业的运营情况。ERP 系统还是电子商务的一块基石，它们提供的网上办公室功能可以让客户通过 Web 下达订单和跟踪订单的执行情况。诸如 CRM 之类的其他应用也必须以 ERP 系统的建立为前提。

在瑞典和美国进行的关于 ERP 系统实施动机的调查显示，企业决定实施 ERP 系统的主要动机包括：替换陈旧系统、对系统进行简化和标准化、获得某种战略优势、改善与客户和供应商的沟通情况等（表 10-6）。

表 10-6　企业实施 ERP 系统的动机

企业实施 ERP 系统的动机	瑞典平均值*	美国平均值*
替换陈旧系统	4.11	4.00
对系统进行简化和标准化	3.67	3.85
获得某种战略优势	3.18	3.46
改善与客户和供应商的沟通情况	3.16	3.55
简化系统升级工作	2.96	2.91

续表

企业实施 ERP 系统的动机	瑞典平均值*	美国平均值*
打开海外市场，参与全球经济	2.85	3.17
调整企业的组织结构	2.70	2.58
不能落后于竞争对手的压力	2.48	2.90

资料来源：Mabert V A，Soni A，Venkataramanan M. Enterprise resource planning survey of U.S. manufacturing firms[J]. Production and Inventory Management Journal，2000，41（2）：52-58.

Olhager J，Selldin E. Enterprise resource planning survey of Swedish manufacturing firms[J]. European Journal of Operational Research，2003，146（2）：365-373.

*表示评分办法的平均值：取值为 1（不重要）～5（非常重要）。

10.2.4　ERP 系统商业投资价值分析

1. ERP 系统的收益分析

对 ERP 系统进行商业投资价值分析的重要环节之一是对其可见（即可以用数字计算出来的）收益和不可见收益（或者叫隐形收益）进行评估。根据 Benchmarking Partners 咨询公司和德勤咨询公司对 62 家《财富》500 强企业进行的调查，企业实施 ERP 系统之后最明显的收益体现在库存水平降低方面。表 10-7 中的调查结果列出了这些可见收益。

表 10-7　实施 ERP 系统之后的可见收益

可见收益	企业认可度
库存水平降低	32%
人员精简	27%
生产率提高	26%
订单管理水平提高	20%
财务结算周期缩短	19%
信息技术成本降低	14%
采购成本降低	12%
现金管理水平提高	11%
营业额/利润增加	11%
运输/物流成本降低	9%
系统维护工作减少	7%
准时发货率提高	6%

资料来源：Fryer B. The ROI challenge[J]. CFO，The Magazine for Senior Financial Executives，1999，15（9）：85.

在不可见收益方面，信息/可用性是一个重要因素（表 10-8）。信息可以帮助主管经理在资源的合理分配方面做出更好的决策。此外，客户响应时间的缩短、业务流程的集成化和业务灵活性的增加——虽然它们都是不可见的——同样可以带来可见的收益，因为它们可以帮助企业赢得更多的订单并通过降低成本增加实际收入。

表 10-8 实施 ERP 系统之后的不可见收益

不可见收益	企业认可度
信息/可用性	55%
新业务流程和改进的业务流程	24%
客户响应时间的缩短	22%
业务流程的集成化	13%
标准化	12%
业务灵活性的增加	9%
全球化	9%
业务管理水平	7%
供应链/需求链	5%

资料来源：Fryer B. The ROI challenge[J]. CFO，The Magazine for Senior Financial Executives，1999，15（9）：85.

2. ERP 系统的成本分析

实施 ERP 系统的决策是一项商业投资决策，与建造一座新仓库、聘用一位新总裁或制订一项培训计划的决策没什么两样。这就要求有关 ERP 系统的投资决策必须能为企业带来可计算的商业收益，至少要足以抵消企业购买和实施 ERP 系统的成本开支。正如从本章前面的内容已经了解的那样，ERP 系统的商业投资价值包括能够使企业的业务流程流水线化、能够让企业通过 Web 访问信息资源、能够精简库存和人员、能够提高企业整体运营效率等。实施 ERP 系统的成本包括硬件、软件、技术支持、项目管理、内部团队运作、外部专家聘用和人员培训等费用。

对美国和瑞典两国的有关企业进行的 ERP 系统的成本因素分析报告表明，软件和咨询等费用是主要的成本因素（表 10-9）。

表 10-9 ERP 系统的成本因素

ERP 系统的成本因素	瑞典	美国
软件	24.2%	30.2%
硬件	18.5%	17.8%
咨询	30.1%	24.1%
人员培训	13.8%	13.3%
项目实施团队	13.4%	14.6%

资料来源：Mabert V A，Soni A，Venkataramanan M. Enterprise resource planning survey of U.S. manufacturing firms[J]. Production and Inventory Management Journal，2000，41（2）：52-58.

Olhager J，Selldin E. Enterprise resource planning survey of Swedish manufacturing firms[J]. European Journal of Operational Research，2003，146（2）：365-373.

对 ERP 系统进行成本效益分析的方法之一是使用净现值（net present value，NPV）。净现值把资金的时间价值也包括在考虑范围内。我们可以通过一个简单的例子了解一下什么是资金的时间价值。假设某人投资了 1 000 000 美元，如果投资收益率是 10%，那么他在 5 年内就应该收回 1 610 510 美元。在计算某项资本预算决策的净现值时，必须把资金的净时间价值考虑在内。以 5 年作为时间框架来评估 ERP 系统是比较合适的，这是因为 ERP 系统的实际实施工作至少要花费 3 年时间。对于一个大型的 ERP 系统，其投资回报评估周期有可能长达 10 年。

表 10-10 是某个 ERP 系统的净现值分析表，表 10-10 在进行该项目的成本效益分析时使用了净现值方法。总成本被划分为一次性成本（也叫启动成本）和周期性成本。一次性成本包括 ERP 系统的初始投资。具体到这个例子，软件成本是 2 420 000 美元。硬件方面的初始投资是 1 850 000 美元，“客户-服务器”计算环境中的服务器和组网设备投资已包括在内。其他的一次性成本包括专业咨询人员安装和配置有关软件花费的时间所折合的 3 000 400 美元。项目管理时间、内部团队运作时间和项目推动委员会时间总共折合为 400 000 美元，人员培训时间折合为 1 280 000 美元。这些数字与在美国和瑞典两国进行的关于 ERP 系统实施成本的研究结论基本一致。

表 10-10　某个 ERP 系统的净现值分析表　　（单位：美元）

成本	第 0 年	第 1 年	第 2 年	第 3 年	第 4 年	第 5 年
软件	2 420 000					
软件许可证		220 000	220 000	220 000	220 000	220 000
硬件	1 850 000					
咨询	3 000 400					
人员培训	1 280 000					
项目实施团队时间	400 000	400 000	400 000	400 000		
总成本	8 950 400	620 000	620 000	620 000	220 000	220 000
节约金额	0					
减少的库存成本		2 750 000	2 750 000	2 750 000	2 750 000	2 750 000
减少的管理成本		1 250 000	1 250 000	1 250 000	1 250 000	1 250 000
不可见收益						
总节约金额	0	4 000 000	4 000 000	4 000 000	4 000 000	4 000 000
净余额	−8 950 400	3 380 000	3 380 000	3 380 000	3 780 000	3 780 000
DCF 因数	1.000	0.909	0.826	0.751	0.683	0.621
当期余数	−8 950 400	3 072 420	2 791 880	2 538 380	2 581 740	2 347 380
累计余数	−8 950 400	−5 877 980	−3 086 100	−547 720	2 034 020	4 381 400

资料来源：Mabert V A，Soni A，Venkataramanan M. Enterprise resource planning survey of U.S. manufacturing firms[J]. Production and Inventory Management Journal，2000，41（2）：52-58.

Olhager J，Selldin E. Enterprise resource planning survey of Swedish manufacturing firms[J]. European Journal of Operational Research，2003，146（2）：365-373.

注：DCF 的全拼为 discounted cash flow，表示贴现现金流。

在我们的例子中，周期性成本（也就是会随时间推移而反复发生的成本）包括周期性发生的软件许可证、系统维护合同、项目管理时间、项目实施团队时间和专业咨询人员时间等费用。例如，软件安装后每年的软件许可证费是软件初始成本的 10%，计每年 220 000 美元。项目实施团队时间在表 10-10 中一直体现为每年 400 000 美元。

ERP 系统的收益在系统投入使用后才能开始收回。假设这个项目的实施至少需要花费 3 年时间，该项目的收益到第 4 年才能开始计算。在这个例子中，可计算商业收益——或者说可见商业收益——包括减少的库存成本，计每年节约 2 750 000 美元。此外，因人员方面的精简，每年减少的管理成本为 1 250 000 美元。不可见收益还包括员工士气的提高、客户满意度的提高，以及因不再需要维护多个数据库而节省下来的重复劳动等，但这些不可见收益并没有被列在表 10-10 中。

正如可以从表 10-10 看出来的那样，该项目在第 1 年就已经有可计算的收益了，而该企业将在第 4 年收回其在 ERP 系统方面的软件投资——当年的累计余数是 2 034 020 美元。根据这里的分析，该项关于 ERP 系统的投资是一个明智的举动。

10.3　ERP 系统对企业管理的促进

前面提到，如果从技术变革和业务变革的立场出发，ERP 系统很难就位。既然有这么多难题且需要大量支出，为什么还要安装 ERP 系统呢？在理想的状态下，应用 ERP 系统的企业将企业内部信息和外部信息毫无阻碍地互联互通，多余的存货和损耗将不复存在，供需达到最佳平衡，处理与供应商和客户的业务时就像与自己企业的其他部门打交道一样应对自如，客户不但可以充分了解已经订购的产品信息或者服务信息，还能获知企业的业务进展对他们产生的各方面的影响。点击几下鼠标，主管经理就能知道企业业务和效益的详细情况。这些好处并非单纯的主观臆断，许多企业已经意识到，即使 ERP 系统还没有完全建好，企业仍旧能够利用它获得十分可观的商业利益。

10.3.1　ERP 系统对生产管理的促进

1. 协调产能平衡，科学制订生产计划

ERP 系统是计划主导型的生产计划与控制系统，其利用层层衔接的计划系统调控企业资源，根据及时的信息反馈，用模拟的手段进行调整，实现基本生产均衡。企业收到订单或做出销售预测计划后，就形成了销售计划，然后企业根据销售计划进行主生产计划的制订，并同时进行粗能力需求计划运算，由主生产计划推动运算物料需求计划，再生成能力需求计划，平衡能力需求计划与物料需求计划。

ERP 系统在企业主生产计划制订并生成物料需求计划之后，就完成了各个项目所需的全部制造件和全部采购件的时间进度计划，回答了生产什么、生产多少、何时生产等问题。物料需求计划帮助企业摆脱旧的按台套组织生产的管理方式，提供给企业一套全新的科学管理方式，将计划时间单位详细到小时。在科学制订计划之后，ERP 系统还具有及时反馈、修正计划的机制。是否能保证生产计划的切实可行，必须通过运行能力需求计划才能得到准确的回答，企业综合考虑自身的制造资源来检验物料需求计划是否可行，以平衡各个工序的能力与负荷。

经过科学制订计划和企业能力检验后，ERP 系统生成的生产计划就完全立足于企业现有生产能力的基础之上。若不满足企业的现有资源，ERP 系统还可以通过分析能力需求计划，及早发现企业能力的瓶颈，提出可行的解决方案，为完成企业的生产任务提供坚实的保证。

2. 满足企业混合型生产要求，有效控制生产进度与生产作业

典型的企业生产方式有重复制造、批量生产、按订单生产、按库存生产等。从 20 世纪 80 年代开始，为了紧跟市场变化，企业多采用多品种、小批量生产及看板生产，从单一的生产方式向混合型生产发展。ERP 系统内置多种生产管理模块，很好地支持和管理混合型制造环境，能满足企业混合型生产的要求。

在下达生产指令后，通过 ERP 系统，管理人员可以及时收集和登记加工信息，并进行统计分析，用于改进车间管理工作；利用加工单对下达的制造作业进行跟踪活动，并记录工序状态和工时，根据加工信息及时调控、修正作业计划，并在线更替。

除了上述这种根据生产工票来组织生产，在上工序完成后再交给下工序完成的“推式作业”，ERP 系统还满足由下工序产生生产需求信息的“拉式作业”，物料需求的指令来自下工序，由下工序向上工序传递加工与需求指令，工序之间传递需求信息和库存量，即“看板”。看板作业可以控制在制品库存，即需要时才生产，这大大减少了在制品库存及排队等候时间，简化了工序跟踪，减少了事务处理的工作量，降低了管理费用。

3. 依靠信息共享，推行全面质量管理

质量是企业的生命，是改善企业生产经营与管理、降低成本及提高效益的重要途径。ERP 系统对质量管理进行进一步深入与扩展，它集合了全面质量管理理论、ISO9000 质量管理体系的思想，同时结合信息管理的特点，充分发挥了信息集成、数据处理量大且快，以及多角度数据分析的优点，推动了企业质量管理的发展，为质量持续改进提供了有力的工具。

全面质量管理的思想是：预防为主、防检结合。ERP 系统利用各模块的集成，以及信息共享的优点，可以了解过去、分析现状并预测未来的质量状况。ERP 系统运用数据说话，使质量管理作业规范化和标准化，其质量管理优势主要体现在集成化方面，其为企业质量管理的整个过程提供集成，在供应商的开发和认证、原材料的检验、生产过程的检验集成化控制、产品完工检验、检验与测量仪器的计量管理、产品的出货检验到质量的统计和分析等方面，都提供了先进、快捷的方法与手段。ERP 系统提高了质量管理的效率，加快了质量控制的响应速度。ERP 系统监控和管理所有与质量相关的信息，通过加工与分析，及时将信息反馈到相应的控制点上，保证各项管理随时都处于良好的工作状态之中。

10.3.2 ERP 系统对企业财务管理的促进

ERP 系统涉及的会计事务既有财务会计又有管理会计，依其体系可以分为三大部分，即财务管理、成本管理和固定资产管理。

1. 及时、高效的财务管理

ERP 系统的财务管理是集成信息的财务管理，它集成了采购管理、原材料管理、产成品管理、设备管理等与企业有关的所有财务活动，因而它比单一的计算机财务系统具有集成度高、信息处理及时等优点，如果信息集成度做得较好，企业财务部门 70%以上的会计凭证是可以自动生成的。

ERP 系统具有灵活的会计凭证产生方式，会计可以实时调整数据、减少人工消耗、提高效率，也可以避免对数据的反复校正，并且可以自动生成有关的财务记录，有利于及时调控企业的财务管理状况。票据信息可以通过 ERP 系统及时查询，不必重复输入，对提高工作流程的效率也具有明显的作用。利用 ERP 系统进行财务管理，可以减少资金占用、提高资金利用率和周转率、缩短财务结账周期、加速应收账款的回收、提高财务信息的准确度、减少呆账和坏账损失。除了及时、高效的优点，ERP 系统还具有信息共享、交互的特点，通过对数据的分析统计，可以及时为企业领导者制定企业决策提供依据，通过分类整理和系统分析还可以看出企业财务活动及经营活动中存在的问题。

2. 完善企业成本管理机制，建立全面成本管理系统

成本是一项综合经济指标，综合反映企业的经营管理业绩。现代成本管理需要一个具有计划和监控功能，同时还能管理企业各种发生成本的全面集成化的系统，从而协助企业的各项业务活动都面向市场运作。在典型的 ERP 系统中，所有的成本管理应用程序都共用同一个数据源，并且使用相同的标准化报告系统，实行贯穿采购、库存、生产和销售全过程的动态成本实时监控。用户界面的同一结构使 ERP 系统具有容易操作的特点，成本与收入的监控则贯穿所有职能部门，差异或有问题的项目一旦出现就能被分离出来，并可采取措施对其加以控制。

ERP 系统实行的成本管理不是仅仅停留在能够完成计算机化的成本记录、归档等传统任务上，更多的是贯穿于整个成本管理中的系统作用。从具体的管理方法来看，常见的 ERP 系统都强调能够实现标准成本的预先确定、实际成本发生后成本差异的分析、以成本中心为主体的责任成本管理等功能，而这些都是管理会计的重要内容，因此 ERP 系统中的成本管理成功地贯彻了管理会计的基本思想和原则。

3. 管理固定资产，维护企业资源

固定资产是企业的重要资源，ERP 系统中的固定资产管理功能模块与财务、生产、计划等各管理子系统模块集成使用，可以更好地使用、维护及管理固定资产，为企业的经营决策提供科学的依据。企业固定资产的分类、科目设置，以及固定资产增减、出租与租入、修理与折旧等都在 ERP 系统中得到体现，这些变动及损耗的固定资产信息可以及时反映出来。

10.3.3　ERP 系统对企业营销管理的促进

1. 指导企业生产经营活动，提高客户服务水平

ERP 系统通过集成信息机制，使销售管理子系统与库存、成本、应收账款管理和生产等子系统紧密联系起来，协调销售与其他部门的分割。ERP 系统的销售管理子系统提供销售预测、销售计划和销售合同，这些都是主生产计划的需求来源。销售管理子系统帮助企业的销售人员完成客户档案及信用管理、产品销售价格管理、销售订单管理、销售提货等一系列销售事务，为企业的销售人员提供客户的信用信息、产品的订货情况及产品的销售情况和获利情况，指导企业生产经营活动顺利进行，提高企业的客户服务水平，使企业的市场适应能力加强，始终能在竞争中保持优势地位。

2. 动态控制营销网络

ERP 系统在营销管理方面强调对营销网络的动态控制。通过 ERP 系统，企业可以实时地收集和分析营销的业务数据，从而准确地制订分销资源计划并有效控制销售网络。分销资源计划系统一个重要的业务处理功能是分销网络数据收集。收集的数据有采购、销售、批发、库存（purchase，sale，wholesale，inventory，PSWI）等信息。此外，收集的信息还有市场信息和其他信息。对这些收集的大量数据进行分析，可以有效地利用和分配分销网络中的各种资源（资金、销售商、销售员、物品、运输和信息等），并有效地对其进行控制，为企业的产品提供销售服务，从而获得最大的经济效益。

对各分销网络控制的一个重要方面就是财务监控，即利用 ERP 系统，对整个销售网络的进、销、存数据进行核算，对各级应收账款、汇款速度和回款奖励进行核算，对各级销售佣金进行计算，同时提供代理商考核信息，使财务部门可以按时结算各种费用，实行方便快捷、准确的财务监控。

10.3.4　ERP 系统对企业采购管理的促进

采购管理在企业经营管理中占据非常重要的位置，采购部门必须适时、适价、适量、适质地完成采购，为生产部门提供生产所需的原材料。ERP 系统的出现为采购工作注入了强大的活力，提供了管理与技术并举的解决方案。应该说，在诸多业务部门的 ERP 系统推广与应用中，采购部门是见效最快的部门之一。

1. 降低采购成本

实施 ERP 系统进行采购管理可以有效降低采购成本。ERP 系统建有供应商的资质档案库，对于供应商的产品质量、交货进度、信用状况都有详尽记录，并对此进行经常性的分析。同时，采购管理模块具有与外部供应市场数据相接的接口，所购物品在市场的价格波动可以立即反映到 ERP 系统中，并且可以提前对采购市场进行预测分析，降低采购成本。

2. 规范业务流程，提高采购效率

实施 ERP 系统后，采购部门可以直接完成发票录入、验收货物等工作，从生成采购计划到询价洽谈、大采购、验收等环节都在公共数据库上完成，业务流程规范，采购工作效率提高。

10.3.5 ERP 系统对客户关系管理的促进

伴随着供应链管理的产生与发展，供应链的不断延伸对最终客户的管理要求越来越细化、越来越重要，这就直接催生了客户关系管理。信息技术的日益发展使企业直接收集与处理客户信息成为可能。企业与客户双赢的理念逐渐得到接受。以 ERP 系统实现对信息的集成是客户关系管理的突破口，但这并不是全部，更为重要的是要实现 ERP 系统中所蕴含的管理理念，重组企业流程，明确以客户为中心、提高客户满意度为管理目标，持续不断地改善、提升客户关系管理。

1. 及时、深刻地了解客户

在电子商务时代，了解客户成为企业运作经营的基本起点。首先是客户分析，这项内容主要分析谁是企业的客户和潜在客户、企业客户的基本类型，以及个人购买者、中间商和制造商客户的不同需求特征和购买行为，并在此基础上分析客户差异对企业利润的影响问题，这是 ERP 系统进行客户关系管理的基础。其次是企业多种营销渠道的协调。再次是企业对客户的承诺。在电子商务时代，使客户获得最大程度的满意成为企业服务于客户的基本原则。由于客户在购买产品或服务时会面临经济利益、产品功能和质量及社会和心理方面的各类风险，客户往往希望企业做出某种承诺以降低其购物风险。最后是营销分析。以前，无论是传统的市场营销还是稍进一步的网络行销都是相对静态的，因此，企业经常需要花费好几个月的时间才能对上一次市场营销的结果做出相应的分析统计，如果对外界反馈过慢，许多重要的商业机会就会失去。而在电子商务时代，对商业机会的敏感和反馈已成为企业生存和发展的根本。

2. 保持与客户的动态双向信息交流

保持与客户的及时交流是客户关系管理中比较困难的一个过程，这主要是因为它要求极高的动态性，如不断变化的销售模型、地理位置、产品配置等都会给销售过程自动化带来难题。ERP 系统对于信息处理拥有得天独厚的优势，使客户关系管理成为现实。其中的一个主要内容就是与客户的信息交流。与传统面对面的销售过程一样，电子商务时代的销售过程也是一种双向的信息交流。它的主要功能就是实现双方的互相联系、互相影响，从而保持销售过程的顺畅进行。

3. 快速回应客户服务

客户服务主要集中在售后活动上，有时也提供一些售前信息。售后活动主要发生在面向企业总部办公室的呼叫中心，另外由驻外的客户服务人员完成的面向市场的服务也是客户服务的一部分。产品技术支持一般是客户服务最重要的功能。无论是在传统商务还是在电子商务中，客户服务都是客户关系管理的重要组成内容：首先是企业呼叫中心的设置；其次是客户反馈管理；最后是以良好的关系留住客户。ERP 系统生成这样一套以服务客户为宗旨的数据库，保持了对客户的经常关注，提升了客户服务的反应速度和服务质量。

10.3.6 ERP 系统对业务流程的促进

ERP 系统虽然是以信息技术为基础的系统，但它是先进管理理念与先进技术的结合，具有拉动管理的效能。ERP 系统在实施阶段需要对企业业务流程进行重组，针对企业所面临的实际情况，局部地、渐进地、合理地安排企业内部的业务过程、工作程序及工作结构，增进各工作之间的协调性，减少工作之间的转换时间，达到提高效益的目的。也只有在业务流程重组的基础上，ERP 系统才能真正发挥整合资源、提升客户价值的作用。

企业在实施 ERP 系统之后，业务流程将会得到优化。一方面，因为 ERP 系统的推行、实施，企业的业务数据可以共享，业务处理的速度明显加快，可以处理的业务量也加大了。另外，由于企业的业务数据可以在网络中传递，使 ERP 系统的业务模块可以不由原来的业务职能部门负责，如此的业务变更，为管理的变革创造了条件。另一方面，企业原来的业务流程管理模式与 ERP 系统要求的企业管理模式肯定有一定的差异，有些是落后的管理模式，有些又是与 ERP 系统管理思路、信息流程不符的管理模式，ERP 系统使信息快捷的同时也要求业务流程的高效变革，这样，实施 ERP 系统后，ERP 系统也同时对企业的业务流程进行了变革，推进了企业的管理创新。

实施 ERP 系统带动企业的业务流程重组，一是可以使企业组织扁平化，以及决策权下移和外移。这是由于 ERP 系统充分利用信息技术整合企业的流程，削减了纷繁复杂的科层制组织，使“过程小组”和“一线人员”有了充分的自主权，权力从上层向下层移动。同时，客户被纳入企业新的业务过程，企业的出发点即“客户的有效需求”，因此客户的权力（用钱投票影响企业决策）越来越大，权力从企业的内部向外部客户转移。二是在新的业务流程中，减少了审核和监督。在传统的流程中，被分开的工序较多，因此需要通过审核与监督把分开的工序再“黏合”起来。而在新流程中，减少了接触点，就意味着减少了审核与监督，同时也减少了冲突。三是打破了连续性的作业方式，取而代之的是同步工程（concurrent engineering），即将多道工序在互动的情况下同时进行，各工序之间随时可以交流，从而能大幅度提高流程效率，缩短运行周转时间。

10.3.7 ERP 系统对绩效监控的促进

ERP 系统的应用将为企业提供丰富的管理信息。这些信息将在企业管理和决策过程中真正起到作用。在 ERP 系统完全投入实际运行后，企业可以根据管理需要，利用 ERP 系统提供的信息资源设计出一套动态监控管理绩效变化的报表体系，以期即时反馈和纠正管理中存在的问题。利用这套动态监控体系，企业可以找出管理中存在的差距，并分析原因，从而使企业得到不断改善和提高。

ERP 系统的绩效监控包括三个部分：一是对企业内部的绩效监控；二是对供应链上的企业，即外部供应链企业的绩效监控；三是对整个供应链的绩效监控，综合评定整个供应链的绩效。

ERP 系统的绩效监控动态化的最终目的并不是单纯进行绩效的监控，而是利用这种监控更好地激励各方，包括企业内部的人力资源激励、外部供应商的激励等，促进企业内外部各方的持续改善和提高。

【复习思考题】

1. 简述为什么要对 ERP 系统进行运行管理。
2. 简述 ERP 系统运行管理的主要内容。
3. ERP 系统的主要价值有哪些？
4. 综述 ERP 系统对企业管理的促进作用。

参 考 文 献

陈启申. 2005. ERP——从内部集成起步[M]. 2 版. 北京：电子工业出版社.

程控，革扬. 2006. MRPⅡ/ERP 原理与应用[M]. 2 版. 北京：清华大学出版社.

董德民. 2021. 管理信息系统实务教程[M]. 杭州：浙江大学出版社.

胡彬. 2004. ERP 项目管理与实施[M]. 北京：电子工业出版社.

金镭，沈庆宁. 2017. ERP 原理与实施[M]. 北京：清华大学出版社.

劳顿 K C，劳顿 J P. 2011. 管理信息系统[M]. 薛华成，译. 北京：机械工业出版社.

李健. 2004. 企业资源计划（ERP）及其应用[M]. 北京：电子工业出版社.

罗鸿，王忠民. 2003. ERP 原理・设计・实施[M]. 2 版. 北京：电子工业出版社.

倪庆萍. 2021. ERP 项目管理与实施[M]. 北京：人民邮电出版社.

邱立新. 2020. 管理信息系统[M]. 北京：机械工业出版社.

萨姆纳 M. 2005. ERP——企业资源计划[M]. 张玉亭，杨晓云，译. 北京：中国人民大学出版社.

闪四清. 2006. ERP 系统原理和实施[M]. 北京：清华大学出版社.

邵丽萍. 2016. 企业资源计划（ERP）[M]. 北京：高等教育出版社.

台湾中大管理学院 ERP 中心. 2003. ERP 企业资源规划基础教程[M]. 北京：中国铁道出版社.

田军，刘正刚. 2020. 企业资源计划（ERP）[M]. 北京：机械工业出版社.

田俊国. 2007. ERP 项目实施全攻略[M]. 北京：北京大学出版社.

田俊国. 2009. ERP 项目管理散记[M]. 北京：清华大学出版社.

王惠芬，黎文，葛星. 2007. 企业资源计划——ERP[M]. 北京：经济科学出版社.

王小云，杨玉顺，李朝晖. 2007. ERP 企业管理案例教程[M]. 北京：清华大学出版社.

杨定泉，王进朝. 2020. 会计信息系统[M]. 2 版. 北京：清华大学出版社.

杨尊琦，林海. 2006. 企业资源规划（ERP）原理与应用[M]. 北京：机械工业出版社.

张新. 2010. 管理信息系统[M]. 北京：机械工业出版社.

张真继，邵丽萍. 2009. 企业资源计划[M]. 北京：电子工业出版社.

赵建新，宋郁，周宏，2009. 新编用友 ERP 供应链管理系统实验教程[M]. 北京：清华大学出版社.

周玉清，刘伯莹，杨宝刚，等. 2002. ERP 原理与应用[M]. 北京：机械工业出版社.

周玉清，刘伯莹，周强. 2006. ERP 理论、方法与实践[M]. 北京：电子工业出版社.

Fryer B. 1999. The ROI challenge[J]. CFO，The Magazine for Senior Financial Executives，15（9）：85.

Mabert V A，Soni A，Venkataramanan M. 2000. Enterprise resource planning survey of U.S. manufacturing firms[J]. Production and Inventory Management Journal，41（2）：52-58.

Olhager J，Selldin E. 2003. Enterprise resource planning survey of Swedish manufacturing firms[J]. European Journal of Operational Research，146（2）：365-373.